Bünger/Kaeselitz

Geschichte Großbritanniens von 1918 bis zur Gegenwart

Siegfried Bünger / Hella Kaeselitz

Geschichte Großbritanniens
von 1918 bis zur Gegenwart

Mit 50 Abbildungen und 2 Karten

VEB Deutscher Verlag der Wissenschaften
Berlin 1989

Die Abbildungsvorlagen stellten zur Verfügung:
ADN/Zentralbild, Berlin (41), Dietz Verlag, Berlin (2), ZPA des IML, Berlin (2), Militärverlag der DDR, Berlin (1), VEB Deutscher Verlag der Wissenschaften, Berlin (1), H. Jahn, Berlin (3)

ISBN 3-326-00324-2

Verlagslektor: Klaus Grüneberg
Verlagshersteller: Rainer Stoll
Einbandgestalter: Bernd Giersch
© 1989 VEB Deutscher Verlag der Wissenschaften,
DDR – 1080 Berlin, Postfach 1216
Lizenz-Nr.: 206·435/105/88
Printed in the German Democratic Republic
Gesamtherstellung: Mühlhäuser Druckhaus
LSV 0239
Bestellnummer: 571 642 4
01700

Inhalt

Vorbemerkung 9

I. Die ersten Nachkriegsjahre

   1. Die Parlamentswahlen 1918 11
   2. Erste Reaktionen auf die Oktoberrevolution in Rußland . 13
   3. Großbritannien und die Revolutionen in Deutschland
      und Ungarn 16
   4. Großbritannien und die Pariser Friedenskonferenz . . . 18
   5. Die Streikbewegung im Jahre 1919 22
   6. Die „Hands-Off-Russia"-Bewegung 26
   7. Die Bildung der Kommunistischen Partei 28
   8. Großbritannien und die antiimperialistischen
      Befreiungsbewegungen 31
   9. Irland wird unabhängig 34
 10. Die Wirtschaftskrise 1920—1922 36
 11. Die Außenpolitik in den frühen zwanziger Jahren 39

II. Großbritannien in den zwanziger Jahren

   1. Die wirtschaftliche Lage 43
   2. Die Lage der Arbeiter 47
   3. Die Labour-Regierung 50
   4. Die Außenpolitik Mitte der zwanziger Jahre 55
   5. Großbritannien und sein Empire 58
   6. Der Generalstreik 1926 60
   7. Die Innen- und Außenpolitik der Regierung Baldwin
      nach dem Generalstreik 64
   8. Wandlungen im Alltagsleben 66
   9. Die Bildung der zweiten Labour-Regierung 70

III. Die Jahre der Weltwirtschaftskrise

    1. Die Wirtschaftentwicklung. Die Lage der Arbeiter ... 76
    2. Die zweite Labour-Regierung 78
    3. Die ,,Nationale Regierung" 82
    4. Die Arbeiterbewegung nach dem Ende
       der Labour-Regierung 86
    5. Außenpolitische Entwicklungen 90

IV. Großbritannien in den dreißiger Jahren

    1. Die wirtschaftliche Situation 94
    2. Die Lage der Arbeiter.
       Gewerkschaftliche Entwicklungen 98
    3. Die Innenpolitik der ,,Nationalen" Regierung.
       Der britische Faschismus 101
    4. Großbritanniens Politik gegenüber Hitlerdeutschland
       1933/34 104
    5. Der Kampf der Arbeiterbewegung gegen den Faschismus
       1933 und 1934 108
    6. Außen- und Innenpolitik Mitte der dreißiger Jahre ... 111
    7. Der Kampf um die Einheits- und Volksfront.
       Die Spanienbewegung 116
    8. Die Regierung Chamberlain 119
    9. Vom Münchener Abkommen zum zweiten Weltkrieg .. 123

V. Großbritannien im zweiten Weltkrieg

    1. Die erste Phase des Krieges 128
    2. Das Ende des Scheinkrieges 132
    3. Das zweite Kriegsjahr 136
    4. Die Ausweitung des Krieges.
       Die Antihitlerkoalition 140
    5. Verzögerung der zweiten Front 143
    6. Vorstellungen, Ziele und Pläne für die Nachkriegszeit .. 148

VI. Labours große Chance (1945—1951)

    1. Der Wahlsieg 151
    2. Wirtschaftliche Schwierigkeiten 155

3. Kontinuität in der Außenpolitik 159
4. Nationalisierungen und soziale Reformen 163
5. Gewerkschaften, Kommunisten und wilde Streiks 166
6. Auf dem Weg in die NATO 169
7. Als Besatzungsmacht in Deutschland 171
8. Das Empire wankt 174
9. Labour auf dem Prüfstand 180
10. Für Frieden und Demokratie 184

VII. Auf dem Höhepunkt des kalten Krieges (1952—1956)

1. Wirtschafts- und innenpolitischer Konsens 187
2. Außenpolitik im Zeichen des kalten Krieges und
   imperialistischer Rivalität 190
3. Zunehmende Linkstendenzen in der Arbeiterbewegung . 193
4. Auseinandersetzungen über die Remilitarisierung
   der BRD 197
5. Eden als Premier 201
6. Das Suezabenteuer 203

VIII. Großbritannien im Umbruch (1957—1964)

1. Die Konservativen im Aufwind 209
2. Auseinandersetzungen in der Arbeiterbewegung 213
3. Die Bombe und der Unilateralismus 218
4. Von den „zornigen jungen Männern" zu den Beatles . . 222
5. Das Kolonialreich bricht zusammen 225
6. Zunehmende Schwierigkeiten und Mißerfolge
   der Konservativen 230
7. 13 Jahre sind genug 234

IX. Enttäuschte Hoffnungen (1964—1970)

1. Die ersten 18 Monate 239
2. Von den Juli-Maßnahmen 1966 zur Pfundabwertung . . 243
3. Konzentration, Zentralisation und Veränderungen
   in der Sozialstruktur 246
4. Das Scheitern britischer Weltmachtambitionen 249
5. Nein zum Vietnamkrieg 253
6. Südrhodesien und das Rassenproblem 257

7. Nordirland und die nationale Frage in Schottland
   und Wales 261
8. Der Angriff auf das Streikrecht und die Wahlniederlage . 264

X. Großbritannien in der Krise (1970—1979)

1. Innenpolitische Kehrtwendungen 268
2. Regierung contra Gewerkschaften 270
3. Für und wider den „Gemeinsamen Markt" 274
4. Direkte Herrschaft in Nordirland 277
5. Der Bergarbeiterstreik und die Februarwahlen 1974 ... 279
6. Das kurze Parlament 283
7. Krise, Inflation und Massenarbeitslosigkeit 286
8. EWG-Referendum und Entspannungspolitik 288
9. Auseinandersetzungen um die Devolution 291
10. Neue demokratische Bewegungen 294
11. Das Ende des „Sozialkontrakts" 297

XI. Der „neue Kurs"(1979—1983)

1. Das ökonomische Credo der „Neuen Rechten" 301
2. Antidemokratische Gesetzgebung 305
3. Linke Tendenzen in der Labour Party.
   Die Abspaltung der SDP 309
4. Außenpolitischer Konfrontationskurs 311
5. Neue Dimensionen der Friedensbewegung 314
6. Vom Falklandkrieg zu den Juniwahlen 1983 318

Schlußbemerkungen 323

Anmerkungen 326

Literaturhinweise 336

Register 339

Vorbemerkung

Eine Beschäftigung mit der neueren Geschichte Großbritanniens ist für den historisch Interessierten aus vielerlei Gründen reizvoll und aufschlußreich. Großbritannien war im 19. und bis in unser Jahrhundert hinein das mächtigste und einflußreichste Land des Erdballs. Es beeinflußte stark oder bestimmte gar die geschichtlichen Abläufe und Entwicklungen in der Welt. Es besaß das mit Abstand größte Kolonialreich und wurde einer der Brennpunkte jener interimperialistischen Rivalitäten, die zum ersten Weltkrieg führten. Zugleich mußte in den letzten hundert Jahren keine Großmacht in ihrer weltpolitischen Stellung so starke Einbußen hinnehmen und wurde kein Land von einem so tiefgreifenden und andauernden Niedergangsprozeß erfaßt wie Großbritannien — ein Ergebnis sowohl der revolutionären Bewegungen unseres Jahrhunderts wie auch von Veränderungen im Kräfteverhältnis der kapitalistischen Staaten untereinander.

Die kapitalistische Gesellschaft und eine Arbeiterbewegung entstanden zuerst in Großbritannien. Hier bildeten sich früher als in den anderen großen Ländern bürgerlich-parlamentarische Herrschaftsformen, moderne Parteien, Gewerkschaften und eine politisch selbständige Arbeiterorganisation heraus. Der britische Parlamentarismus, das Kabinettsystem und das Parteienwesen wurden in vielen Ländern des Erdballs als Muster bürgerlicher Herrschaft und Staatlichkeit angesehen. Großbritanniens Weltmachtposition beruhte auf seiner ökonomischen Vormachtstellung, und diese ergab sich hauptsächlich daraus, daß es — noch Mitte des 19. Jahrhunderts — das einzige Land mit einer industrialisierten Wirtschaft war. Als in der zweiten Hälfte des Jahrhunderts andere Länder rasch vorankamen, konnte es den relativen Kräfteschwund durch Ausweitung und Festigung des Empire und anderer Positionen zunächst in Grenzen halten.

In der Arbeiterbewegung wurden nach der Mitte des 19. Jahrhunderts reformistische Kräfte tonangebend und blieben es dann. Sozialistische Parteien entstanden relativ spät. Die zu Beginn des 20. Jahrhunderts gebildete Labour Party war vorerst nur eine Vereinigung dieser Parteien und von Gewerkschaften und konzentrierte sich auf die Gewinnung von Sitzen im Unterhaus, dessen Mitglieder mit einfacher Mehrheit gewählt wurden. Sie konnte die Herrschaft der beiden Hauptparteien, der Konservativen und der Liberalen, vor 1914 nicht in Frage stellen. Im Unterschied zu den meisten anderen Ländern Europas gab es nur *eine* gewerkschaftliche Dachorganisation, den Trades Union Congress, dem die große Mehrheit der organisierten Arbeiter angehörte.

Die beiden Weltkriege, die revolutionären Ereignisse in Europa und die weltweiten nationalen Befreiungsbewegungen führten auch in Großbritannien zu tiefgreifenden und weitreichenden Veränderungen seiner inneren und äußeren Lage. Diese gewaltigen Entwicklungen unseres Jahrhunderts mußten für ein Land, das mehr als andere von der Ausbeutung großer Teile des Erdballs gelebt hatte, besonders nachhaltig wirken, mußten seine Herrschaftssphäre erheblich zum Schrumpfen bringen, seine inneren und äußeren Existenzbedingungen beträchtlich beeinflussen und verändern.

Die Verfasser haben sich bemüht, alle wichtigen Tatsachen, Abläufe und Entwicklungen darzustellen und dabei die verschiedenen Seiten und Bereiche der geschichtlichen Prozesse in dem Maße zu berücksichtigen, wie das im Rahmen einer Überblicksdarstellung möglich und nötig ist. Das zwang zu einer oft nur gedrängten Schilderung und erforderte auch den Mut zur Lücke. Ein Grundanliegen bestand darin, Geschehnisse und Entwicklungen deutlich zu machen, die Bestandteil und Ausdruck der weltweiten Auseinandersetzung zwischen Sozialismus und Imperialismus sowie der veränderten internationalen Stellung Großbritanniens waren.

Das Buch ist für Studierende, Lehrer und andere historisch Interessierte gedacht und will sie in die Geschichte Großbritanniens seit 1918 einführen. Es soll zugleich dem Fachhistoriker einen informativen Überblick vermitteln.

Die Kapitel I bis V wurden von S. Bünger, VI bis XI von H. Kaeselitz verfaßt.

Berlin, Dezember 1987   Die Autoren

I. Die ersten Nachkriegsjahre

1. Die Parlamentswahlen 1918

Als am 11. November die Unterzeichnung des Waffenstillstandes und damit das faktische Ende des Weltkrieges bekanntgemacht wurde, da gab es wohl niemand auf den Britischen Inseln, der nicht von Freude, Erleichterung oder auch Begeisterung ergriffen war. Viele Menschen gingen auf die Straße, wo sie tanzten, pfiffen und sangen; in zahlreichen Fabriken Mittel- und Nordenglands wurde die Arbeit unterbrochen, vielerorts läuteten die Kirchenglocken. Dabei sahen die meisten nicht nur das Ende des Krieges, der das Land rund 750 000 Tote gekostet und weitere Hunderttausende verkrüppelt hatte. Sie hofften zugleich auf eine neue und bessere Welt — solche Hoffnungen hatten die Propagandaorgane insbesondere während der letzten Kriegsjahre genährt. Viele waren auch bestrebt, eine bessere Zukunft aus eigener Kraft zu erkämpfen.

David Lloyd George und die anderen Führer der im Jahre 1915 gebildeten Koalitionsregierung hielten es für ratsam, möglichst rasch Parlamentswahlen herbeizuführen. Sie hofften, die Freude über das Kriegsende, den verbreiteten Siegestaumel und chauvinistische Gefühle in Stimmen für die konservative und die liberale Partei ummünzen zu können. Sie befürchteten, ein Hinausschieben der Wahlen könnte zu Veränderungen in der Stimmungslage führen, könnte bei vielen Wählern die Frage aufkommen lassen, ob diejenigen, die sich jetzt als die Sieger des Krieges preisen ließen, tatsächlich gewillt waren, Versprochenes einzulösen, oder ob doch letztlich alles beim alten bleiben würde. Dies fürchteten sie um so mehr, als die Labour Party, die den Krieg unterstützt und der Koalition seit deren Bildung angehört hatte, drei Tage nach Kriegsende beschloß, aus der Regierung auszutreten, und mit einem schon im Sommer 1918 angenommenen eigenständigen Programm in den Wahlkampf ging.

Die in der Koalition vereinten Konservativen und Liberalen entschieden sich für ein Zusammenbleiben, um der erwarteten Herausforderung durch die anwachsende Arbeiterbewegung besser entgegentreten zu können.

Während der verhältnismäßig kurzen Kampagne — die Wahlen waren für den 14. Dezember angesetzt — benutzten sie Parolen wie ,,Deutschland soll alles bezahlen!" und ,,Hängt den Kaiser!", womit sie von der seit langem schwelenden Unzufriedenheit mit den bestehenden Verhältnissen ablenken und den Haß gegen die Hauptkriegsschuldigen in Stimmen für die Koalition verwandeln wollten. Lloyd George versprach, aus Großbritannien ein Land zu machen, das den von den Schlachtfeldern zurückkehrenden Helden würdig sei (,,a fit country for heroes to live in"); er bezeichnete die Labour Party als von einer ,,bolschewistischen Gruppe" geführt. Bei diesen Parolen dachte man nicht zuletzt an die neuen, politisch unerfahrenen Wählermassen, die aufgrund des neuen Wahlgesetzes zum erstenmal an die Urne gingen.

Dieses Gesetz war im Februar 1918 angenommen worden. Es gab allen männlichen Personen ab 21 Jahren und den Frauen ab 30 Jahren das Stimmrecht, letzteren aber nur dann, wenn sie oder ihre Ehemänner Vermögen aufzuweisen hatten. Die Pluralstimmen wurden abgeschafft; nur Universitätslehrer durften weiterhin dort, wo sie lehrten, und dort, wo sie wohnten, wählen. Die Zahl der Stimmberechtigten erhöhte sich um 2 Mill. Männer und 8 Mill. Frauen.[1]

Die Wahlen brachten der Koalition eine starke Mehrheit ein. Sie erhielt fast die Hälfte aller Stimmen und 484 Unterhaussitze, von denen 339 auf die Konservative Partei entfielen. Die Labour Party bekam (bei 22 Prozent aller Stimmen) 59 Sitze, die nicht zur Koalition gehörenden Liberalen erhielten 26 und die ihr nicht angeschlossenen Konservativen 48 Sitze. Obwohl die Labour Party etwa sechsmal soviel Stimmen wie bei den vorangegangenen Wahlen erhielt, entsprach das Ergebnis nicht den hohen Erwartungen, zumal manche ihrer führenden Leute, wie Arthur Henderson, Ramsay MacDonald und Philip Snowden, nicht ins Unterhaus gelangten.

Die neuen Labour-Wähler waren vor allem Arbeiter aus Nordengland, Schottland, Wales und dem Londoner Osten, die vorher traditionell für die Liberalen gestimmt hatten und gewerkschaftlich gut organisiert waren; zudem wandten sich viele linksliberale Intellektuelle der Labour Party zu. In der Konservativen Partei kam jetzt deutlich zum Ausdruck, daß sie vollends zur Hauptpartei der Großbourgeoisie geworden war und die alte Grundbesitzeraristokratie immer mehr in den Hintergrund trat: Fast die Hälfte ihrer Abgeordneten waren Direktoren von Konzernen und anderen Gesellschaften. Zu ihrer Massenbasis gehörten auch unorganisierte Arbeiter und städtische Kleinbürger, die bis dahin zu den Liberalen tendiert hatten. Die Liberalen konnten sich insbesondere in wenig industrialisierten Gebieten Schottlands und Wales' halten, und für sie stimmten viele Beamte und Angestellte und auch solche Industrielle, die im Unterschied zur Mehrheit der Konservativen den Freihandel beibehalten wollten. Ihre Massenbasis verringerte sich beträchtlich, ihre einstige Bedeutung verloren sie aber erst in den dreißiger Jahren, als ihr Stimmenanteil unter zehn Prozent absank.

Obwohl die der Koalition angehörenden Liberalen nur 136 Unterhaussitze bekamen, blieb Lloyd George Chef der im Januar 1919 neugebildeten Koalitionsregierung. Der Premier war ein sehr beweglicher, taktisch geschickter und selbstbewußter Politiker, auf den seine Koalitionspartner insbesondere wegen seiner Erfahrungen im Umgang mit Arbeiterfunktionären zumindest jetzt nicht verzichten wollten. Der zweitwichtigste Mann im Kabinett war der behäbige und einflußreiche Andrew Bonar Law, Führer der Konservativen. Chef des Foreign Office blieb der betagte Arthur James Balfour, der vor dem Krieg Premierminister gewesen war. Finanzminister wurde Austen Chamberlain, Sohn des berühmten Kolonialpolitikers Joseph Chamberlain. Das Heeresministerium übernahm der rastlose und ehrgeizige Winston Churchill (nach Lloyd George der prominenteste Liberale im Kabinett), der sich in der Außenpolitik zu profilieren versuchte, zumal die Demobilisierung, deren beschleunigte Durchführung die Soldaten erzwangen, kein Gebiet war, auf dem man Lorbeeren ernten konnte.

Die Regierung sah sich Problemen gegenüber, deren Art und Vielzahl kaum jemand ein oder zwei Jahre zuvor gesehen oder geahnt hatte. Es war zu erwarten, daß die innere und äußere Lage des Landes nach Beendigung der Kampfhandlungen nicht einfach sein würde, und es war erkennbar, daß die Arbeiterbewegung erheblich stärker sein würde als vor 1914. Tatsächlich waren die Ergebnisse des Krieges und die Weltlage nicht nur in vieler Hinsicht beträchtlich anders als die Erwartungen, sondern auch viel tiefgreifender und vielschichtiger, als die meisten es sich vorgestellt hatten. Sie wurden in erster Linie durch die revolutionären Ereignisse in Rußland bestimmt, die eine neue geschichtliche Epoche einleiteten.

2. Erste Reaktionen auf die Oktoberrevolution in Rußland

Die Reaktionen auf die Ereignisse in Rußland im Spätherbst 1917 waren sehr unterschiedlich. Der Sieg der Revolution stärkte in der Arbeiterbewegung den Einfluß der Linken. Die Antikriegsopposition verbreitete sich, es wuchs das Bestreben, eine neue, von Krieg und Ausbeutung freie Gesellschaft zu errichten. Viele Arbeiter sahen oder fühlten instinktiv, daß sich ihre russischen Brüder darangemacht hatten, Ideale, nach deren Verwirklichung auch sie trachteten, in die Praxis umzusetzen. Die regierenden Kreise hingegen reagierten mit Erschrecken und Unruhe, wenngleich sie von den Ereignissen nicht völlig überrascht waren und deren Tragweite nur teilweise zu erfassen vermochten. Nichtanerkennen der neuen Macht, Unterstützung der Konterrevolution und militärische Intervention wurden die Hauptkennzeichen ihrer Rußlandpolitik.

Das Dekret über den Frieden und der Waffenstillstandsvorschlag der Sowjetregierung vom 21. November 1917 wurden in London wie in den anderen Hauptstädten der Entente mit offiziellem Schweigen übergangen. Unter dem Druck des in der Bevölkerung zunehmenden Verlangens nach Eingehen auf die russischen Friedensschritte sahen sich die Führer der Labour Party und die Regierung aber gezwungen, Erklärungen über ihre Kriegsziele und über die Bedingungen abzugeben, unter denen sie zum Abschluß eines Friedens bereit seien. Bis zu diesem Zeitpunkt hatten sie nichts Verbindliches geäußert. Die Rechtfertigungen des Krieges hatten sich auf Phrasen beschränkt wie, man verteidige demokratische Lebensformen, Recht und Freiheit gegen eine militaristische Autokratie und führe den Krieg überhaupt nur, um Kriege für immer aus der Welt zu schaffen. Doch jetzt, als überdies der liberale Manchester Guardian mit der Veröffentlichung der in Sowjetrußland publizierten imperialistischen Geheimverträge begann (am 12. Dezember) und sich jeder davon überzeugen konnte, daß die Argumente der sozialistischen Kriegsgegner über die Motive der Alliierten den Tatsachen entsprachen, schien Eile geboten. ,,Unter den Arbeitern herrschte eine Unruhe, die besorgniserregend war und jeden Augenblick gefährlich werden konnte", schrieb in diesem Zusammenhang Lloyd George in seinen Kriegserinnerungen.[2] Eine rasch einberufene Konferenz der Labour Party und der Trade Unions nahm am 28. Dezember ein ,,Kriegsziel-Memorandum" an, und am 5. Januar 1918 hielt Lloyd George vor Gewerkschaftsführern eine Grundsatzrede. Beide Erklärungen entsprachen inhaltlich im wesentlichen dem, was am 8. Januar USA-Präsident Woodrow Wilson in seinen bekannten 14 Punkten verkündete. Sie enthielten demokratische, demokratisch scheinende und pazifistische Forderungen und befaßten sich mit solchen Kriegszielen, die als Wiedergutmachung begangenen Unrechts hingestellt oder auf eine Weise interpretiert werden konnten, die sie als demokratische Grundforderungen erscheinen ließ.

Aus Angst vor einem weiteren Anwachsen der Antikriegsopposition beschloß die Regierung Ende November 1917, in mehreren Industriezweigen umfangreiche Lohnerhöhungen vorzunehmen. Im Dezember und Januar wurden diese Konzessionen auf weitere Zweige und auf viele ungelernte Arbeiter ausgedehnt. Zwischen Oktober 1917 und Januar 1918 stiegen die

Löhne von etwa vier Millionen Arbeitern — so weitreichende Zugeständnisse hatte es während des ganzen Krieges nicht gegeben. Anfang Februar wurde das erwähnte Wahlgesetz verabschiedet, das die Zahl der Stimmberechtigten fast verdreifachte.

Im Januar 1918 legten die Führer der Labour Party unter dem Titel ,,Labour and the New Social Order" ein ausführliches Programm sowie ein neues Parteistatut vor, dessen wichtigste Formulierung lautete: ,,Den körperlich und geistig arbeitenden Produzenten die vollen Ergebnisse ihres Fleißes sowie deren möglichst gerechte Verteilung auf der Grundlage des gemeinsamen Eigentums an den Produktionsmitteln sowie des bestmöglichen Systems der Verwaltung und Kontrolle aller Industrien und öffentlichen Dienste durch das Volk zu sichern." Das Statut sah auch eine Einzelmitgliedschaft vor; bis dahin war die Labour Party nur eine Vereinigung von Gewerkschaften und sozialistischen Parteien und Gruppen gewesen. Es wurde Ende Februar auf einer Parteikonferenz angenommen, ,,Labour and the New Social Order" auf einer Konferenz im Juni. Mit diesen Dokumenten bekannte sich die Führung faktisch zu einer sozialistischen Zielsetzung, kam also den Wünschen und Forderungen der politisch fortgeschrittenen Arbeiter weitgehend nach.

Wenn die linken Kräfte ihren Einfluß in der Labour-Bewegung trotz dieser Entwicklungen nicht entscheidend vergrößern konnten, so lag das zum einen daran, daß ihre wichtigste Organisation, die aus der Social Democratic Federation (1884 gegründet) hervorgegangene British Socialist Party, nach wie vor mitgliederschwach und wenig in der Arbeiterklasse verankert war; in der (1893 gegründeten) Independent Labour Party, die sich als politischer Kern der Labour Party empfand, konnten sich die Linken nicht gegen die reformistisch-zentristische Mehrheit durchsetzen. Sodann wirkten sich drei Faktoren ungünstig aus. Erstens stellte die deutsche Regierung Sowjetrußland bei den Verhandlungen in Brest-Litowsk so räuberische Forderungen, daß die von Lloyd George formulierten Kriegsziele ihnen gegenüber geradezu als maßvoll und gerecht erscheinen mußten. Als die Deutschen dann im Osten eine neue Offensive eröffneten, der Sowjetregierung noch schlimmere Forderungen stellten und Rußland schließlich den Brester Raubfrieden aufzwangen, da erhielt die These, einem solchen Gegner könne man nur mit Gewalt begegnen, viel Gehör. Zweitens begann am 21. März 1918 auf dem westlichen Kriegsschauplatz die deutsche Frühjahrsoffensive. Unter dem Eindruck der großen Anfangserfolge der deutschen Truppen verfehlte das Argument, der Ausgang der Brester Verhandlungen zeige, was die Alliierten im Falle einer Niederlage erwarte, nicht seine Wirkung. Drittens gab sich die Labour-Führung mit den genannten Dokumenten den Anschein der politischen Selbständigkeit gegenüber der herrschenden Klasse. Daß sie den Kampf der politisch fortgeschrittenen Arbeiter um eine neue soziale Ordnung in parlamentarische Bahnen lenken wollte und das neue Programm letztlich nur ein — so der britische Historiker Ralph Miliband — „Plan für eine fortgeschrittenere, reguliertere Form des Kapitalismus" war[3], blieb zwar nicht unbemerkt, doch auch viele nach links tendierende Arbeiter sahen vor allem den politischen Bruch mit dem Liberalismus, der hier erstmals programmatisch vollzogen wurde. Dazu kam, daß sich die meisten Labour-Führer von der Kampagne distanzierten, welche die Regierung und die bürgerliche Presse wegen des Brester Friedens gegen die Bolschewiki führten[4]. Einige brachten sogar wiederholt ihre Zustimmung zu den hauptsächlichen Zielen der russischen Kommunisten zum Ausdruck, wenngleich sie weiterhin deren Mittel und Methoden ablehnten.

Im Schatten der deutschen Frühjahrsoffensive begannen Großbritannien und andere Entente-Mächte mit der bewaffneten Einmischung in Sowjetrußland. Im März wurden im Raum von Murmansk militärische Aktionen unternommen, die im Frühsommer 1918 zur unverhüllten Intervention in Nordrußland führten. Anfang April landeten japanische und kurz danach britische Truppen in Wladiwostok.

3. Großbritannien und die Revolutionen in Deutschland und Ungarn

In den letzten Monaten und Wochen vor Kriegsende, als die Niederlage der Mittelmächte allgemein erwartet wurde und sich in Mittel- und Südosteuropa immer deutlicher revolutionäre Entwicklungen abzeichneten, nahmen in London (wie auch in den anderen Hauptstädten der Entente-Länder) die Debatten über die Politik gegenüber Deutschland und seinen Verbündeten erheblich zu. Es mehrten sich die Stimmen, die unter Hinweis auf die Gefahr des Zusammenbrechens der alten Ordnung für einen raschen Waffenstillstand eintraten und vor einer übermäßigen Schwächung der Kriegsgegner warnten. Ein „bolschewistisches" Deutschland oder Österreich, so hieß es, sei viel schlimmer als eine militaristische Autokratie. „Die Autokratie, welche noch gestern die Gefahr war, ist bereits tot oder im Sterben begriffen . . .", schrieb der südafrikanische General Smuts (der dem britischen Kriegskabinett angehörte) am 24. Oktober 1918 in einem Memorandum, „während heute das grimmige Gespenst der bolschewistischen Anarchie voranschreitet. Nach einem weiteren Jahr Krieg kann diese unterirdische Gärung die bedrohlichsten sozialen und politischen Formen in Europa angenommen haben."[5]

Diese Ängste wuchsen unter dem Eindruck der deutschen Novemberrevolution weiter an. Am 10. November 1918 äußerte Lloyd George auf einer Kabinettssitzung die Befürchtung, ,,daß die Ereignisse in Deutschland einen ähnlichen Verlauf nähmen wie jene, die in Rußland stattgefunden hätten." Er warnte davor, Truppen nach Deutschland zu entsenden, da sie dort nur — wie die deutschen Soldaten in Rußland — mit dem ,,Virus des Bolschewismus" infiziert würden. Winston Churchill sagte, man dürfe die deutsche Armee nicht zerstören, man müsse sie vielmehr sammeln, ,,da es wichtig sei, Deutschland wieder auf die Beine zu bringen wegen der Gefahr der Ausbreitung des Bolschewismus."[6] In den folgenden Wochen unterstützte Großbritannien (wie auch die USA) die Ebert-Regierung und andere konterrevolutionäre Kräfte politisch und militärisch.

Gegen Ende des Jahres und Anfang 1919 widmete man Deutschland verhältnismäßig wenig Aufmerksamkeit. Die Ebert-Regierung schien die Oberhand zu gewinnen; auch sah sich das britische Kabinett zunehmend Problemen im eigenen Land gegenüber. Zwar gab es weiterhin besorgte Stimmen, doch bei der Mehrzahl der führenden Politiker nahmen die anfangs vorhandene Unruhe und Angst etwas ab. Das geschah teilweise unter dem Einfluß von Geheimdienstberichten, die die ,,Stabilität" und den ,,Antibolschewismus" der Ebert-Regierung priesen und sich gegen eine Überschätzung der ,,extremistischen" Kräfte wandten. Der Chef der politischen Geheimpolizei äußerte im Winter 1918/19 mehrfach, die deutschen Politiker spielten mit dem Schrecken vor dem Bolschewismus und bauschten die bestehende Gefahr auf, um sich Vorteile zu verschaffen.

In den Anfangsmonaten des Jahres 1919, insbesondere im März, nahm die Unruhe wieder zu. Zwar glaubten die meisten britischen Politiker zunächst, rechte Sozialdemokraten und bürgerlich-liberale Kräfte säßen fest im Sattel, zumal die deutschen Linken im Januar eine Niederlage erlitten hatten und ihre beiden bedeutendsten Führer ermordet waren. Doch schon bald mußte man erkennen, daß die ,,Spartakisten" entgegen der allgemeinen Annahme nicht zusammengebrochen waren. Wie sehr die regierenden Kreise den Zusammenbruch der alten Ordnung befürchteten, zeigen Ausführungen Lloyd Georges am 3. März im Kabinett. In Europa herrsche eine sehr ernste Situation, sagte der Premier. ,,Rußland sei fast vollständig zum Bolschewismus übergegangen, . . . jetzt seien selbst in Deutschland . . . die Aussichten sehr schlimm . . . Spanien scheine sich am Rande eines Aufruhrs zu befinden. In kurzer Zeit könnten drei Viertel Europas sich dem Bolschewismus zugewandt haben." Noch einmal auf Deutschland zurückkommend, sprach er von der „Hinwendung der Menschen zu den spartakistischen Doktrinen".[7]

Diese Befürchtungen wuchsen mit der Errichtung der Ungarischen Räterepublik am 21. März 1919 noch an. Dabei sah man nicht nur die Ereignisse in Ungarn selbst, sondern hatte noch mehr Angst vor ihrer Ausstrahlung auf weitere Länder, namentlich Österreich, Rumänien und ganz besonders Deutschland. Man befürchtete eine — wie es hieß — „dritte revolutionäre Welle" und war von der Vision einer deutsch-russischen Annäherung oder gar Zusammenarbeit geplagt, die den Entente-Staaten jeden Einfluß zumindest auf Osteuropa nehmen würde. Einer solchen Entwicklung sollte unter allen Umständen vorgebeugt werden. „Ungarn liegt direkt an der Westseite des Cordon sanitaire gegen den Bolschewismus", schrieb die Times am 25. März in ihrem ersten Leitartikel über die Ereignisse. „Wenn nichts unternommen wird, dann wäre das eine Aufforderung an Deutschland, [Ungarn] zu folgen."[8]

Unter dem Eindruck der ungarischen Revolution und der Massenaktionen im März/April 1919 in Deutschland gewannen Politiker und Militärs an Einfluß, die, wie Winston Churchill, die Schaffung einer weltweiten Allianz gegen die revolutionären Bewegungen und entschiedene Maßnahmen gegen die „bolschewistischen Regimes" verlangten. Die Regierungschefs der Entente-Mächte befaßten sich mit Plänen zur Niederwerfung der Räterepublik. Der französische Marschall Foch, seit April 1918 Oberkommandierender der alliierten Truppen in Frankreich und Belgien, begann Ende März eine militärische Intervention vorzubereiten, die von Ungarns Nachbarn Rumänien, Tschechoslowakei und Jugoslawien ausgehen sollte. Die bewaffnete Intervention, die Mitte April einsetzte, blieb zunächst ohne Erfolg. Im Juli aber wurde sie forciert, und in ihrem Ergebnis erlag die Räterepublik.

4. Großbritannien und die Pariser Friedenskonferenz

Unterdessen tagte in Paris die Friedenskonferenz, deren Ergebnisse den ersten Weltkrieg formell beendeten. Die fünfköpfige britische Delegation stand unter der Leitung von Lloyd George; zusammen mit den selbständig vertretenen Dominien (Kanada, Australien, Neuseeland und Südafrika) sowie Indien bestand die Delegation des Empire aus 14 Personen. Mehrere hundert Mitarbeiter waren zu ihrer Unterstützung angereist.

Großbritannien befand sich in einer vergleichsweise günstigen Position. Als die Konferenz begann, hatte es seine Kriegsziele großenteils schon erreicht: Deutschland war als See-, Kolonial- und Handelsmacht ausgeschaltet. Frankreich hingegen mußte seine Gebiets- und sonstigen Forderungen überwiegend erst durchsetzen. So betrachtete es die britische Delegation als ihre vordringliche Aufgabe, das, was durch Waffengewalt erreicht worden war, vertraglich zu fixieren und Großbritannien möglichst günstige Positionen in der Nachkriegswelt zu sichern. Das mußte zwangsläufig zu Konflikten mit Frankreich und anderen Siegerstaaten führen, die mehr Anteil an der Kriegsbeute forderten, als die britischen Imperialisten ihnen zugestehen wollten.

Die erste bedeutende Vereinbarung der Konferenz war die vor allem vom USA-Präsidenten Woodrow Wilson betriebene Schaffung des Völkerbundes. Damit wollten die Westmächte dem „Gift des Bolschewismus" (Wilson) entgegenwirken und ihren Willen bekunden, für internationale Friedensgarantien zu sorgen. Über Gestaltung und Vollmachten der Vereinigung gingen die Meinungen erheblich auseinander. Während die amerikanische Delegation ein von den USA gesteuertes weltweites Lenkungsorgan mit beträchtlichen Rechten wünschte, waren die Briten, die sich nicht in ihre Weltpolitik hineinreden lassen wollten, der Meinung, der Völkerbund müsse vor allem ein Instrument zur Schlichtung von Streitigkeiten und Beilegung internationaler Konflikte sein. Die Pariser Regierung trat für eine starke Vereinigung ein, die den Siegermächten und zugleich dem französischen Vormachtstreben in Europa dienlich sein sollte. Im Ergebnis der Auseinandersetzungen entstand eine Organisation, die den britischen Wünschen nahekam, nämlich ein Völkerbund mit nur geringfügigen Möglichkeiten und Vollmachten. Die Führung hatten Großbritannien und Frankreich inne, die die Vereinigung in den folgenden Jahren ihren speziellen Interessen und Zielen nutzbar zu machen und sie in diesem Sinne zur Festigung der imperialistischen Nachkriegsordnung einzusetzen versuchten.

Bei den Auseinandersetzungen um die Aufteilung der deutschen Kolonien und der nichttürkischen Gebiete des zusammengebrochenen Osmanischen Reiches hatte Großbritannien ebenfalls mehr Erfolg als seine Rivalen. Es erhielt mit 2,1 Millionen Quadratkilometern über zwei Drittel der ehemals deutschen und mit 500 000 Quadratkilometern den größeren Teil der ehemals türkischen (nahöstlichen) Gebiete. Um die Aufteilung der kolonialen Beute zu sanktionieren und zu tarnen, wurden die Gebiete im Mai 1920 formal vom Völkerbund als „Mandate" übergeben. Großbritannien erhielt den größten Teil des früheren Deutsch-Ostafrika, einen Teil Togos und Kameruns sowie Palästina, Transjordanien und den Irak. Südafrika, Australien und Neuseeland erhielten Mandate über das frühere Deutsch-

Südwestafrika, die ehemals deutschen Kolonien in Neuguinea und einige Inseln im Pazifik.

Tiefgreifende Meinungsverschiedenheiten gab es zwischen der britischen und der französischen Delegation über die deutschen Grenzen und die Höhe der Reparationen. Während die Franzosen auf die größtmögliche Schwächung Deutschlands hinarbeiteten und ein starkes Polen wünschten (mit dem sie Sowjetrußland und Deutschland in Schach halten wollten), nahmen Lloyd George und seine Mitarbeiter eine Haltung ein, die in der bürgerlichen Literatur zumeist als „maßvoll" und „versöhnlich" bezeichnet wird. Tatsächlich wollten sie — wie auch Woodrow Wilson — den geschlagenen Rivalen nicht zu hart anpacken, da sie fürchteten, die Bevölkerung könnte dadurch in die „Arme der Revolution und des Bolschewismus" getrieben werden. Sie wollten Deutschland zudem als Gegengewicht gegen Frankreichs Hegemoniebestrebungen nutzen, die Großbritannien in Fortsetzung seiner alten, traditionellen Politik des Kräftegleichgewichts entschieden bekämpfte. So widersetzten sie sich den französischen Forderungen. Am 25. März 1919 (kurz nach der Ausrufung der Ungarischen Räterepublik) schrieb Lloyd George in einem an den französischen Regierungschef Clemenceau gerichteten Memorandum: „Ganz Europa ist erfüllt mit dem Geist der Revolution... Die größte Gefahr, die ich in der gegenwärtigen Situation sehe, ist, daß Deutschland sich auf die Seite des Bolschewismus stellt... Wenn wir klug sind, werden wir Deutschland einen Frieden anbieten, der, indem er gerecht ist, für alle vernünftigen Menschen der Alternative des Bolschewismus vorzuziehen sein wird..."9

Der Premier mußte sich gegen Widersacher im eigenen Land zur Wehr setzen. Im April erhielt er ein von der Mehrheit der konservativen Unterhausmitglieder unterzeichnetes Telegramm, das ihm Schwäche und Nachgiebigkeit gegenüber Deutschland vorwarf. Lloyd George fuhr nach London, wo er sich im Parlament behaupten konnte. Zugleich gab es unter bürgerlichen Pazifisten und in der Labour-Bewegung Stimmen, die einen harten Gewaltfrieden aus politischem Realismus und Gerechtigkeitssinn ablehnten; prinzipielle Gegner einer imperialistischen Friedensregelung fanden sich nur unter den Sozialisten. Die Labour Party kritisierte den ersten, im Mai veröffentlichten Vertragsentwurf und blieb in den folgenden Jahren bei ihrer ablehnenden Haltung. Als Lloyd George den am 28. Juni 1919 unterzeichneten Versailler Friedensvertrag — er trug Kompromißcharakter; keine der drei Großmächte hatte sich voll durchsetzen können — im Juli dem Unterhaus vorlegte, stimmten bis auf vier Ausnahmen alle Abgeordneten für den Vertrag, auch die der Labour Party, obwohl deren Jahreskonferenz ihn erst im Juni verurteilt hatte.

Harte Auseinandersetzungen gab es in Paris über die Haltung zu Sowjetrußland. Die Regierungschefs der Großmächte widmeten der „russischen Frage" auf der Friedenskonferenz mehr Zeit und Energie als jedem anderen Beratungsgegenstand. Während Clemenceau und der italienische Außenminister Sonnino für die Fortsetzung der offenen bewaffneten Intervention eintraten, plädierten Lloyd George und Wilson anfangs für den Versuch einer „politischen Lösung". Sie befürchteten, ein direktes Eingreifen würde die Stellung der Bolschewiki im Lande nur festigen und die Sympathien für sie fördern; sie verwiesen auch auf den geringen Kampfwillen der Interventionssoldaten. Der Premier betrachtete die Situation in Rußland ziemlich realistisch, sah die Kriegsmüdigkeit der Bevölkerung seines Landes und die anschwellende Streikbewegung und befürchtete entschiedenen Widerstand der Arbeiter gegen militärische Aktionen.

Er sah sich einer starken Opposition im eigenen Land gegenüber. Während er sich in Paris aufhielt, gewannen Winston Churchill und andere Verfechter einer Ausweitung der bewaffneten Intervention im Kabinett, im Parlament und in der Presse an Boden. Für Churchill war die Existenz Sowjetrußlands nicht nur eine Gefahr für die kapitalistische Welt, sondern auch eine unmittelbare Bedrohung der britischen Kolonialherrschaft, besonders in Asien. Er „haßte Rußland nicht nur, weil es sowjetisch war, sondern auch weil es eine Großmacht war und seinerzeit die Verwirklichung einer Reihe von Plänen des englischen Imperialismus in Europa und Asien verhindert hatte."[10] Als der Premier im Februar wegen der wachsenden Streikbewegung für einige Tage nach Hause fuhr, eilte sein Heeresminister nach Paris, um die Führer der Entente für seine Politik zu gewinnen. Lloyd George, der von den Vorgängen wußte, sandte ihm ein Telegramm, in dem es hieß: „Ein kostspieliger Aggressionskrieg gegen Rußland ist ein Mittel, den Bolschewismus in Rußland zu stärken und ihn bei uns hervorzubringen... Wäre es bekannt, daß Sie nach Paris gegangen sind, um einen Kriegsplan gegen die Bolschewiki vorzubereiten, so würde das mehr als irgend etwas, was ich mir vorstellen kann, tun, die organisierte Arbeiterschaft in Wut zu versetzen."[11] Churchill erzielte in Paris nur zeitweilige Erfolge. Im Mai wurde auf der Konferenz entschieden, weiterhin eigene Interventionstruppen einzusetzen, jedoch das Hauptgewicht auf eine Intervention in versteckter Form zu legen.

Diese Entscheidung war auch durch die ausgedehnten Klassenkämpfe in den kapitalistischen Ländern und die Solidaritätsbewegung für Sowjetrußland beeinflußt. Letztere erreichte im Frühsommer 1919 in Gestalt der Aktionen vor allem der britischen und der italienischen Arbeiter einen Höhepunkt. Unter ihrem Druck gab Churchill im Juli bekannt, alle Truppen würden bis zum kommenden Winter aus Rußland zurückgezogen. Tatsächlich verließ die Hauptmasse der britischen (und der anderen) Interventionssoldaten in den folgenden Monaten Sowjetrußland — mit Ausnahme des Fernen Ostens. Die Führer der Entente orientierten sich fortan verstärkt auf eine Isolierung und „Eindämmung" Sowjetrußlands. Das entsprach der französischen Politik des „Cordon sanitaire", die sich auf Polen konzentrierte und in ihrer Konsequenz im April 1920 zum polnischen Interventionskrieg mit alliierter Unterstützung führte.

5. Die Streikbewegung im Jahre 1919

Als die Pariser Konferenz eröffnet wurde, setzte in Großbritannien jene Streikbewegung ein, die die innenpolitische Situation des Landes im Jahre 1919 mehr als alles andere kennzeichnete. Ihre Stärke lag in dem Bestreben der organisierten Arbeiter nach tiefgreifenden Verbesserungen ihrer Lage und in dem allgemeinen Verlangen nach grundlegenden Veränderungen der gesellschaftlichen Verhältnisse. Deshalb rief die Bewegung unter den herrschenden Kreisen beträchtliche Unruhe hervor, die zudem noch durch wiederholte Hinweise führender Politiker darauf genährt wurde, daß es im Lande Millionen mit Waffen vertrauter Männer gebe. Dazu kam die Sorge über die Lage im Heer, in dem sich Unzufriedenheit und Aufsässigkeit ausbreiteten. Es gelang Lloyd George und seiner Regierung, durch Zugeständnisse, Versprechungen, Betrug und Anwendung von Gewalt zu verhindern, daß die Arbeiteraktionen zu einer ernsthaften Bedrohung der bestehenden Ordnung wurden.

In den ersten Januartagen kam es in Südengland unter Truppeneinheiten zu Meutereien und Demonstrationen, die Zehntausende von Soldaten erfaßten und eine beschleunigte Demobilisierung bezweckten. An einigen Orten wurden Soldatenräte gebildet. In den Wochen danach folgten weitere Aktionen, und sie ließen erst nach, als Heeresminister Churchill Ende Januar die Entlassung der Mehrheit der Soldaten bekanntgab. Bis zum Sommer 1919 wurden vier Fünftel nach Hause geschickt.

Eine für die herrschenden Kreise sehr bedrohliche Aktion war der Streik um die 40-Stunden-Woche in Glasgow, der von Ende Januar bis Mitte Februar dauerte. Er erfaßte schon kurz nach Beginn mehr als 100 000 Hafen-, Werft-, Metall- und anderer Arbeiter und wurde von einem Komitee geleitet, in dem William Gallacher (später langjähriger Vorsitzender der Kommunistischen Partei) und Emanuell Shinwell (später Mitglied mehrerer Labour-Regierungen) herausragten. Wiederholt kam es zu Massendemonstrationen. Höhepunkt war die ,,Schlacht auf dem George-Square", wo sich am 31. Januar Zehntausende versammelten und mit Polizisten zusammenstießen. Die Regierung war höchst beunruhigt und befürchtete, die Aktion könnte der Beginn einer Revolution sein. Sie entsandte mit Tanks und Maschinengewehren bewaffnete Truppeneinheiten[12], die die Stadt besetzten.

Daß die Bewegung ohne Erfolg endete, lag auch daran, daß sie isoliert blieb. Sie fand in anderen Gegenden wenig und seitens der rechten Gewerkschaftsführer, die in den Trade Unions überwiegend tonangebend waren, keine Unterstützung. Zudem mangelte es den Glasgower Arbeiterführern an politischer Zielklarheit. Von syndikalistischen Theorien beeinflußt, hatten sie nichts für ,,politische" Tätigkeit übrig und verkannten demzufolge die Notwendigkeit einer entsprechenden Führung. ,,Wir führten einen Streik, als wir eine Revolution hätten machen sollen", schrieb Gallacher hierzu in seinen Erinnerungen.[13]

Zur gleichen Zeit beschloß der Bergarbeiterverband einen Streik, um seine Forderungen nach 30prozentiger Lohnerhöhung, sechsstündigem Arbeitstag und Nationalisierung der Kohlegruben, verbunden mit einer gewissen Arbeiterkontrolle, durchzusetzen. Die Bergarbeiter verfügten mit mehr als 1 Million Mitgliedern über die stärkste Gewerkschaft des Landes und machten zusammen mit ihren Familien etwa ein Zehntel der Bevölkerung aus. Da sie sich überdies mit den mitgliederstarken Gewerkschaften der Eisenbahner und Transportarbeiter berieten, mit denen sie seit 1915 in der Triple Alliance (Dreierallianz) vereint waren, mußte die Regierung mit einem Generalstreik rechnen, der in dieser krisenhaften Situation zu einer Radikalisierung großer Teile der organisierten Arbeiter führen konnte.

Lloyd George eilte von Paris nach London, wo er die Bergarbeiter aufforderte, den Streik zu verschieben und sich an der Arbeit einer Königlichen Kommission zur Untersuchung der Lage im Kohlebergbau zu beteiligen, deren Empfehlungen die Regierung annehmen werde. Die Führer der Gewerkschaft gingen darauf ein, und es gelang ihnen, die Ende Februar tagende Delegiertenkonferenz umzustimmen. Die Kommission, zur Hälfte aus vom Bergarbeiterverband benannten bzw. bestätigten Mitgliedern bestehend, nahm ihre Tätigkeit am 3. März auf und legte schon gut zwei Wochen später ihren ersten Bericht vor. Dieser empfahl eine 20prozentige Lohnerhöhung und den Siebenstundentag und deutete an, die Kommission werde sich im Schlußbericht für die Nationalisierung aussprechen. Als die Regierung ihre Zustimmung verkündete, akzeptierte eine Delegiertenkonferenz der Bergarbeiter den Bericht und sagte den Streik ab.

Um die Forderungen der Bergarbeiter kam es innerhalb der herrschenden Klasse zu Auseinandersetzungen, die sich verschärften, als die Kommission in ihrem am 23. Juni veröffentlichten Schlußbericht mehrheitlich für die Nationalisierung eintrat. Grundeigentümer und Grubenbesitzer initiierten eine breite Kampagne. „Wenn man berechtigt ist, das Land zu beschlagnahmen, dann ist man berechtigt, alles zu beschlagnahmen", äußerte einer von ihnen vor der Kommission, und ein anderer warnte im Oberhaus davor, die britische Industrie zu „bolschewisieren", und meinte, wenn man nicht zur Vernunft komme, dann gebe es „ein Desaster, ähnlich dem, welches das Römische Weltreich in seinen letzten Tagen befiel."[14] Die Regierung entschied sich im August gegen die Nationalisierung. Die Bergarbeiter und ihre Führer sahen sich vorsätzlich getäuscht und mußten erkennen, daß sich die Regierung nur eine Atempause hatte verschaffen wollen und jetzt, als die kämpferische Atmosphäre der ersten Monate des Jahres allgemein abgeklungen und die Streikbewegung zurückgegangen war, nicht mehr an Verhandlungen dachte. Von einem Streik war nicht mehr die Rede. Die Bergarbeitergesellschaft wandte sich an die im September in Glasgow abgehaltene Jahrestagung des Trades Union Congress um Hilfe, doch dieser entschied lediglich, eine Abordnung zum Premierminister zu senden! Die im März zugestandene Lohnerhöhung und Arbeitszeitverkürzung blieben.

Ein großes Betrugsmanöver war die sogenannte National Industrial Conference, zu der Ende Februar mehrere hundert Unternehmer- und Gewerkschaftsfunktionäre zusammentraten. Die Verbände der Bergarbeiter, Eisenbahner, Transportarbeiter und Maschinenbauer verweigerten die Teilnahme, doch die anderen großen Gewerkschaften entsandten Vertreter. Der Arbeitsminister, der die Tagung eröffnete, erklärte, die Regierung wolle den Rat der Versammelten zur Lösung der wirtschaftlichen Probleme beim Übergang vom Krieg zum Frieden einholen. Die Konferenz setzte ein Komitee ein, das im April die allgemeine Einführung der 48-Stunden-Woche und die Bildung einer Kommission für Minimallöhne empfahl. Die Regierung lehnte nicht ab, die von ihr erarbeiteten Gesetzentwürfe enthielten aber so viele Vorbehalte, daß Gewerkschaftsvertreter im Komitee ihre Zustimmung versagten. Die Regierung verstand es, die Trade-Union-Führer weiter hinzuhalten und die Verhandlungen bis zum Jahre 1921 hinauszuzögern, als die Gewerkschaftsvertreter das Komitee verließen und damit dem Manöver ein Ende bereiteten. Der Zweck war erreicht. Die Regierung hatte dafür gesorgt, daß geredet und nicht gehandelt wurde, daß sich die Mehrheit der Gewerkschaftsführer auf Verhandlungen orientierte und dadurch die Kampfbereitschaft großer Teile der organisierten Arbeiter abschwächte oder gar lähmte.

Neben den Bergarbeitern konnten auch andere Teile der Arbeiter beträchtliche Verbesserungen ihrer Arbeits- und Lebensbedinungen durchsetzen. So führten die etwa 300 000 Textilarbeiter Lancashires im Juni einen erfolgreichen Streik um die 48-Stunden-Woche und eine 30prozentige Lohnerhöhung durch. Die letzte große Aktion war der Streik der Eisenbahner im September/Oktober 1919. Ihre fast eine halbe Million Mitglieder starke Gewerkschaft hatte im Februar 1919 den Achtstundentag erreicht, doch die Regierung hatte es verstanden, die Verhandlungen über die geforderte Anhebung und Angleichung der Löhne in die Länge zu ziehen. Im September, als sie sich schon wieder sicherer fühlte, legte sie ein Angebot vor, das als schokierend und selbst von „maßvollen" Funktionären als Provokation empfunden wurde. Wenige Tage danach begann der Streik. Lloyd George bezeichnete ihn als „anarchistische Verschwörung", die „subversiven Zwecken" diene, seine Regierung ließ die Bahnhöfe von Militär besetzen, und die lokalen Behörden wurden angewiesen, Streikbrechereinheiten zu formieren. Doch die Aktion fand viel Widerhall unter den Arbeitern im Lande, so daß die Regierung es nach gut einer Woche vorzog, nachzugeben. Es kam ein Kompromiß zustande, der den Forderungen der Eisenbahner großenteils entsprach.

In den folgenden Monaten gab es nur noch kleinere Aktionen, und sie gingen, wie die Streiks im Frühjahr und Sommer des Jahres, nicht über den sozialpolitischen Bereich hinaus. Es gelang auch weiterhin, z. T. beträchtliche Verbesserungen in den Arbeits- und Lebensbedingungen durchzusetzen, von denen die Arbeitszeitverkürzungen am meisten zählten, zumal die Lohnerhöhungen durch erhebliche Preiserhöhungen beeinträchtigt wurden.

Die wichtigsten Gesetzesmaßnahmen, die die Regierung in ihrem Bemühen traf, die Unzufriedenheit der Arbeiter einzudämmen, waren das Wohnungsbaugesetz, das im Juli 1919, und das Arbeitslosenversicherungsgesetz, das im Jahre 1920 angenommen wurde. Schon seit Jahrzehnten hatte es zu wenig und zu viele schlechte Wohnungen gegeben, und so hatte die Regierung vor den Wahlen versprochen, für die „von den Schlachtfeldern zurückkehrenden Helden" ausreichend moderne, gesunde Wohnungen zu erschwinglichen Mieten zu bauen („homes fit for heroes"). Als das Unterhaus im April 1919 über den Gesetzentwurf debattierte, mahnte der Parlamentarische Staatssekretär des (für den Bau zuständigen) Ministeriums für Lokalverwaltung die Abgeordneten, die hohen Kosten „an den Kosten des Bolschewismus für das Land und den Kosten der Revolution" zu messen. „Das Geld, das wir für den Wohnungsbau auszugeben vorschlagen, ist eine Versicherung gegen Bolschewismus und Revolution".[15] Unter dem Gesetz wurden aber nur gut 200 000 Wohnungen gebaut (nach allgemeiner Schätzung benötigte man etwa 800 000), so daß die Wohnungsnot im Jahre 1923 größer war als 1919. Das Arbeitslosenversicherungsgesetz erhöhte die Zahl der versicherten Arbeiter von etwa $2^{1}/_{4}$ auf fast 12 Millionen. Es umfaßte praktisch alle Industriearbeiter. Hausangestellte, Landarbeiter und im Staatsdienst Beschäftigte blieben ausgeschlossen. Die Höhe der an Arbeitslose gezahlten Summe war gering, zumal Familienangehörige nicht berücksichtigt wurden, und die Zahlungen erstreckten sich nur auf 15 Wochen pro Jahr. Dennoch war das Gesetz eine beträchtliche Konzession und gegenüber dem vor dem ersten Weltkrieg herrschenden Zustand ein erheblicher Fortschritt.

6. Die „Hands-Off-Russia"-Bewegung

Zusammen mit der Streikwelle wuchs im Frühjahr 1919 die Solidaritätsbewegung für Sowjetrußland erheblich an. Sie wurde Mitte 1919 zu einer wirkungsvollen Massenaktion, und sie übertraf im Sommer 1920, als sie ihren Höhepunkt erreichte, an Umfang, Kraft und Wirkung alle von den Arbeitern anderer Länder durchgeführten Solidaritätsaktionen für Sowjetrußland.

Der Kampf gegen die Intervention hatte schon im Sommer und Herbst 1918 eingesetzt. Auf Initiative linker Parteien und Gruppen war es zu Protestaktionen gekommen, die sich Anfang 1919 zu einer Bewegung zu verdichten begannen. Im Frühjahr 1919 beteiligten sich mehr und mehr die großen Gewerkschaften — allen voran die Bergarbeiter —, und auf der Jahreskonferenz der Labour Party Ende Juni entstand eine heftige Debatte über die Anwendung außerparlamentarischer Kampfmaßnahmen, die die meisten Labour-Führer als verfassungswidrig und undemokratisch ablehnten. Die Konferenz nahm mit starker Mehrheit einen Beschluß an, der die sofortige Beendigung aller Formen der Intervention forderte und die organisierten Arbeiter aufrief, „durch uneingeschränkte Anwendung ihrer politischen und industriellen Macht" die Durchsetzung dieser Forderung zu erzwingen. Im Juli empfahl die Triple Alliance den ihr angeschlossenen drei großen Gewerkschaften, eine Urabstimmung über den politischen Massenstreik durchzuführen. Noch im gleichen Monat gab Churchill die bereits erwähnte Entscheidung über den Rückzug der britischen Truppen bekannt.

Unter dem Eindruck dieser Entscheidung ging die Bewegung etwas zurück, sie erfuhr aber eine organisatorische und politische Konsolidierung.

Eine bedeutende Rolle hierbei spielte das im September 1919 auf Initiative der British Socialist Party gebildete zentrale „Hands-Off-Russia"-Komitee mit Sitz in Manchester, dessen Tätigkeit angesichts der Versuche rechter Labour- und Gewerkschaftsführer, die Bewegung auf Proteste gegen die direkte, unverhüllte Intervention zu beschränken, besonders wichtig war. Das Komitee forderte die Einstellung jeder Hilfe für die russische Konterrevolution, die Aufhebung der Blockade Rußlands und die Aufnahme diplomatischer Beziehungen zum Sowjetstaat. Diese Forderungen fanden rasch Widerhall, so daß auch die rechten Führer es vorzogen, sie zu unterstützen. War auf der Jahreskonferenz des TUC im September nur von Truppenrückzug die Rede gewesen, so verlangte ein Sonderkongreß der Trade Unions im Dezember, unverzüglich auf die Friedensvorschläge der Sowjetregierung einzugehen, die Blockade aufzuheben und Erleichterungen für den Handel Sowjetrußlands zu schaffen.

Als im April 1920 polnische Truppen in Sowjetrußland einfielen, reagierten die britischen Arbeiter sehr rasch. Wenige Tage nach Beginn des Krieges riefen das „Hands-Off-Russia"-Komitee und weitere linke Gruppen und Parteien zu Aktionen auf. Der 1. Mai stand im Zeichen der internationalen proletarischen Solidarität und des Kampfes gegen die Intervention. Am 10. Mai, als die bürgerliche Presse die Einnahme Kiews durch polnisches Militär bejubelte, verhinderten Arbeiter des Londoner East India Dock die Beladung des Frachters „Jolly George" mit Kriegsmaterial und klebten auf Kisten, in denen sich das Material befand, die Losung „Hands Off Russia". Diese Aktion belebte die gesamte Bewegung. Mehrere Gewerkschaften des Transportwesens beschlossen, keinerlei Waffenlieferungen zuzulassen. Die Forderung nach einem Generalstreik wurde immer stärker. Die Führer der Labour Party und des TUC konnten in den folgenden Wochen zwar noch konkrete Beschlüsse verhindern, doch im August mußten sie einschwenken.

Am 3. August drohte die Londoner Regierung dem Sowjetstaat mit Krieg, falls die Rote Armee nicht sofort ihre Gegenoffensive einstelle. Am 5. August forderte der Sekretär der Labour Party, Arthur Henderson, alle Parteiorganisationen auf, Demonstrationen vorzubereiten. Am gleichen Tag verlangte die gerade gegründete Kommunistische Partei im Kriegsfalle den Generalstreik und zwei Tage später die Bildung eines Nationalen Arbeiterrats.

Die Massenaktionen, die bereits am 6. August einsetzten, waren so kraftvoll, daß jetzt auch die rechten Führer handeln mußten. Am 9. August riefen die Labour Party und der TUC die Arbeiter auf, sich für einen Generalstreik bereit zu halten, und bildeten einen Aktionsrat (Council of Action). Vier Tage später bekräftigte eine aus Delegierten der Labour Party und der Gewerkschaften zusammengesetzte Konferenz (eine Anzahl Kommunisten nahm als Gewerkschaftsfunktionäre teil) diese Entscheidungen; sie beauftragte den Aktionsrat, bis zur Anerkennung der Sowjetregierung tätig zu sein, und ermächtigte ihn, jede Form von Streiks in die Wege zu leiten. Im ganzen Lande wurden in den folgenden Tagen lokale Aktionsräte gebildet — insgesamt 350 —, die die Hauptkraft der Bewegung und das Rückgrat der Massenaktionen waren. Kaum jemand zweifelte daran, daß ein Aufruf zum Generalstreik einheitlich und geschlossen befolgt worden wäre.

Die Regierung mußte einlenken. Führende Politiker und Zeitungen behaupteten jetzt, niemand wolle Krieg, die Arbeiteraktionen seien unnötig und überflüssig. Bonar Law äußerte, der Aktionsrat habe lediglich die Politik unterstützt, welche die Regierung schon immer verfolgt habe, und Lloyd George behauptete, die Labour-Bewegung habe offene Türen eingestoßen. Doch Winston Churchill war einige Jahre später ehrlicher. Er schrieb: ,,Die britische Labour Party hatte eine heftige Agitation gegen jede britische Unterstützung an Polen entwickelt. Unter kommunistischem Einfluß und kommunistischer Leitung wurden in vielen Teilen Großbritanniens Aktionsräte gebildet. In der Öffentlichkeit gab es nirgends das geringste Verständnis für die Übel, die einem polnischen Zusammenbruch folgen würden. Unter diesem Druck sah sich Mr. Lloyd George gezwungen, die polnische Regierung darauf hinzuweisen, daß die russischen (Friedens)bedingungen ,die ethnographischen Grenzen Polens . . . nicht verletzen' und daß die britische Regierung, wenn sie zurückgewiesen würden, keinerlei Aktionen gegen Rußland unternehmen könne."[16]

7. Die Bildung der Kommunistischen Partei

Die Massenaktionen 1919 und 1920 zeigten, welche Erfolge einheitlich und entschlossen handelnde Arbeiter erzielen konnten. Sie legten zugleich viele Schwächen bloß und machten deutlich, daß Veränderungen in der Führung der Arbeiterbewegung nötig waren, insbesondere die Schaffung einer massenverbundenen revolutionären Partei, die imstande war, der Bewegung Orientierung und Zielklarheit zu geben.

Die Aktionen brachten ein erhebliches Anwachsen der Zahl der organisierten Arbeiter mit sich. Im Jahre 1920 gab es mit über 8 Millionen fast doppelt soviel Gewerkschafter wie vor Kriegsbeginn; davon waren mehr als drei Viertel dem TUC angeschlossen. Die Labour Party hatte im Jahre

1919 3,5 Millionen und 1920 4,3 Millionen Mitglieder (gegenüber 1,6 Millionen im Jahre 1914). Dieses Anwachsen machte die Überwindung der zumeist an Facharbeiterverbänden orientierten, durch tiefgreifende Veränderungen in der Industrie längst überholten Gewerkschaftsstruktur dringend erforderlich. Tatsächlich gab es bei der Umorganisierung der Trade Unions auf der Basis von Industriezweigen, für die sich insbesondere die Linken schon vor 1914 und während des Krieges eingesetzt hatten, beträchtliche Fortschritte. In den ersten Nachkriegsjahren kam es zu einer Reihe von Zusammenschlüssen und Verschmelzungen. Am wichtigsten waren die Bildung der Amalgamated Engineering Union im Jahre 1921 und der Transport and General Workers Union im Jahre 1922; letztere wuchs anderthalb Jahrzehnte später zur mitgliederstärksten Gewerkschaft des Landes heran. Ende 1919 wurden die ersten Schritte zur Bildung eines Führungsorgans der Trade Unions unternommen, indem man Maßnahmen ergriff, um das Parlamentarische Komitee des TUC in den Generalrat umzubilden. Dieses Organ wurde im Jahre 1921 erstmals gewählt. In ihm behielten politisch rechtsstehende Funktionäre vorerst die Oberhand.

Auch in der Labour Party blieben rechtsreformistische Kräfte tonangebend. Die Partei hatte sich 1918 zwar eine sozialistische Zielsetzung gegeben, doch darunter verstanden ihre Führer lediglich einen verbesserten, von „Ungerechtigkeiten" befreiten Kapitalismus. Ihre konkreten Hauptziele dabei waren Mindestlöhne, eine „demokratische Kontrolle der Industrie" und eine Kapitalsteuer, und sie waren der Meinung, diese Ziele allein auf parlamentarischem Wege durchsetzen zu können. Sie lehnten revolutionäre Gewalt entschieden ab und ließen außerparlamentarische Aktionen höchstens als Ausnahmemittel gelten. Auf dem Gebiet der Außenpolitik und der internationalen Beziehungen war die Labour Party hauptsächlich für die Überwindung der Geheimdiplomatie, die Demokratisierung des Völkerbundes und die Milderung der Gegensätze zwischen den Staaten tätig. Sie ging von der These aus, daß die im Inland praktizierten parlamentarisch-demokratischen Verfahrensweisen auch auf internationalem Gebiet angewandt werden müßten und könnten.

Angesichts dieser Situation, dieser starken Vorherrschaft reformistischer Kräfte, war die Formierung der Kommunistischen Partei Großbritanniens besonders dringlich.

Die Partei ging aus mehreren Organisationen hervor. Die wichtigste war die British Socialist Party. Unter den anderen war die hauptsächlich in Schottland wirkende Socialist Labour Party am stärksten, die viele Arbeiter und Funktionäre aus der 1915 entstandenen Betriebsräte-Bewegung zu ihren Mitgliedern zählte und im Verlauf der Massenkämpfe einen Teil ihrer halbsyndikalistischen und sektiererischen Anschauungen überwunden hatte. Weiterhin stießen zur Kommunistischen Partei die vor allem im Londoner Osten tätige Workers' Socialist Federation und die South Wales Socialist Society, beide ebenfalls mit sektiererischen und halbsyndikalistischen Auffassungen behaftete, lokale Vereinigungen.

Ende 1918 begannen Verhandlungen über eine Vereinigung. Im März 1919 entschied sich die British Socialist Party für den Anschluß an die Kommunistische Internationale. Eine Zusammenkunft der vier Organisationen im Juni 1919 zeigte, daß es keine Differenzen in den Hauptgrundsätzen gab. Es dauerte aber anderthalb Jahre, bis alle Hindernisse beseitigt waren. Die wichtigsten Streitpunkte waren die Frage des Anschlusses an die Labour Party, den insbesondere die Socialist Labour Party ablehnte, und die der parlamentarischen Aktion, gegen die sich hauptsächlich die Workers' Socialist Federation und die Führer der Betriebsräte wandten. Es kam zu Unstimmigkeiten und Auseinandersetzungen, zu Sonderbestrebungen und Gruppenbildungen.

Die Kommunistische Internationale und auch Lenin griffen in diese Auseinandersetzungen ein. Lenin setzte sich in Briefen, in seinem Werk „Der linke Radikalismus" und in Diskussionen auf dem II. Weltkongreß der KI geduldig mit den vorliegenden Problemen auseinander und wandte sich nachdrücklich gegen die sektiererischen Tendenzen. Er riet den britischen Kommunisten, sich der Labour Party anzuschließen, um auf diese Weise eine gute organisatorische Grundlage für die Massenarbeit zu gewinnen. Er ging von der Erwägung aus, daß diese Möglichkeit so lange wahrgenommen werden müsse, wie die föderative Struktur und der Charakter der Labour Party den Anschluß selbständiger Organisationen erlaubten und ihnen das Recht auf Kritik und den Kampf um die Diktatur des Proletariats gewährten.

Am 31. Juli und 1. August 1920 fand in London der Gründungskongreß statt, auf dem die Delegierten der British Socialist Party, des Hauptteils der Socialist Labour Party sowie der South Wales Socialist Society die Communist Party of Great Britain bildeten. Vorsitzender wurde Arthur McManus, einer der prominentesten Führer der Betriebsräte-Bewegung, Sekretär Albert Inkpin, der diese Funktion bereits in der British Socialist Party innegehabt hatte. Für den Anschluß an die Labour Party stimmten 100 Delegierte, während 85 dagegen waren; für die Beteiligung an Parlamentswahlen votierten 186, dagegen 19. Der Zusammenschluß der revolutionären Kräfte der britischen Arbeiterbewegung wurde im Januar 1921 auf einer Konferenz in Leeds vervollständigt, als sich die Workers' Socialist Federation und die schottischen Kommunisten, die nicht am Gründungskongreß teilgenommen hatten (hauptsächlich Arbeiter aus der schottischen Betriebsräte-Bewegung), mit der Kommunistischen Partei vereinigten. Letztere handelten unter dem Einfluß William Gallachers, mit dem Lenin auf dem II. Weltkongreß ausführlich diskutiert hatte.[17] Nach der Jahreskonferenz der Independent Labour Party im April 1921 schloß sich der linke Flügel dieser Partei ebenfalls den Kommunisten an.

Die Labour Party lehnte den Anschluß der Kommunisten ab. Da das Statut von 1918 ihm nicht entgegenstand und die Führung keine überzeugenden Argumente vorbringen konnte, wurden die Beitrittsgesuche zunehmend mit der Behauptung beantwortet, die Kommunisten wollten die Labour Party zerstören und seien von „Moskau" beherrscht. Tatsächlich ging es den Labour-Führern vor allem darum, den Aktionsradius einer Partei einzuschränken, die die bürgerliche Reformpolitik entschieden bekämpfte und die Positionen der Rechten gefährden konnte. Große Teile der Lokalorganisationen der Labour Party stimmten für den Anschluß, in London anfangs sogar die Mehrheit. Auf den Jahreskonferenzen der Partei (wie auch des TUC) fielen allerdings die Gewerkschaften entscheidend ins Gewicht, deren Führer soviel Stimmen besaßen, wie sie Mitglieder vertraten, und diese im Block abgaben (also etwa 500 000 Stimmen einer großen Gewerkschaft für oder gegen einen Antrag). Doch innerhalb der Trade Unions wuchs der Einfluß der Kommunisten beträchtlich an. Obwohl ihre Aufnahmeanträge auf den Jahreskonferenzen der Labour Party in der ersten Hälfte der zwanziger Jahre nur wenige hunderttausend Stimmen erhielten, waren 1922 sieben und ein Jahr danach 38 Parteimitglieder auf diesen Konferenzen — zumeist als Delegierte von Gewerkschaften — anwesend. Die Mitgliedschaft der Kommunistischen Partei erhöhte sich nach einem Tief von unter 3 000 im Jahre 1922 auf über 10 000 im Jahre 1926.

8. Großbritannien und die antiimperialistischen Befreiungsbewegungen

Weniger erfolgreich als bei der Überwindung innenpolitischer Krisensituationen war die britische Bourgeoisie auf dem Gebiet der Kolonialpolitik. Nationale Befreiungsbewegungen kolonialer und halbkolonialer Länder versetzten ihr empfindliche Schläge und machten die Krise sichtbar, in die das imperialistische Kolonialsystem geraten war.

In einigen dieser Länder war die Unzufriedenheit mit der Fremdherrschaft schon während des Krieges gewachsen. Die Kolonialherren hatten die unterdrückte Bevölkerung teilweise zu militärischer Hilfeleistung herangezogen und die materiellen Potenzen einiger Länder für die Kriegführung genutzt. Dadurch war der nationale Kapitalismus angewachsen; die erstarkte einheimische Bourgeoisie strebte zunehmend nach politischer Unabhängigkeit. Zugleich hatte das Heranziehen von Angehörigen kolonialer Völker zum Kriegsdienst deren Selbstbewußtsein und Selbstvertrauen erhöht. Dies galt insbesondere für Indien, das fast anderthalb Millionen Soldaten hatte stellen müssen.

Unter diesen Bedingungen wirkte die russische Oktoberrevolution beträchtlich. Es waren insbesondere die ersten außenpolitischen Schritte der Sowjetmacht, die Einfluß ausübten. Das „Dekret über den Frieden" wandte sich gegen „jede Angliederung einer kleinen oder schwachen Völkerschaft an einen großen oder mächtigen Staat, ohne daß diese Völkerschaft ihr Einverständnis und ihren Wunsch unmißverständlich, klar und freiwillig zum Ausdruck gebracht hat, unabhängig davon, wann diese gewaltsame Angliederung erfolgt ist, sowie unabhängig davon, wie entwickelt oder rückständig eine solche mit Gewalt angegliederte ... Nation ist, und schließlich unabhängig davon, ob diese Nation in Europa oder in fernen, überseeischen Ländern lebt."[18] Das „Dekret über den Grund und Boden", das die entschädigungslose Beschlagnahme der großen Ländereien verfügte, mußte in Gebieten mit überwiegend agrarischer Bevölkerung großen Widerhall finden. Dasselbe gilt für die vorbehaltlose Gewährung der nationalen Freiheit für alle Völker, die sich unter dem Joch des Zarismus befunden hatten.

Die Auswirkungen dieser und weiterer Maßnahmen zeigten sich am raschesten in Indien, Englands größter und bedeutendster Kolonie. Sie waren bereits in den ersten Monaten nach den Ereignissen in Rußland sehr nachhaltig. Das deutete ein im April 1918 dem britischen Parlament vorgelegter amtlicher Bericht über Verfassungsreformen in Indien an, in dem es hieß, die russische Revolution „wurde in Indien als ein Triumph über den Despotismus betrachtet, und ... sie hat dem politischen Bewußtsein in Indien Auftrieb gegeben".[19]

Die Londoner Regierung versuchte zunächst, der für sie bedrohlichen Massenbewegung durch Zugeständnisse an die oberen Schichten Indiens entgegenzuwirken. Sie hatte schon im Jahre 1917 versprochen, dem Land schrittweise „eine selbstverantwortliche Regierung ... als integralen Bestandteil des Britischen Empire" zu geben. Doch was 1918/19 an Reformen in Aussicht gestellt und durchgeführt wurde, war so mager, daß es nur einen Teil der oberen Schichten zufriedenstellte. Auf die Massenbewegung hatte das keinen Einfluß, zumal leicht erkennbar war, daß die Machtverhältnisse unverändert blieben.

So verstärkte sich der antiimperialistische Kampf nach Kriegsende immer mehr. 1919 kam es zu Massenunruhen, die das ganze Land erfaßten. Die Bewegung wurde besonders stark im nordindischen Pandschab. Diese Provinz hatte etwa eine halbe Million Soldaten für den Krieg stellen müssen, und hierher waren Nachrichten aus Sowjetrußland schneller als in andere Gebiete des Landes gelangt. So entschieden sich die britischen Behörden, gerade hier ihre Entschlossenheit zu bekunden, sich nicht aus ihrer Kolonie vertreiben zu lassen. Am 13. April 1919 eröffneten Soldaten nahe der Stadt Amritsar das Feuer auf eine unbewaffnete Massenversammlung. Es gab 379 Tote und über 1 200 Verwundete. Das war das größte Blutbad seit dem Aufstand von 1857.

Dieses Vorgehen und auch die ihm folgenden weiteren Repressivmaßnahmen konnten die Bewegung nicht ersticken. Sie verstärkte sich vielmehr in den folgenden beiden Jahren noch und nahm vielfältige Formen an. Wenn die Briten letztlich die Oberhand behielten, dann lag das an ihrer Gewaltpolitik, aber auch daran, daß die Bewegung aus recht unterschiedlichen Klassenkräften zusammengesetzt war und sich die von Gandhi verfolgte Linie der gewaltlosen Nichtzusammenarbeit (die dem Empfinden und Willen der durchweg kleinbürgerlichen und bäuerlichen Massen am meisten entsprach) mehr und mehr erschöpfte. Zudem wollte die einflußreichste politische Organisation des Landes, der seit 1885 bestehende Indische Nationalkongreß, die Volksbewegung für die spezifischen Ziele der Bourgeoisie nutzen; einige ihrer Führer befürchteten, sie könnte sich aufgrund des angehäuften sozialen Zündstoffs nicht nur gegen die Briten und ihre indischen Helfer richten, sondern für grundlegende soziale Umgestaltungen eintreten. Als die Bewegung im Jahre 1921 teilweise über die vom Nationalkongreß gesetzten Grenzen hinauszugehen begann, nahm dessen Führung Zusammenstöße zwischen Bauern und Polizisten zum Anlaß, die gewaltlose Nichtzusammenarbeit abzubrechen.

Mit der dadurch ausgelösten Enttäuschung und Demoralisation kam die Bewegung vorerst zum Erliegen. Unter dem Eindruck ihres erneuten Anschwellens Ende der zwanziger und Anfang der dreißiger Jahre wuchs dann unter den herrschenden Kreisen Großbritanniens die Überzeugung, daß Indien auf die Dauer nicht mit den herkömmlichen Mitteln regiert werden konnte.

Empfindliche Schlappen mußten die Briten im Nahen und Mittleren Osten hinnehmen. Sie konnten sich zwar den Irak, Palästina und Transjordanien sichern und hier die Unabhängigkeitsbewegungen niederhalten, doch als sie Persien zu unterwerfen versuchten und Afghanistan durch Waffengewalt gefügig machen wollten, wurden sie zur Umkehr gezwungen. Angesichts der großen Schwierigkeiten, die Großbritannien zu dieser Zeit in Süd- und Westasien hatte, konnte sich Afghanistan im Sommer 1919 die Unabhängigkeit sichern. Unter dem Druck ihrer französischen und US-amerikanischen Rivalen sowie von Unabhängigkeitsbestrebungen mußten die britischen Imperialisten 1921 ihre Ziele in bezug auf Persien aufgeben. Im Jahre 1922 schließlich scheiterten die Versuche, die Türkei von sich abhängig zu machen und ein von ihnen beherrschtes, bis nach Indien reichendes Imperium zu errichten, endgültig.[20]

In Ägypten konnten sie ihre Positionen großenteils halten. Auch hier wuchs in den ersten Monaten nach Kriegsende eine breite Unabhängigkeitsbewegung heran. Als die Briten die einflußreichsten Führer der Wafd — einer in ihrem politischen Charakter mit dem Indischen Nationalkongreß vergleichbaren Organisation — verhafteten, kam es zu Aufstandsaktionen, die blutig niedergeschlagen wurden. Das abermalige Anwachsen der Unruhen im Herbst 1919 veranlaßte die britische Seite zu dem Versuch, die Wafd-Führer durch Zugeständnisse zu beeinflussen. Langwierige Verhandlungen folgten. Sie scheiterten an dem Bestreben der Briten, möglichst ohne Schmälerung ihrer Positionen über die Krisensituation hinwegzukommen. Als die Massenbewegung erneut aufflammte und Ende 1921 wiederum in einen Aufstand hinüberwuchs, da griff London zu einer Taktik, die oft als Technik der formalen Unabhängigkeit bezeichnet wird. Ägypten erhielt am 28. Februar 1922 durch eine Regierungserklärung die ,,Unabhängigkeit". Die Außenpolitik des Landes, das Finanzwesen und anderes blieben unter britischer Kontrolle. Der ägyptische Sultan Achmed Fuad wurde zum König gemacht. Die Unabhängigkeitsbewegung lehnte diese ,,Unabhängigkeit" ab, doch ein Teil der Wafd-Führer versöhnte sich mit dem neuen Zustand. Die Taktik der Konzessionen blieb nicht ohne Erfolg, wenn auch um den Preis größerer Zugeständnisse, als London 1920/21 gewähren wollte.

9. Irland wird unabhängig

Eine Niederlage erlitten die britischen Imperialisten in Irland, ihrer ältesten Kolonie.

Unter dem Druck der Befreiungsbewegung hatte das Londoner Unterhaus 1912 ein Gesetz beschlossen, das Irland Selbstverwaltung gewährte; dessen Inkrafttreten war 1914 unter Ausnutzung der durch den Beginn des Weltkrieges entstandenen Lage verhindert worden. 1916 hatten die Briten den Dubliner Osteraufstand niedergeschlagen, der die Irische Republik proklamiert hatte, und fast alle Führer der Aktion erschießen lassen. Damit war nur das Gegenteil von dem erreicht, was sie sich erhofft hatten. Bei den Parlamentswahlen im Dezember 1918 erhielten die Kandidaten der 1905 gegründeten bürgerlich-republikanischen Sinn Fein, die zwar nicht am Aufstand beteiligt war, sich dann aber auf die Seite der Befreiungskämpfer gestellt hatte, trotz Terror, Verfolgung und Verhaftungen 73 der 103 Sitze, die den Iren zustanden; das waren praktisch alle Sitze außerhalb der Provinz Ulster. Der Erfolg wog um so mehr, als 36 dieser 73 im Gefängnis saßen und ein Teil der übrigen 37 illegal lebte oder sich in den USA aufhielt, um der Verhaftung zu entgehen.

Die Abgeordneten der Sinn Fein lehnten es ab, im Londoner Unterhaus zu erscheinen. Sie traten im Januar 1919 in Dublin zusammen und konstituierten sich als Irische Nationalversammlung — Dail Eireann —, die sich ihrerseits als Erbe und Fortsetzer der 1916 proklamierten Republik erklärte. Präsident des Dail wurde Eamon De Valera, der einzige 1916 nicht erschossene Aufstandsführer und im Februar 1919 von Mitkämpfern aus einem britischen Gefängnis befreit. Gestützt auf die hauptsächlich aus den (seit 1913 bestehenden) halbmilitärischen Irish Volunteers hervorgegangene Irish Republican Army (IRA), begann die Sinn Fein einen Staatsapparat, Kommunalverwaltungen, Gerichtsbehörden usw. zu schaffen.

So begannen die Iren, eigene Gerichtsinstanzen zu bilden, die zunächst im verborgenen tagten. Die britischen Justizgremien blieben zwar bestehen, wurden jedoch von fast niemand in Anspruch genommen. Die Iren organisierten einen Apparat zur Erhebung von Steuern, während die britischen Steuerbehörden brachlagen. Die lokalen Verwaltungen erhielten Anweisungen vom irischen Minister für Lokalverwaltung und richteten sich nach ihnen. Wenn eine Ortsbehörde einen Brief an die britische Zentralverwaltung in Dublin richtete — was versehentlich, aus Gewohnheit, vorkam —, dann sandten ihn die Postbeamten zurück. Die Iren wußten durch zahlreiche Agenten größenteils, was die britischen Behörden und Militärs vorhatten, so daß deren Maßnahmen sehr oft paralysiert werden konnten. So wurde der britische Regierungsapparat in Dublin und anderen Teilen der Insel mehr und mehr lahmgelegt. Daher griffen die Briten, nachdem sie die Sinn Fein und den Dail für illegal erklärt hatten, zunehmend zu Gewaltmaßnahmen, die im Jahre 1920 hauptsächlich aus brutalen Aktionen militärischer Sondereinheiten bestanden. Die IRA beantwortete dies mit einem zähen und auch erbittert geführten Partisanenkampf.

Die Londoner Regierung sah sich schließlich gezwungen, Irland über den Dominionstatus die innere (allerdings noch nicht völlig die äußere) Unabhängigkeit zu gewähren. Der anglo-irische Vertrag, der im Dezember

1921 nach monatelangen harten Verhandlungen zustande kam, brachte aber einen schweren Aderlaß mit sich, nämlich die Spaltung des Landes.

Es war eine Spaltung in zweifacher Hinsicht. Zum einen trennten die Briten sechs der neun Grafschaften der Ulster-Provinz von Irland ab und schufen aus ihnen ein künstliches Gebilde mit einem von protestantischen Reaktionären beherrschten Parlament, dessen Befugnisse über die einer englischen Grafschaft nicht wesentlich hinausgingen.[21] Zum anderen bestand die Bevölkerung Nordirlands zu einem Drittel aus Katholiken, die einen einheitlichen irischen Staat wünschten, Ulster eingeschlossen. Diese Minderheit wurde in bezug auf Arbeitsplätze, Wohnungen, Wahlrecht und andere Lebensbereiche einer Diskriminierung ausgesetzt, wie es sie in keinem anderen bürgerlich-parlamentarischen Land Europas gab. Die Situation war für die Bewohner der Insel auch deshalb unerträglich, weil das abgetrennte Gebiet wirtschaftlich weiter entwickelt war als die übrigen Landesteile, Irland also ökonomisch amputiert wurde.

Der Abschluß des Vertrages führte im Irischen Freistaat, wie sich das Land jetzt zu nennen begann, zu scharfen Auseinandersetzungen und zum Bürgerkrieg. Die Nationalversammlung nahm ihn nur mit knapper Mehrheit an. Seine Befürworter machten geltend, daß sich die Wirtschaft des Landes in einem chaotischen Zustand befand, der Eisenbahnverkehr völlig daniederlag und es der Armee an Munition fehlte. Sie fürchteten aber auch, daß sich der Massenkampf weiterentwickeln und gegen ihre Klassenherrschaft richten könnte, die ihnen wichtiger war als die Unabhängigkeit der ganzen Insel. Es kam zu einer Spaltung der Sinn Fein, von der ein Flügel zusammen mit einem Großteil der IRA den Kampf für eine ganz Irland umfassende unabhängige Republik fortsetzte. Der Bürgerkrieg endete im Mai 1923, als der Stabschef der IRA befahl, das Feuer einzustellen und Waffen und Munition zu verbergen. Eine formelle Kapitulation erfolgte nicht. Doch der Kampf war zu Ende. Versuche, ihn fortzusetzen, blieben ohne Erfolg, zumal die jetzt im Untergrund agierende IRA über kein sozialpolitisches Programm verfügte, wenig Unterstützung in der Bevölkerung fand und es Uneinigkeit und Spaltungen in ihren Reihen gab.

10. Die Wirtschaftskrise 1920—1922

Ende 1920 setzte in Großbritannien die erste zyklische Wirtschaftskrise nach dem Weltkrieg ein. Sie dauerte bis 1922 und ging 1923 in eine Depression über, die im Jahre 1924 einer Phase der Belebung zu weichen begann.

Ihr war eine als Nachkriegsboom bekannte kurzzeitige Hochkonjunktur vorausgegangen, die im Sommer 1919 eingesetzt hatte. Dieser Boom besaß überwiegend spekulativen Charakter. Die Unternehmer sprachen von einem großen Nachholebedarf im In- und Ausland; insbesondere die Textilindustriellen glaubten, Millionen zurückkehrender Soldaten warteten nur darauf, ihre Erzeugnisse kaufen zu können. Es wurden Kapitalien investiert und neue Gesellschaften gegründet; die Produktion belebte sich, und die Preise stiegen; die Regierung betrieb eine inflationistische Politik. In Lancashire, dem Zentrum der Textilindustrie, wechselten 238 Fabriken, die 42 Prozent der Kapazität der Baumwollspinnereien ausmachten, den Besitzer; gezahlt wurde fast das Siebenfache ihres Vorkriegswertes.

Das alles mußte sehr bald in Widerspruch zur Aufnahmefähigkeit der Märkte geraten. Als sich die Banken über die Kluft zwischen Angebot und Nachfrage klar wurden, erhöhten sie im April 1920 die Zinsen, was die Investitionswelle nicht nur begrenzte, sondern beendete. Damit begann der Boom zusammenzufallen.

Im Verlauf der Krise sanken die Industrieproduktion um etwa ein Viertel und die Ausfuhr auf fast die Hälfte. Die Zahl der Arbeitslosen verdoppelte sich zwischen Dezember 1920 und März 1921 und stieg wenige Monate später auf über 2 Millionen. Auf dem Tiefpunkt der Krise waren fast 18 Prozent der versicherten Arbeiter ohne Beschäftigung. Besonders betroffen waren die Eisen- und Stahlindustrie sowie der Schiffbau, in denen Ende 1921 ein Drittel ohne Arbeit war. Von Anfang 1921 bis zum zweiten Weltkrieg gab es in Großbritannien auch in relativ guten Zeiten stets mehr als 1 Million Arbeitslose.

Die erste Reaktion der Regierung auf die Krise war ein beschleunigter Abbau der Wirtschaftskontrollen. Während des Krieges waren die Schwerindustrie, das Verkehrswesen und andere Wirtschaftszweige ganz oder teilweise unter Regierungsaufsicht gestellt worden, wodurch sich die Macht des Großkapitals verstärkt hatte. Entgegen der anfangs von vielen Menschen gehegten Hoffnung, diese Kontrollen könnten zu Nationalisierungsmaßnahmen und damit zum Beginn einer neuen Wirtschaftsordnung führen, orientierten sich die Herrschenden schon bald nach Kriegsende auf eine ,,Dekontrolle". Am 31. März 1921 erhielten die Grubenbesitzer die volle Verfügung über die Bergwerke zurück. Mit dem gleichen Tage stellten die Ministerien für Rüstung, Schiffahrt und Versorgung ihre Tätigkeit ein. Im August endete die Kontrolle über die Eisenbahnen. Während sich im Bergbau an der antiquierten Organisations- und Besitzstruktur nichts änderte, wurden aus den 120 Eisenbahngesellschaften 4 große Gruppen gebildet.

Als im Frühjahr über das Budget 1921/22 debattiert wurde, schrien einflußreiche Großkapitalisten und Politiker nach Sparmaßnahmen, Deflation und anderen herkömmlichen Mitteln der Krisenbewältigung. Die rechtskonservative Massenzeitung Daily Mail begann eine wütende Kampagne gegen die „Verschwendungssucht", der Vorsitzende der Midland Bank forderte „mitleidslose, unnachgiebige, unbarmherzige" Maßnahmen. Unter ihrem Druck wurden die Staatsausgaben einschneidend gekürzt; das Wohnungsbauprogramm kam praktisch zum Erliegen. Die Regierung setzte eine Kommission unter Leitung des ehemaligen Ministers Eric Geddes ein, deren Empfehlungen derart waren, daß im Lande allgemein von der „Geddes-Axt" gesprochen wurde. Im Finanzjahr 1922/23 sanken die Staatsausgaben abermals.

Das Hauptaugenmerk von Bourgeoisie und Regierung war darauf gerichtet, die Krise in möglichst hohem Maße auf Kosten der Arbeiter zu bewältigen. Sie konzentrierten sich dabei auf die Bergarbeiter, die als stärkste und militanteste Gewerkschaft galten und deshalb zuerst zu Boden gezwungen werden sollten.

Die Grubenbesitzer nutzten die bevorstehende Aufhebung der staatlichen Kontrollen, um die Rückkehr zu den einige Jahre zuvor abgeschafften regionalen Vereinbarungen (anstelle solcher im Landesmaßstab) sowie Lohnsenkungen auf ein Niveau zu fordern, das unter dem der Vorkriegszeit lag. Als die Bergarbeiter ablehnten, wurden sie am 1. April 1921, mit Beendigung der Kontrollen über die Gruben, ausgesperrt. Sie wandten sich an die Triple Alliance, und für den 12. April wurde ein allgemeiner Streik der Transportarbeiter und Eisenbahner angesetzt. Aus Furcht vor einem Generalstreik verhängte die Regierung eine Urlaubssperre für Militärpersonen, berief Reservisten ein, begann mit der Aufstellung einer Bürgerkriegstruppe und ergriff weitere Maßnahmen für mögliche bewaffnete Aktionen gegen Streikende. Die Führer der beiden Gewerkschaften hatten sich in ihrer Mehrheit nur unter dem Druck der organisierten Arbeiter für die Aktion ausgesprochen. Es gelang ihnen zunächst, die Ausrufung des Streiks auf Freitag, den 15. April, zu verschieben. Wenige Stunden bevor er beginnen sollte, widerriefen sie ihn — von Frank Hodges, dem Sekretär des Bergarbeiterverbandes, tatkräftig unterstützt. Dieser Tag ist unter der Bezeichnung „Schwarzer Freitag" in die Geschichte eingegangen.

Die Folgen des Verrats waren weitreichend. Die Bergarbeiter mußten die Arbeit nach dreimonatiger Aussperrung zu ihnen diktierten Bedingungen wiederaufnehmen. Darüber hinaus erlitt die gesamte Arbeiterbewegung schwere Rückschläge. Im Ergebnis isolierter Rückzugskämpfe wurden die Erfolge, die die Gewerkschaften in der ersten Nachkriegszeit errungen hatten, großenteils zunichte gemacht. Mehr als 6 Millionen Arbeiter mußten beträchtliche Lohnsenkungen hinnehmen, viele von ihnen erhielten weniger als vor dem Krieg. Die führende bürgerliche Wirtschaftszeitung The Economist schätzte, daß 1922 drei Viertel der Lohnerhöhungen aus der Kriegs- und Nachkriegszeit verlorengingen. Die Zahl der gewerkschaftlich organisierten Arbeiter sank zwischen 1920 und 1923 von mehr als 8 auf 5,4 Millionen.

11. Die Außenpolitik in den frühen zwanziger Jahren

Großbritanniens Außenpolitik war auch in den frühen zwanziger Jahren von dem Bestreben bestimmt, seine ausgedehnten Besitzungen und Positionen in der Nachkriegswelt zu halten und möglichst noch auszuweiten. Das gelang überwiegend, doch es gab zugleich Entwicklungen, die für die herrschenden Kreise ungünstige Veränderungen mit sich brachten.

In ihrer Deutschlandpolitik ließen sich die führenden britischen wie auch anderen westlichen Politiker neben ihrem Anliegen, den einstigen Rivalen niederzuhalten, weiterhin von dem Bemühen leiten, ein Zusammenbrechen der bürgerlichen Ordnung in Mitteleuropa zu verhindern. Deutschland war das Land mit dem größten Industriepotential in Europa, hatte eine hochorganisierte Arbeiterbewegung, in der die Linken beträchtliche Positionen besaßen, und lag im Zentrum Europas. Weitsichtigen Politikern war klar, daß nach dem Erfolg der russischen Kommunisten eine siegreiche Revolution in Deutschland das Schicksal des Imperialismus zumindest in Europa entscheiden würde.

Während nun die französischen Politiker den östlichen Nachbarstaat weiterhin vor allem als Rivalen ansahen, der schwach bleiben und durch ein starkes, mit Frankreich verbündetes Polen in Schach gehalten werden sollte, brachten sich in Großbritannien nach der Pariser Konferenz die Kräfte stärker zur Geltung, die allzu harte Bedingungen für Deutschland abgelehnt hatten. Die Konservativen hatten in ihrer Mehrheit die Linie Lloyd Georges zunächst mit Argwohn verfolgt oder gar bekämpft. Doch unter dem Eindruck der Wirtschaftskrise wuchs auch unter ihnen die Erkenntnis, daß die Reparationsverpflichtungen Deutschland zu forciertem Export zwangen und weiter zwingen würden, worunter die britische Ausfuhr leiden müßte, und daß hohe Reparationszahlungen die Wiederherstellung der für Großbritannien wichtigen Handelsbeziehungen zu Deutschland behinderten. So setzten sich britische Politiker zunehmend für eine Beschränkung der wirtschaftlichen Belastungen Deutschlands ein, und es war mehr und mehr von Mäßigung und auch Versöhnung die Rede.

Wirtschaftliche Erwägungen waren auch die Hauptursache dafür, daß nach dem Scheitern der bewaffneten Intervention immer stärker die Aufnahme von Handelsbeziehungen mit Sowjetrußland befürwortet wurde. Damit verbunden war allerdings die Hoffnung, den neuen Staat wirtschaftlich an die Wand drücken zu können. Lloyd George wollte (das alte) ,,Rußland durch den Handel retten", wie er im Februar 1920 äußerte, und sein Finanzminister Robert Horne meinte 1921, kommerzielle Durchdringung sei ,,der beste Weg, den Bolschewismus zum Zusammenbruch zu bringen". Das im März 1921 abgeschlossene britisch-sowjetische Handelsabkommen kam einer De-facto-Anerkennung Sowjetrußlands gleich und schlug eine Bresche in die Nichtanerkennungsfront der imperialistischen Mächte.

Noch im gleichen Jahr trat die Washingtoner Konferenz zusammen, deren Ergebnisse das mit und nach dem Weltkrieg in Ostasien und im Pazifik entstandene Kräfteverhältnis zwischen den kapitalistischen Hauptmächten zum Ausdruck brachten.

Anlaß war das Flottenwettrüsten nach dem Krieg. Als die Pariser Konferenz zu Ende ging, bauten oder projektierten die drei führenden Seemächte Großkampfschiffe, deren Tonnage größer war als die der an der Skagerrak-Schlacht von 1916 beteiligten Flotten zusammengenommen. Unter dem Eindruck der Wirtschaftskrise und ihrer Auswirkungen wurde den Londoner Politikern klar, daß ein solches Wettrüsten die Kräfte des Landes überstieg und es günstiger war, sich mit den Amerikanern zu arrangieren. Sie hatten zudem Antikriegs- und pazifistische Strömungen unter der Bevölkerung zu berücksichtigen. Dazu kam noch, daß der britisch-japanische Bündnisvertrag vom Jahre 1905 im Juli 1921 ablief und sich Großbritannien entscheiden mußte zwischen einem weiteren Zusammenwirken mit dem inzwischen mächtiger gewordenen Japan oder einer vorsichtigen Orientierung auf die USA. Als der amerikanische Präsident zu einer Konferenz einlud, die sich mit der Begrenzung der Seerüstungen sowie mit pazifischen und fernöstlichen Fragen befassen sollte, nahm London an.

Mitte Dezember 1921 wurde zwischen Großbritannien, den USA, Japan und Frankreich ein Viermächtepakt unterzeichnet, in dem sich die Partner verpflichteten, ,,ihre Rechte betr. ihre insularischen Besitzungen und Dominions im Stillen Ozean zu achten". Unter dem Druck der USA gab Großbritannien sein Bündnis mit Japan auf, das seinerzeit gegen Rußlands und Deutschlands Ambitionen im Fernen Osten gerichtet war, das nach dem Sturz des Zarismus und der Niederlage Deutschlands aber eine antiamerikanische Ausrichtung annehmen mußte.

Im Februar 1922 schlossen die USA, Großbritannien, Japan, Frankreich und Italien einen Flottenvertrag, in dem sie übereinkamen, daß die Gesamttonnage der Schlachtflotten ihrer Länder die Relation 5 : 5 : 3 : 1,75 : 1,75 zueinander haben sollte. Damit endete die britische Vorherrschaft auf den Weltmeeren; Großbritannien war zuvor von dem (1889 gesetzlich fixierten) Grundsatz ausgegangen, daß seine Kriegsflotte mindestens so stark sein müsse wie die beiden nächstgrößten zusammengenommen.

So wurde in diesen Verträgen wie auch in dem auf der Konferenz abgeschlossenen Neunmächtepakt über China der Machtzuwachs der USA deutlich, der auf der Pariser Konferenz nur zum Teil zur Geltung gekommen war. Die Abkommen machten zugleich eine Schwächung der internationalen Position Großbritanniens sichtbar.

Im Jahre 1922 wurde offensichtlich, daß der Versuch Großbritanniens, die Türkei unter seine Kontrolle zu bringen, gescheitert war und der Sieg der kemalistischen Bewegung hingenommen werden mußte.

Die nationale Befreiungsbewegung, von bürgerlichen Kräften unter Mustafa Kemal geführt, war 1919 im Kampf gegen die Unterdrückungspolitik Großbritanniens, Frankreichs und Italiens und die ihnen hörige Sultansregierung entstanden. Als die Entente-Mächte die während des Krieges abgeschafften Kapitulationen und ungleichen Verträge wiederherzustellen suchten, im März 1920 zusätzliche Truppen nach Istanbul sandten und die von Großbritannien ermunterte griechische Regierung im Mai türkische Gebiete militärisch zu besetzen begann, wuchs die Bewegung in die Breite; der Kampf gegen die griechischen Aggressoren verband sich mit dem Bürgerkrieg gegen die feudal-klerikale Reaktion. Im Sommer und Herbst 1920 konnten die Kemalisten die Sultansregierung entscheidend schlagen.

So sahen sich die Entente-Mächte gezwungen, mit der neuen Regierung in Ankara zu verhandeln, doch als diese die ihr gestellten Forderungen ablehnte, forcierte die von den Briten angestachelte Athener Regierung die militärische Intervention. Im Spätsommer erlitten die griechischen Truppen eine Niederlage. Italien und Frankreich zogen ihre Soldaten im Herbst 1921 ab und anerkannten die kemalistische Regierung, um sich auf diese Weise Positionen zu erhalten. Großbritannien aber verfolgte seine Ziele unverändert weiter. Im Juli 1922 eröffneten die Griechen eine Offensive. Sie endete mit einer völligen Niederlage. Der Waffenstillstand vom 11. Oktober und der Abzug der griechischen Truppen bedeuteten eine Schlappe vor allem für Großbritannien, die noch dadurch vervollständigt wurde, daß der auf der Pariser Friedenskonferenz abgeschlossene Vertrag von Sèvres 1923 durch den Friedensvertrag von Lausanne ersetzt wurde, der die Türkei als souveränen Staat anerkannte und die Sonderrechte der Siegermächte (mit Ausnahme der in bezug auf die Meerengen) aufhob.

Mit dem Scheitern der britischen Pläne endete auch die Regierung Lloyd George. Der Premier legte eine Woche nach dem Waffenstillstand sein Amt nieder. Der außenpolitische Mißerfolg in der Türkei war aber nur ein Grund und auch mehr Anlaß für diesen Schritt. Wichtiger war die unter den Konservativen weitverbreitete Unzufriedenheit mit dem autokratischen Führungsstil des Regierungschefs. Wenn sich die kritischen Stimmen erst jetzt nachhaltig zur Geltung brachten, so deshalb, weil sich die britische Arbeiterbewegung nach dem ,,Schwarzen Freitag" in der Defensive befand und die revolutionären Bewegungen auf dem europäischen Kontinent abgeebbt waren. In einer solchen Situation brauchten die Konservativen einen so geschickten Taktiker und Demagogen wie Lloyd George nicht mehr so dringend.

II. Großbritannien in den zwanziger Jahren

1. Die wirtschaftliche Lage

Als gegen Mitte der zwanziger Jahre die Nachkriegskrise und die ihr folgende Depression einer Belebung von Industrie und Handel zu weichen begannen, wurde mehr und mehr deutlich, daß sich die britische Wirtschaft in ernsten Schwierigkeiten befand und sich ihre Stellung in der Weltwirtschaft erheblich verändert hatte. Infolge der verschlechterten Absatzlage auf den Exportmärkten blieben große Teile des Industriepotentials unausgelastet. Im Unterschied zu den USA und einigen anderen Ländern erlebte die Industrie keine Prosperität. Das Produktionsvolumen lag auch in der zweiten Hälfte des Jahrzehnts nur geringfügig über dem Vorkriegsstand; der Anteil an der Weltindustrieerzeugung sank von 14 Prozent in den Jahren 1913 und 1920 auf 12 Prozent im Jahre 1929. Auch war Großbritanniens Stellung als Finanzzentrum der Welt angeschlagen. Neben London gab es jetzt mit New York einen Anleihemarkt, der den Briten den Rang abzulaufen begann.

Diese Situation war nicht einfach eine Folge des Weltkriegs, sie war mehr ein Ergebnis von tiefgreifenden Veränderungen, die bereits vor 1914 eingesetzt hatten und durch den Krieg beschleunigt worden waren.

Im 19. Jahrhundert war Großbritannien die wirtschaftlich stärkste Macht der Welt gewesen. Hauptgrundlage hierfür war die industrielle Überlegenheit. In den letzten Jahrzehnten vor 1914 hatte sich die Industrie der USA und Deutschlands so ausgeweitet, daß Großbritannien auf den dritten Platz zurückgefallen war. Es war in technologischer und organisatorischer Hinsicht immer mehr in Rückstand geraten, hatte sich aber aufgrund der alten Handelspositionen sowie der weiteren Ausdehnung und stärkeren Nutzung des riesigen Kolonialreiches noch halten können. Zudem hatte Großbritannien damals die größte Handelsflotte der Welt besessen, war der größte Exporteur von Kapital sowie Bank- und Versicherungszentrum des Erdballs gewesen. Die Einnahmen aus der Frachtschiffahrt für andere Länder, aus den internationalen Bank-, Versicherungs-

und Handelsgeschäften und aus den überseeischen Investitionen waren so groß geworden, daß sie nicht nur die passive Handelsbilanz hatten ausgleichen, sondern einen gewaltigen Zahlungsbilanzüberschuß bewirken können, der wiederum weitere Kapitalausfuhren ermöglicht hatte. So war Großbritannien bis zum Weltkrieg hin, trotz des industriellen Rückstands, stärkste Wirtschaftsmacht geblieben.

Nach dem Krieg machten sich die Folgen dieser Situation, dieses von Zeitgenossen oft als „ökonomischen Parasitismus" bezeichneten Zustands, bald bemerkbar. Einmal erreichten die während des Krieges gesunkenen Auslandsguthaben nur kurzfristig wieder den Vorkriegsstand. Sodann hatte London den USA Kriegsschulden in Höhe von 850 Millionen Pfund Sterling zurückzuzahlen, was eine erhebliche finanzielle Belastung darstellte. Ferner waren einige im Ausland investierte Kapitalien praktisch verlorengegangen oder die Rückzahlung unsicher geworden. Schließlich schrumpften im Zusammenhang mit den wirtschaftlichen Schwierigkeiten, in denen sich zahlreiche Länder nach dem Krieg befanden, und der USA-Konkurrenz die internationalen Bank-, Versicherungs- und Handelsgeschäfte sowie die Schiffsfrachten für andere Länder und damit die Einnahmen aus diesen Posten erheblich.

Die Schwächung der wirtschaftlichen Positionen zeigte sich auch im Vordringen der USA im Empire und in britischen Einflußzonen. Da die Waren- und Kapitalausfuhr in diese Gebiete während des Krieges stark reduziert oder zum Erliegen gekommen war, hatten sich die amerikanischen Kapitalisten darangemacht, das Vakuum mit Waren und Investitionen zu füllen, insbesondere in Kanada und Lateinamerika. Sie zeigten natürlich keine Neigung, das Feld wieder zu räumen, und so stießen Briten und US-Amerikaner nach dem Krieg immer mehr aufeinander, zumal letztere auch in Europa und im Nahen Osten vordrangen. Die USA wurden Großbritanniens wirtschaftlicher Hauptrivale.

Am stärksten fiel ins Gewicht, daß die alten, traditionellen Industriezweige, auf denen einst die ökonomische Stärke des Landes beruht hatte, stagnierten oder verfielen und die neuen, deren Gewicht in der Industriestruktur der wirtschaftlich entwickelten Länder seit dem Ende des vorigen Jahrhunderts ständig zugenommen hatte und seit dem Krieg weiter zunahm, nicht rasch genug wuchsen, um den Niedergang der alten Zweige ausgleichen zu können.

In allen großen Bereichen der alten Industrien sanken Produktion, Ausfuhr und Zahl der Beschäftigten absolut. Die Nachfrage nach den Erzeugnissen dieser Zweige ging weltweit zurück. Im Kohlebergbau und der Baumwollwarenindustrie, die vor 1914 den größten Anteil an der Ausfuhr gehabt hatten, sank die Zahl der Beschäftigten zwischen 1920 und 1929 um 22 bzw. 11 Prozent, in der Eisen- und Stahlindustrie um 36, im alten Maschinenbau um 43 und im Schiffbau um 50 Prozent. Es kam in diesen Zweigen zu keiner durchgreifenden Modernisierung. Im Kohlebergbau betrieben Ende des Jahrzehnts 1400 Unternehmen 2000 Gruben (in Frankreich 130 Unternehmen 600 Gruben), während es in Lancashire 700 Spinnereien und 1200 Weberei-Unternehmen gab.[1]

Die neuen Industrien, deren Entwicklung durch die Erfordernisse des Krieges stimuliert worden war, wuchsen auch in Großbritannien beschleunigt heran. Die wichtigsten waren die chemische und die Elektroindustrie sowie die auf ihnen beruhende Herstellung von Automobilen und Flugzeugen sowie der Leichtmaschinenbau. Ihre Erzeugnisse fanden Käufer im Inland, waren aber im Ausland insgesamt wenig konkurrenzfähig, so daß die Ausfuhr langsamer anstieg als die der USA, der Niederlande, der Schweiz und bald auch Deutschlands. „Was heute wirklich wichtig und bedeutsam in England ist", schrieb ein Ökonom im Jahre 1930, „ist nicht die Depression der von der Depression betroffenen Industrien, sondern der relativ geringe Fortschritt, den die relativ gedeihlichen machen."[2] Eine Folge war, daß Großbritanniens Gesamtexport nur 84 Prozent des Vorkriegsstands erreichte.

Die neuen Zweige beruhten von Anfang an auf moderner Technik und benötigten umfangreiche Kapitalanlagen, so daß sie einen hohen Konzentrationsgrad aufwiesen. In ihnen vollzogen sich auch die herausragenden Monopolisierungsprozesse. Vor 1914 war Großbritannien in dieser Hinsicht hinter den USA und Deutschland zurückgeblieben. Nur im Bankwesen hatte es eine stärkere Konzentration gegeben, und hier hatten sich dann während der Kriegs- und ersten Nachkriegsjahre die „Großen Fünf" (Big Five: Midland, National Provincial, Lloyds, Barclays, Westminster) formiert, die diesen Bereich der Wirtschaft beherrschten. Im Jahre 1926 entstand mit Imperial Chemical Industries ein Mammutgebilde, das die gesamte Chemieindustrie kontrollierte und für viele Jahre das größte britische Industriemonopol blieb. 1929 wurde die damals größte Monopolorganisation der Welt in der Öl-, Fett- und Nahrungsmittelindustrie gebildet, der britisch-holländische Unilever-Konzern. Damit blieb die Konzentration der Produktion zwar noch hinter der der USA zurück, erreichte aber etwa denselben Stand wie in Deutschland.

Die meisten Politiker und Ökonomen erkannten nicht, daß die wirtschaftlichen Schwierigkeiten Ergebnis und Ausdruck tiefgreifender Veränderungen waren, sondern sahen in ihnen nur durch den Krieg und dessen Folgen entstandene Erscheinungen vorübergehender Art. Sie waren der

Meinung, daß die Vorkriegssituation wiederhergestellt werden könne und daß man vor allem wieder zum Goldstandard des Pfund Sterling, der im Krieg aufgegeben worden war, zurückkehren müsse. Dadurch erhalte die britische Währung wieder die alte Stabilität und London seine einstige Stellung als Finanzzentrum der Welt.

Diese Politik der Wertsteigerung des Pfund Sterling gipfelte in der Rückkehr zum Goldstandard im April 1925. Da diese (anders als in Frankreich und Italien) auf der Grundlage der Vorkriegsparität erfolgte, wurde das Pfund überbewertet — nach Meinung von John Maynard Keynes, dem damals bedeutendsten britischen Ökonomen, um etwa zehn Prozent. Die Maßnahme zeigte das große Gewicht der Londoner City und daß sich die Finanzmagnaten nach wie vor auf Auslandsgeschäfte orientierten. Auf die Industrie wirkte sie negativ. Sie machte nämlich eine Senkung der Preise nötig, wollte man konkurrenzfähig bleiben (da der Freihandel noch bestand, galt dies auch für das Inland), und das sollte durch ,,Rationalisierungsmaßnahmen", insbesondere durch Lohnsenkungen und Verschlechterung der Arbeitsbedingungen, ermöglicht werden. Die erhofften Ergebnisse blieben aus, hauptsächlich weil die Nachfrage nach den Erzeugnissen der alten Zweige gering blieb und die neuen Industrien zuwenig moderne, standardisierte Artikel anboten. Einige vorübergehende Vorteile für die Finanzleute wurden durch die Weltwirtschaftskrise zunichte gemacht.

Wenn die britische Wirtschaft bis zum Ende des Jahrzehnts noch keine dramatischen Einbußen erlebte, dann lag das hauptsächlich an zwei Faktoren. Einmal entwickelte sich das Verhältnis von Import- und Exportpreisen deutlich zugunsten Großbritanniens (wie auch der anderen industriell hochentwickelten Länder). Hatte es zwischen 1908 und 1913 noch 100 zu 97 betragen, so lag es zwischen 1921 und 1929 bei 100 zu 127, was bei den großen Mengen eingeführter Lebensmittel und Rohstoffe sehr ins Gewicht fiel. Zum anderen profitierte Großbritannien von dem Anwachsen von Industrie und Handel, das sich in der zweiten Hälfte der zwanziger Jahre in vielen Ländern der Welt vollzog. Die Einnahmen aus den überseeischen Investitionen, der Frachtschiffahrt für andere Länder und den internationalen Bank- und Versicherungsgeschäften — dem sogenannten unsichtbaren Export — stiegen wieder etwas an. So blieb die Zahlungsbilanz trotz gesunkener Ausfuhren und steigender Einfuhren noch aktiv. Der Überschuß war jedoch geringer als vor 1914, und das veranlaßte schließlich auch führende Politiker, gründlicher über die veränderte Stellung des Landes in der Weltwirtschaft nachzudenken. Zu einschneidenden Maßnahmen kam es aber erst unter den Schlägen der Weltwirtschaftskrise.

2. Die Lage der Arbeiter

In der materiellen Lage der Arbeiter vollzogen sich in den zwanziger Jahren rasche und erhebliche Veränderungen. Das lag hauptsächlich an den wirtschaftlichen Schwierigkeiten und den strukturellen Veränderungen in der Industrie und in der Arbeiterklasse.

Bis zum Ende des Jahrzehnts hin blieben die Durchschnittswochenlöhne der (beschäftigten) Arbeiter etwa auf dem Niveau, auf das sie im Zuge der Wirtschaftskrise Anfang der zwanziger Jahre gesunken waren. Da nun die während der Krise stark gefallenen Preise für Lebensmittel und andere Waren des Grundbedarfs nach 1925 abermals absanken, erreichten die Reallöhne 1927 wieder den Stand von 1920/21 und lagen dann leicht darüber. Dabei müssen wir folgendes beachten. Einmal beruhte der den Reallohnberechnungen zugrunde liegende offizielle Lebenshaltungskostenindex großenteils auf veralteten Angaben über die Konsumbedürfnisse einer Arbeiterfamilie und überbewertete zudem den Anteil der Ausgaben für Lebensmittel. Sodann blieben die Löhne des größeren Teils der Arbeiter in den alten Industrien unter dem Stand von 1920/21, die der Bergarbeiter sogar ganz beträchtlich. Schließlich lagen die Löhne der Frauen (deren prozentualer Anteil an der Gesamtzahl der Arbeiter übrigens gegenüber dem Vorkriegsstand unverändert blieb) im Durchschnitt nur halb so hoch wie die der Männer, obwohl die geleistete Arbeit oft nicht weniger qualifiziert war.

Ein echter Fortschritt war die Verkürzung der Arbeitszeit für die Mehrzahl der Beschäftigten. Vor 1914 war in der Industrie zumeist 54 Stunden pro Woche gearbeitet und morgens um 6 Uhr begonnen worden; die meisten hatten einschließlich der Pausen 12 Stunden in den Fabriken zubringen müssen. Jetzt wurde 46 $^1/_2$ bis 48 Stunden gearbeitet, in einigen Fällen an 5, in den meisten an 5 $^1/_2$ Wochentagen. Arbeitsbeginn wurde 7.30 Uhr oder 8 Uhr. Fabriken mit Schichtarbeit gingen von 11 oder 11 $^1/_2$ zu 8 Stunden über. Diese verkürzten Zeiten verteidigten die Arbeiter durchweg mit größerer Zähigkeit als Errungenschaften bei den Löhnen, ging es doch um die für die Erhaltung der Arbeitskraft so nötige Freizeit. In der Landwirtschaft, in Dienstleistungssektoren und weiteren Bereichen der Wirtschaft lag die Arbeitszeit allerdings (wie vor 1914) beträchtlich höher, insbesondere in Kleinbetrieben mit einem hohen Frauenanteil. Bis zum Jahre 1937 konnten Frauen und Jugendliche 60 Stunden pro Woche beschäftigt werden und danach in Unternehmen mit Saisonarbeit noch 26 Wochen im Jahr 60 Stunden lang.

Was die Lage der Arbeiter am meisten bestimmte, waren nicht Löhne und Arbeitszeit, sondern die hohe Arbeitslosigkeit. Wie bereits an anderer

Stelle vermerkt, waren während der zwanziger und dreißiger Jahre selbst in wirtschaftlich günstigen Zeiten nie weniger als zehn Prozent ohne Beschäftigung, so daß in historischen Darstellungen oft vom ,,Zeitalter der Massenarbeitslosigkeit" gesprochen wird. Damit wuchs die Existenzunsicherheit auch der beschäftigten Arbeiter beträchtlich an. Die Situation wurde dadurch noch schlimmer, daß die Arbeitslosigkeit in hohem Maße in den Gebieten konzentriert war, in denen sich die alten Industrien befanden. Hier entstanden die für die Zwischenkriegsjahre so charakteristischen Notstandsgebiete, in denen die Arbeitslosigkeit nach 1922 oft höher blieb als während der Krise für Großbritannien insgesamt. In einigen Städten oder Gebieten war ständig mehr als ein Viertel ohne Arbeit, und viele fanden jahrelang keine Beschäftigung. Die Regierung sah sich gezwungen, die Bestimmungen des Arbeitslosenversicherungsgesetzes vom Jahre 1920 wiederholt abzuändern, den Zeitraum für die Zahlungen über die vorgesehenen 15 Wochen pro Jahr hinaus auszudehnen und bei der Höhe der gezahlten Summen Familienangehörige zu berücksichtigen. Die Verbesserungen waren aber so geringfügig, daß selbst Mitte der zwanziger Jahre fast eine halbe Million Arbeitslose staatliche Armenunterstützung in Anspruch nehmen mußten.

So blieben die Verbesserungen in der materiellen Lage der Arbeiter im wesentlichen auf die Bereiche beschränkt, in denen die Lohnerhöhungen und Arbeitszeitverkürzungen nicht durch Massenarbeitslosigkeit und die damit verbundene erhöhte Existenzunsicherheit gegenstandslos oder fragwürdig gemacht wurden. Das waren hauptsächlich die neuen Industrien, Transport und Verkehr sowie die Einrichtungen, die die wachsende Zahl von staatlichen, kommunalen, Handels- und Industrieangestellten beschäftigten. In ihnen dominierten nicht mehr die Facharbeiter alten Stils, die einst eine privilegierte Stellung innegehabt hatten. Im Zuge der sich seit dem Ende des vorigen Jahrhunderts immer stärker entwickelnden Mechanisierung, Standardisierung und Massenproduktion waren insbesondere in den neuen Industriezweigen an die Stelle der gelernten halb- oder angelernte Arbeiter getreten. Da die neuen Zweige nun vorwiegend in Süd- und Mittelengland heranwuchsen, also dort, wo sich nur ein geringer Teil der alten Industrien befand, kamen die vielen von ihnen angezogenen Arbeiter nur zum kleinen Teil aus den traditionellen Industriegebieten. Der größte Teil waren Arbeiter, die zuvor zu ungelernten Schichten gehört hatten und schlecht oder gar erbärmlich schlecht entlohnt worden waren. Ihre materielle Lage verbesserte sich jetzt; sie wurden besser bezahlt, hatten eine kürzere Arbeitszeit, und — vor allem — die Arbeitslosigkeit war ziemlich gering. Während also — grob gesprochen — die Arbeiter in den alten Industrien in Nordengland, Wales und Schottland eine Verschlechterung ihrer Lage hinnehmen mußten und besonders von Arbeitslosigkeit heimgesucht wurden, erfreuten sich die neu in die Industrie, das Transportwesen usw. kommenden Schichten in Süd- und Mittelengland eines verbesserten Lebensstandards und waren relativ frei von der Angst um den Arbeitsplatz.

Diese Veränderungen hatten beträchtliche Wirkungen auf die Gewerkschaftsbewegung. Die Arbeiter in den alten Industrien wurden immer mehr in die vorderste Front des Klassenkampfes gerissen. In einigen der im 19. Jahrhundert ideologisch vom bürgerlichen Liberalismus beherrschten Trade Unions gewannen linke oder nach links tendierende Kräfte an Einfluß und erlangten auch führende Positionen. Demgegenüber wurden die Gewerkschaften der Arbeiter in den neuen Industrien, im Transport- und Verkehrswesen usw. — in diesen Wirtschaftsbereichen war der Organisationsgrad erheblich niedriger — zu Festen der rechten Gewerkschaftsbürokratie. Die Transport and General Workers Union und die 1924 gebildete, zahlenmäßig ebenfalls starke National Union of General and Municipal Workers waren Nachfolgeorganisationen der Gewerkschaften, die um 1890 den Hauptanteil bei der Entstehung des Neuen Unionismus gehabt hatten: des Verbandes der Hafenarbeiter und des Verbandes der Gasarbeiter, der einst der Stolz Friedrich Engels' gewesen war. Natürlich waren diese Verschiebungen nicht durchgängig oder geradlinig oder gar frei von entgegengesetzten Entwicklungen. Doch sie brachten deutlich die Veränderungen in der Struktur von Wirtschaft und Arbeiterklasse zum Ausdruck.

Ein Merkmal der veränderten Lage war die Formierung einer das ganze Land umfassenden organisierten Arbeitslosenbewegung. Im Spätherbst 1920 entstanden in London lokale Ausschüsse und ein zentraler Arbeitslosenrat; in den Monaten danach bildeten sich solche Organe auch in anderen Städten. Die führenden Positionen hatten Kommunisten und andere Linke inne; herausragend war (und blieb) der damals 25jährige Wal Hannington, der vorher in der Betriebsräte-Bewegung tätig gewesen war und der Kommunistischen Partei angehörte. Die Bewegung veranstaltete Massendemonstrationen, entsandte Deputationen, zwang Lokalbehörden zu Hilfsmaßnahmen und war noch auf andere Weise tätig. Im Herbst 1922 wurde der erste große Hungermarsch von Glasgow nach London durchgeführt; er endete mit einer Massendemonstration, an der sich 70 000 beteiligten. Die materiellen Verbesserungen für die Arbeitslosen waren in erster Linie dem Druck dieser Bewegung zu verdanken. Wichtiger noch war, daß ihre Aktivitäten Hunderttausende der Hoffnungslosigkeit entrissen und ihnen die Selbstachtung erhielten, die besonders durch lang andauernde Arbeitslosigkeit schwer beeinträchtigt wurde.

3. Die Labour-Regierung

Die erste Handlung der nach dem Ende der konservativ-liberalen Koalition gebildeten Regierung Bonar Law bestand in der Auflösung des Parlaments. Bei den im November 1922 abgehaltenen Wahlen erhielten die Konservativen 5,5 Millionen Stimmen und 345 Unterhaussitze, die weiterhin gespaltenen Liberalen bei 4,2 Millionen 116 Sitze. Einen großen Erfolg errang die Labour Party. Sie bekam 4,2 Millionen Stimmen gegenüber 2,4 Millionen im Jahre 1918 und 142 Sitze gegenüber 59 bei den vorangegangenen Wahlen.

Die neue Regierung wurde bereits im Mai 1923 umgebildet. An die Stelle des schwer erkrankten Bonar Law trat nach einigen Auseinandersetzungen in der Tory-Partei Stanley Baldwin, der bis dahin wenig auf sich aufmerksam gemacht hatte und seit November das Finanzministerium leitete. Baldwin war Besitzer eines großen Hüttenwerkes. Er verstand es, sich als einfachen Mann aus der Provinz zu geben, was manche dazu brachte, ihn als bieder und unbedeutend anzusehen; tatsächlich war er ein kluger und taktisch versierter Politiker. Das neben ihm prominenteste Kabinettsmitglied war Lord Curzon, der Balfour im Herbst 1919 als Außenminister abgelöst und vergebens das Amt des Premierministers erstrebt hatte.

Auch diese Regierung blieb nicht lange im Amt. Als sich die Wirtschaftslage im Herbst 1923 abermals verschlechterte und führende Politiker über protektionistische Maßnahmen zu sprechen begannen, hielt Baldwin eine vielbeachtete Rede, in der er den Schutz des Binnenmarktes als das einzige Mittel zur Überwindung der wirtschaftlichen Schwierigkeiten bezeichnete. Es ging ihm und seinen Anhängern jedoch nicht nur um Schutzzölle. Die Konservativen waren seit dem Bruch der Koalition uneins, und Baldwin fürchtete, daß sich die starke Minderheit, die gegen den Bruch aufgetreten war und zu der so einflußreiche Persönlichkeiten wie Austen Chamberlain und Arthur Balfour gehörten, mit Lloyd George zusammentun und eine neue Partei bilden könnte. Daher sollte die Losung des Protektionismus, dessen Einführung die Mehrheit der Konservativen seit dem Beginn des Jahrhunderts mehr oder weniger erstrebte, alle Tories wieder zusammenführen. Nach einigem Zögern wurden das Parlament aufgelöst und Neuwahlen angesetzt, aus denen nach Baldwins Wunsch eine geeinte Partei hervorgehen sollte. Dieses Ziel wurde im wesentlichen erreicht. Die Liberalen überwanden ihre Spaltung ebenfalls und führten den Wahlkampf unter der Losung der Freihandelspolitik; Herbert Asquith, prominentester Gegner der Koalition mit den Konservativen, wurde wieder Parteiführer. Die Konservativen verloren jedoch ihre absolute Unterhausmehrheit.

Unterdessen vollzogen sich in der Labour-Bewegung recht widersprüchliche Entwicklungen. Die Folgen von Wirtschaftskrise und -stagnation und die Angriffe auf den Lebensstandard der Arbeiter hatten eine tiefe Unzufriedenheit mit den Konservativen hervorgerufen, deren Regierung offensichtlich unfähig war, mit den wirtschaftlichen Schwierigkeiten fertig zu werden. Die Unterhauswahlen 1922 und auch lokale Wahlen zeigten, daß sich der größere Teil der Arbeiter der Labour Party zuzuwenden begann. Zugleich schlossen sich in den ersten Nachkriegsjahren zahlreiche bürgerlich-liberale Politiker und Intellektuelle der Labour Party an, so Charles Trevelyan, der 1914 aus Protest gegen den Kriegseintritt Großbritanniens sein Amt als Staatssekretär niedergelegt hatte, und Clement Attlee, der Mitte der dreißiger Jahre Führer der Labour Party wurde. Die meisten von ihnen hatten gegen die Außenpolitik opponiert, die ihrer Meinung nach den Krieg verursacht hatte, und einige waren zu der Auffassung gelangt, daß die tieferen Ursachen im kapitalistischen System lägen, das man verändern müsse. Da sie ihrer linksliberalen Grundhaltung durchweg verhaftet blieben, wurden die reformistische Ideologie in der Labour Party noch gestärkt und die sozialistische Zielsetzung noch mehr verwässert.

Widersprüchlich war auch die Situation in der Independent Labour Party (ILP), die trotz des Bestehens von Lokalorganisationen der Labour Party weiterhin mehrere zehntausend Mitglieder in ihren Reihen zählte und sich mehr denn je als Avantgarde der Labour-Bewegung verstand. Neben radikal-liberalen Intellektuellen und reformistischen Elementen wie Clifford Allen, der von 1923 bis 1925 Parteivorsitzender war, gab es in der Partei zahlreiche politisch nach links tendierende Mitglieder; ihr bedeutendster Exponent wurde Fenner Brockway, einer der bekanntesten Journalisten der Labour-Bewegung, seit 1922 Organisations- bzw. Generalsekretär und ab 1931 Vorsitzender der ILP. Doch sie waren wie die weithin als militante Sozialisten betrachteten Clydesiders (jene Parlamentsabgeordneten, die 1922 und 1923 die Mehrheit der Unterhaussitze des westschottischen Industriegebiets in und um Glasgow errangen) eher Rebellen als Revolutionäre, und ihre Vorstellungen von Sozialismus und dem Weg zu ihm blieben vage und unstet. „Sie tendierten zu der Auffassung", schrieb A. J. P. Taylor, „daß sich soziale Reformen, wenn man sie hart genug vorantrieb, von selbst zum Sozialismus wandeln würden, und unterschieden sich deshalb von den Gemäßigten nur durch härteres Vorantreiben."[3] So war es nicht verwunderlich, daß Ramsay MacDonald, der im November 1922 wieder in das Unterhaus gelangte, mit den Stimmen auch der westschottischen ILP-Abgeordneten zum Fraktionsvorsitzenden und damit zum Führer der Labour Party gewählt wurde.

Das Ergebnis der Parlamentswahlen im Dezember 1923 brachte die herrschenden Kreise in eine komplizierte Lage. Die Konservativen erhielten 258 Sitze, die Liberalen 159 und die Labour Party 191. Keine Partei hatte also eine absolute Mehrheit. An eine konservativ-liberale Koalition dachten angesichts der Ereignisse vom Herbst 1922 nur wenige. Zudem befürchtete man, ein Rechtsblock könnte die Labour Party politisch nach links drängen. Andererseits gab es einflußreiche Personen, insbesondere in der Londoner City, die so sehr in antikommunistischen Ängsten und Parolen befangen waren, daß sie in einer Labour-Regierung den „Sieg des Bolschewismus" und das Ende der kapitalistischen Welt dämmern sahen. Doch die Flexibleren waren klug genug, den Wert eines zeitweiligen Rückzugs und die Vorteile einer von der Labour Party geführten Minderheitsregierung zu erkennen. So gelangte Neville Chamberlain, seit August 1923 Finanzminister, zu der Auffassung, daß eine taktische Allianz zu dem Zweck, die Labour Party nicht an die Regierung zu lassen, die Partei auf die Dauer nur stärken würde, während sie in der Regierung „zu schwach sein würde, um viel Schaden anzurichten, aber nicht zu schwach, um diskreditiert zu werden".[4]

Die Mehrzahl der Labour-Aktivisten wünschte einen Amtsantritt der Partei auch als Minderheitsregierung. Eine andere Haltung wurde als schwächliches Ausweichen betrachtet, das nur zu Desillusionierung führen würde. MacDonald, Snowden, Henderson und ihre politischen Freunde aber sahen in einer Labour-Regierung die Erfüllung ihrer reformistischen Träume und machten nach den Wahlen immer wieder deutlich, daß sie, falls sie die Amtsgeschäfte übernähmen, eine „maßvolle" Politik betreiben und keine Klassen-, sondern nur „nationale Interessen" im Auge haben würden. MacDonald, so schrieb G. D. H. Cole, „wollte Premierminister sein: Er wollte an der Spitze einer Regierung stehen, die eine äußerst maßvolle und vorsichtige Politik verfolgen würde . . ., und er war wahrscheinlich der Meinung, daß die Notwendigkeit, liberale Unterstützung zu erlangen, ihm gute Dienste leisten würde, um dem Druck der Labour-Linken zu widerstehen."[5]

Als am 21. Januar 1924 die Liberalen im Unterhaus ein von der Labour Party eingebrachtes Mißtrauensvotum unterstützten, trat Baldwin zurück. Zwei Tage danach war MacDonald bei George V., um mit der Regierungsbildung beauftragt zu werden. Der König schrieb in sein Tagebuch: „Ich führte ein einstündiges Gespräch mit ihm, er beeindruckte mich sehr; er wünscht, das Rechte zu tun."[6]

MacDonald bildete seine Regierung ohne Beratung mit der Parteiführung — genau wie das bei den Konservativen und den Liberalen üblich war.

Er selbst übernahm zusätzlich das Außenministerium. Finanzminister wurde Philip Snowden, Innenminister Arthur Henderson und Kolonialminister der Generalsekretär der Eisenbahnergewerkschaft, J. H. Thomas. Mit Ausnahme von Gesundheitsminister John Wheatley gehörten alle Regierungsmitglieder zum rechten Flügel. Die Zusammensetzung des Kabinetts beruhigte, wie Snowden einige Jahre später in seinen Erinnerungen vermerkte, „jenen Teil der öffentlichen Meinung, der über eine Labour-Regierung entsetzt gewesen war. Die furchtsamsten Konservativen und die verschrecktesten Kapitalisten faßten Mut, als sie sahen, daß Männer wie Lord Parmoor, Lord Chelmsford und Lord Haldane dem Kabinett angehörten. Sie konnten sich nicht vorstellen, daß diese Männer Werkzeuge zur Durchführung der sozialistischen Revolution sein würden."7

Die Tätigkeit der Regierung unterschied sich nicht wesentlich von der einer bürgerlich-liberalen Regierung. So verhielt sie sich feindselig zu den Streikaktionen im Winter und Frühjahr 1924. Sie setzte zwar kein Militär ein, machte aber wiederholt klar, daß sie nicht zögern würde, es zu tun, und während eines Streiks Londoner Transportarbeiter wurde sie nur durch den Generalrat des TUC und das Exekutivkomitee der Labour Party davon abgehalten, das Notstandsgesetz von 1920 anzuwenden, das die Partei seinerzeit entschieden abgelehnt hatte.

Die Labour-Regierung brachte auch Fortschritte mit sich. Es wurden Maßnahmen zur Verbesserung der Lage der Arbeitslosen ergriffen, u. a. durch Erhöhung der Wochenbeiträge für Männer um 20 und für Frauen um 25 Prozent. Bedeutsam war das von John Wheatley initiierte Wohnungsbauprogramm, das die staatlichen Subventionen beträchtlich erhöhte. Bis zu seiner Außerkraftsetzung im Jahre 1932 wurden unter der Regie der Lokalbehörden mehr als eine halbe Million Wohnungen gebaut. Sie wurden hauptsächlich von materiell besser gestellten Arbeitern bezogen, doch viele Bewohner von Slums waren froh, in die von ersteren verlassenen Wohnungen ziehen zu können. In diesen Jahren wurde der munizipale Wohnungsbau zu einem normalen Bestandteil der Tätigkeit örtlicher Behörden.

Von großer Bedeutung war die Aufnahme diplomatischer Beziehungen zur UdSSR, zu der sich die Labour Party im Wahlprogramm verpflichtet hatte. Dieser Schritt erfolgte — nach einigem Zögern — am 2. Februar 1924; viele Industrielle unterstützten ihn aus wirtschaftlichen Interessen. Mit ihm wurde das Jahr der De-jure-Anerkennungen der UdSSR eingeleitet, die zwischen Februar 1924 und Januar 1925 durch Italien, Frankreich, Japan, China, Mexiko, die skandinavischen und weitere kapitalistische Staaten erfolgten. Im April begannen Verhandlungen zwischen Großbritannien und der Sowjetunion zur Verbesserung der gegenseitigen wirtschaftlichen und politischen Beziehungen. Da die britische Seite unter dem Druck in- und ausländischer Kapitalisten die UdSSR zu weitreichenden Konzessionen in der Frage der Vorkriegs- und Kriegsschulden Rußlands und nationalisierter Besitzungen britischer Bürger bewegen wollte, zogen sie sich in die Länge. Unter dem Druck progressiver Kräfte in und außerhalb der Labour Party kam es schließlich am 8. August zum Abschluß eines allgemein-politischen und eines Handelsvertrages (der den vom März 1921 ersetzte). Ersteren bezeichnete das Volkskommissariat für Auswärtige Angelegenheiten der UdSSR als eines der größten Ereignisse „in der Geschichte der Beziehungen der Sowjetrepublik und der sie umgebenden kapitalistischen Welt und damit auch in der Geschichte der internationalen Beziehungen unserer Zeit."[8]

Die Mehrheit der Konservativen, ein Teil der Liberalen wie auch die Federation of British Industries (der Dachverband der Industriellen) griffen die Verträge vehement an. Sie beschuldigten die Regierung der Nachgiebigkeit und attackierten insbesondere die vorgesehenen Anleihen an die Sowjetunion. Sie taten dies um so mehr, als sie sahen, daß in der Arbeiterbewegung der Einfluß linker Kräfte im Anwachsen begriffen war, und befürchteten, daß das auf die Regierung wirken könnte. Dieser wachsende Einfluß trat deutlich auf dem Jahreskongreß des TUC Anfang September zutage. Die Tagung nahm eine Charta der Industriearbeiter an, die u. a. die Nationalisierung von Grund und Boden, der Gruben und der Eisenbahnen forderte, und sprach sich mit starker Mehrheit für die gewerkschaftliche Organisation nach Industriezweigen aus. Der Kongreß war auch deshalb bedeutsam, weil erstmals eine sowjetische Gewerkschaftsdelegation empfangen und beschlossen wurde, den Besuch zu erwidern.

Die Konservativen hielten es nicht für ratsam, die Labour-Regierung wegen der Verträge mit der UdSSR zu Fall zu bringen. Eine viel günstigere Möglichkeit bot ihnen die Regierung selbst. Anfang August 1924, als die Vertragsverhandlungen kurz vor dem Abschluß standen, wurde John Campbell, amtierender Chefredakteur des Wochenblatts der KP, Workers' Weekly, verhaftet. Campbell hatte Ende Juli einen Artikel veröffentlicht, der die Soldaten aufforderte, nicht auf Arbeiter zu schießen. Als bekanntgegeben wurde, daß er vor Gericht gestellt werden sollte, gab es innerhalb und außerhalb des Parlaments so viele Proteste, daß die Regierung es vorzog, die Sache fallenzulassen. Die Konservativen warfen MacDonald und seinen Anhängern nun Begünstigung kommunistischer Propaganda und Nachgiebigkeit gegenüber den Labour-Linken vor. Als das Unterhaus Ende September (nach den Ferien) wieder zusammentrat, beabsichtigten sie, einen Mißtrauensantrag einzubringen, entschieden sich dann aber für die von den Liberalen beantragte Einsetzung eines Untersuchungsausschusses. MacDonald entschied, dies als Mißtrauen anzusehen, und trat am 8. Oktober zurück.

Die Vorbereitungen zu den Ende Oktober 1924 abgehaltenen Wahlen standen im Zeichen wütender Angriffe der Konservativen auf den „Sozialismus" der Labour Party und die Verträge mit der UdSSR und dann insbesondere des sogenannten Sinowjew-Briefes, in dem der Präsident der Kommunistischen Internationale den britischen Kommunisten angeblich revolutionäre Direktiven erteilte. Wer diese wohl berüchtigste aller antisowjetischen Fälschungen fabrizierte, ist nie voll geklärt worden, und ein Original ist auch niemals aufgetaucht. Der Brief wurde vier Tage vor den Wahlen in die Öffentlichkeit gebracht, und MacDonald ließ es zu, daß das Außenministerium eine Protestnote an die sowjetische Vertretung sandte und diese (entgegen allen internationalen Gepflogenheiten) sofort, am gleichen Tage wie die Fälschung, publizierte. So gab MacDonald dem Papier, das ihm bereits zwei Wochen lang bekannt war, den Anschein der Authentizität und leistete damit den Konservativen, die vor allem kleinbürgerliche Schichten schrecken wollten, geradezu Wahlhilfe. Die Labour Party erhielt zwar gut 1 Million Stimmen mehr als 1923 (33 Prozent aller), doch nur 151 Sitze. Hauptgewinner waren die Konservativen, die fast die Hälfte der Stimmen und 419 Sitze bekamen, und dies auf Kosten der Liberalen, deren Abgeordnetenzahl auf 40 schrumpfte und deren Stimmenanteil mit 17,6 Prozent den bis dahin niedrigsten Stand erreichte.[9]

4. Die Außenpolitik Mitte der zwanziger Jahre

Die außenpolitische Tätigkeit Großbritanniens konzentrierte sich um die Mitte der zwanziger Jahre auf Europa und dabei insbesondere auf Deutschland. Es ging den Londoner Regierungen hauptsächlich darum, den einstigen Rivalen fest mit dem kapitalistischen System zu verbinden und zugleich eine Vorherrschaft Frankreichs auf dem Kontinent zu verhindern.

Dem lagen mehrere Faktoren und Erwägungen zugrunde. Einmal die antikommunistischen Ziele und Bestrebungen, die bereits in der ersten Nachkriegszeit wirksam geworden waren. Sodann die wirtschaftlichen Erwägungen, die zu Beginn des Jahrzehnts veränderte Haltungen in der Reparationsfrage bewirkt hatten.[10] Solche Erwägungen bestimmten auch in hohem Maße die Einstellung der Labour Party, wenngleich hier teilweise andere Gesichtspunkte im Vordergrund standen: In der Partei wurde immer wieder argumentiert, die hohe Arbeitslosigkeit im Lande sei großenteils ein

Ergebnis der durch Reparationsleistungen stark geminderten Kaufkraft Deutschlands, habe also auch außenpolitische Ursachen. Schließlich die defensive Grundhaltung in der Außenpolitik. Großbritannien war eine saturierte Macht, deren Stellung in der Weltwirtschaft sich zudem erheblich verschlechtert hatte, und so waren die führenden Politiker nicht auf weitere Expansionen aus, sondern darauf, ihre Besitzungen und Positionen, ihre Weltmachtstellung zu halten und zu festigen. Sie waren deshalb bemüht, größere Konfliktsituationen, Gefahrenherde und militärische Zusammenstöße mit anderen kapitalistischen Ländern zu vermeiden und bestehende oder sich abzeichnende Konflikte durch Entgegenkommen zu entschärfen. Daraus folgte eine sich maßvoll und versöhnlich gebende Politik gegenüber alten, neuen oder potentiellen imperialistischen Rivalen. In diese außenpolitische Grundhaltung konnten sich auch die labouristischen und verschiedenen pazifistischen Kräfte einfügen und dabei sogar politischen Druck ausüben, und dies um so mehr, als die verbreitete Antikriegsstimmung, die Hoffnungen auf Völkerbund und Abrüstung und der Wunsch nach einem stabilen Frieden den konkreten Interessen der Herrschenden angepaßt und auch ausgenutzt werden konnten.

Aus dieser Interessenlage ergab sich der Wunsch, internationale Spannungen abzubauen, die die imperialistische Nachkriegsordnung bzw. die Vorstellungen, die man von ihr in London hatte, beeinträchtigen oder gar gefährden konnten. Auch wollte man die wirtschaftliche Stabilisierung, die sich gegen Mitte des Jahrzehnts in den meisten kapitalistischen Ländern mehr oder weniger vollzogen hatte, auf Mitteleuropa ausgedehnt sehen, zumal die Ereignisse in Deutschland im Jahre 1923 die Brüchigkeit der bestehenden Ordnung wiederum deutlich gemacht hatten. Dazu kam die seit dem Rapallo-Vertrag verbreitete und von den deutschen Imperialisten geschürte Angst vor einem Bündnis zwischen Deutschland und der UdSSR, zu dem die mit den hegemonialen Bestrebungen Frankreichs verbundene harte Haltung gegenüber dem Besiegten diesen geradezu zu treiben schien. Was man dabei insbesondere befürchtete, hat der damalige britische Botschafter in Berlin, D'Abernon, einige Jahre später mit den Worten umrissen: „Denn das Bündnis Deutschlands mit Rußland . . . hätte Deutschland der Durchdringung durch bolschewistische Propaganda ausgeliefert, und bei einer Ansteckung Deutschlands hätte ganz Europa — hätte Frankreich — nicht ungefährdet bleiben können."[11]

Die Bestrebungen zur Herabsetzung oder gar zur Beendigung der Reparationszahlungen und die Kritik an der Politik Frankreichs hielten sich allerdings in Grenzen. Hierbei müssen wir zwei Faktoren beachten. Einmal wollten die Washingtoner Regierungen nichts von einer generellen Reduzierung oder gar Streichung der Kriegsschulden wissen. Nun hatten die Briten während des Krieges mehr Geld an Verbündete verliehen, als sie selbst bei den Amerikanern geliehen hatten — insofern waren also USA-Gelder gewissermaßen weitergegeben worden. Deshalb wünschten sie ihre Außenstände (einschließlich Reparationsgelder) zumindest in der Höhe der eigenen Verpflichtungen gegenüber den USA zurück. Zum anderen wollten die herrschenden Kreise bei allen bzw. trotz aller Erwägungen und Bestrebungen den besiegten Rivalen nicht zu stark werden lassen und unter Kontrolle halten. So wurden Frankreichs Landstreitkräfte — damals die zahlenmäßig stärksten in Europa — und sein Bündnissystem auf dem Kontinent als eine Art Rückversicherung angesehen, wenngleich das nur wenige zum Ausdruck brachten und die meisten es sich nicht eingestehen wollten. Deshalb kam es trotz der Differenzen in der Deutschlandpolitik und auf anderen Ebenen niemals zu einem offenen Bruch.

Die wichtigsten Schritte in der Deutschlandpolitik waren der Dawes-Plan und die Locarno-Verträge.

Der im August 1924 auf einer interalliierten Konferenz in London angenommene Dawes-Plan brachte eine für Deutschland verhältnismäßig günstige Regelung der Reparationsfrage und eine große Anleihe. Damit wollten seine Initiatoren die deutsche Wirtschaft stabilisieren, um das Land zur Weiterzahlung von Reparationen zu befähigen und es gegen weitere soziale Erschütterungen abzusichern, eine „Aussöhnung" mit seinen bisherigen Gegnern erreichen und ein Zusammengehen mit der UdSSR verhindern. Während die USA überdies Kapital anlegen und dadurch ihren Einfluß ausdehnen wollten, waren die Briten vor allem an einem wirtschaftlich einigermaßen funktionsfähigen Mitteleuropa und der Milderung der durch die Ruhrbesetzung zugespitzten französisch-deutschen Spannungen interessiert, weshalb sie die Pariser Regierungen sehr zur Annahme des Plans drängten.

Die Locarno-Verträge bezweckten, die wirtschaftliche Stabilisierung durch eine politische Stabilisierung zu ergänzen. Sie sollte erreicht werden durch eine Aufnahme Deutschlands in den Völkerbund und vor allem durch eine Vereinbarung über die deutsch-französischen Beziehungen, die das Verhältnis zwischen den Siegerstaaten und Deutschland mehr als alles andere belasteten. Diese Ziele verfolgte insbesondere Austen Chamberlain, Außenminister der im November 1924 gebildeten (zweiten) Regierung Baldwin. Während die im August unterzeichneten Verträge mit der UdSSR nicht ratifiziert wurden und die Regierung den antisowjetischen Kurs verschärfte, äußerte Chamberlain wiederholt, man müsse alles tun, um Deutschland mit dem „westlichen System" zu verbinden und zu verhindern, ,,daß es einen antiwestlichen Block mit Rußland bildet". Zugleich schloß er Veränderungen der deutsch-polnischen Grenzen nicht aus und meinte sogar, für den polnischen Korridor wolle und könne ,,keine britische Regierung jemals die Knochen eines britischen Grenadiers riskieren".[12]

Kernstück der im Oktober 1925 in Locarno getroffenen Vereinbarungen war der ,,Rhein-" oder ,,Westpakt". In ihm verpflichteten sich Deutschland, Belgien, Frankreich, Großbritannien und Italien, den territorialen Status quo zu wahren, d. h., die deutsch-französische Grenze und die deutsch-belgische Grenze, so wie sie im Versailler Vertrag festgelegt waren, als unverletzlich anzuerkennen. Deutschland, Frankreich und Belgien verpflichteten sich, einander nicht anzugreifen und alle Streitfragen auf friedlichem Wege durch Schiedsverfahren zu lösen. Garantiemächte wurden Großbritannien und Italien. Die deutsch-polnische und die deutsch-tschechoslowakische Grenze aber wurden nicht garantiert. Streitfragen, die dort auftauchten, sollten nur auf dem Schiedswege, ohne Sicherheitsgarantie, geregelt werden. Das löste in Paris Unbehagen und in Berlin Genugtuung aus, denn es wurde ein Teil der Versailler Grenzregelungen faktisch in Frage gestellt.

Die Vereinbarungen von Locarno führten zu einer Entspannung im französisch-deutschen Verhältnis. Sie bedeuteten eine weitere Schwächung Frankreichs, dessen Prestige durch den Ausgang der Ruhrbesetzung bereits stark gelitten hatte und dessen hegemoniale Bestrebungen jetzt gänzlich gescheitert waren. Sie richteten sich zugleich gegen mögliche deutsche Revancheaktionen. Für Großbritannien waren sie ein partieller Erfolg in dem Bemühen, seine alte Rolle als Schiedsrichter in europäischen Angelegenheiten wiederzugewinnen.

Der Dawes-Plan und die Locarno-Verträge hatten auch insofern große Bedeutung, als sie den seit Kriegsende vor sich gehenden Kampf um die Vorherrschaft in Europa zuungunsten Frankreichs entschieden. Sie markierten das Ende einer zeitweiligen Vorherrschaft Frankreichs im kapitalistischen Nachkriegseuropa und den Übergang der Führung an Großbritannien und die USA.

5. Großbritannien und sein Empire

In den ersten Nachkriegs- und mittleren zwanziger Jahren vollzogen sich in den Beziehungen zwischen Großbritannien und den Dominien Entwicklungen, die eine veränderte Stellung letzterer zum Ausdruck brachten oder bewirkten. Sie gipfelten in der formellen Gleichstellung der Dominien mit dem „Mutterland" im Jahre 1926.

Es gab damals sechs Dominien: Kanada, Neufundland, Australien, Neuseeland, die Südafrikanische Union und den Irischen Freistaat. Sie hatten (mit Ausnahme Irlands) schon vor 1914 eine innere Selbstverwaltung durchsetzen und ihr wirtschaftliches und politisches Gewicht während des Krieges stärken können. Da die politisch maßgeblichen Kräfte dieser ehemaligen „Siedlerkolonien" an einem völligen Bruch mit Großbritannien nicht interessiert waren — sie waren großenteils an der Ausbeutung von Kolonien beteiligt, und wegen des Schutzes durch die britische Flotte konnten sie ihre Militärausgaben gering halten — und die Briten aufgrund ihrer umfangreichen Kapitalanlagen große Einflußmöglichkeiten besaßen, reagierte London elastisch und mit Geschick auf zentrifugale Bestrebungen. 1917 war ein Empire-Kriegskabinett gebildet worden, das allerdings nur als Beratungsorgan diente. 1919 hatten die Dominien an der Friedenskonferenz teilgenommen, und 1920 waren sie Mitglieder des Völkerbunds geworden.

Diese Entwicklungen setzten sich in den zwanziger Jahren beschleunigt fort; die Beziehungen zwischen beiden Seiten wurden immer mehr Beziehungen zwischenstaatlicher Natur. In einigen Dominien gab es Forderungen nach völliger Lostrennung vom Empire, insbesondere in Kanada. Während der Nahostkrise im Herbst 1922 reagierten mit Ausnahme von Neuseeland und Neufundland alle Dominien negativ auf das Ersuchen der Londoner Regierung, Großbritannien bei möglichen militärischen Auseinandersetzungen mit der Türkei zu unterstützen. 1924 errichtete Irland eine diplomatische Vertretung in Washington, und zwei Jahre später beschloß Kanada, dasselbe zu tun. 1925 wurde neben dem Kolonial- ein gesondertes Ministerium für die Dominien gebildet. Die im gleichen Jahr abgeschlossenen Locarno-Verträge waren nicht, wie bis dahin in vergleichbaren Fällen, auch für die Dominien verbindlich.

Auf der Empire-Konferenz im Herbst 1926 legte ein von Arthur Balfour geleiteter Ausschuß einen Bericht vor, der den Dominien entgegenkommen und den eingetretenen Veränderungen Rechnung tragen sollte. In ihm hieß es, Großbritannien und die Dominien seien „autonome Gemeinschaften innerhalb des Britischen Empire, gleich im Status, einander in keiner Hinsicht... untergeordnet, obwohl vereint in gemeinsamer Treue gegenüber der Krone und frei verbunden als Mitglieder des British Commonwealth of Nations". Die Versammelten stimmten dem Bericht zu, und so wurden die Dominien als gleichberechtigte Gliedstaaten im Empire anerkannt. Fünf Jahre später faßte das Londoner Parlament den unter dem Namen Westminster-Statut bekannten Beschluß, der den Grundsätzen von 1926 Gesetzeskraft gab und mit der Festlegung, daß Gesetze der Dominien nicht mehr britischer Zustimmung bedurften, die letzten wesentlichen Souveränitätsbeschränkungen beseitigte. Mit diesem Vorgehen gelang es, die wirtschaftlich und politisch am stärksten entwickelten Länder im Empire zu halten, was nicht nur aus wirtschaftlichen, sondern auch aus politischen Gründen als dringlich empfunden wurde; angesichts der geschwächten internationalen Positionen Großbritanniens waren die herrschenden Kreise mehr denn je bestrebt, die Weltgeltung des Landes durch das Gewicht der Dominien zu stützen.

Gegenüber Indien, dem bereits 1917 eine „selbstverantwortliche Regierung" im Rahmen des Empire versprochen worden war, setzten die Briten die Unterdrückungspolitik der ersten Nachkriegsjahre unverändert fort. Als in der zweiten Hälfte der zwanziger Jahre die indische Arbeiterbewegung deutlich anwuchs, sich in der nationalen Befreiungsbewegung linksorientierte Kräfte herausbildeten und der Nationalkongreß die völlige Unabhängigkeit des Landes als Ziel des Kampfes verkündete, entsandte die Londoner Regierung eine Kommission, die sich mit Indiens zukünftiger Verfassung beschäftigen sollte. Sie wurde vom Nationalkongreß und den anderen antiimperialistischen Vereinigungen boykottiert. Im März 1929 verhafteten die Briten 32 prominente Arbeiterführer (unter ihnen 14 Kommunisten). Damit konnten sie die Arbeiterbewegung zwar schwächen, aber nicht zerschlagen. Der sich anschließende und bis 1933 dauernde Gerichtsprozeß von Mirat rückte das britisch-indische Verhältnis und die Kraft der antiimperialistischen Bewegung noch mehr in das internationale Blickfeld. Unter dem Druck der Befreiungsbewegung verabschiedete das Londoner Parlament 1935 nach heftigen Debatten ein „Gesetz über die Regierung Indiens", das den kolonialen Status des Landes bekräftigte, das Wahlrecht auf 12 Prozent der Bevölkerung ausdehnte und die Bildung von Provinzparlamenten und -regierungen ermöglichte. Es konnte nur Teile der Bourgeoisie und der Grundbesitzer zufriedenstellen. Die Hauptkräfte der Befreiungsbewegung setzten den Kampf um die politische Unabhängigkeit unvermindert fort.

6. Der Generalstreik 1926

Der Generalstreik vom Mai 1926 war die größte gewerkschaftliche Aktion zwischen den beiden Weltkriegen. Er war eine Abwehrreaktion gegen den Versuch, die britische Wirtschaft auf Kosten der Arbeiter zu sanieren.

Die Ereignisse entsprangen der kritischen Situation, in die der Kohlebergbau Mitte der zwanziger Jahre geriet. Nach dem Ende der Krise von 1920 bis 1922 hatte sich dieser Wirtschaftszweig in einer relativ günstigen Lage befunden: Die Folgen des Grubenarbeiterstreiks in den USA 1922 und der französischen Ruhrbesetzung 1923 sowie einige andere Umstände hatten die Erzeugnisse starker Konkurrenten längere Zeit vom Markt ferngehalten. Als diese zeitweilig wirkenden Faktoren wegfielen, die Umorientierung auf Erdöl und andere moderne Energieträger fortschritt und die traditionellen Großverbraucher von Kohle wie die Eisen- und Stahlindustrie stagnierten oder gar verfielen, da bekam der Bergbau die tiefgreifenden Veränderungen in der wirtschaftlichen Gesamtlage voll zu spüren, zumal er technisch und organisatorisch rückständig blieb. Der Absatz sank, und Kurzarbeit verbreitete sich. Die Situation wurde durch die Rückkehr zum Goldstandard und deren Folgen noch verschlimmert.

Die Grubenbesitzer kannten nur eine Lösung: Senkung der Preise durch weniger Geld für die Arbeiter. Am 30. Juni 1925 kündigten sie das bestehende Lohnabkommen zum 31. Juli, offerierten Regelungen, die eine beträchtliche Senkung der Löhne vorsahen, und gaben ihrem Wunsch nach Rückkehr zum Achtstundentag Ausdruck. Die Bergarbeiter lehnten ab und wandten sich an die anderen Trade Unions um Unterstützung. Angesichts der unter den Gewerkschaftern verbreiteten Überzeugung, daß der Angriff auf die Bergarbeiter nur der Auftakt für weitere Versuche zur Unterminierung des Lebensstandards auch in anderen Industrien war, unterstützte der Generalrat des TUC die Bergleute. Die Gewerkschaftsleitungen der Eisenbahner, der Transportarbeiter und der Seeleute erklärten am 25. Juli, sie würden im Falle einer Arbeitseinstellung keine Kohletransporte zulassen. Unterdessen regte sich auch die Regierung. Sie führte getrennte Gespräche mit Vertretern der Grubenbesitzer und der Bergarbeiter. Am 30. Juli kritisierte Baldwin die feste Haltung der Bergleute und sagte, alle Arbeiter des Landes müßten Lohnkürzungen auf sich nehmen, ,,um der Industrie auf die Beine zu helfen". Am gleichen Tag billigte eine nach London einberufene Konferenz von 1000 Gewerkschaftsfunktionären die Haltung des Generalrats. Am Freitag, dem 31. Juli, teilte Baldwin Vertretern des TUC und des Bergarbeiterverbandes mit, die Grubenbesitzer seien gewillt, ihre Ankündigung vom 30. Juni zurückzuziehen, die Regierung werde den Kohlebergbau zeitweilig subventionieren und eine Königliche Kommission einsetzen. Dieser Tag ging als ,,Roter Freitag" in die Geschichte ein.

Das Zurückweichen der Regierung vor der einheitlichen Front der organisierten Arbeiter war (wie diese Einheit selbst) auch ein Ergebnis des anhaltenden Linkstrends in der Gewerkschaftsbewegung. 1924/25 kam es zu einer organisatorischen und politischen Festigung der Kommunistischen Partei; ihre Mitglieder arbeiteten sehr rege in den Gewerkschaften, wo sie beträchtlichen Einfluß ausübten. Im Generalrat des TUC bildete sich eine vorübergehend nach links tendierende Gruppe, und nach dem Besuch einer Trade-Union-Delegation in der Sowjetunion Ende 1924 wurde ein Englisch-Russisches Einheitskomitee geschaffen, das sich u. a. die Aufgabe stellte, die Einheit der internationalen Gewerkschaftsbewegung herzustellen. Die Jahreskonferenz des TUC im September 1925 verabschiedete mehrere vom Geist des Klassenkampfes bestimmte Beschlüsse. Dies spiegelte allerdings mehr die Massenstimmung als die Haltung der Gewerkschaftsführungen wider. Zu praktischen Schlußfolgerungen führten die Resolutionen nicht. Vielmehr wurden Ernest Bevin, Generalsekretär der Transportarbeitergewerkschaft, und J. H. Thomas, beide zum rechten Flügel gehörend, in den Generalrat gewählt, und auf den Posten des Generalsekretärs des TUC gelangte kurz nach der Konferenz Walter Citrine, der in den folgenden beiden Jahrzehnten als Inbegriff des rechtsreformistischen Gewerkschaftsbeamten galt.

Unterdessen bereitete sich die Regierung intensiv auf eine Auseinandersetzung vor. Sie teilte das Land in zehn Bezirke unter der Leitung von Zivilkommissaren ein, die u. a. für die Rekrutierung und Ausbildung von Lastwagenfahrern verantwortlich waren und den Ortsbehörden Anweisungen erteilen konnten. Zugleich unterstützte sie die von rechtskonservativen Politikern und Militärs geleitete Streikbrechertruppe ,,Organisation zur Aufrechterhaltung der Versorgung". Im Oktober ließ sie fast die gesamte Führung der KP verhaften und vor Gericht stellen, um die Partei für die Zeit der bevorstehenden Auseinandersetzung mit den Gewerkschaften lahmzulegen. Sie fühlte sich zu diesem Schritt offenbar durch das Vorgehen der rechten Labour-Führer ermuntert, die kurz zuvor auf der Jahreskonferenz der Labour Party einen Beschluß durchgesetzt hatten, nach dem künftig keine Kommunisten lokalen Parteiorganisationen angehören durften.

Die Kommunistische Partei und andere linke Gruppen warnten die Arbeiter und erklärten, sie würden ohne wirksame Gegenmaßnahmen eine schwere Niederlage erleiden. Die rechten Gewerkschaftsführer unternahmen trotz aller Warnungen und der nicht zu übersehenden Aktivitäten von Regierung und Unternehmern nichts.

Im März 1926 legte die von der Regierung eingesetzte Kommission ihren Bericht vor, der sich für eine durchgreifende Reorganisation des Bergbaus aussprach und als ,,zeitweiliges Opfer" Lohnkürzungen vorschlug. Der Generalrat des TUC wollte einen Kampf verhindern und versuchte, die

Bergarbeiter zum Nachgeben zu überreden. Doch diese blieben fest, und ihre Haltung fand bei der Masse der organisierten Arbeiter Zustimmung. Als die Grubenbesitzer, die auf ihren Forderungen vom Sommer 1925 bestanden, Mitte April eine Aussperrung ankündigten, sagte der Generalrat den Bergarbeitern Unterstützung zu, stellte sich aber erst klarer auf ihre Seite, als Verhandlungen mit der Regierung ergebnislos endeten. Am 1. Mai, als die Aussperrung und der am Tage zuvor verhängte Ausnahmezustand einsetzten, beschloß eine seit dem 29. April tagende Konferenz der Leitungen der dem TUC angeschlossenen Gewerkschaften den Generalstreik, der am 4. Mai beginnen sollte.

Der Streik sollte in zwei Phasen vor sich gehen. Die „erste Linie" umfaßte Eisenbahner, Hafenarbeiter, Drucker und einige weitere Kategorien, die zweite u. a. Maschinen- und Schiffbauer, die als Reserve vorgesehen waren. Die Leitung der Aktion wurde dem Generalrat übertragen. Dieser verhandelte jedoch erneut mit der Regierung, in der sich dann aber Winston Churchill und andere Befürworter einer offenen Konfrontation mit den Gewerkschaften gegen Baldwin durchsetzten, der auf eine Neuauflage des „Schwarzen Freitag" hinarbeitete.

Die Arbeiter befolgten den Streikaufruf einmütig und diszipliniert. Streikbrecher hatten wenig Erfolg. Die Hauptlast der organisatorischen und politischen Arbeit trugen Trades Councils (gewerkschaftliche Ortskartelle), lokale Streikausschüsse, Aktionsräte (in mehr als 50 Städten) und regionale Streikleitungen. Sie gaben Arbeits- und Transportgenehmigungen heraus und übten weitere Machtfunktionen aus. Intensiv und aufopferungsvoll waren die Kommunisten tätig, was auch darin zum Ausdruck kam, daß von den etwa 5000 Personen, die vor Gericht gestellt wurden, 1200 Mitglieder der KP waren und der Sitz der Parteizentrale fast täglich von Polizisten heimgesucht wurde.

Der Generalrat gab die defätistische Haltung, die er von Anfang an eingenommen hatte, nicht auf. Er konzentrierte sich nicht darauf, den Streik zu leiten, sondern auf Verhandlungen, um ihn zu beenden. Am 12. Mai, einen Tag nachdem sich die „zweite Linie" dem Kampf angeschlossen hatte, forderte er zum Abbruch des Streiks auf und kapitulierte bedingungslos vor der Regierung.

Die Arbeiter setzten den Streik fort. Doch der Verrat der rechten Führer sowie die lügenhaften Behauptungen, der Generalrat habe hinsichtlich der Situation im Bergbau Zusicherungen erhalten, die eine Beendigung der Aktion rechtfertigten, und er gehe davon aus, daß die Subventionen fortgesetzt und die Aussperrung beendet würden, führten zu großer Verwirrung. So kam der Streik Mitte Mai zum Erliegen.

Die Bergarbeiter kämpften hartnäckig weiter. Während der Generalrat sie allein ließ, erhielten sie entsprechend einer Bitte ihres Generalsekretärs Arthur Cook von den sowjetischen Gewerkschaften große Unterstützung; fast zwei Drittel aller Solidaritätsgelder kamen aus der UdSSR. Doch nach sieben Monaten mußten sie erschöpft und ausgehungert die Arbeit zu erheblich verschlechterten Bedingungen wiederaufnehmen.[13] Die Löhne wurden gekürzt, regionale Vereinbarungen wieder eingeführt und der Siebenstundentag beseitigt, während die Arbeitslosigkeit „die Ausmaße einer Tragödie erreichte"[14]. Von einer Reorganisation des Bergbaus war nicht mehr die Rede.

7. Die Innen- und Außenpolitik der Regierung Baldwin nach dem Generalstreik

Als die Bergarbeiter im Sommer und Herbst 1926 den Ausstand allein fortsetzten, waren die rechten Gewerkschaftsführer sichtlich um Zurückhaltung bemüht. „Die Sympathie der Arbeiterklasse für die Bergarbeiter war so stark", schrieb G. D. H. Cole, „daß der Generalrat es nicht wagte, die Bergarbeiterföderation offen im Stich zu lassen".[15] Doch nach dem Ende des Streiks ließen sie um so lauter ihr „Nie wieder!" ertönen. C. T. Cramp, Präsident der Eisenbahnergewerkschaft, der diese Worte zuerst gebrauchte, äußerte im Januar 1927, er habe nie an einen Generalstreik geglaubt; „aber ich wußte ganz genau, daß . . . die große Masse der Arbeiter dieses Landes an einen Generalstreik glaubte, und die wenigen von uns, die das nicht taten, waren eine winzige Minderheit".[16] Solche Äußerungen und Haltungen mußten die Verwirrung und Enttäuschung und die immer mehr um sich greifende Verbitterung, Demoralisation und Apathie noch vergrößern. Eine Folge war, daß die Zahl der dem TUC angeschlossenen Gewerkschafter sank.

Diese Situation ermunterte insbesondere rechtskonservative Kreise in dem Bemühen, die Arbeiterbewegung weiter zu schwächen und ihren Handlungsraum einzuengen. Höhepunkt und Hauptergebnis dieser Bestrebungen war das im April 1927 von der Regierung vorgelegte (und im Juli verabschiedete) Gesetz über Streiks und Gewerkschaften. Es verbot nicht nur jeden Generalstreik, sondern auch Solidaritätsstreiks, selbst rein wirtschaftlichen Charakters. Der Einsatz von Massenstreikposten wurde untersagt, der von einfachen Streikposten praktisch unmöglich gemacht. Gewerkschafter, die sich als Streikbrecher betätigten, wurden gegen Disziplinarmaßnahmen ihrer Verbände in Schutz genommen. Im Staatsdienst Beschäftigte durften nicht mehr Verbänden beitreten, die dem TUC angeschlossen waren. Obwohl diese und weitere Bestimmungen die „Streikbrechercharta" — wie die Arbeiter sie nannten — zu dem reaktionärsten Gesetz dieser Art seit über zwei Jahrzehnten machten, beschränkten sich die Führer der Labour Party und der Gewerkschaften auf verbale Kritik und Proteste.

Einige Teile der Bourgeoisie hielten es für ratsam, die Politik des Angriffs auf die Rechte der Arbeiterklasse durch eine geschmeidige Taktik gegenüber den rechten Trade-Union-Führern zu ergänzen. Als die Jahreskonferenz des TUC im September 1927 in allgemeiner Form die Bereitschaft der Gewerkschaften zur Zusammenarbeit mit den Kapitalisten erklärte, griff eine Reihe von Unternehmern dies rasch auf. 20 führende Industrielle unter Leitung von Alfred Mond, dem Begründer von Imperial Chemical Industries, luden den Generalrat zu Verhandlungen ein. Im Januar 1928 fand die erste gemeinsame Sitzung statt. Das war die Geburt des „Mondismus", einer Politik der offenen Zusammenarbeit mit der Bourgeoisie, deren einziger Opponent im Generalrat Arthur Cook war. Beide Seiten erklärten, Rationalisierung und Trustbildung sollten „begrüßt und ermutigt" werden, und man schlug die Errichtung eines Nationalen Industrierats vor, in dem Generalrat und Unternehmer vertreten sein sollten und der ein System der Zwangsschlichtung vorsah. Die Gewerkschaftsführer forderten die Arbeiter auf, sich für höhere Produktivität und die „Reorganisation" der Industrie einzusetzen. Sie hofften dabei auf Beteiligung an der Leitung der Industrie, während die Arbeiter einen „gerechten Anteil" an den Ergebnissen der erhöhten Produktivität bekommen sollten.

Der Mondismus wurde nur in bescheidenem Maße wirksam, und ein Industrierat kam nicht zustande. Die meisten Unternehmer blieben bei den alten Methoden im Umgang mit den Gewerkschaften, zumal sie glaubten, mit dem neuen Gesetz sei der Kampf der Arbeiter genügend in Grenzen gehalten. Einen Frontalangriff auf den Lebensstandard — wie etwa 1921 — wagten sie nicht. Die Kampfentschlossenheit und der Kampfgeist, die die Arbeiter 1926 gezeigt hatten, waren ihnen noch gut in Erinnerung, und sie wollten die wirtschaftliche Belebung, die sich zwischen 1927 und 1929 einstellte, nicht durch erneute Streiks gefährdet sehen. Zwar kam es auch außerhalb des Bergbaus zu partiellen Verschlechterungen, namentlich in den Arbeitsbedingungen, doch weitreichende Veränderungen blieben aus. Auch verliefen die Rationalisierungsmaßnahmen schleppend, erheblich langsamer als in anderen hochentwickelten Ländern.

Die arbeiterfeindliche Politik der Regierung Baldwin fand ihre Ergänzung in einer Verschärfung des antisowjetischen Kurses. 1925 und 1926 führten Rechtskonservative eine heftige und sich steigernde Kampagne gegen die Regierung der UdSSR, die für die Unruhen in China, Indien und anderen britischen Kolonien und Einflußgebieten verantwortlich gemacht wurde. Hierbei taten sich von den Kabinettsmitgliedern neben Winston Churchill Innenminister Joynson-Hicks und Indienminister Birkenhead hervor. Führende Großkapitalisten forderten den Abbruch der diplomatischen Beziehungen, so Leslie Urquhart, Vorsitzender der Gesellschaft Russo-Asiatic Consolidated, die 56 Millionen Pfund Sterling Entschädigung von der UdSSR verlangte, und Henry Deterding, Chef von Royal Dutch Shell, dem größten europäischen Erdölkonzern, der im zaristischen Rußland ebenfalls viel Kapital angelegt hatte.

Die von Verleumdungen und Beschimpfungen begleiteten Attacken erreichten ihren Höhepunkt, als am 12. Mai 1927 Londoner Polizei in das Gebäude der sowjetischen Handelsvertretung und der englisch-sowjetischen Aktiengesellschaft Arcos eindrang, dort mehrere Tage lang Haussuchungen durchführte, Safes aufbrach und Dokumente stahl. Der Innenminister erklärte am 16. Mai im Unterhaus, er habe Grund zur Annahme gehabt, „daß ein gewisses offizielles Dokument unrechtmäßig im Besitz einer in den Räumen der Arcos ... beschäftigten Person ist oder war".[17] Er mußte zugeben, daß nichts gefunden wurde, und er konnte auch sonst nichts vorzeigen, was den Initiatoren der Aktion hätte von Nutzen sein können. Trotzdem brach die Regierung am 24. Mai 1927 die diplomatischen Beziehungen zur UdSSR ab.

Die Regierung versuchte, andere Staaten für ähnliche Schritte zu gewinnen und eine allgemeine Kreuzzugsstimmung zu entfachen. Sie scheiterte jedoch, und das vor allem wegen der festen und besonnenen Haltung der UdSSR, wegen des Widerstands, auf den diese Politik in der demokratischen Öffentlichkeit traf, und infolge der Gegensätze zwischen den kapitalistischen Ländern. So wurden auch führende Konservative rasch von Zweifeln erfaßt. Baldwin erklärte Ende Mai, der Abbruch der Beziehungen bedeute nur, „daß wir politisch nichts mehr mit Moskau zu tun haben wollen. Wir sind jedoch sehr für die Fortführung des legalen Handels zwischen den beiden Ländern."[18]

8. Wandlungen im Alltagsleben

In den zwanziger Jahren vollzogen sich in einigen Bereichen des alltäglichen Lebens beträchtliche und — gemessen an der Kürze des Zeitraums — rasche Veränderungen. Das galt insbesondere für Konsum, Unterhaltung und Kultur. Sie waren Ergebnisse hauptsächlich der mit den neuen Industrien verbundenen technischen Entwicklungen sowie der Kriegs- und Nachkriegszeit.

Die herausragenden technisch-industriellen Entwicklungen waren die rasche Ausbreitung des Automobils und der Elektrizität. 1920 gab es etwa 200 000 private Kraftwagen, zehn Jahre später über 1 Million. Damit hatte Großbritannien mehr Autos pro Kopf der Bevölkerung als die anderen europäischen Länder und in der zweiten Hälfte der zwanziger Jahre drei- bis viermal soviel wie Deutschland. Ihre Besitzer — sie reichten vom mittleren Bürgertum bis zu den aristokratischen Oberschichten — nutzten sie vor allem zur Freizeitgestaltung. Weniger Wohlhabende kauften sich oft Motorräder, deren Zahl zwischen 1922 und 1924 die der privaten Kraftwagen übertraf, nach 1930 aber absolut zurückging — im Unterschied zu den Fahrrädern, die auch für viele Arbeiter erschwinglich wurden. Große Bedeutung hatte die rasche Verbreitung der Autobusse, insbesondere für die Bewohner der sich ausdehnenden Vororte und vieler ländlicher Gegenden. In den größeren Städten traten sie immer häufiger neben die oder an die Stelle der Straßenbahnen, deren Schienennetz 1927 zu schrumpfen anfing, und seit der zweiten Hälfte der zwanziger Jahre machten sie der Eisenbahn auch auf Hauptstrecken spürbare Konkurrenz.

Etwas langsamer verlief die Elektrifizierung. Die Zahl der Abnehmer von elektrischem Strom stieg zwischen 1920 und 1930 von 730 000 auf etwa 3 Millionen; darunter waren nur 200 000 ländliche (vier Prozent der potentiellen Abnehmer außerhalb der Städte). Die Mehrzahl der Arbeiterwohnungen hatte nur Gasbeleuchtung, Feueröfen und -herde und kein Bad. Als hemmend erwies sich, daß noch Mitte des Jahrzehnts neben 28 großen über 400 kleine Werke Elektrizität erzeugten, daß Stromart, Voltzahlen u. a. unterschiedlich waren und es fast zwei Dutzend Arten elektrischer Stecker gab. Erst als eine 1926 eingesetzte zentrale Behörde Vereinheitlichungen bewirkt hatte, kam es in den dreißiger Jahren zu rascheren Fortschritten, und elektrischer Kocher, Bügeleisen und Staubsauger fanden auch erst in diesem Jahrzehnt größere Verbreitung.

Geradezu rasant entwickelte sich in den zwanziger Jahren das Kino, dessen Verbreitung mehr als alles andere auf Freizeitverhalten und Freizeitgestaltung der Bevölkerung wirkte. Vor dem Krieg noch nicht viel mehr als eine technische Kuriosität, wurde es jetzt zum festen Bestandteil des Lebens von Millionen, die sich von zu Hause, der Kneipe, der traditionellen Musikhalle und der Kirche weg- und zu der Ablenkung und Traumwelt hingezogen fühlten, welche die flimmernde Leinwand ihnen für wenig Geld bot. Das Filmtheater war um so anziehender, als es auch von Frauen besucht wurde, die vor 1914 von den meisten Vergnügen ausgeschlossen waren. Es wurden zumeist amerikanische Streifen gezeigt (die USA beherrschten damals fast 90 Prozent der Filmproduktionen auf der Welt), so daß ein Gesetz 1927 festlegte, 5 Prozent aller vorgeführten Filme müßten britische sein und diese Quote müsse pro Jahr um $2^1/_2$ Prozent erhöht werden. Ende des Jahrzehnts gab es zwei große Gesellschaften (sowohl für Produktion und Verleih), die beide von der National Provincial Bank abhängig waren. Nach dem Aufkommen des Tonfilms verbesserten sich Produktionsgrundlagen, Qualität und Ansehen der britischen Filme, die dann in den dreißiger Jahren stärker zur politisch-moralischen Beeinflussung der Zuschauer genutzt wurden.

Nicht weniger schnell verbreitete sich das Radio. 1923 gab es 125 000 (angemeldete) Empfänger, am Ende des Jahrzehnts 3 Millionen. 1931 hatte etwa jede dritte Familie ein Radio. Reguläre Rundfunksendungen begannen 1922. Die in diesem Jahre gegründete British Broadcasting Company wurde 1926 zur British Broadcasting Corporation (BBC) reorganisiert und erhielt das alleinige Senderecht für die Britischen Inseln. Sie war eine öffentliche Körperschaft, deren fünf Direktoren formell vom König, praktisch vom Premierminister ernannt wurden. Erster Generaldirektor wurde J. C. W. Reith, ein tiefreligiöser Mann mit autokratischen Manieren, der eine „hohe moralische Haltung" als das Wichtigste bezeichnete und auf die Vorhaltung, BBC bringe nicht, was die Menschen brauchten, selbstgefällig antwortete, „wenige wissen, was sie wollen, und sehr wenige, was sie brauchen . . . Auf alle Fälle ist es besser, die Mentalität der Öffentlichkeit zu überschätzen als sie zu unterschätzen."[19] So gab es dann täglich religiöse Sendungen und ernste Musik, während Unterhaltung und Tanzmusik strikt rationiert waren. Sonntags schwieg BBC bis zum Nachmittag, um zum Kirchgang zu ermuntern, womit der Rückgang der Religiosität aber nicht aufgehalten wurde (in den dreißiger Jahren sank dann auch die Zahl der Kirchenmitglieder absolut).

Da die Zahl der Rundfunkhörer trotzdem wuchs und viele die täglichen Nachrichten hörten, befürchteten die Zeitungsverleger eine Beeinträchtigung ihrer Positionen, was den ohnehin scharfen Konkurrenzkampf unter ihnen noch verstärkte. Nach dem Tode Lord Northcliffes, des in der Kriegs- und Nachkriegszeit einflußreichsten Pressemagnaten, im Jahre 1922 war die Times in die Hände des amerikanischen Millionärs John Astor und ihres früheren Besitzers John Walter übergegangen, während andere Teile aus Northcliffes Erbe dessen Bruder Lord Rothermere übernahm, namentlich die Daily Mail und den Daily Mirror. Rothermeres Hauptrivalen waren Lord Beaverbrook, der den Daily Express und den Evening Standard besaß, und die Gebrüder Berry, Besitzer des Daily Telegraph. Der Zeitungskrieg führte zu einer noch stärkeren Konzentration: 1930 befanden sich etwa drei Viertel der Presse im Besitz von sieben großen Gruppen. Das Rennen um die höchste Auflage gewann 1933 der Daily Express, der als erste Zeitung zwei Millionen erreichte. Obwohl Produktion und Verkauf von Radios in den dreißiger Jahren weiter anstiegen, blieb die Presse das wichtigste Mittel zur Meinungsbeeinflussung. Zwischen 1920 und 1937 wuchs die Auflagenhöhe der Tageszeitungen um 80 Prozent, mehr als das Zehnfache der Bevölkerungszunahme.

In der kulturellen Sphäre gab es die auffälligsten und nachhaltigsten Wandlungen zweifellos auf dem Gebiet der Literatur. Während John Galsworthy, der in Europa bekannteste britische Schriftsteller dieser Jahre, in der schon vor dem Krieg begonnenen mehrbändigen ,,Forsyte Saga" eine kritisch-realistische Chronik des niedergehenden Bürgertums verfaßte, begannen andere unter dem Eindruck der Schrecken des Krieges, der Desillusionierung durch den imperialistischen Frieden und der tiefgreifenden weltweiten Umwälzungsprozesse — deren Charakter sie nicht verstanden — eine intellektuelle Revolte gegen ihre Umwelt und die Normen der Vorkriegsgesellschaft. Ihre Protesthaltung bewegte sich zwischen der Ablehnung oder Zerstörung von Traditionen oder Tabus und abstrakter Suche nach humanistischen Werten, und ohne jedes Verständnis historischer Erfordernisse orientierten sie sich auf gestalterische Innovationen, was ihren Leserkreis einengte. Während James Joyce in ,,Ulysses" neben der Romanauch die Sprachform auflöste und T. S. Eliot in seinem Gedicht ,,The Waste Land" die apokalyptische Sicht einer zerstörten Zivilisation bot, schrieben Virginia Woolf und D. H. Lawrence feingesponnene psychologistische Romane, wobei sie seelische Erlebnisse und Stimmungen bzw. Naturverbundenheit und Sexualität betonten. Joyce' ,,Ulysses" und Lawrence' ,,Lady Chatterley's Lover" wurden in Großbritannien als ,,obszön" verboten.

Gegen Ende der zwanziger Jahre erreichte die Antikriegsliteratur den Höhepunkt ihrer Verbreitung und ihres Einflusses. Gedichte und Erzählungen über die Schrecken der Schlachtfelder hatte es schon bei und nach Kriegsende gegeben, aber sie waren zunächst nicht sehr beachtet worden. Doch als sich sozialistische Ideen weiter ausbreiteten, die vagen Hoffnungen auf eine bessere und gerechtere Welt immer mehr schwanden und die Ernüchterung über den Nachkriegsfrieden wuchs, stieg das Interesse für diese Literatur. Ab 1928 schwoll die Nachfrage nach Kriegserinnerungen und -romanen so sehr an, daß alte Bücher neu aufgelegt und neue rasch veröffentlicht wurden. Zu den bekanntesten gehörten Robert Graves' Autobiographie ,,Goodbye to All That" und der Roman ,,Death of a Hero" von

Richard Aldington. Eine Übersetzung von Remarques „Im Westen nichts Neues" erlebte zwischen April und September 1929 19 Auflagen mit 260000 Exemplaren. Es gelang nur wenigen Autoren, zu den tieferen Ursachen des Krieges vorzudringen; für die meisten war er aus dem Militarismus, aus Geld- und Machtgier oder Dummheit und Furcht entstanden. Die Wirkung ihrer Bücher ergab sich aus der realistischen, schonungslosen Schilderung des Kriegsalltags und aus ihrem humanistischen Anliegen, wovon in den bis dahin vorherrschenden patriotisch-heroischen Werken wenig oder nichts zu spüren gewesen war. Sie trugen erheblich zum Anwachsen der Friedensbewegungen in der ersten Hälfte der dreißiger Jahre bei.

9. Die Bildung der zweiten Labour-Regierung

Gegen Ende der zwanziger Jahre vollzogen sich in der Labour-Bewegung, bei den Konservativen und bei den Liberalen einige Veränderungen, die die Wandlungen in der Parteiensituation beschleunigten. Sie führten nicht nur zur Bildung der zweiten Labour-Regierung, sondern Anfang der dreißiger Jahre auch zu einer beträchtlichen Schwächung der Positionen der Liberalen im Lande.

Die Entwicklung der Arbeiterbewegung nach 1926 war durch einen Rückgang der Massenaktivität, durch scharfe Auseinandersetzungen zwischen Linken und Rechten und durch ein Erstarken der reformistischen Kräfte gekennzeichnet.

In den Gewerkschaften wurden im Zuge der mit dem Mondismus verbundenen Praktiken die rechtsgerichteten Führer eindeutig tonangebend. Dabei schob sich immer mehr Ernest Bevin in den Vordergrund. Bevin war die treibende Kraft beim Übergang des einst linksgerichteten Daily Herald in die Hände des TUC-Generalrats und bei dem anschließenden Verkauf von 51 Prozent der Anteile an das Zeitungsunternehmen Odhams. Das Blatt vertrat in der Folgezeit die politische Linie der rechten Labour- und Gewerkschaftsführer.

In der Labour Party sank die Zahl der ihr kollektiv angeschlossenen Mitglieder zwischen 1926 und 1928 von 3,9 auf 2,1 Millionen. Zugleich verschärften sich die inneren Spannungen insbesondere zwischen den rechten Parteiführern um MacDonald und der ILP. In dieser war die Unzufriedenheit mit dem Kurs der Labour Party nach 1924 angewachsen, und in ihr gewannen nach links tendierende Kräfte an Einfluß — zu ihnen gehörte der 1926 zum Parteivorsitzenden gewählte James Maxton. Ein deutlicher Ausdruck der Spannungen war, daß sich MacDonald völlig von der ILP abwandte und Snowden Anfang 1928 sogar formell austrat. Konsequenzen größerer Art hatten diese Entwicklungen zunächst noch nicht. Die Labour-Führer griffen aber zunehmend zu Disziplinierungsmaßnahmen, und die Jahreskonferenz 1928 nahm eine besondere Erklärung über ,,Parteitreue" an.

Die Kommunistische Partei bemühte sich, die Rechtsentwicklung in der Arbeiterbewegung aufzuhalten, und verstärkte ihren Kampf gegen die Labour- und Gewerkschaftsführer. Dabei gab es zeitweilige Erfolge, doch viele Kommunisten unterschieden zuwenig zwischen den organisierten Arbeitern und ihren Führern und zeigten Ungeduld und starre Haltungen gegenüber nach links tendierenden, aber vom Reformismus beeinflußten Gruppen. Schließlich wurde die Labour Party als ,,dritte" kapitalistische Partei bezeichnet, die am gefährlichsten für die Arbeiter sei und vorrangig bekämpft werden müsse. Das alles schwächte den Einfluß der Kommunisten, die Partei geriet in eine Isolierung, ihre Mitgliederzahl sank auf etwa 2500 ab. Im Zuge der mit dieser Situation verbundenen innerparteilichen Auseinandersetzung übernahm 1929 der in der Gewerkschaftsarbeit sehr erfahrene Harry Pollitt die Funktion des Generalsekretärs. 1931/32, als die Partei begann, ihre sektiererischen Fehler zu überwinden, stiegen Mitgliederzahl und Masseneinfluß wieder an.

Im Oktober 1928 nahm die Labour Party auf ihrer Jahreskonferenz ein neues, ,,Labour and the Nation" betiteltes Programm an. In ihm wurde Sozialismus faktisch mit verstärktem staatlichem Eingreifen in wirtschaftliche und soziale Angelegenheiten gleichgesetzt. Wegen der Verwässerung der traditionellen Forderung nach Nationalisierung wurde es weithin als Rückschritt gegenüber dem vom Jahre 1918 empfunden. Die Führer der ILP kritisierten das Programm scharf und äußerten, daß selbst bei Durchführung aller in ihm vorgesehenen Maßnahmen kein Sozialismus, sondern nur eine Art kontrollierter Kapitalismus herauskommen würde, wie er nie existieren könne.

Unterdessen gab es bei den Konservativen deutliche Zeichen von Stagnation und Niedergang; ihr Ansehen und ihr Einfluß gingen zurück. 1927 verloren sie eine Reihe von Nachwahlen, und es war von einem Nachfolger Baldwins die Rede. 1928 wurden zweimal Umbesetzungen im Kabinett vorgenommen, bei denen der rechte Flügel Einbußen erlitt. In der Partei machten sich jüngere Leute bemerkbar (darunter Harold Macmillan), die für einen neuen Konservatismus eintraten und für staatliche Eingriffe in die Wirtschaft plädierten. Um ihre Chancen für die kommenden Wahlen zu verbessern, ließ die Regierung 1928 vom Parlament ein neues Wahlgesetz verabschieden, das allen Frauen von 21 Jahren an das Wahlrecht gab und sie

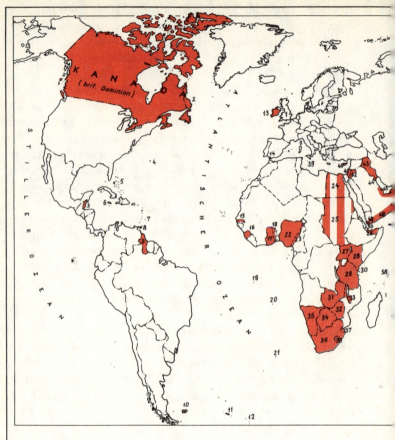

Die Zahlen auf der Karte bedeuten:

1 Großbritannien
2 Neufundland (brit. Dominion)
3 Brit-Honduras
4 Bermudas
5 Bahamas
6 Jamaica
7 Barbados
8 Trinidad
9 Guayana
10 Falkland-In.
11 South Georgia
12 South Sandwich-In.
13 Irland (brit. Dominion)
14 Gibraltar
15 Gambia
16 Sierra Leone
17 Goldküste
18 Togo (brit. Mandat)
19 Ascension
20 St. Helena
21 Tristan da Cunha
22 Nigeria
23 Kamerun (brit. Mandat)
24 Ägypten (fakt. v. Großbrit. abhängig)
25 Anglo-Ägyptischer Sudan
26 Brit.-Somaliland
27 Uganda
28 Kenia
29 Tanganjika (brit. Mandat)
30 Sansibar
31 Nordrhodesien
32 Südrhodesien
33 Njassaland
34 Betschuanaland
35 Südwestafrika (Mandat d. Südafr. Union)
36 Südafrikan. Union (brit. Dominion)
37 Swasiland
38 Basutoland

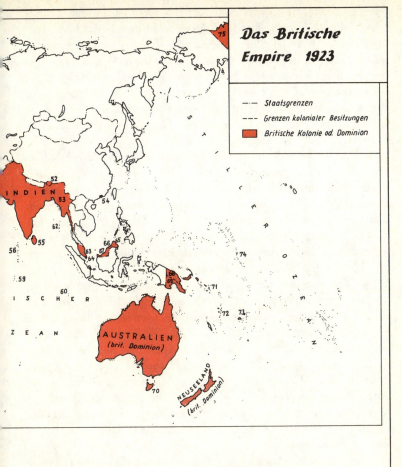

Das Britische Empire 1923

- — · — Staatsgrenzen
- — — — Grenzen kolonialer Besitzungen
- ▨ Britische Kolonie od. Dominion

39 Malta	58 Amiranten
40 Zypern	59 Chagos-In.
41 Palästina (brit. Mandat)	60 Cocos-In.
42 Transjordanien (brit. Mandat)	61 Mauritius
43 Irak (brit. Mandat)	62 Andamanen
44 Kuweit	63 Malaya
45 Katar	64 Singapur
46 Oman (unter brit. Schutz)	65 Brit.-Nordborneo
47 Oman	66 Brunei
48 Hadramaut	67 Sarawak
49 Aden	68 Neuguinea (austral. Mandat)
50 Protektorat Aden	69 Papua (austral.)
51 Sokotra	70 Tasmanien
52 Bhutan	71 Salomonen
53 Burma	72 Neue Hebriden (brit. u. frz.)
54 Hongkong	73 Fidschi-In.
55 Ceylon	74 Gilbert-In.
56 Malediven	75 Kanada
57 Seychellen	

damit den Männern gleichstellte. Von den fast 29 Millionen Wahlberechtigten im Jahre 1929 waren über 15 Millionen weiblichen Geschlechts.

Beträchtliche Veränderungen zeichneten sich gegen Ende des Jahrzehnts bei den Liberalen ab. Nachdem der betagte Asquith im Herbst 1924 nicht in das Unterhaus gelangt war und sich 1925 in das Oberhaus zurückgezogen hatte, war Lloyd George wieder unumstrittener Parteiführer geworden. Mit ihm kamen zunehmend Personen in den Vordergrund, die den alten Liberalismus und seine wirtschaftlichen Grundsätze, die offensichtlich nicht mehr den veränderten Gegebenheiten entsprachen, abwarfen. 1928 veröffentlichten die Liberalen ein ,,Gelbbuch" über ,,Britain's Industrial Future", das staatliche Eingriffe in Industrie, Finanzen und Handel und ein Programm öffentlicher Arbeiten empfahl. In ihrer im März 1929 vorgelegten Schrift ,,We Can Conquer Unemployment" sprachen sie von einem umfangreichen, defizit-finanzierten Arbeitsbeschaffungsprogramm, mit dem die Massenarbeitslosigkeit beseitigt und die Wirtschaft vorangebracht werden sollte. So begann sich die Liberale Partei in dieselbe Richtung zu entwickeln, in die die jungen Tories drängten.

Das Wahlprogramm der Labour Party unterschied sich kaum von dem der Liberalen. Man sprach von ,,öffentlicher Kontrolle" der Wirtschaft; lediglich die Kohlengruben sollten nationalisiert werden, und das auch nur, wenn die Partei eine absolute Mehrheit erhielt. Das Programm war ,,ein gemäßigtes soziales Reformprogramm, in dem der Sozialismus weder Platz noch Erwähnung fand . . . Es war ein weiterer Schritt auf dem Wege nach rechts."[20] Um die Eigenständigkeit zu unterstreichen, veröffentlichte die Parteiführung noch rasch eine Broschüre ,,How to Conquer Unemployment"; die von den Liberalen vorgesehenen Maßnahmen zum Abbau der Arbeitslosigkeit wurden einfach übernommen, und es hieß, Labour könne sie besser ausführen.

Die Ende Mai 1929 abgehaltenen Wahlen machten die Labour Party zur stärksten Partei im Unterhaus. Sie erhielt 37,1 Prozent der Stimmen und 288 Sitze, die Konservativen bekamen 38,2 (1924: 48,3) bzw. 260, die Liberalen 23,4 Prozent, aber nur 59 Sitze. Das war hauptsächlich ein Ergebnis der weitverbreiteten Unzufriedenheit mit der Innen- und Außenpolitik der Baldwin-Regierung. Die Verteilung der Mandate kam zum Teil dadurch zustande, daß viele konservative Wähler jetzt für die Liberalen votierten und dadurch faktisch Labour-Kandidaten begünstigten.

Die Führer der Labour Party machten sich ohne Zögern an die Übernahme der Amtsgeschäfte, zumal für eine konservativ-liberale Koalition nur ganz wenige Politiker eintraten. Unter den herrschenden Kreisen gab es jetzt nur wenig Unruhe, hatten doch die Labour-Führer bewiesen, daß sie nicht auf die Beseitigung der bestehenden Gesellschaftsordnung aus waren. Auch gab ihnen die Zusammensetzung des Kabinetts keinen Grund zur Besorgnis. Von dessen 19 Mitgliedern hatten 12 schon 1924 dem Kabinett angehört und 4 weitere andere Regierungsämter bekleidet. MacDonald wurde wieder Premierminister und Snowden Finanzminister. Thomas wurde Lordsiegelbewahrer mit den Aufgaben eines Arbeitsministers. Das Außenministerium übernahm nach einigem Gerangel Arthur Henderson. John Wheatley erhielt wegen seiner Kritik an der politischen Linie der Partei kein Amt. Zur Beschwichtigung der Labour-Linken wurde der populäre George Lansbury in das Kabinett aufgenommen, in dem er sich aber mit dem unbedeutenden Ministerium für öffentliche Arbeiten begnügen mußte.

Die ersten (vorsichtigen) Maßnahmen wirtschafts- und sozialpolitischer Art stießen nur auf geringen Widerstand der Konservativen. Auch die Wiederaufnahme der diplomatischen Beziehungen zur UdSSR, zu der sich die Labour Party verpflichtet hatte, ging im Oktober ohne größere Schwierigkeiten vor sich. Als Snowden bei den Haager Verhandlungen über den im Juni vorgelegten Young-Plan zur Neufestlegung der deutschen Reparationszahlungen eine Erhöhung der Anteile Großbritanniens durchsetzte, erhielt er den Beifall der Finanzmagnaten. Doch die Bemühungen um die Wiedereinführung des Siebenstundentages für die Bergarbeiter und zur Veränderung des Gewerkschaftsgesetzes von 1927 endeten 1930 bzw. 1931 ergebnislos. Als die Auseinandersetzungen um den im Dezember 1929 eingebrachten Gesetzentwurf über den Kohlebergbau begannen, wurde Großbritannien von der Weltwirtschaftskrise erfaßt, auf deren Höhepunkt dann die Labour-Regierung zerbrach.

III. Die Jahre der Weltwirtschaftskrise

1. Die Wirtschaftsentwicklung. Die Lage der Arbeiter

Die Krise von 1929 bis 1933, die im Oktober 1929 mit dem Börsenkrach von New York einsetzte, war die schwerste, ausgedehnteste und folgenreichste Wirtschaftskrise, die der Kapitalismus bis dahin erlebt hatte. Sie erfaßte alle Bereiche der Wirtschaft, und sie ergriff alle kapitalistischen Länder, weitete sich zur Weltwirtschaftskrise aus. Im Winter 1929/30 begann sie sich auch in Großbritannien auszuwirken.

Die Industrieproduktion sank zwischen 1929 und 1932 um 16 Prozent ab, die Ausfuhr um ein Drittel im Umfang und um die Hälfte in ihrem Wert. Der Rückgang der Industrieproduktion war bedeutend geringer als in Frankreich, Deutschland und den USA. Das lag vor allem daran, daß es in der britischen Industrie in den Jahren vor der Krise keinen Aufschwung, sondern nur eine Belebung gegeben hatte. Da die Preise für die meisten Importwaren stark fielen, verringerte sich der Umfang der eingeführten Erzeugnisse nur um 11 Prozent, und der britische Anteil am (absinkenden) Welthandel blieb fast unverändert.

Am schwersten wurden wiederum die alten Industrien getroffen. Hier fiel die Produktion erheblich stärker ab als in der Industrie insgesamt. Besonders die Eisen- und Stahlerzeugung sowie der Schiffbau erlitten schwere Einbußen. Die Herstellung von Roheisen sank im Verlauf der Krise um mehr als die Hälfte, die von Stahl um fast die Hälfte, die Gesamttonnage der gebauten Handelsschiffe um mehr als neun Zehntel. Diese Situation war ein Ergebnis einmal der hohen Exportabhängigkeit dieser Zweige, sodann des einschneidenden Absinkens von Neuinvestitionen (was sich in der Eisen- und Stahlindustrie und im Maschinenbau am stärksten auswirken mußte) und schließlich des hohen Konzentrationsgrads dieser Zweige, der die Tendenz der Unternehmer, eher die Produktion zu stoppen als mit den Preisen herunterzugehen, begünstigte.

Im Zuge des weltweiten Rückgangs von Industrie und Handel schrumpften die Einnahmen aus dem „unsichtbaren" Export erheblich. Die Folge war, daß 1931 — erstmals in der Geschichte des Landes — eine stark passive Zahlungsbilanz entstand.[1] Die Einnahmen aus dem „unsichtbaren" Export reichten also nicht mehr aus, um die negative Handelsbilanz auszugleichen.

Mitte 1931 griff die durch den österreichischen Bankenkrach ausgelöste europäische Finanzkrise auch auf Großbritannien über. Zahlreiche ausländische Gläubiger begannen die kurzfristigen Anleihen, mit denen die Londoner Banken in den vorangegangenen Jahren in hohem Maße gearbeitet hatten, zurückzuziehen. Da die britischen Anleihen wegen des im Juni vereinbarten Zahlungsaufschubs für Reparationen und Kriegsschulden (Hoover-Moratorium) festlagen oder als langfristige Anleihen nicht abrufbar oder auch wegen Zahlungsunfähigkeit der Schuldner nicht verfügbar waren, mußte London seine Goldreserven angreifen, die rasch schrumpften, und in Frankreich und den USA selbst Anleihen aufnehmen. Dadurch konnte der Ansturm auf das Pfund Sterling aber nicht gestoppt werden. So sah sich die Regierung im September gezwungen, vom Goldstandard abzugehen, womit der Versuch, die alte Stellung als Finanzzentrum der Welt zu behaupten bzw. wiederzuerlangen, endgültig gescheitert war. Im November 1931 begann Großbritannien mit der Einführung von Schutzzöllen.

Durch das der Abkehr vom Goldstandard folgende Absinken des Pfundkurses verbesserten sich die Exportchancen für die britischen Industrieprodukte zeitweilig, während der Übergang zum Protektionismus den Absatz auf dem Binnenmarkt erleichterte. Die Wirtschaftskrise wurde dadurch jedoch nur wenig und nur zeitweise gemildert. Im Jahre 1932 erreichten Produktionsziffern und Arbeitslosigkeit ihren Tief- bzw. Gipfelpunkt.

Im Verlauf der Krise mußten zahlreiche Fabriken und andere Unternehmen ihre Tätigkeit einschränken oder ganz einstellen. Zehntausende von Handwerkern, Ladenbesitzern und anderen Kleinunternehmern wurden ruiniert. Schwer hatte die Landwirtschaft zu leiden, die ohnehin starker ausländischer Konkurrenz ausgesetzt war. Zwischen 1930 und 1932 sanken die Preise agrarischer Erzeugnisse um (durchschnittlich) ein Drittel. Das beschleunigte den Niedergang dieses Erwerbszweiges; Mitte der dreißiger Jahre waren in der Land- und Forstwirtschaft noch 4 Prozent der arbeitenden Bevölkerung tätig — gegenüber 5,3 Prozent Ende der zwanziger Jahre.

Die Lage der Arbeiter wurde noch stärker als in den vergangenen Jahren durch die Arbeitslosigkeit bestimmt, die bis dahin nicht gekannte Ausmaße erreichte. Auf dem Tiefpunkt der industriellen Krise im Spätsommer 1932 waren mit fast 3 Millionen etwa ein Viertel aller versicherten Arbeiter ohne Beschäftigung; nimmt man das Jahr 1932 insgesamt, so waren es 22,9 Prozent. Besonders schwer wurde die Situation in den alten Zweigen. Im Kohlebergbau waren 1932 41,2 Prozent arbeitslos, in der Baumwollverarbeitung 31,1, im Schiffbau 59,5 und in der Eisen- und Stahlindustrie 48,5 Prozent. Während in London und Südostengland 13,7, in Südwestengland 17,1 und in Mittelengland 20,1 Prozent keine Arbeit hatten, waren es in Nordengland 27,1, in Schottland 27,7, in Nordirland 27,2 und in Wales 36,5 Prozent. Unter den Nichtversicherten hatten weitere Hunderttausende keine Beschäftigung.[2]

Die Unternehmer versuchten, die Lasten der Krise auch auf die beschäftigten Arbeiter abzuwälzen. Vielerorts wurden die Löhne gekürzt. Doch angesichts der Erfahrungen, die sie in den zwanziger Jahren gemacht hatten, sowie einer Reihe von Streiks und anderer Aktionen während der Krise blieben Frontalangriffe auf Löhne und Arbeitsbedingungen auch jetzt aus. Die Durchschnittswochenlöhne sanken zwischen 1929 und 1932 bzw. 1933 um 4 bzw. 5 Prozent. Da aber die Einzelhandelspreise erheblich stärker fielen, stiegen die Reallöhne um 9 bzw. mehr als 10 Prozent an. Obwohl die mit der Massenarbeitslosigkeit verbundene Existenzunsicherheit die Beschäftigten noch mehr als vor der Krise bedrohte, viele zeitweilig kurzarbeiten und zahlreiche Arbeiter auch überdurchschnittliche Lohneinbußen hinnehmen mußten, hatte die Entwicklung der Reallöhne doch eine relative Passivität der Gewerkschaften zur Folge — Streikaktionen größeren Umfangs gab es nur in der Textilindustrie und im Bergbau. Sie bewirkte auch, daß die Arbeiter und Angestellten mit einigermaßen beständiger Beschäftigung mehr Geld für industrielle Massengebrauchsgüter ausgeben konnten, was die Lage der diese Güter fabrizierenden Industrien erleichterte.

Die Preisentwicklung begünstigte die britische Wirtschaft auch noch in anderer Hinsicht. Das Verhältnis von Ein- und Ausfuhrpreisen veränderte sich zwischen 1929 und 1933 um 20 Prozent zu ihrem Vorteil. Die stark verbilligten Rohstoffe aus Übersee milderten das Absinken der Preise für Industriewaren, zumal wegen der ebenfalls stark verbilligten Lebensmittel die Nachfrage nach vielen dieser Waren im Inland relativ hoch blieb. Das dürfte zusammen mit dem bereits genannten hohen Konzentrationsgrad großer Teile der Industrie erheblich dazu beigetragen haben, daß die Profite im Unterschied zu vorangegangenen Wirtschaftskrisen nur geringfügig absanken.[3]

Trotz dieser mildernden Faktoren war die Krise auch für Großbritannien die folgenreichste Wirtschaftskrise, die das Land bis dahin erlebt hatte.

2. Die zweite Labour-Regierung

Die Labour-Regierung zeigte sehr bald, daß die Arbeiter von ihr noch weniger zu erwarten hatten als von der Vorgängerin des Jahres 1924. In seiner ersten Unterhausrede als Premierminister gab MacDonald seinem Wunsch Ausdruck, die „sehr ernsten Probleme" des Landes in Kooperation mit den anderen Parteien anzupacken, alle Ideen in einen „gemeinsamen Pool" einzubringen und auf dieser Grundlage zu Gesetzen und Handlungen zu gelangen, „die von substantiellem Nutzen für die Nation als Ganzes sein werden".[4] Von einem Wunsch, sich auf die Kraft der organisierten Arbeiter zu stützen, war weder hier noch anderswo die Rede. MacDonald und seine Gesinnungsfreunde fühlten sich als rein parlamentarische Regierung und stützten sich im Unterhaus auf die Liberalen, deren Führer erklärte, die Wahlen hätten in Wirklichkeit das liberale Parteiprogramm bestätigt und man werde der Regierung helfen, es zu verwirklichen. Sie waren entschlossen, sich auch gegen die eigene Partei zu stellen. Als kurz vor Regierungsantritt der Privatsekretär des Königs, Lord Stamfordham, MacDonald gegenüber äußerte, Seine Majestät sei besorgt wegen des Exekutivkomitees der Labour Party, von dem angenommen werde, es habe viel Macht über im Amt befindliche Labour-Regierungen, da versicherte der Premier ihm, „daß dies nicht der Fall sei; daß zwei vom Kabinett als eine Art Verbindungsleute zwischen der Partei und der Regierung ernannt seien, und er betonte, daß sich die Regierung niemals von den Befehlen des Komitees beeinflussen lasse und sich gewiß nicht nach ihnen richte".[5]

Diese Haltung erklärt letztlich das Ergebnis der Bemühungen um die Wiedereinführung des Siebenstundentages für die Bergarbeiter und um die Aufhebung bzw. Veränderung des Gesetzes über Streiks und Gewerkschaften von 1927. Das im Dezember 1929 vorgelegte und mit sehr knapper Stimmenmehrheit angenommene Gesetz über den Kohlebergbau brachte nur einen Siebeneinhalbstundentag. Die erst ein Jahr später eingebrachte Vorlage zur Veränderung des Gewerkschaftsgesetzes wurde im Parlament verstümmelt, so daß die Regierung sie schließlich zurückzog, zumal viele rechte Labour- und Gewerkschaftsführer gegen das Verbot von Generalstreiks und einige andere Bestimmungen des Gesetzes von 1927 ohnehin wenig einzuwenden hatten.

G.D.H.Cole, damals schon ein bekannter Labour-Historiker und -Ökonom und Mitglied des von der Regierung eingesetzten Wirtschaftsrates, schrieb folgendes über die politische Linie, die MacDonald und seine engsten Mitarbeiter verfolgten: „Die Politik des Kabinetts bestand darin, so lange wie möglich mit liberaler Unterstützung im Amt zu bleiben, sich auf zweitrangige Maßnahmen zu konzentrieren, die zu akzeptieren die Liberalen überredet werden konnten, und alles zu vermeiden, was den ebenen Gang der kapitalistischen Wiederbelebung durcheinanderbringen konnte ... Bevor die scheinbare Prosperität am Ende angelangt war, war sie [die Regierung] auf ernste Schwierigkeiten gestoßen. Die Liberalen wollten der bedingungslosen Aufhebung des Streikgesetzes von 1927 nicht zustimmen ... Die Regierung mußte ... auch den Entwurf ihres Volksbildungsgesetzes zurückziehen, das den Schulbesuch bis zum Alter von 15 Jahren vorsah." Nach Beginn der Wirtschaftskrise „schwankte die Regierung weiterhin hilflos hin und her ... Während ein oder zwei Minister ... taten, was sie konnten, blieb das Kabinett als Ganzes sichtlich ohne den Schatten einer konstruktiven, ja selbst einer defensiven Politik."[6]

Das Hauptproblem im Lande war die Massenarbeitslosigkeit. Im November 1929 legte die Regierung ein drei Monate später verabschiedetes neues Arbeitslosenversicherungsgesetz vor, das einige Verbesserungen brachte. Als bedeutsam wurde die Aufhebung der verhaßten Bestimmung angesehen, die die Unterstützungsbedürftigen zum Nachweis verpflichtete, „wirklich Arbeit zu suchen" (genuinely seeking work). Jetzt war es Sache der Beamten, zu beweisen, daß zumutbare Arbeit abgelehnt worden war, bevor Unterstützung verweigert wurde.

Die Arbeitslosen und große Teile der Labour-Bewegung hielten das Gesetz insgesamt für unzureichend. Die Kritik an der Regierung wuchs im Frühjahr 1930 an, als die Arbeitslosenziffern ständig stiegen. Es kam zu Auseinandersetzungen in der Führungsspitze. Sichtbarster Ausdruck dessen waren der Rücktritt des Stellvertreters von Thomas im Mai und der von Thomas selbst im Juni 1930. MacDonald kündigte an, die Aufgaben des Arbeitsministers selbst übernehmen zu wollen (Thomas wurde Minister für die Dominien). Auf der Jahreskonferenz der Labour Party im Oktober gab es scharfe Kritik, konfuse Debatten und nichtssagende Beschlüsse. Während Thomas nicht wieder in das Exekutivkomitee gewählt wurde, konnte sich der redegewandte MacDonald behaupten. Auf seine Initiative hin setzte die Regierung im Dezember eine Kommission ein, deren Bericht Grundlage für ein im August 1931 verabschiedetes Gesetz zur Beseitigung von „Anomalien" bei den Unterstützungszahlungen war. Das Gesetz entzog einigen Kategorien, hauptsächlich verheirateten Frauen, jegliche finanziellen Mittel.

Die schwächliche Haltung der Labour-Führung ermunterte die herrschenden Kreise zu verstärktem Druck auf die Regierung. Die Konservativen forderten „Einsparungsmaßnahmen" und brachten im Februar 1931 im Unterhaus einen Mißtrauensantrag ein, woraufhin die Liberalen die Einsetzung eines Ausschusses vorschlugen, der die Finanzlage überprüfen und (wie die „Geddes-Axt" zehn Jahre zuvor) Sparmaßnahmen empfehlen sollte. Die Regierung nahm den Vorschlag an. Finanzminister Snowden verlangte in einer Rede „Opfer von allen" und setzte einen Ausschuß ein, dem George May, ein führender Versicherungsexperte, vorstand und dem neben zwei Labour-Vertretern vier Großkapitalisten angehörten. In dem Bericht, den der Ausschuß Ende Juli 1931 vorlegte, wurde vorgeschlagen, 66,5 Millionen Pfund (1,363 Milliarden Mark) des für das kommende Finanzjahr zu erwartenden Defizits auf Kosten der Arbeitslosen zu begleichen, was u. a. eine Kürzung der Unterstützungssätze um 20 Prozent bedeutete.

Um den May-Bericht entbrannten nun heftige Auseinandersetzungen. Durch ihn über die Finanzlage Großbritanniens alarmierte ausländische Gläubiger verstärkten ihren Ansturm auf das Pfund Sterling und die Londoner Bankiers den Druck auf die Regierung. Unter den gewerkschaftlich und politisch organisierten Arbeitern nahmen Kritik und Empörung rasch zu. Zwischen dem 11. und 23. August gab es eine Fülle von Sitzungen des Kabinetts, Teilen des Kabinetts und anderen Beratungen. MacDonald und Snowden pendelten zwischen Bankiers und Führern der parlamentarischen Oppositionsparteien auf der einen und ihren Kabinettskollegen auf der anderen Seite hin und her, wobei sie versuchten, letztere zur Annahme der Forderungen ersterer zu bewegen. Am 20. August hatten sie mit führenden Vertretern des Exekutivkomitees der Labour Party und des Generalrats des TUC eine Beratung, auf der Bevin und Citrine Kürzungen von Arbeitslosenunterstützung, Löhnen und Gehältern ablehnten und auf andere Einsparungsmöglichkeiten verwiesen. Am Tage danach billigte der Generalrat in seiner Gesamtheit diese Haltung. Am 22. August erreichten MacDonald und Snowden die allgemeine Zustimmung des Kabinetts zu Verhandlungen mit der Opposition über Sparmaßnahmen, zu denen eine Kürzung der Arbeitslosenunterstützungen um 10 Prozent gehörte. Am 23. sprachen der liberale Parteiführer Herbert Samuel (Lloyd George war erkrankt) und Stanley Baldwin mit dem König über die Bildung einer „nationalen Regierung". Am Abend des gleichen Tages kam es zur Spaltung des Kabinetts. MacDonald, Snowden, Thomas und acht weitere Mitglieder traten für die am Vortage diskutierten Sparmaßnahmen ein, neun waren dagegen, unter ihnen Henderson und Lansbury. Der Premier schlug den Rücktritt der Regierung vor, der dann auch erfolgte.

Am 24. August traf MacDonald im Beisein von Samuel und Baldwin mit dem König zusammen, und unmittelbar danach teilte er dem Kabinett mit, er werde jetzt eine „nationale" Regierung führen. Die herrschenden Kreise waren entschlossen, die Zügel wieder direkt in die Hand zu nehmen, um ihre sozialreaktionäre Politik besser durchsetzen zu können. Sie hielten es aber für ratsam, sich zumindest eine Zeitlang noch der oder einiger Labour-

Führer zu bedienen, zumal man den Anschein erwecken wollte, daß der „nationalen" Regierung alle wichtigen politischen Kräfte des Landes angehörten. So behielten alle Kabinettsmitglieder, die diesen in seinem Ausmaß in der Geschichte der britischen Arbeiterbewegung einmaligen Verrat mitmachten, ihre Ministerposten: Snowden, Thomas, Lord Sankey und Lord Amulree. Als die im Oktober 1931 abgehaltenen Unterhauswahlen den Tories eine absolute Mehrheit brachten, wurde kein anderer als MacDonald Chef der neuen, von den Konservativen beherrschten Regierung.

3. Die „Nationale Regierung"

Das am 24. August 1931 gebildete, stark verkleinerte Kabinett bestand aus MacDonald, Snowden, Thomas, Sankey (Luftfahrtminister Amulree gehörte nicht zum Kabinett), Baldwin, Neville Chamberlain, zwei weiteren Konservativen sowie zwei Liberalen. Snowden berichtet in seinen Erinnerungen, MacDonald habe am Tage nach der Kabinettsbildung auf die Bemerkung, er werde jetzt wohl in ganz anderen Kreisen Beliebtheit finden, mit den Worten reagiert: „Ja, morgen wird jede Herzogin in London mich küssen wollen."[7] Der Premier weigerte sich, zu den Sitzungen des Exekutivkomitees und der Parlamentsfraktion der Labour Party am 26. bzw. 28. August zu erscheinen. Henderson wurde zum Parteiführer gewählt, MacDonald und seine Gesinnungsfreunde wurden Ende September aus der Partei ausgeschlossen.

Mitglieder des Kabinetts bekundeten wiederholt, die Regierung wolle nur begrenzte Zeit im Amt bleiben und ihr spezifisches Ziel bestehe darin, den Finanzhaushalt in Ordnung zu bringen und den Goldstandard des Pfund Sterling zu retten. Das widerspiegelte und bezog sich auf die unter Geschäftsleuten, Politikern und Ökonomen vorherrschende Meinung, die Gesundung der Wirtschaft erfordere zunächst einmal und vor allem eine Senkung von Arbeitslosenunterstützung, Löhnen, Gehältern und anderen Staatsausgaben.

Am 10. September unterbreitete die Regierung dem Parlament ein Notbudget, das Steuererhöhungen vorsah, und einen Gesetzentwurf, der Kürzungen der Arbeitslosenunterstützungen von durchschnittlich 10 Prozent, der Lehrergehälter um 15 Prozent und der Bezüge von Polizisten, Militärpersonen und anderen Staatsangestellten um etwas geringere Prozentsätze beinhaltete. Die Arbeitslosen sollten nur für 26 Wochen Unterstützungen beziehen. Für die Zeit danach waren „Übergangszahlungen" vorgesehen, deren Gewährung von „Bedürftigkeitsprüfungen" (means tests) abhängig gemacht wurde, welche die für Armenunterstützung zuständigen lokalen Ausschüsse vorzunehmen hatten.

Noch bevor die Entwürfe verabschiedet wurden, war die Regierung gezwungen, vom Goldstandard des Pfund Sterling abzugehen. Diese am 20. September 1931 getroffene schwerwiegende Entscheidung ist hauptsächlich auf zwei Faktoren zurückzuführen. Erstens erwies sich rasch, daß die Bildung einer von den Konservativen beherrschten Regierung und die Ende August von amerikanischen und französischen Banken zugesagten Anleihen in Höhe von 80 Millionen Pfund Sterling (kurz zuvor hatte man von ihnen bereits 50 Millionen bekommen) dem Ansturm auf das Pfund entgegen den Erwartungen nicht Einhalt gebieten konnten. Zweitens widersetzten sich die von den Kürzungen Betroffenen in nicht erwartetem Ausmaß dem Vorgehen der Herrschenden. Am 11. September veranstalteten zehntausend Lehrer in London einen Demonstrationsmarsch. Vier Tage später begann die bedeutendste dieser Aktionen, die Meuterei in der im nordschottischen Invergordon stationierten britischen Atlantikflotte — das erste Ereignis dieser Art seit 1797.

Am 12. September verkündete der Marineminister Gehaltskürzungen um 3,7 bis 7,7 Prozent für Offiziere und um 25 Prozent für die Matrosen. Letztere trafen sofort Vorbereitungen, um das Auslaufen der Schiffe zu den Herbstmanövern zu verhindern. Am Morgen des 15. September weigerte sich die Besatzung des Schlachtschiffs „Valiant", das zuerst ablegen sollte, die Anker zu lichten. Wenig später befanden sich 12 000 Seeleute im Ausstand. Unter den Militärs und in der Regierung gab es Stimmen, die für ein gewaltsames Vorgehen gegen die Matrosen eintraten — unter ihnen J.H. Thomas —, doch die Mehrzahl plädierte für Einlenken. Am Abend des 16. September wurde das Manöver abgesagt. Fünf Tage später verkündete die Regierung, die Kürzungen würden nirgends 10 Prozent überschreiten, auch nicht bei den Lehrern. Man hatte erkennen müssen, daß dem Bestreben, den Goldstandard auf Kosten der Werktätigen aufrechtzuerhalten, Grenzen gesetzt waren.

In den ersten Monaten nach der Aufgabe des Goldstandards fiel das Pfund Sterling gegenüber dem Dollar um etwa 30 Prozent ab. Ihm folgten die Währungen der Dominien, der skandinavischen und weiterer Länder. Diejenigen unter ihnen, die eine feste Relation zum Pfund beibehielten und es weiter als Verrechnungseinheit nutzten, gehörten fortan zum Sterlingblock: die Länder des Empire (außer Kanada) und Skandinaviens, die Mehrzahl der südamerikanischen und einige andere Länder. Innerhalb des Blocks wurde damals fast die Hälfte des Welthandels abgewickelt.

Schon bald nach der Bildung der „Nationalen Regierung" drängten einflußreiche Konservative auf Neuwahlen, in die sie unter dem Banner des Protektionismus gehen wollten und aus denen sie als stärkste Partei herauszukommen hofften. MacDonald verhielt sich ablehnend, wohl wissend, daß er und seine wenigen Anhänger kaum Rückhalt finden würden; die Tories sagten ihm aber zu, daß er weiterhin Premierminister bleiben könne. Gegen Neuwahlen waren auch die Liberalen, die sich von den Konservativen praktisch nur noch durch ihr Eintreten für den Freihandel unterschieden, die Brüchigkeit ihrer Position aber spürten, was deutlich darin zutage trat, daß sich etwa 20 Abgeordnete unter Führung von John Simon zu Schutzzöllen bekannten und sich Anfang Oktober unter der Bezeichnung „Nationalliberale" als separate Partei etablierten.

Während der kurzen Wahlkampagne im Oktober 1931 trat keine der Parteien mit einem konstruktiven Programm auf. Die Konservativen propagierten Schutzzölle, die Liberalen bezeichneten den Freihandel als „die einzig feste Basis" wirtschaftlicher Prosperität, MacDonald wollte von den Wählern ein „Doktor-Mandat" zur Heilung der angeschlagenen Wirtschaft, die Labour-Führer verurteilten den Druck der Bankiers auf die Labour-Regierung und den Verrat ihrer ehemaligen Ministerkollegen, ohne einen konkreten Ausweg aus der Krise zu zeigen. Die bürgerlichen Parteien, die in den meisten Wahlkreisen nur einen Kandidaten aufstellten, ließen nichts unversucht, die Wähler mit einer von Labour geführten Regierung zu schrecken, die eine Inflation wie im Deutschland der Nachkriegsjahre herbeiführen, die Ersparnisse des kleinen Mannes verschleudern, das Land ruinieren würde usw. Der Manchester Guardian sprach von der „betrügerischsten Wahlkampagne der modernen Zeit".

Die Labour Party bekam 2 Millionen Stimmen weniger als im Jahre 1929 (von diesen waren anderthalb Millionen aus Enttäuschung und Verbitterung der Wahl ferngeblieben). Die Konservativen, die Nationalliberalen und MacDonalds „National Labour Party", die gemeinsam agierten, erhielten zusammen 60,5 Prozent aller Stimmen, die Liberalen 6,5, die Koalition also insgesamt 67 Prozent. Die Sitzverteilung zeigte, daß das Wahlsystem das Abstimmungsergebnis diesmal besonders stark verzerrte. Während die Tories mit 55,2 Prozent 473 Mandate bekamen, erhielten MacDonalds Leute mit 1,6 Prozent 13, die Nationalliberalen mit 3,7 Prozent 35, die Liberalen 33 und Labour mit 30,6 Prozent 52 Sitze. Bis auf Lansbury verloren alle in der Partei verbliebenen ehemaligen Mitglieder des Labour-Kabinetts ihren Unterhaussitz. Das neue Kabinett setzte sich aus elf Konservativen, drei Liberalen, zwei Nationalliberalen und den vier „nationalen" Labour-Ministern zusammen. Neville Chamberlain wurde Finanzminister, Simon Außenminister und der neue liberale Parteiführer Herbert

Samuel Innenminister. Die beherrschende Gestalt im Kabinett war Stanley Baldwin.

Noch bevor die Regierung die ersten protektionistischen Maßnahmen ergriff, begann sie im November die verhaßten Bedürftigkeitsprüfungen gegen die Arbeitslosen durchzusetzen. Wer ,,Übergangszahlungen'' wünschte, war unter Androhung von Strafe verpflichtet, sämtliche Einkünfte aller zum Haushalt gehörenden Personen anzugeben. Sie wurden verweigert oder reduziert, wenn die Prüfer befanden, daß der Lohn, die Altersrente oder das Sparkonto eines Familienmitglieds das rechtfertigten. Viele junge Leute verließen ihre Familie, um den Eltern oder sich selbst Schnüffeleien zu ersparen. Bis Januar 1932 mußten sich fast 1 Million Arbeitslose den Überprüfungen stellen; innerhalb eines Jahres wurde 180 000 jegliche und der Hälfte derjenigen, die Übergangszahlungen beantragten, die volle Unterstützung verweigert. Dazu kamen weitere Hunderttausende, die aufgrund des ,,Anomalien''-Gesetzes vom August 1931 nichts erhielten. Da immer mehr länger als 26 Wochen beschäftigungslos waren und die Behörden rigoros vorgingen, bekam bald nicht einmal mehr jeder zweite Arbeitslose volle Unterstützung.

Die Einführung des Protektionismus begann in der zweiten Novemberhälfte 1931, als das Parlament das Handelsministerium ermächtigte, Industriewaren, die nach Meinung der zuständigen Stellen in ,,abnormen'' Mengen ins Land strömten, sechs Monate lang mit Zöllen bis zu 100 Prozent ihres Wertes zu belegen. Im Februar 1932 wurde dann nach vielem Hin und Her und gegen den Widerstand der Liberalen und der Labour Party ein Gesetz angenommen, das am 1. März in Kraft trat und auf fast alle Importwaren einen zehnprozentigen Zoll legte und auch höhere Zölle gestattete. Damit vollzog sich der endgültige Übergang zum Protektionismus. Obwohl dies eine einschneidende Maßnahme war (Großbritannien war trotz verschiedener Zölle seit dem ersten Weltkrieg im ganzen ein Land des Freihandels geblieben, und dieser war von vielen Menschen fast wie ein religiöses Symbol betrachtet und mit wirtschaftlicher Stärke gleichgesetzt worden), lief alles verhältnismäßig ruhig ab. Im Grunde genommen paßten sich die Briten jetzt auch nur einer Welt an, in der Schutzzölle längst vorherrschten und zunehmend weitere Formen des ,,wirtschaftlichen Nationalismus'' praktiziert wurden.

Der Übergang zum Protektionismus wurde auf der Empire-Konferenz in Ottawa im Juli und August 1932 vervollständigt — der ersten außerhalb Großbritanniens stattfindenden Veranstaltung dieser Art. Hier schlossen die aus Baldwin und sechs weiteren Kabinettsmitgliedern bestehende britische Delegation mit den Dominien und die Dominien untereinander nach harten, einen Monat dauernden Verhandlungen insgesamt zwölf Vereinbarungen. Die Briten sagten den Dominien zu, die meisten ihrer Produkte zollfrei einzuführen und die übrigen mit nur geringen Zöllen zu belegen, die Zölle für eine Reihe von Einfuhrerzeugnissen anderer Länder aber heraufzusetzen. Damit erhielten die Produkte der Dominien auf dem britischen Markt eine Vorzugsstellung. Die Zugeständnisse der Dominien bestanden hauptsächlich in der Festlegung, britische Waren mit nur geringen Zöllen oder frei ins Land zu lassen. Mit diesem Paket von Zollfreiheit und Vorzugszöllen wollte die Londoner Regierung nicht nur die Exportsituation für die britische Industrie verbessern, sondern zugleich der Lockerung der Bindungen zu den Dominien entgegenwirken. Im Ergebnis der Abmachungen wuchs der Handel mit den Dominien und verschärfte sich der Konkurrenzkampf mit den USA und Japan.

4. Die Arbeiterbewegung nach dem Ende der Labour-Regierung

Die Situation und die Entwicklung in der Arbeiterbewegung waren nach dem Spätsommer 1931 und im Jahre 1932 vor allem durch Protestaktionen der Arbeitslosen, eine Krise in der Labour Party und den Bruch zwischen ILP und Labour Party bestimmt.

Die Protestaktionen der Arbeitslosen richteten sich hauptsächlich gegen die mit den Bedürftigkeitsprüfungen verbundenen Kürzungsmaßnahmen, die die Regierung — teilweise gegen den Widerstand örtlicher Behörden — rigoros durchsetzte. Die Maßnahmen brachten den Betroffenen nicht nur noch mehr Not und Elend, als sie ohnehin schon in den ersten 26 Wochen Arbeitslosigkeit ertragen mußten, sondern waren zugleich eine so tiefgreifende Erniedrigung und moralische Degradation, daß sie große Empörung und Erbitterung hervorriefen. Bereits im Frühherbst 1931 kam es zu zahlreichen und vielfältigen Aktionen — Kundgebungen, Demonstrationen und anderen Aktivitäten. In Manchester und Glasgow veranstalteten die Arbeitslosen mehrere Protestmärsche, an denen jeweils Zehntausende teilnahmen. Die größten fanden am 7. und 9. Oktober statt, in Manchester mit 80 000 und in Glasgow mit 150 000 Teilnehmern. Die Bewegung trug teilweise spontanen Charakter, doch die bedeutendsten Aktionen wurden von Kommunisten und anderen Linken, insbesondere aus der ILP, organisiert und geleitet.

Im Winter 1931/32 gab es keine großen Aktionen, doch die Bewegung wuchs in die Breite, und im Frühjahr 1932 schwoll sie erneut an. An ihr beteiligten sich auch viele beschäftigte Arbeiter, wenngleich sie nur wenig mit den Gewerkschaften verbunden war und der TUC-Generalrat ihr mit der Begründung, sie werde von Kommunisten geführt, ablehnend gegenüberstand. Im Mai beschloß eine Konferenz der Nationalen Arbeitslosenbewegung eine Kampagne für die Beseitigung der Bedürftigkeitsprüfungen, die Aufhebung des ,,Anomalien"-Gesetzes und die Rücknahme der zehnprozentigen Kürzung der Unterstützungssätze sowie der anderen Kürzungen auf sozialem Gebiet. Höhepunkt der Kampagne sollte ein das ganze Land erfassender Hungermarsch nach London sein.

Im September und Oktober 1932 fanden in mehreren großen Städten Massendemonstrationen statt, bei denen es zu Zusammenstößen mit der Polizei kam und zahlreiche Teilnehmer verletzt wurden, einige von ihnen tödlich. In Birkenhead und Belfast konnten die Arbeitslosen Teilerfolge erzielen. Zur gleichen Zeit zogen mehrere Kolonnen mit zusammen etwa 2500 Arbeitslosen in wochenlangen anstrengenden Märschen aus Schottland, Nordengland und anderen Gebieten nach London. Am 27. Oktober wurden sie bei ihrer Ankunft von etwa 100 000 Arbeitern empfangen. Drei Tage später demonstrierten in der Hauptstadt 150 000. Als am 1. November 80 000 Londoner eine Abordnung zum Parlament eskortierten, kam es zu Straßenschlachten mit der Polizei. Es gab Hunderte Verletzte; fünfzig Teilnehmer wurden verhaftet — Wal Hannington war bereits am Morgen dieses Tages festgenommen worden.

Während all dieser Aktionen 1931 und 1932 befand sich die Labour Party in einer schwelenden Krise. Die rechten Führer sahen sich einem Druck zahlreicher Mitglieder ausgesetzt, die immer stärker die Abkehr vom ,,Gradualismus" forderten, jener Politik an parlamentarischen Möglichkeiten orientierter allmählicher, schrittweiser Reformen, mit denen die Parteiführung vorgab, zum Sozialismus gelangen zu wollen. Solche Forderungen, verbunden mit dem Verlangen, dafür Sorge zu tragen, daß sich Ereignisse wie im August 1931 nicht wiederholten, bestimmten auch den Inhalt zahlreicher Resolutionen, die Ortsorganisationen an die Jahreskonferenz im Oktober 1932 sandten.

Unter den führenden Funktionären kam es zeitweilig zu Meinungsverschiedenheiten. Politisch weit rechts stehende behaupteten, die Politik der Labour-Regierung sei im wesentlichen richtig gewesen; die Partei sei lediglich einem teils durch die Wirtschaftskrise, teils durch MacDonald verursachten Mißgeschick zum Opfer gefallen. Henderson, ihr leitender Kopf, äußerte im September 1931, er hätte es lieber gesehen, daß die Idee einer nationalen Regierung ,,in geeigneter Weise angepackt worden wäre", und meinte, ,,die Labour-Regierung hätte konsultiert werden sollen, am besten auf einer speziell einberufenen Labour-Konferenz."[8] Auf der Jahrestagung der Labour Party im Oktober brachte das Exekutivkomitee der Partei sein „tiefes Bedauern" über MacDonalds Abgang zum Ausdruck. Andere leitende Funktionäre waren oder neigten zu der Meinung, daß die Ereignisse deutlich den Mißerfolg des Gradualismus bewiesen hätten und die politische Linie der Partei verändert werden müsse. Auffassungen solcher Art bekundeten u. a. George Lansbury, der jetzt die Fraktion im Unterhaus leitete, sowie seine beiden engsten Mitarbeiter Clement Attlee und Stafford Cripps — letzterer war wie Attlee Jurist und untergeordneter Minister der Labour-Regierung gewesen. Doch die reformistische Grundlage der Parteipolitik blieb erhalten. Die großenteils scharfe Kritik am Kapitalismus und an der bisherigen Linie der Labour Party war nur mit allgemeinen Bekenntnissen zum Sozialismus und mit Veränderungsvorschlägen im Detail, aber nicht mit tiefgreifenden Schlußfolgerungen verbunden.

Im Dezember 1931 setzte das Exekutivkomitee einen von seinem Vorsitzenden geleiteten Ausschuß ein, der programmatische Dokumente zu einzelnen Bereichen der Parteipolitik zu erarbeiten begann. Man ging davon aus, daß die Programme von 1918 und 1928 zu allgemein formuliert und für Labour-Regierungen nicht direkt bindend waren, daß die neuen Dokumente das verändern und zudem die Wähler besser ansprechen müßten. Vorerst wollten die Labour-Führer sie vor allem propagieren, und man sprach viel von notwendiger Überzeugungsarbeit im Geiste des Sozialismus. „Das . . . konnte die ‚Nationale' Regierung kaum beunruhigen oder den Arbeitslosen helfen oder Labours Anhängern neuen Mut geben, geschweige denn neue gewinnen", schrieb hierzu Ralph Miliband. „Die Betonung von Bildung und Propaganda war in Wirklichkeit eine neue Form von attentisme, der für die Labour-Führung die dreißiger Jahre hindurch charakteristisch sein sollte."[9]

Die Parteikrise fand ihren sichtbarsten Ausdruck in dem Bruch zwischen der ILP und der Labour Party. Die gespannten Beziehungen zwischen ihnen hatten sich weiter verschlechtert, als ILP-Abgeordnete gegen die Labour-Regierung auftraten und die Führer der Labour Party Fraktionsdisziplin verlangten. Führende Funktionäre der ILP äußerten wiederholt, die schwächliche Politik der Regierung ergebe sich nicht aus ihrer parlamentarischen Minderheitsposition, sondern sei vielmehr Ergebnis des politischen Gradualismus. Anfang 1932 bildete der linke Flügel ein Komitee für Revolutionäre Politik, das eine marxistische Linie der Partei und eine schließliche Vereinigung mit den Kommunisten forderte. Im März 1932 erklärte Fenner Brockway, seit 1931 Vorsitzender der ILP, „unsere Politik muß statt reformistisch revolutionär sein".[10]

Auf einer im Juli 1932 abgehaltenen Sonderkonferenz der ILP entschied sich die Mehrheit der Delegierten für den Austritt aus der Labour Party. Die Minderheit verließ daraufhin die Partei und bildete zusammen mit einer Gruppe von Labour-Intellektuellen im Oktober die Socialist League, eine kleine Vereinigung, die sich das Ziel setzte, innerhalb der Labour Party propagandistisch zu wirken; der führende Kopf wurde Stafford Cripps. Die ILP verfolgte nicht die Linie, zu der die Parteilinke drängte. Sie betrieb in den folgenden Jahren vielmehr eine großenteils unbeständige, überwiegend von linksreformistischen und linkszentristischen Positionen bestimmte Politik. Zugleich sank ihre Mitgliederzahl rapide — von über 16 000 im Jahre 1932 auf unter 5000 drei Jahre später. Einige verlegten ihre politische Arbeit in die Labour Party, die Linken schlossen sich 1935 der Kommunistischen Partei an, andere waren enttäuscht von der Isolierung, in der sich die Partei jetzt befand, und resignierten.

Auf der Jahreskonferenz der Labour Party im Oktober 1932 wurde scharfe Kritik an den rechten Führern geübt. Gegen den Widerstand Hendersons nahmen die Delegierten einen Beschluß an, der besagte, die nächste Labour-Regierung und die Parlamentsfraktion hätten, auch ohne absolute Mehrheit, ,,sofort mit sozialistischen Gesetzesmaßnahmen zu beginnen" und die Partei müsse ,,im Unterhaus mit den Grundsätzen stehen oder fallen, an die sie glaubt".[11] Die Rechten wurden auch in einigen anderen Punkten überstimmt. Doch eine prinzipielle, theoretisch fundierte Auseinandersetzung vermochte die durch den Austritt der ILP geschwächte und uneinheitliche Opposition auf keinem Gebiet herbeizuführen. So schwelte die Krise weiter. Henderson übergab die Führung der Partei voll an den 73jährigen George Lansbury, der Ende 1933 schwer erkrankte und 1935 von Attlee abgelöst wurde. Doch die Rechten blieben dominierend, und an der politischen Linie änderte sich nichts Wesentliches. ,,Die Parteiführung blieb ‚gradualistisch', obwohl nicht so gradualistisch wie MacDonald", bemerkte Cole in seinem Werk über die Geschichte der Labour Party.[12]

Die Kommunistische Partei begann im Verlauf der Massenaktionen aus der Isolierung herauszutreten. Ihre Mitgliederzahl nahm seit 1931/32 wieder zu, der Absatz ihrer seit Anfang 1930 erscheinenden Zeitung Daily Worker stieg. Ihr Einfluß ging aber zunächst kaum über die Arbeitslosen hinaus, was angesichts der Tatsache, daß 1932 etwa 60 Prozent aller Parteimitglieder arbeitslos waren, nicht verwundern konnte. Die Führung unternahm Schritte, um diesen Zustand zu ändern. Harry Pollitt nannte auf dem 12. Parteikongreß im November 1932 als erste unter den Hauptaufgaben die ,,Überwindung des Sektierertums und der Isolierung von den Massenkämpfen". Die Partei konzentrierte sich deshalb voll auf die Arbeit in Betrieben und Trade Unions. Das kam deutlich in den Worten Pollitts zum

Ausdruck, zwei Mitglieder innerhalb einer Fabrik seien wichtiger als hundert außerhalb, sowie in seiner Bemerkung, daß die Partei ohne die Gewinnung der entscheidenden Sektionen der Gewerkschafter keine Zukunft habe.[13] Mit der Verwirklichung dieser Linie stellten sich bald erste Erfolge ein.

5. Außenpolitische Entwicklungen

Während der Weltwirtschaftskrise kam es auf internationaler Ebene zu Ereignissen und Entwicklungen, die vertiefte Gegensätze zwischen den kapitalistischen Staaten, vermehrte Angriffe auf die politische Nachkriegsordnung und offene imperialistische Expansionsbestrebungen zum Ausdruck brachten bzw. zur Folge hatten. Sie mußten die Interessen Großbritanniens wegen seiner außenwirtschaftlichen und imperialen Abhängigkeiten und Bindungen in höchstem Maße berühren.

Eine der wichtigsten Entwicklungen war das Ende des Reparations- und Kriegsschuldensystems. Die herrschenden Kreise Großbritanniens waren wiederholt für dessen Überwindung eingetreten, da es die für die Londoner City so wichtigen internationalen Finanzgeschäfte beeinträchtigte und die ökonomische Expansion des Rivalen USA begünstigte. Zudem war Deutschland nach wie vor Großbritanniens wichtigster Handelspartner, dessen Wirtschaftslage unmittelbare Auswirkungen auf die der Briten hatte. Als die deutschen Imperialisten in ihrem Bestreben, die Wirtschaftskrise zur Abschüttelung der Reparationslasten auszunutzen, im Herbst 1930 auf einen Zahlungsaufschub drängten, reagierte London zunächst ablehnend. Man sah die wirtschaftliche Lage Deutschlands nicht als besorgniserregend an und machte eine Herabsetzung der Reparationszahlungen von einer Reduktion der Kriegsschulden abhängig. Doch als sich die europäische Finanzkrise im späten Frühjahr 1931 ausweitete, änderten die verantwortlichen Politiker ihre Haltung. Sie befürchteten nicht nur einen finanziellen Zusammenbruch, sondern auch tiefgreifende politische und soziale Folgen in Deutschland und weiteren Staaten des Kontinents. So versuchten MacDonald, Henderson und der Gouverneur der Bank von England, Montagu Norman, die USA zu einer Initiative in der Reparations- und Schuldenfrage zu bewegen; Norman empfahl dem amerikanischen Finanzminister ein zweijähriges Moratorium. Auch in Washington fürchtete man um den Bestand der bürgerlichen Ordnung und die Sicherheit der hohen USA-Investitionen, und die Briten unterließen nichts, um diese Sorgen wachzuhalten und zu verstärken. Am 20. Juni 1931 schlug Präsident Hoover ein einjähriges Moratorium für alle Reparationen und Kriegsschulden vor. In den Wochen danach setzte sich die Labour-Regierung beharrlich für dessen rasche Annahme ein (insbesondere in Paris, wo es am meisten Widerstand gab), die dann am 20. Juli auf einer Ministerkonferenz in London erfolgte.

Als Mitte 1932 — kurz vor Ablauf des Moratoriums — in Lausanne die letzte internationale Reparationskonferenz den Young-Plan aufhob und Deutschland zur Zahlung eines letzten Betrages von 3 Milliarden Mark verpflichtete, wurde das allgemein als das Ende der Reparationen angesehen. Man hoffte weithin auf eine Aufhebung auch der Kriegsschulden, zumal von Deutschland kaum noch die Einhaltung seiner Verpflichtungen zu erwarten war. Da aber die USA eine Verbindung von Reparationen und Kriegsschulden nach wie vor ablehnten, stellten Großbritannien und fast alle anderen Staaten einseitig ihre Zahlungen ein. London überwies im Dezember 1932 die letzte Rate — um Zahlungsfähigkeit zu demonstrieren. 1933 wurden noch geringfügige, mehr symbolische Summen entrichtet, danach nichts mehr.

Anfang der dreißiger Jahre widmeten die regierenden Kreise und insbesondere das Labour-Kabinett dem Gebiet der Rüstungsbegrenzung und Abrüstung große Aufmerksamkeit. Die Haltungen und Handlungen der auf dieser Ebene agierenden Politiker entsprangen einer Fülle von Motiven und Zielen, zu denen das Bemühen gehörte, die internationalen militärischen Kräfteverhältnisse der geschwächten Wirtschaftskraft des Landes anzugleichen, die militärische Stärke von Rivalen zu begrenzen und unter Kontrolle zu halten sowie pazifistischen und Antikriegsstimmungen Rechnung zu tragen. Zahlreiche Labour-Politiker und pazifistisch gesinnte Persönlichkeiten im Bürgertum ließen sich von der Vorstellung leiten, durch geduldige Diskussion, Appelle an die Vernunft und Eingehen auf berechtigte „Beschwerden" (grievances) der anderen Seite(n) Mißverständnissen und Spannungen vorbeugen oder sie beseitigen und dadurch ein günstiges Klima zur Begrenzung und Abschaffung von Waffen und Rüstungsindustrie erzeugen zu können, deren bloße Existenz als friedensbedrohend angesehen wurde. Solche Vorstellungen konnten den damaligen Grundinteressen des britischen Imperialismus[14] durchaus dienlich sein.

Das einzige Abkommen, das damals überhaupt getroffen wurde, kam 1930 auf der Londoner Flottenkonferenz zustande. Hier mußten die Briten zugestehen, was sie nur wenige Jahre zuvor noch verweigert hatten, nämlich eine Ausdehnung der Anfang 1922 in Washington vereinbarten Parität mit den USA bei Großkampfschiffen auf kleinere Einheiten. Großbritannien, die USA und Japan kamen überein, die Relation von 5 : 5 : 3 auch für Kreuzer, Zerstörer und Unterseeboote anzuwenden. Damit gehörte die britische Vorherrschaft auf den Meeren endgültig der Vergangenheit an.

Ohne konkrete Ergebnisse endete hingegen die internationale Abrüstungskonferenz, die nach mehrjähriger Vorbereitung am 2. Februar 1932 in Genf unter dem Vorsitz von Arthur Henderson (der Völkerbundsrat hatte ihn im Mai 1931, als er noch Außenminister war, mit diesem Amt betraut) eröffnet wurde. Hier versuchten die kapitalistischen Großmächte, Vereinbarungen zu erreichen, die ihren eigenen spezifischen Interessen dienen und andere benachteiligen sollten. So waren die Briten für eine Reduzierung der Landstreitkräfte (sie hatten nur wenige) und ein Verbot der U-Boote, aber gegen eine Verringerung anderer Schiffseinheiten und auch von Bombenflugzeugen, zumal sie letztere seit Jahren gegen antiimperialistische Bewegungen im Nahen Osten einsetzten und weiter einsetzen wollten. Das Haupthindernis aber war von Anfang an die Forderung der deutschen Delegation nach Rüstungsgleichheit und damit Beseitigung der militärischen Bestimmungen des Versailler Vertrages. Während Frankreich Abrüstungsschritte von Sicherungsgarantien gegen einen Überfall Deutschlands und praktisch von der Erhaltung des Versailler Systems abhängig machte, war Großbritannien bereit, Deutschland entgegenzukommen. Im Dezember 1932 setzte die Londoner Regierung mit der Begründung, es habe sich als nicht möglich erwiesen, auf dem Wege von Rüstungsreduzierungen der Mächte Rüstungsgleichheit zu erreichen, mit amerikanischer Unterstützung eine Vereinbarung Großbritanniens, Frankreichs, der USA, Italiens und Deutschlands durch, in der es hieß, die Abrüstungskonferenz solle sich davon leiten lassen, Deutschland ,,Gleichberechtigung zu gewähren in einem System, das allen Nationen Sicherheit bietet". So machten die deutschen Imperialisten einen großen Schritt vorwärts in ihrem Bemühen um ,,gleichberechtigte" Wiederaufrüstung; die einschränkenden Bedingungen waren für sie nur eine Frage der Zeit.

Großbritannien kam zu dieser Zeit nicht nur den deutschen, sondern auch den japanischen Imperialisten entgegen, als diese im September 1931 in Nordost- und einige Monate später auch in Zentralchina einfielen. Das passive Hinnehmen der Aggression und das ,,Verständnis", das zahlreiche Politiker und Zeitungen offen für das japanische Vorgehen bekundeten, sind hauptsächlich auf zwei Faktoren zurückzuführen. Erstens waren verantwortliche Politiker und insbesondere Militärs der Meinung, daß ein Krieg mit Japan angesichts der Weite der zu verteidigenden Gebiete für Großbritannien ungünstig ausgehen und zumindest das Empire erschüttern könnte; wenn Japan zu den Waffen greife, so äußerten die Stabschefs der Teilstreitkräfte im Februar 1932, ,,muß die Wucht eines Krieges auf das

Britische Empire fallen".[15] Zweitens sahen die herrschenden Kreise Japan als Klassenverbündeten, als Garanten von „Stabilität und Ordnung" im Fernen Osten an, als „eine Kraft gegen den Bolschewismus in China und den revolutionären Nationalismus in Indien", wie die konservative Zeitung Saturday Review Anfang 1933 schrieb[16]. Zudem grenzte die Mandschurei an die Sowjetunion, gegen die Japan dann möglicherweise auch losschlagen würde.

Im Frühjahr 1932, nach dem Überfall Japans auf Schanghai und den sich anschließenden Kämpfen in dieser Region, begann die britische Regierung dem Vorgehen des fernöstlichen Rivalen einen gewissen Widerstand entgegenzusetzen. Sie verfolgte jetzt — und mit ihr der Völkerbund — die von den USA initiierte Politik der Nichtanerkennung der japanischen Eroberungen. Im März entschied das Kabinett, von der sog. Zehnjahrregel (Ten Year Rule) abzugehen, jener seit 1919 geltenden und mehrfach bestätigten Instruktion, die besagte, die Militärs könnten davon ausgehen, daß in den kommenden zehn Jahren kein größerer Krieg ausbreche. Im Juni beschloß man den Ausbau der Flottenbasis auf Singapur. Doch die Grundhaltung änderte sich nicht. Als der Völkerbund im Dezember 1932 über den Bericht der von ihm ein Jahr zuvor eingesetzten Lytton-Kommission debattierte, der empfahl, die Mandschurei einem Konsortium imperialistischer Mächte unter besonderer Berücksichtigung japanischer Interessen zu unterstellen, stellte sich Außenminister Simon faktisch auf die Seite der Aggressoren. Simon betonte, man dürfe nicht zu der früheren Lage zurückkehren, und sprach in einer Weise von „Realitätssinn", notwendiger „Zurückhaltung" im Urteil, dem Suchen nach einer „praktischen Lösung" und „Aussöhnung" zwischen Japanern und Chinesen, daß der japanische Delegierte die Rede mit heller Begeisterung aufnahm.[17] Auch als Japans Delegation am 24. Februar 1933 aus dem Völkerbund auszog und seine Truppen am gleichen Tage in die Provinz Dschehol einfielen (und damit ganz Nordchina unmittelbar bedrohten), wurde nichts gegen die Aggressoren unternommen. Das mußte nicht nur auf die japanischen Militaristen, sondern auch auf die gerade an die Macht gelangten deutschen Faschisten ermunternd wirken.

IV. Großbritannien in den dreißiger Jahren

1. Die wirtschaftliche Situation

Im Jahre 1933 begann sich die britische Wirtschaft — wie die der meisten anderen Länder — von der Krise zu erholen. Die Industrieproduktion erreichte 1934 den Stand von 1929, erlebte in den drei folgenden Jahren einen partiellen Aufschwung und lag 1937 gut 20 Prozent höher als 1929. Die verhältnismäßig kurze Wirtschaftskrise 1937/38 unterbrach diese Entwicklung, war aber wie in den meisten von ihr erfaßten Ländern relativ schwach und wird oft als Zwischenkrise bezeichnet. Großbritanniens Anteil an der Weltindustrieproduktion blieb gegenüber 1929 nahezu unverändert.

Diese Zahlen lassen nicht erkennen, daß sich sowohl in der Industrie als auch in den anderen Wirtschaftsbereichen Veränderungen vollzogen, die in Umfang und Schnelligkeit die der zwanziger Jahre übertrafen und die schwindende Wirtschaftskraft des Landes stärker als vor 1929 sichtbar machten.

Ganz beträchtlich wandelte sich die Exportlage. Hatte 1927—1929 die Ausfuhr wertmäßig noch 84 Prozent des Exports von 1913 erreicht, so waren es 1936—1938 nur noch 67 Prozent. Hingegen war das Einfuhrvolumen 1929 um fast 20 Prozent größer gewesen als 1913 und übertraf nach 1936 den Stand von 1929. Da die Preise für Importwaren insgesamt auf dem niedrigen Niveau verblieben, auf das sie während der Krise gesunken waren, gab es in der Handelsbilanz keine wesentlichen Veränderungen. Negativ blieb aber die Zahlungsbilanz — mit Ausnahme der Jahre 1933 und 1935: Die Einnahmen aus dem „unsichtbaren" Export lagen erheblich unter denen der zwanziger Jahre und reichten nicht mehr aus, um die traditionell passive Handelsbilanz ausgleichen zu können. Das lag an der Stagnation, in der sich große Teile der Weltwirtschaft nach der Krise befanden, und speziell an der durch Zölle, Autarkiemaßnahmen und andere Restriktionen beschleunigten Schrumpfung des Welthandels, wodurch sich die Wirkungsfelder für Finanzgeschäfte, die Einnahmen aus Überseeinvestitionen und Schiffahrt und andere Profite beträchtlich verringerten. Die (leicht absinkenden) langfristigen Auslandsanlagen waren allerdings weiterhin größer als die aller anderen Länder und nach der faktischen Beseitigung der Kriegsschulden auch etwas größer als die der USA.

Diese Situation beschleunigte die Hinwendung von Handel und Finanzen zum Empire. Waren zwischen 1909 und 1913 35,4 Prozent aller Exporte in das britische Imperium gegangen und zwischen 1919 und 1926 38,4 Prozent, so zwischen 1935 und 1939 fast die Hälfte. Deutlicher noch waren die Veränderungen im Kapitalexport. Hatte die Höhe der jährlichen Investitionen im Empire 1911/12 und 1925—1929 jeweils 67 Millionen Pfund Sterling betragen und in den anderen Ländern 95 bzw. 48 Millionen, so waren es zwischen 1932 und 1936 28 bzw. 3 Millionen Pfund. Das bedeutete, daß Investitionen außerhalb des Empire fast zum Erliegen kamen. Daß sie auch im Empire stark sanken, zeigte, wie sehr die Profite überall in der Welt gefallen und unsicher geworden waren. Eine bemerkenswerte Folge dieser Situation bestand darin, daß nach 1932 — erstmals seit der industriellen Revolution — weniger Geld im Ausland angelegt wurde, als von dort zurückfloß. Die Summe der Auslandsanlagen sank von knapp 4,3 Milliarden Pfund im Jahre 1927 auf etwa 3,7 Milliarden Ende 1938.

In der Industrie entwickelten sich in den dreißiger Jahren jene Prozesse und Tendenzen weiter, die schon für die zwanziger Jahre kennzeichnend gewesen waren, nämlich Stagnation und Verfall der alten und weiteres Anwachsen der neuen Zweige sowie von Transport, Verkehr und Dienstleistungen.

In allen großen Bereichen der alten Industrien sanken Produktion, Ausfuhr und Zahl der Beschäftigten absolut. Eine Ausnahme bildete die Metallurgie, die in der zweiten Hälfte des Jahrzehnts — im Zuge des partiellen Aufschwungs und zunehmender Rüstungsausgaben — eine Belebung erfuhr; die Stahlerzeugung lag 1936 um ein Viertel und 1937 um ein Drittel höher als 1929. Die rückläufige Entwicklung dieser Industrien war von zahlreichen, durch die Regierung unterstützten oder initiierten Maßnahmen zur Erhaltung hoher Profite begleitet, die eine beschleunigte Konzentration und Zentralisation zur Folge hatten. Es wurden Produktionskapazitäten beseitigt (insbesondere im Schiffbau und in der Textilindustrie), Produktions-, Absatzquoten und Preise festgelegt, staatliche Subventionen gezahlt, Zwangskartellierungen vorgenommen usw. Am weitesten kamen die Konzentrations- und Monopolisierungsprozesse in der Metallurgie voran, in der 1934 die British Iron and Steel Federation gebildet wurde, die sich rasch zu einem festen Kartell entwickelte und durch hohe Preise hohe Profite erzielte. Die industrielle Konzentration führte weder hier noch in den anderen Industrien in nennenswertem Maße zu höherer Leistungsfähigkeit. „Sie war überwiegend restriktiver, defensiver und protektiver Natur", schrieb Eric Hobsbawm. „Sie war eine blinde Antwort auf die Depression und zielte darauf ab, die Profite durch Beseitigung der Konkurrenz hoch zu halten oder große Haufen verschiedenartiger Kapitalien zu akkumulieren, die in produktiver Hinsicht auf keine Weise rationaler waren als ihre ursprünglichen unabhängigen Bestandteile".[1]

Im Unterschied zu den alten waren die neuen Zweige erheblich weniger auf den Export, sondern stark auf den Binnenmarkt orientiert, der von Anfang an als Hauptabnehmer der modernen Massenverbrauchsgüter angesehen wurde. Sehr rasch wuchsen die Elektroindustrie und die Herstellung von Automobilen. 1937 wurden etwa 500 000 und damit gut doppelt soviel Kraftfahrzeuge wie 1929 produziert, davon 390 000 private Autos, was 44 Prozent aller in diesem Jahr in Europa hergestellten ausmachte. Einige dieser Zweige waren mehr oder weniger von der Regierung abhängig, so die Flugzeugindustrie und verschiedene Bereiche der Elektroindustrie. Automobile und einige andere Erzeugnisse konnten weiterhin nur von einer Minderheit der Bevölkerung gekauft oder genutzt werden, doch elektrische Kocher und Bügeleisen, Staubsauger, Rundfunkgeräte, Fotoapparate und andere Waren wurden für die Mehrheit erschwinglich. Diese Ausweitung des Marktes für moderne Erzeugnisse begünstigte oder erforderte die vermehrte Herstellung der neuen Produkte für Transport, Verkehr, Dienstleistungen, Unterhaltung, Kommunikation und Reklame, die zumeist noch rascher als in den zwanziger Jahren wuchsen.

Die neuen Industrien und die mit ihnen expandierenden Wirtschaftsbereiche breiteten sich vorwiegend in Süd- und Mittelengland aus und hier insbesondere in dem Gebiet zwischen London und Birmingham. Ihre Standorte waren nicht mehr hauptsächlich durch die Nähe von Kohlengruben oder Häfen bestimmt, sondern durch Ballungsgebiete und die Nähe kaufkräftiger Bevölkerungsschichten. Deshalb wuchsen die neuen Zweige, Einzelhandel, Dienstleistungen usw. auch am raschesten in den Gegenden um (besonders westlich von) London und um Coventry und Birmingham, und sie zogen Hunderttausende von Menschen aus Wales und Nordengland an.[2] Auf diese Weise gab es in den dreißiger Jahren noch mehr als ein Jahrzehnt zuvor gewissermaßen zwei Britannien: Stagnation und Verfall in Nordengland, Schottland und Wales, mäßige Prosperität in Mittel- und Südengland.

In diesen Gegenden wuchsen auch die Bautätigkeit und insbesondere der Wohnungsbau stark an, was wegen der Wohnungsnot dringend erforderlich und wegen gesunkener Preise möglich geworden war. Waren auf der Insel in den zwanziger Jahren etwa 1,5 Millionen Wohnungen errichtet worden, so baute man danach fast doppelt so viele, in der Mehrzahl ohne staatliche Subventionen, die Ende 1932 drastisch herabgesetzt wurden. Es entstanden zahlreiche Vororte und Satellitenstädte, wo sich oft auch die neuen Fabriken ansiedelten oder schon befanden. Die neuen Wohnungen, unter denen die Zahl der Eigenheime rasch zunahm (zuvor waren auch Einfamilienhäuser zumeist gemietet worden), wurden überwiegend von Personen aus dem „Mittelstand" sowie einigen gutbezahlten Industriearbeitern bezogen.

Der rege Wohnungsbau wird von vielen Historikern zu Recht als wichtigster Bestandteil und Hauptträger der wirtschaftlichen Belebung bezeichnet, zumal er (wie die Herstellung von Kraftfahrzeugen) zahlreiche andere Zweige, wie Straßenbau und Elektroindustrie, stimulierte. Man muß aber zugleich einige weitere Faktoren beachten, die zwar zu verschiedenen Zeiten und in den einzelnen Zweigen unterschiedlich wirkten, zusammengenommen aber beträchtlich zum Anwachsen der Wirtschaft beitrugen. Einmal war die Industrie durch z. T. sehr hohe Zölle gegen ausländische Konkurrenz geschützt. Ferner blieb der Diskontsatz bis zum Jahre 1939 auf dem 1932 festgelegten niedrigen Niveau von 2 Prozent — durch diese „Politik des billigen Geldes" konnte die Industrie Kredite zu günstigen Bedingungen erhalten. Sodann war das Geldkapital im Zusammenhang mit dem drastischen Rückgang der Auslandsinvestitionen gezwungen, Anlagemöglichkeiten im Inland zu suchen, was von der Regierung und einigen einflußreichen Finanzmagnaten mit verschiedenen Maßnahmen begünstigt wurde. Diese und andere Praktiken zeigten, daß sich auch in Großbritannien staatsmonopolistische Entwicklungen ausbreiteten. Was die Regierung tat, entsprang allerdings nicht irgendeinem Konzept, sondern waren lediglich Ad-hoc-Maßnahmen, Einzelreaktionen auf wirtschaftliche Schwierigkeiten. Längerfristige Planungen gab es erst im und nach dem zweiten Weltkrieg. Auch im Verhältnis von Banken und Industrie veränderte sich nur wenig. Die Londoner City tendierte weiterhin stark zu Auslandsgeschäften; eine Verschmelzung von Bank- und Industriekapital existierte nur in geringem Maße. Kapitalanlagen wurden hauptsächlich über Investment-Trusts, Versicherungs-, Bau- und andere Finanzierungsgesellschaften vorgenommen, an denen sich Banken beteiligten. Sehr rasch wuchsen die Versicherungsgesellschaften, die 1936 über 1,5 Milliarden Pfund Sterling in Eisenbahnen, Industrie und Handel angelegt hatten.

Die neuen Industrien konnten international nirgends Positionen erringen, die mit denen der alten ein halbes Jahrhundert zuvor hätten verglichen werden können. Nur auf wenigen Gebieten wurde Herausragendes geleistet: das waren die Entwicklungen in der Radartechnik, dem Fernsehen

(1936 wurde der reguläre Sendebetrieb aufgenommen), der Übertragung von Elektroenergie und dem Strahlantrieb. Insgesamt gab es bei der Anwendung technischer Neuerungen und in technologischer Hinsicht nicht genügend Dynamik, so daß z. B. der Motoren- und Leichtmaschinenbau stark vom Import ausländischer Werkzeugmaschinen abhing[3]. Ähnliches traf für die Organisation der Industrie und die Unternehmensführung zu. So fehlten wesentliche Voraussetzungen zur Erhöhung der Leistungsfähigkeit der neuen Zweige, die dem Sinken der Wirtschaftskraft des Landes hätte entgegenwirken können.

2. Die Lage der Arbeiter. Gewerkschaftliche Entwicklungen

In den Arbeits- und Lebensbedingungen der in der Industrie und den anderen Wirtschaftsbereichen Tätigen entwickelten sich alle die Tendenzen und Prozesse weiter, die schon ein Jahrzehnt zuvor und während der Wirtschaftskrise aufgetreten waren. Sie waren zumeist noch ausgeprägter und die Unterschiede innerhalb der Arbeiterklasse noch größer als vorher.

Die durchschnittlichen Geldlöhne veränderten sich gegenüber den zwanziger Jahren nicht. Da die Lebenshaltungskosten niedriger lagen — hauptsächlich wegen der niedrigen Preise für die zum größeren Teil weiterhin aus Lebensmitteln und Rohstoffen bestehenden Importwaren —, stiegen die Reallöhne gegenüber 1929 um etwa 8 Prozent. Die Unterschiede wurden noch größer als vor der Krise. Höhere Löhne erhielten hauptsächlich Arbeiter der neuen Zweige und Kommunalangestellte, geringere vor allem die in alten Industrien Tätigen. Sehr hohe Einbußen mußten die Textilarbeiter und noch stärkere die Bergleute hinnehmen, deren Situation sich weiterhin absolut verschlechterte. Beträchtlich mehr erhielten die Arbeiter in der metallverarbeitenden Industrie, Motorenbauer und Drucker.

Neben bereits vorher (in Kap. II.2.) genannten Tatsachen gab es noch weitere Faktoren, die die bessere Bezahlung beeinträchtigten oder fragwürdig machten. Von erheblicher Bedeutung war die stark anwachsende Arbeitsintensität, die ja höheren Verschleiß und damit höhere Reproduktionskosten der Arbeitskraft mit sich brachte. In welchem Maße sie zunahm, ist nicht feststellbar, doch die Fachleute waren sich darüber einig, daß sie erheblich anstieg. Letzteres wird dadurch unterstrichen, daß die Zahl der Arbeitsunfälle beträchtlich wuchs und daß sich die größte gewerkschaftliche Aktion dieser Jahre, der Streik der Londoner Busfahrer 1937, wegen der stark gestiegenen Arbeitsanspannung auf eine Verkürzung der Arbeitszeit richtete. Ferner waren die Beschäftigten angesichts der hohen Arbeitslosenzahl stark der Willkür der Unternehmer ausgesetzt, die oft keine Gewerkschaften in ihren Betrieben duldeten, Überstunden und Arbeitsschichten einseitig festlegten usw. Sodann waren Hunderttausende gezwungen, arbeitslose Familienangehörige zu unterstützen. Schließlich lagen die neuen Betriebe oft weit von den Wohnstätten der Arbeiter entfernt: In London machten damals die durchschnittlichen Ausgaben für Nahverkehrsmittel 8 Prozent des Durchschnittseinkommens einer Arbeiterfamilie aus.

Die Massenarbeitslosigkeit bestimmte die Lage der Arbeiter in noch höherem Maße als in den zwanziger Jahren. 1935 waren über 2 Millionen ohne Beschäftigung, und selbst 1937, dem wirtschaftlich günstigsten Jahr, waren es anderthalb Millionen und damit über 10 Prozent aller Arbeiter. Obwohl zwischen 1923 und 1938 über 1 Million Menschen nach Südostengland zogen und Hunderttausende auswanderten, konzentrierte sich die Arbeitslosigkeit in denselben Gebieten wie ein Jahrzehnt zuvor und während der Weltwirtschaftskrise. In Wales und Nordirland sank die Quote 1937 nicht unter 23 bzw. 22 und in Nordengland und Schottland nicht unter 14 bzw. 16 Prozent ab. In manchen Gegenden und Orten gab es mehr Arbeitslose als Beschäftigte. Zugleich entstand eine breite Schicht von Werktätigen, die jahrelang keine Arbeit fanden. 1936 waren über 200 000 schon länger als zwei Jahre arbeitslos, 1939 viele länger als fünf Jahre. All diese Zahlen können das materielle Elend und die moralische Degradation der Betroffenen nur andeuten; die psychischen, nervlichen und sonstigen gesundheitlichen Schäden, partieller Verlust der Arbeitsfähigkeit und andere Folgeerscheinungen sind nirgends oder bestenfalls indirekt und teilweise erfaßt worden.

Die schwere materielle Lage breiter Bevölkerungsschichten hat nicht nur mit der Arbeiterbewegung verbundene Experten, sondern auch bürgerliche Fachleute zu Untersuchungen veranlaßt. Die bekanntesten stammen von dem damals bedeutendsten Ernährungswissenschaftler John Boyd Orr und dem Sozialforscher Seebohm Rowntree. Orr kam im Ergebnis einer 1934/35 vorgenommenen und 1936 gegen starken Widerstand der Regierung veröffentlichten Untersuchung zu dem Schluß, daß sich nur die Hälfte der Bevölkerung voll ausreichend ernähren konnte, während ein Drittel unter dem Niveau des für die Gesundheit Notwendigen blieb. Eine zwei Jahre später von anderen Experten durchgeführte Untersuchung bestätigte dies und ergab, daß 35 Prozent (über 16 Millionen Menschen) in Familien lebten, die für die Ernährung weniger ausgaben, als die British Medical Association als erforderliches Minimum betrachtete. Nicht weniger deutlich waren die Berechnungen Rowntrees, die zeigten, daß ein Drittel der arbeitenden Bevölkerung und die Hälfte der Arbeiterkinder unterhalb der Armutsgrenze lebten. Alle diese Angaben lassen erkennen, daß sich keineswegs nur Arbeitslose und Schlechtbezahlte schlecht ernährten. Wenn trotz gestiegener Reallöhne der Kalorienverbrauch pro Kopf der Bevölkerung etwas geringer war als vor 1914[4], dann läßt das wohl auch den Schluß zu, daß allgemein neue Bedürfnisse zu befriedigen waren (etwa Kinobesuch oder Kauf eines Radios) und es auch mehr absolut unumgängliche Ausgaben gab, so für Nahverkehrsmittel oder ein Fahrrad, um zur Arbeitsstelle zu gelangen.

Auch auf gewerkschaftlicher Ebene entwickelten sich die Tendenzen und Erscheinungen der zwanziger Jahre weiter. In expandierenden Wirtschaftsbereichen blieb der Organisationsgrad größtenteils gering. Die Amalgamated Engineering Union, der sich Arbeiter des Motoren- und Leichtmaschinenbaus hauptsächlich anschlossen, verdoppelte in den dreißiger Jahren ihre Mitgliederzahl, doch sie hatte 1936 im Londoner Raum nur 27 000 Mitglieder — was etwa der Zahl der Automobilarbeiter bei Ford in Dagenham entsprach — und in Birmingham 1939 mit etwa 12 000 nur halb soviel, wie im dortigen größten Autowerk beschäftigt waren. Die Electrical Trades Union wuchs ebenfalls auf das Doppelte, aber sie hatte 1939 nur 70 000 Mitglieder. Ungelernte und angelernte Arbeiter schlossen sich in großer Zahl der Transport and General Workers Union (TGWU) und der National Union of General and Municipal Workers an. In ersterer gab es 1938 neben 250 000 Arbeitern von Verkehrs- und Transportbetrieben u. a. 87 000 Hafenarbeiter, 171 000 „allgemeine" Arbeiter und 96 000 in Metall-, Maschinenbau- und Chemie-Unternehmen Beschäftigte; in letzterer waren 1937 u. a. 146 000 Munizipalarbeiter, 43 000 Bauarbeiter, 40 000 in Gaswerken und 40 000 im Schwermaschinenbau Tätige organisiert. Die Führungsgremien dieser beiden Verbände bekämpften übrigens entschieden die selbständige Existenz der Chemiearbeiter-Gewerkschaft, die deshalb auch nur wenige tausend Mitglieder in ihren Reihen hatte.

Eine Ursache für den niedrigen Organisationsgrad und zugleich für die geringe Aktivität und Militanz der Gewerkschaften in den modernen Wirtschaftszweigen ist darin zu sehen, daß sich die Grundorganisationen zumeist in den Wohngebieten befanden. Anders als etwa bei den Bergleuten und Schiffbauern lagen bei den in diesen Zweigen Tätigen Arbeitsstelle und Wohnung oft weit auseinander, was die Betätigung auf Betriebsebene erschwerte. Die Diskussionen in den Wohngebietseinheiten mußten bei deren heterogener Zusammensetzung meist an konkreten Problemen vorbeigehen und die Anziehungskraft der Trade Unions mindern. Es ist bemerkenswert, daß die zur TGWU gehörenden Busfahrer betrieblich organisiert waren und ihre Streikaktionen hauptsächlich durch das Wirken von

Kommunisten und gegen den erbitterten Widerstand Bevins und anderer Funktionäre zustande kamen.

Die Gesamtzahl der Gewerkschafter erreichte mit 4,4 Millionen Mitgliedern 1934 ihren tiefsten Punkt; das bedeutete, daß nicht einmal jeder vierte organisiert war. Sie stieg bis 1939 auf 6,3 Millionen und blieb damit beträchtlich unter dem Stand von 1920. In den meisten Führungsgremien und im Generalrat dominierten die Rechten. Um sie fester an die herrschende Klasse zu binden, wurden Walter Citrine, seit 1926 Generalsekretär des TUC, und Arthur Pugh, seit 1917 Generalsekretär des Stahlwerkerverbandes und das neben Bevin einflußreichste Mitglied des Generalrats, 1935 Adelstitel verliehen. Bevins Stellung festigte sich noch dadurch, daß die TGWU mit 650 000 Mitgliedern die (vor den Bergarbeitern) größte Gewerkschaft Großbritanniens und zugleich der ganzen Welt wurde. Wenn Jürgen Kuczynski bemerkt, ,,in all diesen Jahren [gemeint sind die zwanziger und dreißiger Jahre] hat die englische herrschende Klasse ein weit klareres Klassenbewußtsein gezeigt als die Arbeiterklasse"[5], dann gilt das insbesondere für die Zeit nach 1933.

3. Die Innenpolitik der ,,Nationalen" Regierung. Der britische Faschismus

Die Innenpolitik der ,,Nationalen" Regierung war wie schon während der Wirtschaftskrise hauptsächlich von dem Bestreben bestimmt, die schwer angeschlagene Wirtschaft zu beleben und die militanten Kräfte in der Arbeiterbewegung niederzuhalten. Dabei traten verstärkt reaktionäre Tendenzen in Erscheinung.

Die schärfsten sozialen Kämpfe waren weiterhin die zwischen Regierung und Arbeitslosen. Im November 1933 legte die Regierung ein (1934 verabschiedetes) neues Arbeitslosengesetz vor, das die Handhabung der Bedürftigkeitsprüfungen und ,,Übergangszahlungen" den lokalen Ausschüssen entzog und einer neuzuschaffenden zentralen Behörde übertrug, dem Unemployment Assistance Board, der eine einheitliche Praxis herbeiführen sollte. Da sie sich hartnäckig weigerte, die Kürzungen vom September 1931 rückgängig zu machen, organisierte die Nationale Arbeitslosenbewegung erneut einen Hungermarsch, der im Januar 1934 begann und Ende Februar die Hauptstadt erreichte. Die 2000 Teilnehmer wurden wiederum von einer riesigen Menschenmenge empfangen und fanden auch in bürgerlichen Schichten so viel Sympathie, daß der Finanzminister im April die Aufhebung der Kürzungen bekanntgab. Im November brachte die Regierung ein

Gesetz zur wirtschaftlichen Entwicklung der von Arbeitslosigkeit am meisten heimgesuchten „Depressionsgebiete" ein, das das Oberhaus nicht passieren ließ, ohne die Bezeichnung in „Spezialgebiete" verändert zu haben! Was dann unternommen wurde, hatte so wenig Wirkung, daß man bald auch amtlicherseits von einem Fehlschlag sprach.

Die zurückgenommenen Kürzungen bezogen sich nur auf die Zahlungen in den ersten 26 Wochen Arbeitslosigkeit. Als im Dezember die neuen Unterstützungsskalen für Langzeitarbeitslose und Regeln für die Bedürftigkeitsprüfungen bekannt wurden, da stellte sich heraus, daß sie für viele eine abermalige Verschlechterung bringen würden, Erleichterungen hingegen nur für einige von Lokalbehörden besonders brutal Behandelte. Am 3. Januar 1935, vier Tage bevor die neuen Bestimmungen in Kraft treten sollten, riefen KP und ILP gemeinsam zum Kampf auf, dessen Zentrum Südwales wurde. Hier demonstrierten am 3. Februar 300 000 Arbeiter. Schon am 5. Februar verkündete die Regierung, daß keinerlei Kürzungen vorgenommen würden. Am 6. Februar kam es in Sheffield zu Straßenkämpfen mit der Polizei, in den Tagen danach zu weiteren Aktionen. Die Herrschenden erledigten innerhalb einer Woche die parlamentarischen und sonstigen formalen Prozeduren ihrer Kapitulation.

In der ersten Hälfte und Mitte der dreißiger Jahre neigten auch auf der britischen Insel große Teile der herrschenden Klasse zu autoritären und diktatorischen Regierungsformen. Die Tendenzen wuchsen in dem Maße, wie die linken Kräfte in der Arbeiterbewegung wieder an Einfluß gewannen — trotz der Schwächung der Labour-Bewegung war die Angst vor Aktionen wie dem Generalstreik von 1926, dem ebenfalls ein Anwachsen der Linken vorangegangen war, keineswegs verschwunden. Zudem sahen viele mit Sympathie und Bewunderung zum europäischen Kontinent, wo es die herrschenden Klassen einiger Länder augenscheinlich verstanden hatten, die Arbeiterbewegung zu unterdrücken oder zu zerschlagen.

Bekundungen solcher Sympathie gab es nicht wenige, und sie kamen auch von führenden Politikern. So pries Winston Churchill 1927 in einer Rede vor italienischen Faschisten deren „siegreichen Kampf" gegen den Leninismus, und ein Jahr später sagte Alfred Mond: „Ich bewundere den Faschismus, weil er erfolgreich den sozialen Frieden herbeiführt"[6]. 1933 sprach MacDonald auf einer Kabinettssitzung von einer „außerordentlichen Erneuerung Italiens unter dem faschistischen Regime — einer Erneuerung, die nicht nur die Leistungsfähigkeit der ganzen Verwaltung und des ganzen Regierungssystems betreffe, sondern auch eine weit ausgedehnte geistige Entwicklung im italienischen Volk bewirkt habe".[7]

Auf dem Hintergrund solcher Tendenzen und Auffassungen kam es 1932 und 1933 zu einer Reihe von Beeinträchtigungen der traditionellen Rechte und Freiheiten. Es gab Behinderungen von Versammlungen, Demonstrationen und der Redefreiheit, die Zahl der Verhaftungen aus politischen Gründen wuchs, es mehrten sich Fälle brutalen Vorgehens der Polizei und willkürliche Festnahmen. Um einer Erosion der bestehenden Rechte und Freiheiten wirkungsvoller entgegentreten zu können, wurde Anfang 1934 der National Council of Civil Liberties gebildet, der sich das Ziel setzte, „die hart erkämpften Rechte der Bürger — insbesondere die Rede-, Presse- und Versammlungsfreiheit — gegen alle Verletzungen durch exekutive und gerichtliche Behörden" zu verteidigen. Präsident der Vereinigung wurde der bekannte Schriftsteller E. M. Forster; zu ihren Vizepräsidenten gehörten H. G. Wells, Julian Huxley, Clement Attlee und weitere führende Persönlichkeiten aus Literatur, Wissenschaft und Politik. Kurz danach brachte die Regierung ein Gesetz über „Aufreizung zur Unruhe" ein, das jeden mit Gefängnis bedrohte, der „aufrührerische" Schriften besaß, die Militärpersonen von ihrer „Pflicht oder Treue zur Krone" abhalten konnten, und das die polizeilichen Vollmachten für Haussuchungen und Beschlagnahme von Literatur erweiterte. Unter dem Druck der demokratischen Öffentlichkeit wurden einige Bestimmungen vor der Verabschiedung durch das Parlament gemildert und das Gesetz verhältnismäßig wenig angewandt. Dennoch hatten die regierenden Kreise eine zusätzliche Handhabe, und sie benutzten das Gesetz dann auch wiederholt gegen die Kommunisten.

Das Anwachsen reaktionärer Tendenzen kam auch darin zum Ausdruck, daß — ähnlich wie in Frankreich, Spanien, Österreich und einigen anderen Ländern — faschistische Strömungen und Aktivitäten rasch zunahmen. Die 1932 gegründete British Union of Fascists (BUF) erreichte 1934 den Höhepunkt ihres Einflusses.

Faschistische Vereinigungen hatte es schon in den zwanziger Jahren gegeben, doch sie waren ohne nennenswerten Einfluß geblieben und wenig beachtet worden. Sie wurden jetzt von der BUF aufgesogen oder bedeutungslos. Die Zusammensetzung der „Schwarzhemden", die 1934 zwischen 20 000 und 30 000 Mitglieder zählten, entsprach etwa der der Faschisten in Italien und Deutschland. Es ist bemerkenswert, daß sie unter Industriearbeitern und Arbeitslosen keinerlei Einfluß gewannen und ihre Ortsgruppen außerhalb der Hauptstadt hauptsächlich in südenglischen Seebädern hatten, wo es wenig Industrie gab. Herausragender Führer war und blieb der äußerst ehrgeizige und sehr vermögende Oswald Mosley, der von 1918 bis 1931 dem Unterhaus zunächst als konservativer und dann Labour-Abgeordneter angehört hatte und 1929/30 Mitglied der Labour-Regierung gewesen war. Die BUF wurde von einigen prominenten Rechtskonservativen finanziert, insbesondere durch den Automobilfabrikanten William Morris (den späteren Lord Nuffield) und den Zeitungsmagnaten Lord Rothermere, sowie (bis 1935) von Mussolini und zu etwa einem Zehntel durch Mosley selbst. Unter der Überschrift „Hurrah for the Blackshirts!" veröffentlichte Rothermere Anfang 1934 in seiner Daily Mail (der nach dem Daily Express auflagenstärksten Zeitung) einen von ihm selbst geschriebenen Artikel, in dem es hieß, Großbritannien könne nur überleben, wenn man ebenso direkt und energisch handele wie Mussolini und Hitler. Unter den Konservativen, die die Schwarzhemden nicht oder nicht direkt unterstützten, gab es viele, die in ihnen eine potentielle Waffe gegen die Linken sahen und sie deshalb wohlwollend behandelten. Das erklärt auch die Haltung großer Teile des Staatsapparats und namentlich der Polizei, die die Faschisten unter dem Vorwand, die Redefreiheit wahren zu müssen, begünstigte und sie gegen die vorher von ihnen provozierten Antifaschisten beschützte.

Mit ihren ideologischen Dogmen und politischen Praktiken kopierten die Schwarzhemden einfach ihre italienischen und deutschen Vorbilder. Dabei lehnten sie sich zunächst mehr an erstere an, orientierten sich Mitte der dreißiger Jahre aber immer stärker auf die Nazis, bis sie praktisch nur noch — so ein britischer Historiker — „ein Echo der Stimme Berlins" waren.[8] Seit Ende 1934 betrieb die BUF wilde antisemitische Kampagnen, in der Hoffnung, der Bewegung eine breite ideologische Klammer verschaffen und damit den beginnenden Niedergang aufhalten zu können.

Die Hauptursachen für diesen Niedergang und das Scheitern der britischen Faschisten sind folgende: Erstens erwies sich die bestehende Ordnung als recht stabil und konnte die Großbourgeoisie ihre Herrschaft mit den herkömmlichen Mitteln behaupten, weshalb die Gelder für die BUF bald weniger reichlich flossen. Zweitens waren die demokratischen Traditionen im Lande tief verwurzelt und wurde die BUF durch Massenaktionen der Arbeiter in Schach gehalten und schließlich isoliert. Drittens war Großbritannien eine saturierte Macht und an der Erhaltung des Status quo in der kapitalistischen Welt interessiert, so daß es keine außenpolitischen Ambitionen gab, die mit denen der reaktionärsten Kräfte in Deutschland und auch Italien vergleichbar waren und das Entstehen der dortigen faschistischen Diktaturen mitverursacht hatten.

4. Großbritanniens Politik gegenüber Hitlerdeutschland 1933/34

Die Haltung der Westmächte zu Hitlerdeutschland wurde ab Mitte der dreißiger Jahre immer stärker durch die Politik des Appeasement bestimmt, jene Politik der Beschwichtigung und Begünstigung der faschistischen Staaten, die nicht wenig zur Entfesselung des zweiten Weltkrieges beigetragen hat. Sie war eine Politik vor allem Großbritanniens, worauf schon das Wort hinweist; die anderen kapitalistischen Länder orientierten sich mehr und mehr an ihr oder ordneten sich ihr immer mehr unter.

Ihr allgemeiner Hintergrund waren die bereits (in Kap. II.4.) dargestellten außenpolitischen Grundinteressen des britischen Imperialismus. Als in den frühen dreißiger Jahren die Weltwirtschaftskrise die fortschreitende Schwächung der weltwirtschaftlichen Positionen des Landes deutlich machte, die Befreiungsbewegung in Indien London erneut in Unruhe versetzte und die militärische Aggression Japans die Anfälligkeit der britischen Weltstellung abermals unterstrich, waren die herrschenden Kreise noch mehr an der Erhaltung des Status quo und der Vermeidung von Konfliktsituationen interessiert. Dabei zeigten sie sich großenteils zu Konzessionen an Rivalen bereit, wenn das weiteren Positionseinbußen vorzubeugen schien und auf Kosten anderer ging. Sie befürchteten, daß militärische Zusammenstöße ihnen mehr Verluste als Gewinne bringen und den Bestand des Empire gefährden würden; viele erkannten zudem die Gefahr, die ein erneuter Weltbrand für das Fortbestehen der bürgerlichen Ordnung heraufbeschwören konnte.

Die Errichtung der faschistischen Diktatur in Deutschland in einer Zeit verschärfter Spannungen zwischen den imperialistischen Staaten stellte Großbritannien vor eine neue Situation. Die Frage, ob die Politik des Entgegenkommens und des Einvernehmens, die man bis dahin mehr oder weniger betrieben hatte, fortgeführt oder gar forciert werden sollte oder ob man sich dem unverkennbaren Expansionsdrang Nazideutschlands entgegenstellen sollte, rückte 1933 in den Vordergrund der Überlegungen und Debatten auf außenpolitischem Gebiet. Daß mit der Hitlerregierung eine ernste Bedrohung Großbritanniens entstanden war, konnte zwar heruntergespielt, aber nicht ignoriert werden.

Zunächst glaubten die maßgeblichen Kreise, wenig Grund zur Beunruhigung zu haben. Hitlers Ernennung zum Reichskanzler wurde zumeist als ein normaler Vorgang empfunden, der in einer Zeit rascher Regierungswechsel und zunehmend autoritärer Herrschaftsformen auf der Welt nichts Ungewöhnliches an sich habe. Viele betrachteten seinen Machtantritt als ein neues Experiment mit einer neuen Partei und meinten, die Nazis seien außerhalb der Regierung gefährlicher als in ihr, wo die anderen Parteien mäßigend auf sie einwirken könnten und würden. Hitler müsse die Chance haben, sich als Staatsmann zu erweisen, und man dürfe ihn nicht nach Äußerungen beurteilen, die er in zurückliegenden Jahren von sich gegeben habe. Die Beibehaltung von Neuraths als Außenminister wurde als „Garantie für den Fortbestand einer vernünftigen und nichtaggressiven Außenpolitik" (so der Daily Telegraph am 31. Januar 1933) angesehen, und zum neuen Kanzler meinte die Times am 3. Februar: „Niemand zweifelt an Herrn Hitlers Aufrichtigkeit". Als sich im Frühjahr unter dem Eindruck von Berichten über den wachsenden Naziterror warnende Stimmen erhoben und eine feste Haltung verlangten, da blieb das im Kabinett ohne größere Wirkung. Die verantwortlichen Politiker blieben beharrlich bei ihrer Absicht, Deutschland durch Entgegenkommen und Zugeständnisse zu beschwichtigen, und das im Rahmen von Vereinbarungen, die ein unkontrolliertes und eigenmächtiges Vorgehen des Rivalen verhindern oder doch begrenzen sollten.

Die wichtigsten Schritte, die dazu 1933 unternommen wurden, waren der sogenannte MacDonald-Plan, der der Genfer Abrüstungskonferenz vorgelegt wurde und Zugeständnisse auf dem Gebiet der Rüstung enthielt, und der Viererpakt, dem Großbritannien, Frankreich, Deutschland und Italien angehören sollten und der eine Art europäisches Direktorium zur Revision der Friedensverträge auf Kosten Ost- und Südosteuropas vorsah. Beide Vorhaben scheiterten. Doch die mit dem Versuch ihrer Durchsetzung einhergehenden Aktivitäten begünstigten die Konsolidierung der Naziherrschaft und die Bestrebungen zur völligen Revision des Versailler Vertrages. Auch wurde Frankreichs Stellung schwächer, und die Bindungen zu seinen ost- und südosteuropäischen Partnern lockerten sich.

Im Sommer 1933 nahmen unter dem Eindruck von Meldungen über das Anwachsen der militärischen Stärke Deutschlands und der Aufklärungsarbeit antifaschistischer Kräfte in Großbritannien kritische und warnende Stimmen beträchtlich zu. Sie wirkten auch auf Teile der herrschenden Kreise. Mitte Juli schrieb Außenminister Simon in einem Memorandum für das Kabinett: „Die öffentliche Meinung ist gegenwärtig so aufgebracht über die deutsche Innenpolitik, daß sie den Gedanken an eine deutsche Wiederbewaffnung nicht dulden wird."[9] Anfang September machte Heeresminister Hailsham seine Kabinettskollegen darauf aufmerksam, daß Deutschland schon zu stark sei und sich auch gegen den Westen wenden werde.[10] Unter den Anhängern der Appeasement-Politik begannen Kräfte wirksam zu werden, die sich gegen zu große Konzessionen an Deutschland wandten und für eine militärische Stärkung Großbritanniens eintraten.

Die maßgeblichen Politiker setzten ihren Kurs unverändert fort, auch als Deutschland im Oktober die Abrüstungskonferenz und den Völkerbund verließ. Doch sie fanden es schwerer, ihn durchzusetzen und zu rechtfertigen, und es ist bemerkenswert, daß jetzt ein wesentliches Motiv ihrer Politik deutlicher wurde. Als sich immer mehr Zweifel, Einwände und Widerstand gegen ihre Politik auch in den herrschenden Kreisen einstellten, begann sich der Antikommunismus stärker zu artikulieren, insbesondere in Gestalt der Furcht vor einem Zusammenbrechen der bürgerlichen Ordnung in Deutschland und anderen Ländern Europas, das zu verhindern der deutsche Faschismus als geeignetes Mittel oder gar sichere Garantie angesehen wurde. So fragte Lloyd George (der seit 1922 keiner Regierung mehr angehört hatte) im September in einer Rede, was eintreten würde, wenn es Großbritannien und Frankreich gelänge, den Nazismus in Deutschland zu stürzen. ,,Kein konservatives, sozialistisches oder liberales Regime, sondern extremer Kommunismus... Ein kommunistisches Deutschland wäre weit furchtbarer als ein kommunistisches Rußland."[11] Im Oktober schrieben die Stabschefs der Teilstreitkräfte in ihrem Jahresbericht über die Verteidigungspolitik, Deutschland werde, wenn es sich stark genug fühle, ,,seine Ziele in einem Offensivkrieg im Osten erreichen".[12] Die Hoffnung auf eine Expansion in die andere Richtung erfaßte die Mehrheit der Appeaser in den folgenden Jahren immer stärker.

Im Jahre 1934 wurde die Politik des Entgegenkommens und der Zugeständnisse fortgesetzt, wobei es zu Auseinandersetzungen mit Frankreich kam, das in Deutschland zunächst mehr den Rivalen sah. Maßgebliche Politiker behaupteten zunehmend, die Aufrüstung Deutschlands sei nicht oder nicht ohne Krieg zu verhindern, und sie meinten, man könne die Hitlerregierung durch Vereinbarungen binden. Dabei gab es erhebliche Differenzen. Während die einen die Nazis weiterhin als nicht aggressiv oder für Großbritannien nicht bedrohlich bezeichneten, hielten andere ein gewisses Maß an Aufrüstung als Schutzmaßnahme gegen den Rivalen für ratsam. Am 20. Juli verkündete die Regierung ein langfristiges Luftrüstungsprogramm, und zehn Tage danach äußerte Baldwin, daß Englands Grenzen am Rhein lägen.

Zur gleichen Zeit drängten einflußreiche Kreise auf einen bilateralen Vertrag mit Japan, dessen expansionistisches Vorgehen Unbehagen hervorrief. Während sich die UdSSR um den Abschluß eines pazifischen Paktes bemühte, plädierten insbesondere Simon und Chamberlain für einen Nichtangriffspakt, bei dem die Interessen Großbritanniens im Empire und in China gewahrt bleiben sollten. Simon sagte im März auf einer Kabinettssitzung, wenn Japan expandiere, dann solle ,,eine solche Expansion lieber auf dem Kontinent Asiens als südwärts" vor sich gehen.[13] Damit war die UdSSR gemeint. Einige Monate später nämlich schrieben der Außen- und der Finanzminister in einer gemeinsamen Denkschrift, Japan müsse die Integrität Chinas anerkennen und mit Großbritannien einen Pakt schließen, der auch die Interessen der USA befriedige. Im Falle eines Krieges mit der UdSSR brauche Japan das Wohlwollen Großbritanniens, während Großbritannien im Interesse der Sicherung des Empire Japan als Freund benötige.[14]

Solche Haltungen mußten den Blick für die tatsächlichen Gefahren natürlich trüben. Wenn man sich die Aggressoren nicht nur vom Halse halten, sondern sie zugleich für antikommunistische Zwecke nutzen wollte, dann konnte das die Bereitschaft zu Konzessionen nur stärken und mußten die immer dreister werdenden Forderungen und Schritte der faschistischen Staaten immer mehr Nachgiebigkeit von seiten Großbritanniens nach sich ziehen. Das zeigte sich deutlich im Jahre 1935, als die Appeasement-Politik ihre ersten Höhepunkte oder besser Tiefpunkte erreichte.

5. Der Kampf der Arbeiterbewegung gegen den Faschismus 1933 und 1934

In den Jahren 1933 und 1934 gewann der Kampf gegen den in- und ausländischen Faschismus immer größere Bedeutung in der Tätigkeit der britischen Arbeiterbewegung, insbesondere ihrer progressivsten Kräfte. Am aktivsten waren die Kommunisten, denen es gelang, die Isolierung zu überwinden und beträchtlich an Stärke und Einfluß zu gewinnen.

Nach dem Machtantritt der deutschen Faschisten begannen die Kommunisten eine umfangreiche Aufklärungskampagne über Ziele und Praktiken der Nazis und eine intensive Arbeit zur Schaffung einer breiten antifaschistischen Bewegung. Auf ihre Initiative wurde ein Hilfskomitee für die Opfer des deutschen Faschismus gebildet, dessen Tätigkeit breiten Widerhall unter Arbeitern und Intellektuellen fand. Zahlreiche Ortsorganisationen der Labour Party, der Gewerkschaften und der Genossenschaften unterstützten das Komitee. Es wurden Gelder gesammelt, um Emigranten zu unterstützen, Protestversammlungen abgehalten und weitere Solidaritätsaktionen durchgeführt. In vielen Teilen des Landes entstanden lokale antifaschistische Ausschüsse. Herausragend waren die Kampagne zur Rettung Georgi Dimitroffs und seiner Genossen und die Tätigkeit des aus namhaften Juristen mehrerer Länder bestehenden Untersuchungsausschusses (Londoner Gegenprozeß) unter dem Vorsitz von Kronanwalt D. N. Pritt. Dessen Bericht trug erheblich zur Unterrichtung der Öffentlichkeit Großbritanniens und anderer Länder über die Verbrechen und Absichten der deutschen Faschisten bei.

Die Situation machte die Schaffung einer einheitlichen Front aller Arbeiter dringender denn je. Im März 1933 sandte die Führung der KP Briefe an die Labour Party, die ILP, den TUC und die Genossenschaftspartei mit Vorschlägen für gemeinsame Aktionen zur Unterstützung der deutschen und österreichischen Arbeiterklasse und zur Bekämpfung der „Nationalen" Regierung. Die ILP-Führung reagierte positiv. Beide Parteien kamen überein, eine Serie von Versammlungen über die faschistische Gefahr abzuhalten, und sie forderten die Labour Party auf, mit ihnen eine Einheitsfront gegen den Faschismus zu bilden. Die Labour- und Gewerkschaftsführer lehnten schroff ab, und der National Joint Council, ein Gremium, in dem das Exekutivkomitee der Labour Party, die Parlamentsfraktion der Partei und der Generalrat des TUC vertreten waren, gab ein „Democracy and Dictatorship" betiteltes Manifest heraus, in dem die „Diktatur von Kapitalismus und Nationalismus" mit der „Diktatur der Arbeiterklasse" gleichgesetzt und behauptet wurde, die „historische Aufgabe" bestehe darin, „die Grundsätze der Sozialdemokratie hochzuhalten". Die Vereinbarung zwischen KP und ILP war trotz Argwohns und partieller sektiererischer Haltungen auf beiden Seiten sowie der Weigerung der ILP-Führung, über eine Zusammenarbeit auf spezifischen Gebieten hinauszugehen, ein bedeutender Schritt vorwärts.

Obwohl sich die Führung der Labour Party weiterhin scharf gegen ein Zusammenwirken mit Kommunisten und von ihnen beeinflußten Organisationen wandte, schlossen sich zahlreiche Arbeiter und Intellektuelle den von Linken initiierten Aktionen an. Das wurde im Sommer 1934 deutlich, als Mosley und seine Anhänger auf einer Großveranstaltung brutal auf Antifaschisten einschlugen und sich die dadurch ausgelöste Empörung immer stärker mit dem Wunsch nach entschlossenen Maßnahmen verband. Ein von der KP initiiertes antifaschistisches Komitee rief dazu auf, eine von den Schwarzhemden für den 9. September geplante Veranstaltung im Londoner Hyde Park mit einer Gegendemonstration zu beantworten. Während die Führungsgremien der Labour Party und des TUC die Arbeiter von der Teilnahme abzuhalten versuchten — Gegenaktionen (so hieß es) könnten zu Gewalttätigkeiten führen und würden den Faschisten nur die Publizität verschaffen, die sie wünschten —, kamen etwa 150 000, gegen die sich die von 6000 Polizisten beschützten 2500 Faschisten recht kläglich ausnahmen. „Wenn diese Gegendemonstration", so schrieb der Manchester Guardian am Tage nach dem Ereignis, „durch eine so kleine Partei wie die Kommunisten zustande kommen konnte und eine große Anzahl Londoner auf eigene Initiative handelte, von welchem Ausmaß wäre die Opposition gewesen, hätte sie die ganze Kraft der organisierten Arbeiterschaft hinter sich gehabt?"[15] Nach dieser Aktion gerieten die Schwarzhemden mehr und mehr in die Isolierung.

Der Kampf gegen die in- und ausländischen Faschisten wurde nicht nur durch die Passivität der Labour-Führung beeinträchtigt, sondern auch durch Meinungsverschiedenheiten in der Partei und durch abstrakte Positionen. Im Oktober 1933 hatte die Jahreskonferenz beschlossen, ,,sich nicht an einem Krieg zu beteiligen und sich ihm mit der ganzen Kraft der Arbeiterbewegung zu widersetzen . . . einschließlich durch einen Generalstreik".[16] 1934 war mehr die Rede von Abrüstung und kollektiver Sicherheit im Rahmen des Völkerbundes, den man — insbesondere seit dem Beitritt der UdSSR — zu einem wirksamen Friedensinstrument machen zu können hoffte. Dabei gaben sich viele der Vorstellung hin, allein eine öffentliche Verurteilung des Aggressors und Wirtschaftssanktionen würden diesen zur Umkehr bringen. Zugleich rückten die Rechten immer näher an die Regierung, deren Politik gegenüber Hitlerdeutschland keiner tiefgreifenden Kritik unterzogen wurde. Der National Council of Labour, in den der National Joint Council 1934 umbenannt wurde und in dem Bevin und andere Gewerkschaftsführer angesichts der personellen Schwäche der Führung der Labour Party sehr an Einfluß gewannen, verkündete lediglich, es könnten Umstände eintreten, unter denen die britische Regierung den Völkerbund zwecks Zügelung eines Aggressors militärisch unterstützen müsse; in einem solchen Falle sei es Pflicht, die Regierung ,,unerschütterlich" zu unterstützen.

Gegen eine solche Haltung wandten sich linke sowie damals und später oft als Pazifisten bezeichnete Kräfte. Es gab innerhalb und außerhalb der Labour Party zahlreiche Personen und Vereinigungen, die jeden Krieg unter allen Umständen ablehnten. Doch die meisten ,,Pazifisten" mißtrauten vor allem der Regierung. Miliband bemerkte treffend: ,,Der Haupteinwand der meisten sogenannten Pazifisten richtete sich nicht gegen irgendwelche militärischen Aktionen als solche, sondern gegen militärische Aktionen Britanniens für irgendeinen anderen Zweck als die Verteidigung der kollektiven Sicherheit . . . Dieser ,Pazifismus' hatte seine Wurzeln in einem tiefen Mißtrauen . . . gegenüber den Motiven der britischen Regierung und in der Furcht, daß . . . die einzigen Absichten, die die Regierung zu verfolgen gewillt sei, üble Absichten seien. Dagegen schien der Völkerbund damals Millionen von Menschen die einzige Garantie kollektiver Sicherheit gegen Aggression und Imperialismus zu sein".[17]

Ein bemerkenswertes Ergebnis des Kampfes gegen Faschismus und Kriegsgefahr bestand darin, daß sich erstmals in der Geschichte des Landes eine größere Zahl von Wissenschaftlern, Schriftstellern, Lehrern, Studenten und anderen Intellektuellen zu sozialistischen Positionen bekannte. Unter dem Eindruck der Wirtschaftskrise und ihrer Folgen und des Fiaskos der Labour-Regierung hatten einige schon 1931 angefangen, den Kapitalismus und den Labour-Gradualismus entschieden abzulehnen; das rasche Anwachsen von Faschismus und Kriegsgefahr beschleunigte und verbreiterte diesen Prozeß erheblich. Viele Intellektuelle gelangten zu der Auffassung, daß Revolution und Sozialismus die einzige Alternative seien — in diesem Zusammenhang wuchs das Prestige der Sowjetunion, deren Aufwärtsentwicklung mit zunehmender Sympathie betrachtet wurde. Das Interesse für marxistische Literatur stieg beträchtlich, und einige begannen, den Marxismus (oder was sie darunter verstanden) zu propagieren, namentlich der Labour-Politiker John Strachey. Einflußreiche Naturwissenschaftler wurden sich ihrer gesellschaftlichen Verantwortung bewußt, so John Bernal und J. B. S. Haldane; einige von ihnen schlossen sich der KP an. Bernal schuf 1935 an der Universität Cambridge eine ,,Anti-Kriegs-Gruppe der Wissenschaftler''. Deutlicher noch war die Linksentwicklung unter Schriftstellern und Dichtern, bei denen politisches Engagement und Bekenntnis zur Arbeiterklasse und zum Marxismus sichtlich anwuchsen. Das galt insbesondere für die Dichtergruppe um W. H. Auden und die Schriftsteller, die im Februar 1934 die britische Sektion der Internationalen Vereinigung Revolutionärer Schriftsteller gründeten. Um das ab Oktober 1934 erscheinende Organ der Sektion, Left Review, scharten sich Day Lewis, Jack Lindsay, Hugh Macdiarmid, Edgell Rickword, Stephen Spender, Randall Swingler und andere. Die Mehrzahl der Intellektuellen blieb fest auf den politischen Positionen, zu denen sie in diesen Jahren gelangten, und viele stießen zur KP. Das war für die weitere Entwicklung der antifaschistischen Bewegung von erheblicher Bedeutung.

6. Außen- und Innenpolitik Mitte der dreißiger Jahre

Im Spätherbst 1934 entstand beträchtliche Unruhe über die Aufrüstung Hitlerdeutschlands. Im Kabinett war wiederholt von ,,alarmierenden'' und ,,sehr ernsten'' Entwicklungen die Rede, und einige seiner Mitglieder verlangten Gegenmaßnahmen. Unter den Kritikern der Regierungspolitik machte jetzt insbesondere Winston Churchill auf sich aufmerksam. Churchill wurde mehr und mehr der führende Kopf der konservativen Gegner des Appeasement, fand mit seiner Forderung nach rascher Aufrüstung allerdings wenig Widerhall in der Bevölkerung, in der das Mißtrauen gegenüber der Tory-Partei nach wie vor groß und er selbst unpopulär war.

Churchill erkannte früher als die meisten anderen bürgerlichen Politiker die von Deutschland ausgehenden Gefahren. Er glaubte nicht daran, daß der Rivale durch Abmachungen gebunden und durch Zugeständnisse beschwichtigt werden konnte. Er befürchtete vielmehr, Hitler werde auch gegen den Westen losschlagen, und forderte daher von der Regierung entsprechende Sicherheitsmaßnahmen. Im Ergebnis der zunehmenden Unruhe und Warnungen entstand ein am 4. März 1935 veröffentlichtes Weißbuch, das unter ausdrücklicher Bezugnahme auf die deutschen Rüstungen erklärte, die Regierung könne „ihre Augen nicht länger vor der Tatsache verschließen, daß eine adäquate Verteidigung noch aussteht", und erhöhte Ausgaben für die drei Teilstreitkräfte als unumgängliches Erfordernis bezeichnete.

Zugleich wurde der Kurs des Appeasement fortgesetzt und sogar noch intensiver verfolgt. Die maßgeblichen Politiker glaubten, Westeuropas Sicherheit durch Deutschlands Rückkehr in den Völkerbund und durch zweiseitige Vereinbarungen mit der Naziführung erreichen zu können, und hintertrieben Bemühungen um kollektive Sicherheit sowie von Frankreich ausgehende Bestrebungen um ein Bündnis mit der Sowjetunion, die außenpolitisch isoliert bleiben sollte. Die meisten Konservativen, bemerkt Cole, waren für die Aufrüstung Großbritanniens, „um entweder Hitler fernzuhalten, falls das nötig sein sollte, oder mit ihm ins Geschäft zu kommen, falls er Westeuropa in Ruhe ließe und seine Aggressionsakte auf den Osten beschränkte . . . Selbst diejenigen, die Hitler fürchteten und die Notwendigkeit der Aufrüstung betonten . . ., hofften durchweg, mit ihm zu einer Einigung kommen zu können".[18] Im März 1935 sollte Außenminister Simon nach Berlin fahren — die deutsche Führung gab sich gesprächsbereit, um ein Zusammengehen Großbritanniens und Frankreichs zu verhindern.

Als die deutsche Regierung im März 1935 die Existenz einer Luftwaffe bekanntgab und die allgemeine Wehrpflicht einführte, wußte sie, daß London dies hinnehmen würde. Die britische Regierung protestierte zwar verbal, ließ aber zugleich wissen, daß man an der Visite Simons weiterhin sehr interessiert sei. Noch im gleichen Monat wurden Verhandlungen geführt (dem Dolmetscher fiel „das sympathische Interesse auf, das Simon Hitler entgegenbrachte"[19]), bei denen der Minister eine Liste von Forderungen zu hören bekam, so die nach Rüstungen zur See in Höhe von 35 Prozent der britischen Flottenstärke. Unmittelbar danach fuhr Anthony Eden, Minister ohne Portefeuille und mit Völkerbundsangelegenheiten befaßt, zu Verhandlungen nach Moskau. Der junge Eden war gegen zu große Zugeständnisse an Deutschland und drängte zudem auf mehr Zusammenarbeit der

Mächte im Rahmen des Völkerbundes. Von seiten der Mehrheit der regierenden Kreise war der Besuch ein Zugeständnis an die Kritiker des Appeasement, und man wollte damit zugleich Druck auf die deutsche Regierung ausüben.

Kurz nach Abschluß des Beistandspaktes zwischen der UdSSR und Frankreich vom 2. Mai lud London die deutsche Regierung zu Flottenverhandlungen ein, die Mitte Juni damit endeten, daß die Briten der ihnen im März präsentierten Forderung zustimmten und bei U-Booten sogar eine Aufrüstung bis zur Gesamttonnage der britischen Boote gestatteten. Mitte April hatte der Völkerbundsrat die Einführung der allgemeinen Wehrpflicht als einen Bruch des Versailler Vertrages verurteilt. Jetzt, zwei Monate später, setzte sich Großbritannien zusammen mit Hitlerdeutschland über den Vertrag hinweg, was bei den deutschen Faschisten Hochstimmung und bei den Verfechtern kollektiver Abwehrmaßnahmen Erbitterung hervorrief.

Am 7. Juni 1935 wurde das Kabinett umgebildet. Baldwin wurde Premierminister, Samuel Hoare (der seit 1922 allen Tory-Regierungen angehört hatte) Außenminister und Simon Innenminister. MacDonald blieb im Kabinett (er starb 1937). Zugleich rückte Eden unter Beibehaltung seines Aufgabenbereichs in dieses Gremium auf. Diese Maßnahmen hingen mit den spätestens 1936 fälligen Unterhauswahlen zusammen.

Drei Wochen später wurden die Ergebnisse eines seit Herbst 1934 von der britischen Völkerbundsliga mit Unterstützung der Labour Party, des TUC, der Liberalen und über 80 weiterer Vereinigungen vorbereiteten Friedensplebiszits (Peace Ballot) veröffentlicht. An dieser Befragung (in ihrer Art einmalig in der Geschichte des Landes) beteiligten sich 11,5 Millionen Menschen. Die meisten stimmten für kollektive Sicherheit, allgemeine Abrüstung, das Verbot der Rüstungsproduktion für Profitzwecke und Sanktionen gegen Aggressoren. Für militärische Sanktionen sprachen sich 6,78 Millionen aus, bei 2,35 Millionen Nein-Stimmen und 2,36 Millionen Enthaltungen — die beiden letztgenannten Zahlen spiegelten hauptsächlich die Angst vor einem Krieg und das Mißtrauen gegen Waffen in der Hand kapitalistischer Regierungen wider.

Die Konservativen sahen, daß ihre Außenpolitik in direktem Gegensatz zur Stimmung breiter Bevölkerungsschichten stand. So gaben sie sich Mühe, als Anhänger von Völkerbund und kollektiver Sicherheit zu erscheinen, denen sie in den Monaten zuvor immer mehr den Rücken zugewandt hatten. Mit allgemeinen Bekundungen war es allerdings nicht getan, da die Aggressionsvorbereitungen der italienischen Faschisten gegen Abessinien nicht länger ignoriert werden konnten. So sagte dann Hoare am 11. September auf einer Völkerbundssitzung, seine Regierung setze sich „für kollektiven Widerstand gegen jeden Akt unprovozierter Aggression" ein und werde bei der Erfüllung der in der Völkerbundssatzung enthaltenen Verpflichtungen niemandem nachstehen. Die Erklärung des neuen Außenministers wurde in Genf und in Großbritannien begeistert aufgenommen und als ernste Warnung an Italien aufgefaßt. Ähnlich war es knapp vier Wochen später, als der Völkerbund den Aggressionskrieg verurteilte und Sanktionen beschloß. Die Öffentlichkeit wußte nicht, daß die Regierung längst entschlossen war, eine Auseinandersetzung mit Italien zu vermeiden, und daß Mussolini davon Kenntnis hatte.

Es war ein geschickter Schachzug der Tories, in dieser Situation das Unterhaus aufzulösen und für Mitte November 1935 Wahlen anzusetzen. Auf dem Gebiet der Außenpolitik unterschieden sich ihre Parolen nicht von denen der Labour Party, die ihnen nur vorwerfen konnte, nicht entschlossen für Sanktionen gegen Italien einzutreten. In der Innenpolitik hatte Labour keine überzeugende Alternative zu bieten, und die geringe Aktivität der Partei seit dem Fiasko 1931 hatte ihre Anziehungskraft natürlich nicht erhöht. So gelang es der Labour Party nur, die im Oktober 1931 verlorenen Wähler wiederzugewinnen, während die Konservativen zusammen mit den Nationalliberalen mehr als die Hälfte aller Stimmen bekamen und die Liberalen (die seit 1932 nicht mehr der Regierung angehört hatten) 6,4 Prozent. Labour erhielt zwar mit 154 fast dreimal soviel Sitze wie vier Jahre zuvor, doch die Tories verfügten mit 432 weiterhin über eine gewaltige Mehrheit — die Liberalen bekamen nur 20. Während MacDonald und sein Sohn Malcolm (der ebenfalls Kabinettsmitglied war) ihre Mandate verloren, zog der Vorsitzende der KP, William Gallacher, in das Unterhaus ein.

Schon wenige Wochen nach den Wahlen wurde aller Welt klar, daß London den italienischen Aggressoren nicht entgegentrat. Einflußreiche Geschäftsleute und Politiker wandten sich gegen ein Ölembargo und die Schließung des Suezkanals für italienische Schiffe, da sie fürchteten, das könnte Mussolini zurückzwingen und den Sturz seines Regimes herbeiführen. Die Kabinettsmehrheit gelangte zu der Meinung, wenn Mussolini „gezwungen wäre, völlig aufzugeben, dann würde er wahrscheinlich aus der italienischen Politik verschwinden, und es könnte eine kommunistische Regierung in Italien und eine völlige Änderung in der gesamten europäischen Situation geben."[20] Am 8. Dezember schlossen Hoare und der französische Außenminister Laval jenes berüchtigte Geheimabkommen, das Italien zwei Drittel Abessiniens offerierte. Als das Abkommen bekannt wurde, entstand ein so großer Proteststurm, daß man es fallenließ und Baldwin, um sich und seine Regierung zu retten, Hoare opferte. Neuer

Außenminister wurde Anthony Eden. Doch an der Haltung der Herrschenden änderte sich nichts. Wenige Monate später war Abessinien besetzt.

Antikommunistische Ängste waren auch wirksam, als deutsche Truppen im März 1936 in die entmilitarisierte Rheinlandzone einrückten. Das Kabinett hatte schon Anfang 1935 diese Zone als nicht wesentlich für Großbritannien bezeichnet. Es schloß sich jetzt mehrheitlich der Meinung Baldwins an, der äußerte, man müsse den Franzosen klarmachen, daß militärischer Widerstand „nicht nur zur Entfesselung eines weiteren großen Krieges in Europa führen würde. Sie könnten Deutschland mit Hilfe Rußlands vielleicht zerschlagen, doch das würde wahrscheinlich nur dazu führen, daß Deutschland bolschewistisch wird."[21]

Unter dem Eindruck des erneuten Machtzuwachses der faschistischen Staaten nahmen in den herrschenden Kreisen die Auseinandersetzungen um die Frage, wie es weitergehen sollte, beträchtlich zu. Die Mehrheit der Appeaser versuchte verstärkt, mit Deutschland zu einer Verständigung zu gelangen, und dies auf Kosten mittel- und osteuropäischer Völker. Im Frühjahr und Sommer 1936 wurde intern immer wieder betont, man wolle jegliche Verpflichtungen Osteuropa gegenüber vermeiden, die Völkerbundpolitik gänzlich aufgeben und Frankreich nicht unterstützen, falls es im Zusammenhang mit seinen Bündnisverpflichtungen angegriffen werde. Im Juli sagte Baldwin auf einem Treffen konservativer Politiker, wenn Deutschland nach Osten vorstoße, dann werde das sein Herz nicht brechen, und wenn es in Europa zu Kämpfen komme, „dann möchte ich, daß die Bolschis und die Nazis das machen".[22] Einige Politiker in der Regierung und auch Militärs warnten vor einem solchen Kurs. Er werde — so führten sie an — nicht zu einem Nachlassen, sondern vielmehr zu einer Verschärfung der Spannungen in Europa und zu einer weiteren Stärkung Deutschlands führen, und die Flamme könne vom Osten auf den Westen übergreifen. Doch die Mehrheit überhörte die Warnungen und redete sich und anderen ein, den Aggressor letztlich von Westeuropa fernhalten zu können.

Gegen Ende 1936 wurde die Aufmerksamkeit der Öffentlichkeit auf ein Ereignis gelenkt, das in seiner Art einmalig in der neueren Geschichte des Landes war, die Abdankung des Königs.

Im Januar 1936 war George V. gestorben. Sein Nachfolger Edward VIII., Junggeselle und in mancher Hinsicht unkonventionell, wollte eine zweimal geschiedene Amerikanerin ehelichen. Große Teile der herrschenden Kreise befürchteten eine Beeinträchtigung des Ansehens und der Würde der Monarchie. Edwards Vorschlag, eine morganatische Ehe zu schließen (ohne den Status einer Königin für seine Frau), wurde von Baldwin abgelehnt. Der Premier stellte den Monarchen vor die Alternative Verzicht auf die Ehe oder Abdankung als König. Nach einigem Zögern entschied sich Edward Anfang Dezember für letzteres, zumal nur wenige einflußreiche Politiker auf seiner Seite standen. Auf den Thron gelangte sein jüngerer Bruder — als George VI.

7. Der Kampf um die Einheits- und Volksfront. Die Spanienbewegung

Mitte der dreißiger Jahre wurde der Kampf gegen den Faschismus und die wachsende Kriegsgefahr zur Hauptaufgabe aller progressiven Kräfte, der gegenüber anderes deutlich in den Hintergrund trat.

Die Kommunisten verstärkten ihre Bemühungen um gemeinsame Aktionen aller Teile der Arbeiterbewegung und setzten sich darüber hinaus für die Schaffung einer breiten Allianz aller gegen Faschismus und Krieg wirkenden Kräfte ein. Dies geschah insbesondere unter dem Eindruck der Volksfrontbewegung in Frankreich und im Einklang mit den Beschlüssen des VII. Weltkongresses der Kommunistischen Internationale.

Die KP nahm Veränderungen in ihrer Haltung zur Labour Party vor. Bei den Kommunalwahlen im November 1934 und den Unterhauswahlen ein Jahr später unterstützte sie zumeist die Labour-Kandidaten und stellte bei letzteren nur Gallacher und Pollitt auf — Pollitt unterlag knapp. Sie trat für die Wahl einer Labour-Regierung ein, die Maßnahmen gegen Faschismus und Krieg und für die unmittelbaren Interessen der Arbeiter ergreifen sollte. Unter Hinweis auf die Veränderungen in der politischen Situation beantragte sie (erstmals wieder seit 1924) die Aufnahme als Kollektivmitglied in die Labour Party. Die Labour-Führung lehnte auch jetzt ab.

Wie sehr die Politik der KP der Stimmung großer Teile der politisch aktiven Arbeiter entsprach, zeigten zwei Ereignisse im Herbst 1936. Anfang Oktober wollten die Faschisten im Londoner Osten einen Marsch durchführen, der gegen die dort in großer Zahl wohnenden Juden gerichtet war und den Niedergang der BUF aufhalten sollte. Als sich das Innenministerium weigerte, ein Verbot auszusprechen, riefen die KP und die ILP zu einer Gegenaktion auf. Am 4. Oktober gingen 300 000 Londoner auf die Straße, um den Marsch der von 6000 Polizisten (darunter die gesamte berittene Polizei der Hauptstadt) eskortierten Schwarzhemden zu vereiteln. In der Cable Street errichteten die Arbeiter Barrikaden, und die anstürmenden Polizisten wurden mit Steinen, Flaschen und anderen Gegenständen beworfen. ,,Es hätte nur noch einer leichten Stimmungsverschiebung bedurft, und die Menge . . . hätte die ihr zahlenmäßig weit unterlegene Polizei gelyncht."[23] So hielt es der Polizeichef für geraten, den Abzug der Faschisten anzuordnen. Die „Schlacht in der Cable Street" erwies sich als eine Niederlage, von der sich die Mosley-Anhänger nicht erholten.

Im November wurde ein großer Hungermarsch durchgeführt, der im Hyde Park von etwa 200 000 Menschen empfangen wurde. Einige Labour-Führer schienen der Stimmung Rechnung tragen zu wollen: Parteiführer Attlee (der sich damals gern als „etwas links vom Zentrum" stehend gab) kam und sprach von derselben Rednertribüne wie Wal Hannington. Der prominente linke Labour-Politiker Aneurin Bevan, der ebenfalls sprach, sagte, die Marschierenden hätten „zum ersten Mal . . . eine einheitliche Plattform zustande gebracht. Kommunisten, Mitglieder der ILP, Sozialisten, Mitglieder der Labour Party und Genossenschafter haben sich zum ersten Mal zusammengetan . . . Diese Demonstration zeigt, daß die Arbeiterklasse eine einheitliche Führung benötigt."[24]

Seinen stärksten Antrieb erhielt der Kampf um die Einheits- und Volksfront durch die im Herbst 1936 einsetzende Bewegung für das republikanische Spanien. Während die Labour Party die von der Regierung betriebene Politik der „Nichteinmischung" unterstützte, jene Politik, die mehr und mehr zur Verschleierung der Parteinahme für die Franco-Putschisten sowie der deutschen und italienischen Intervention benutzt wurde, traten die Kommunisten und andere Linke sofort in Aktion. Das Hilfskomitee für die Opfer des deutschen Faschismus berief eine Konferenz ein, auf der das Komitee für medizinische Hilfe für Spanien geschaffen wurde. Wenige Wochen später schon war die erste britische Sanitätseinheit unterwegs. Im Oktober wurde ein Vereinigtes Komitee zur Unterstützung des republikanischen Spanien gebildet, dem unterschiedliche politische Kräfte angehörten und das unter dem Vorsitz einer konservativen Unterhausabgeordneten stand. Unterdessen fanden Versammlungen und Demonstrationen statt und entstanden zahlreiche lokale Ausschüsse. Es wurden Geld und Nahrungsmittel gesammelt — insgesamt gingen 29 Schiffsladungen Lebensmittel nach Spanien. Die ersten britischen Freiwilligen nahmen bereits im August 1936 am bewaffneten Kampf gegen die spanischen Faschisten teil. Insgesamt gingen 2200 nach Spanien, von denen gut ein Drittel KP-Mitglieder waren. Über 500 ließen ihr Leben.

Die Bewegung erfaßte auch immer mehr Mitglieder der Labour Party, und deren Führer mußten dem nach und nach Rechnung tragen. Als im März 1937 auf einer Konferenz der Sozialistischen Arbeiter-Internationale und des Internationalen Gewerkschaftsbundes die spanischen Delegierten die Abkehr von der Politik der Nichteinmischung verlangten, lehnte Bevin (zu dieser Zeit Vorsitzender des TUC) noch ab. Mr. Bevin — so berichtete der Daily Telegraph — „sagte der spanischen Delegation offen, daß sich die Bewegung weigere, ihren Forderungen nachzukommen. Die Entscheidungen und die Politik der britischen sozialistischen Führer, so sagte er, dürften in keiner Weise vom Krieg in Spanien beeinflußt werden."[25] Doch im Sommer mußte man diese Linie aufgeben. Attlee fuhr nach Spanien, und eine Kompanie des britischen Bataillons erhielt seinen Namen. Ansonsten aber ging die Parteiführung kaum über Proteste und Deklarationen hinaus, während viele Ortsorganisationen und Personen sehr rege tätig waren.

Die Spanienbewegung war die Hauptgrundlage für das Anwachsen der Linken und die Fortschritte in der Einheits- und Volksfrontpolitik. Im Januar 1937 traten die KP, die ILP und die Socialist League zusammen, um eine gemeinsame Plattform zu erarbeiten. In einem Manifest erklärten sie sich für die Einheit aller Teile der Arbeiterbewegung „im Kampf gegen Faschismus, Reaktion und Krieg und gegen die Nationale Regierung" und „für einen Pakt zwischen Großbritannien, der Sowjetunion, Frankreich und allen anderen Staaten, in denen die Arbeiterklasse politische Freiheit hat".[26]

Obwohl die drei Parteien ihre Absicht betonten, die Einheit im Rahmen der Labour Party und der Gewerkschaften herzustellen, reagierte die Labour-Führung schroff ablehnend und schloß die Socialist League aus. Trotzdem fand die Einheitskampagne großen Widerhall. Zahlreiche Labour-Organisationen und Gewerkschaften unterstützten sie, es gab große Kundgebungen, und prominente Labour-Politiker wie Bevan, der Politik-Professor Harold Laski und G. D. H. Cole äußerten sich zustimmend. Die Genossenschaftspartei brachte im Frühjahr ihre allgemeine Unterstützung zum Ausdruck.

Das wichtigste Ergebnis der Bemühungen um eine Volksfront war der im März 1936 gegründete Left Book Club, der sich das Ziel stellte, „den Kampf für den Weltfrieden und eine bessere Sozial- und Wirtschaftsordnung und gegen den Faschismus" durch Verbreitung von Wissen zu unterstützen. Zu diesem Zweck veröffentlichte der Club monatlich ein Buch. Seine Initiatoren waren der Verleger Victor Gollancz und Harry Pollitt. Gollancz, Laski und der damals der KP nahestehende John Strachey wählten die in einer Auflage von 50 000 Exemplaren erscheinenden Bücher aus, die sich mit praktisch allen Hauptthemen des politischen Geschehens befaßten. Nach einem Monat hatte der Club 6000 Mitglieder, nach einem Jahr 40 000, im Frühjahr 1939 etwa 60 000. In den lokalen Gruppen (1939 gab es 1200) diskutierten Arbeiter, Intellektuelle und andere über politische Themen, was nicht nur das Verständnis für die Vorgänge im In- und Ausland, sondern auch das politische Engagement erhöhte. Am aktivsten waren die Mitglieder der KP. „Der Erfolg des Left Book Club", so G. D. H. Cole, „ist großenteils auf die eifrige Unterstützung der Kommunisten und ihnen Nahestehender zurückzuführen, die nicht nur das Material für viele seiner Veröffentlichungen lieferten, sondern auch zielstrebig bemüht waren, Zirkel zur Verbreitung seiner Bücher und seines Monatsjournals zu bilden."[27] In keinem Lande gab es eine vergleichbare Vereinigung.

Die Einheits- und Volksfrontbewegung kam im ganzen gesehen nicht über Anfangs- und Teilerfolge hinaus. Zum einen ergriffen die rechten Labour-Führer Zwangsmaßnahmen gegen Mitglieder und Organisationen und machten auch vor dem Ausschluß prominenter Politiker nicht halt (u. a. Cripps und Bevan 1939). Sodann war die KP trotz ihres raschen Anwachsens — ihre Mitgliederzahl verdreifachte sich zwischen 1935 und 1939 und erreichte fast 18 000 — keine Massenpartei. Ferner waren die ILP und die Socialist League zahlenmäßig schwach und von Gegensätzen zerrissen; während sich letztere nach dem Ausschluß aus der Labour Party auflöste, wollte die ILP-Mehrheit von einer über die Arbeiterbewegung hinausgehenden Volksfront nichts wissen und unterstützte in Spanien die trotzkistische P. O. U. M. Schließlich blieben viele Labour-Linke antikommunistischen Vorurteilen verhaftet, so auch Gollancz, was letztlich nicht ohne Auswirkungen auf den Left Book Club blieb.

Dennoch hatte die Tätigkeit der Kommunisten und anderer Linker nachhaltige Wirkungen. Es gelang, viele Arbeiter und Intellektuelle in die Bewegung einzubeziehen, sie zu aktiven Antifaschisten und zu Kämpfern gegen den Krieg zu machen. In keinem vergleichbaren Zeitraum hatten Stärke und Einfluß der KP so zugenommen und waren so viele Menschen zu bewußtem politischem Handeln gegen imperialistische Reaktion und für sozialen Fortschritt gelangt. Das alles trug wesentlich zu der Widerstandskraft bei, die Großbritannien 1940 und danach der drohenden Nazi-Aggression entgegenstellen konnte.

8. Die Regierung Chamberlain

Im Mai 1937 übernahm Neville Chamberlain das Amt des Premierministers, das er schon seit Jahren angestrebt hatte. Finanzminister wurde John Simon, Innenminister Samuel Hoare (der ein halbes Jahr nach seiner Ablösung als Außenminister Chef des Marineministeriums geworden war). Der betagte Baldwin schied ganz aus dem Kabinett aus.

Chamberlain diktierte in ungewöhnlich hohem Maße die Gestaltung und

Führung der Außenpolitik, obwohl er nach Meinung seines Bruders Austen davon gar nichts verstand. Während Arroganz, Selbstgefälligkeit und Verbohrtheit stark ausgeprägt waren, fehlte es ihm sehr an Weitsicht und Urteilsvermögen. Iwan Maiski, damals sowjetischer Botschafter in London, schrieb in seinen Erinnerungen, der Umstand, daß er „ein Mensch mit einem engen Gesichtskreis und geringen Fähigkeiten war, daß sein politischer Horizont — nach einem Ausspruch Lloyd Georges — nicht weiter reichte als der eines ‚Bettstellenfabrikanten aus der Provinz', verstärkte lediglich die Gefahren, die sich aus seiner Machtstellung ergaben."[28] Diese Gefahren erwuchsen auch daraus, daß Chamberlain alle wichtigen Entscheidungen allein oder mit Simon, Hoare und Lord Halifax traf, die zusammen mit ihm eine Art inneres Kabinett bildeten. Mit diesen vier eng verbunden war der einflußreiche Nevile Henderson, der kurz vor der Regierungsumbildung als Botschafter nach Berlin gegangen war, wo er aus seiner pronazistischen Einstellung keinen Hehl machte.

Daß die eifrigsten und extremsten Verfechter des Appeasement jetzt tonangebend wurden, hat mehrere Ursachen. Zum einen hatten führende Industrielle, Bankiers und Politiker ihre Bemühungen um enge Beziehungen zu Deutschland verstärkt. Die im Herbst 1935 gegründete Anglo-German Fellowship, zu deren Mitgliedern die Vorsitzenden von Unilever und Imperial Chemical Industries gehörten und die sich das Ziel stellte, „die Gemeinschaft (fellowship) zwischen den beiden Völkern zu fördern", hatte eine rege Tätigkeit entfaltet. Sie legte keinen Wert auf zahlreichen Anhang. „Wir wollen ‚Namen'", äußerte 1936 ihr Sekretär, „wie können wir sonst irgendwelchen Einfluß auf die Regierung oder das Foreign Office haben".[29] In dieselbe Richtung wirkte die Times, deren Chefredakteur, Geoffrey Dawson, Berichte seiner eigenen Korrespondenten unterdrückte oder entstellte. Dawson schrieb im Mai 1937: „Ich tue mein Äußerstes, Abend für Abend, um aus der Zeitung alles herauszuhalten, was ihre [der deutschen Faschisten] Empfindlichkeiten verletzen könnte."[30]

Zum anderen sahen die Herrschenden mit Sorge auf die internationale Situation 1936/37. Unter dem Eindruck der Volksfrontbewegungen in Spanien und Frankreich und der damit verbundenen Furcht vor einem weiteren Anwachsen der Linken in Westeuropa wurden Deutschland und Italien mehr denn je als antikommunistische Bastionen betrachtet, denen man entgegenkommen mußte. Die Faschistenführer aber fühlten sich durch die Haltung der Westmächte zu neuen Forderungen und aggressiven Schritten ermuntert, zu dieser Zeit insbesondere die japanischen Militaristen, die einen erneuten Einfall in China vorbereiteten, den sie Mitte 1937 begannen. Die dadurch vergrößerte Furcht vor militärischen Zusammenstößen mit den Aggressoren nutzten Chamberlain und seine Anhänger, um verstärkt auf eine ,,allgemeine Regelung" mit Deutschland zu drängen, zu der es ihren Worten nach keine Alternative gab.

Die Appeaser bemühten sich, für ihr Vorgehen zusätzliche Argumente anzuführen. War bislang vor allem vom Wunsch nach Erhaltung des Friedens die Rede gewesen sowie davon, daß den außenpolitischen Forderungen der deutschen Faschisten durchaus ,,gerechte Beschwerden" zugrunde lägen, so traten jetzt, da es immer schwieriger wurde, die Politik der Aggressorstaaten zu bagatellisieren oder gar zu verteidigen, einige andere Begründungen in den Vordergrund. Da gab es das Argument, das Land verfüge nicht über die finanziellen Ressourcen, um ohne Gefährdung der wirtschaftlichen Stabilität eine den breitgefächerten Erfordernissen entsprechende Verteidigung zu gewährleisten. Man könne nicht gleichzeitig gegen Deutschland, Italien und Japan kämpfen, hieß es weiter, man müsse die Zahl der potentiellen Gegner reduzieren, ,,eine politische Regelung (adjustment) mit einem oder mehreren unserer politischen Feinde ist absolut lebenswichtig" — so Simon im Herbst 1937[31]. Zugleich wandte man sich immer stärker gegen ,,kontinentale Abenteuer" und ,,Konflikte, die uns nichts angehen" (Chamberlain). Der französisch-sowjetische Pakt wurde als ,,das eigentliche Hindernis für eine allgemeine Regelung" (Halifax) bezeichnet und den Franzosen bedeutet, daß sie auch im Falle eines ihnen aufgezwungenen Krieges keine nennenswerte militärische Hilfe erwarten könnten. Überdies redete Chamberlain sich und anderen ein, alles letztlich ,,regeln" zu können, zumal er auch den faschistischen Diktatoren ,,Vernunft" zubilligte.

Im November 1937 fuhr Halifax, Minister ohne Portefeuille und zunehmend mit auswärtigen Angelegenheiten befaßt, zu einer Unterredung mit Hitler nach Deutschland. Dort pries er den Naziführer dafür, daß dieser ,,durch die Vernichtung des Kommunismus im eigenen Land diesem den Weg nach Westeuropa versperrt habe und daß daher mit Recht Deutschland als Bollwerk des Westens gegen den Bolschewismus angesehen werden könne." Er gab zu verstehen, daß London bereit sei, eine Expansion in Mittel-, Südost- und Osteuropa im Rahmen einer ,,vernünftigen Regelung" hinzunehmen. Halifax sprach von ,,Änderungen der europäischen Ordnung . . ., die wahrscheinlich früher oder später eintreten würden", und sagte gleich anschließend: ,,Zu diesen Fragen gehöre Danzig und Österreich und die Tschechoslowakei." Es ist bemerkenswert, daß diese Äußerungen nur in der deutschen Aufzeichnung des Gesprächs[32], nicht aber in der Information enthalten sind, die die Kabinettsmitglieder bekamen. Ihnen wurde vielmehr gesagt, ,,daß die Deutschen keine Politik unmittelbarer Abenteuer verfolgten. Sie seien zu sehr damit befaßt, ihr Land aufzubauen".³³ Gut drei Monate später wurde Österreich annektiert, und bald danach kam es zur Krise um die Tschechoslowakei.

Halifax verband seine Bemerkungen über Danzig, Österreich und die Tschechoslowakei mit dem Wunsch, Deutschland möge ohne militärische Gewalt vorgehen. Er sagte, Großbritannien sei daran interessiert, ,,daß diese Änderungen im Wege friedlicher Evolution zustande gebracht würden und daß Methoden vermieden würden, die weitergehende Störungen . . . verursachen könnten." Diese und ähnliche Äußerungen sind einmal darauf zurückzuführen, daß man in London befürchtete, eine militärische Invasion der Tschechoslowakei würde zu einem Konflikt führen, in den nicht nur Frankreich und die UdSSR (die mit der ČSR durch Verträge verbunden waren) einbezogen werden könnten, sondern möglicherweise auch Großbritannien, direkt oder indirekt. Zum anderen wollten die Briten ein allzu eigenmächtiges Vorgehen des Rivalen verhindern oder doch einengen. Um Hitler für eine ,,friedliche Evolution" zu gewinnen, offerierte Halifax Konzessionen in der Kolonialfrage ,,als Teil einer Gesamtregelung". Da die britische Großbourgeoisie in ihrer Mehrheit gegen solche Zugeständnisse war und sich Halifax deshalb nur recht allgemein äußerte, konnte Hitler dieses Thema weiterhin als Druckmittel benutzen, zumal die Appeaser erst 1938 zu begreifen anfingen, daß es den Nazis nicht vorrangig um Kolonien, sondern zunächst um die Vorherrschaft in Europa ging.

Dieser politische Kurs rief auch in konservativen Kreisen starke Unzufriedenheit und Kritik hervor. Sie fanden ihren sichtbarsten Ausdruck im Rücktritt Edens im Februar 1938. Chamberlain hatte seinen Außenminister seit Herbst 1937 immer mehr übergangen und das Foreign Office schon längere Zeit als Hindernis für seine politische Linie angesehen. Neuer Außenminister wurde Halifax. Wenige Monate später schrieb der deutsche Botschafter nach Berlin, Chamberlains Kabinett bringe ,,Deutschland das Höchstmaß an Verständnis entgegen, das unter allen für die Kabinettsbildung in Frage kommenden Kombinationen englischer Politiker aufzubringen ist . . . Es bringt den Forderungen Deutschlands in der sudetendeutschen Frage wachsendes Verständnis entgegen. Es würde bereit sein, große Opfer zur Befriedigung der anderen berechtigten deutschen Forderungen zu bringen — unter der einen Voraussetzung, daß diese Ziele mit friedlichen Mitteln angestrebt werden."³⁴

Die Appeaser ließen nichts unversucht, die Tschechoslowakei mit ,,friedlichen Mitteln" zu opfern. Als im Spätsommer 1938 die Bedrohung des Landes durch Deutschland stark zunahm und das britische Kabinett auch von konservativen Politikern gedrängt wurde, eine entschiedene Warnung nach Berlin zu senden, wandte sich Botschafter Henderson gegen jedes entschlossene Handeln (firm action) seitens der Westmächte, da Hitler — wie er äußerte — nicht an der Macht bleibe, wenn er gezwungen werde, seine Ziele aufzugeben. Am 30. August entschied eine Ministerberatung, an der Henderson teilnahm, der deutschen Regierung keine warnende Erklärung zu übermitteln. Am Tage danach telegrafierte Halifax an den britischen Botschafter in Prag: „Die innere Lage in Deutschland ist derart, daß es von lebenswichtiger Bedeutung für das Regime werden kann, durch Sicherung einer zufriedenstellenden Regelung der Sudetenfrage einen diplomatischen Erfolg zu erringen".[35] Eine Woche nach dem Münchener Abkommen, dem ersten Akt der Zerschlagung der Tschechoslowakei, schrieb Henderson an Halifax: „Durch die Erhaltung des Friedens haben wir Hitler und sein Regime gerettet".[36]

Chamberlain behauptete, einen „ehrenhaften Frieden", ja sogar „Frieden für unsere Zeit" aus München mitgebracht zu haben, und er ließ sich entsprechend bejubeln. Er bildete sich ein, mit dem deutschen Diktator auch über weitere Fragen mit Erfolg verhandeln zu können. Nach Rückkehr vom zweiten Treffen mit Hitler (Chamberlain eilte innerhalb von zwei Wochen dreimal nach Deutschland) sagte er im Kabinett, dieser „würde nicht mit Vorbedacht einen Mann täuschen, den er respektiere und mit dem er in Verhandlungen gestanden habe, und er sei sicher, daß Herr Hitler jetzt einigen Respekt für ihn empfinde." Hitler habe ihm erklärt, er stelle keine weiteren territorialen Ansprüche und erstrebe nicht die Vorherrschaft in Europa. Er (Chamberlain) „glaube, daß Herr Hitler die Wahrheit sage."[37]

9. Vom Münchener Abkommen zum zweiten Weltkrieg

Im Herbst 1938 schien die internationale Lage für die Appeaser recht günstig zu sein. Hitler hatte nicht eigenmächtig gehandelt und zu militärischer Gewalt gegriffen, sondern sich an den Verhandlungstisch gesetzt; er hatte zudem in einer gemeinsamen Erklärung mit Chamberlain bekundet, auch künftig „nach der Methode der Konsultation" vorgehen zu wollen. Die UdSSR war international völlig isoliert. In Westeuropa befanden sich die Linken auf dem Rückzug: In Frankreich war die Zeit der Volksfront vorüber, und in Spanien bekam Franco immer mehr die Oberhand. Frankreich hatte seinen vorherrschenden Einfluß unter den kleineren Staaten Mittel-, Ost- und Südosteuropas vollends eingebüßt und war jetzt ganz auf den Kurs des Appeasement eingeschwenkt.

Auch im Inland schienen die Dinge für die Appeaser zunächst nicht schlecht zu stehen. Viele Menschen glaubten den Beteuerungen von Presse und Rundfunk, Chamberlain habe den Frieden gerettet und Deutschland fordere keine weiteren Gebiete. Ein Gefühl echter Erleichterung stellte sich allerdings nicht ein. Der Premier wurde nämlich während seiner Gespräche mit Hitler und danach nicht nur von Labour-Führern und Liberalen, sondern auch von zahlreichen konservativen Politikern scharf angegriffen. Attlee sprach von ,,schmachvollem Verrat", Marineminister Duff Cooper trat demonstrativ von seinem Amt zurück, und bei der Unterhausdebatte über das Münchener Abkommen enthielten sich über 30 Tories der Stimme. Die Labour Party, viele Liberale, Churchill und weitere Konservative sprachen sich für ein Bündnis mit der UdSSR aus. Attlee warnte davor, der Sowjetunion weiterhin die kalte Schulter zu zeigen, und sagte, sie ,,könnte sich in Zukunft durchaus fernhalten, wenn sie der Meinung ist, daß man wenig Vertrauen in die westlichen Demokratien setzen kann, und wir sind dann mit Frankreich allein gelassen".[38] Solche Haltungen und Äußerungen führten auch bei Menschen, die Chamberlain Glauben schenkten, zu Zweifeln und Besorgnis. Da nun die oppositionellen Tories die Regierung nicht ablösen, sondern nur deren Politik ändern wollten und die Labour-Führer an ihrer Haltung zu den Kommunisten und anderen Linken festhielten, blieben richtige Einsichten ohne größere politische Wirkungen. Dies verstärkte das verbreitete Unbehagen und führte zu wachsender Verbitterung, besonders bei den Linken.

Unterdessen hofften Chamberlain und seine engsten politischen Freunde mehr denn je, Deutschland werde nur in Richtung Südosteuropa und UdSSR expandieren. In einer Denkschrift für das Kabinett vom 10. November bezeichnete Halifax eine deutsche ,,Dominanz" in Südosteuropa als ,,natürliche Tendenz", die man nicht verhindern könne.[39] Zwei Wochen später sprach Chamberlain bei einem Treffen mit dem französischen Regierungschef davon, daß die Deutschen ,,die Zerschlagung Rußlands durch Förderung einer Agitation für eine unabhängige Ukraine beginnen könnten", und fragte besorgt an, ob der französisch-sowjetische Pakt wirksam würde, ,,wenn Rußland Frankreich um Hilfe bitten sollte, weil in der Ukraine eine separatistische Bewegung durch Deutschland hervorgerufen werde". Die verneinende Antwort Daladiers war für den Premier ,,vollauf zufriedenstellend".[40]

Nun konnten selbst die Appeaser nicht gänzlich übersehen, daß Deutschland aggressive Ziele auch im Westen verfolgte. So meinte Halifax, ,,es sei nicht wünschenswert, irgend etwas zu tun, was so aussähe, als zeige man Rußland die kalte Schulter."[41] Im Januar 1939 äußerte er in einem Memorandum: ,,Bisher wurde allgemein erwartet, daß Hitlers Pläne ihn ostwärts führen würden . . . Kürzlich erhielten wir Berichte, die zeigen, daß er entscheiden könnte, daß der Augenblick günstig ist, um einen überwältigenden Schlag gegen die Westmächte zu führen."[42] Doch Chamberlain bezweifelte die Glaubwürdigkeit dieser Berichte und versuchte weiterhin zu verhindern, daß Frankreich für den Fall eines Angriffs ein verbindliches Hilfeversprechen erhielt. An der politischen Linie änderte sich nichts, zumal diejenigen, die zeitweilig zu Teileinsichten gelangten, den Appeasement-Kurs lediglich mit weniger Risiken und mehr Druck auf den deutschen Rivalen durchführen wollten.

Als am 15. März 1939 deutsche Truppen in die Tschechoslowakei einmarschierten, reagierten die meisten Menschen mit Entsetzen und Empörung. Die Unzufriedenheit mit und die Kritik an der Politik der Regierung wuchsen rapide, zumal Chamberlain erst fünf Tage zuvor behauptet hatte, in Europa ziehe jetzt „eine Periode der Ruhe" ein, und Hoare am gleichen Tage gar vom Herannahen eines „goldenen Zeitalters" gesprochen hatte. Jetzt waren das Münchener Abkommen zerfetzt und Chamberlains Politik erschüttert. Taylor beschrieb die allgemeine Reaktion in Großbritannien so: Der Einmarsch „war ein klarer Beweis geplanter Aggression. Hitlers Worten konnte man nie wieder trauen. Er war auf dem Marsch zur Weltherrschaft, wie der Kaiser vor ihm. Nichts würde ihn aufhalten außer einer festen Front des Widerstandes . . . Jetzt schien es, daß Churchill, Duff Cooper, die liberale und die Labour-Opposition recht gehabt hatten. Großbritannien und seine machtvolle Nationale Regierung waren zum Narren gehalten worden, oder Minister hatten ihre Anhänger genarrt."[43] Chamberlain, der noch am 15. März seine Absicht erklärt hatte, die bisherige Politik unverändert fortzusetzen, sah sich gezwungen, am 17. März eine andere Tonart anzuschlagen und von Widerstand gegen jedes Streben nach Weltherrschaft zu sprechen.

Unter dem Eindruck der veränderten politischen Atmosphäre und angesichts des erneuten Machtzuwachses Hitlerdeutschlands ergriff die Regierung eine Reihe von Maßnahmen. Die wichtigsten waren die Garantie-Erklärung für Polen, das zu dieser Zeit am stärksten bedroht war; die Aufnahme von Kontakten zur und dann von Verhandlungen mit der UdSSR; eine beträchtliche Erhöhung der Rüstungsausgaben und weitere Schritte auf dem Gebiet der Verteidigung wie Einführung der Militärdienstpflicht (erstmals in Friedenszeiten) und Stabsgespräche mit Frankreich. Sie markierten aber weder einen Wandel in der Außenpolitik noch ein Ende des Appeasement — wie es damals weithin empfunden und später in einigen Darstellungen behauptet wurde. Sie sollten vielmehr die anschwellende Opposition beschwichtigen und zugleich Berlin unter Druck setzen.

Was die Garantiepolitik betrifft, so machte Chamberlain schon am 20. März im Kabinett klar, daß er „keine Garantie der bestehenden Grenzen und der unbeschränkten Aufrechterhaltung des Status quo" wünsche.⁴⁴ Dennoch verkündete er elf Tage später im Unterhaus, die Regierung werde, falls Polens Unabhängigkeit bedroht sei und die polnische Regierung militärischen Widerstand leiste, „alle in ihrer Macht stehende Hilfe" gewähren. Am 6. April wurde die Erklärung durch ein zweiseitiges Abkommen über gegenseitigen Beistand ersetzt.

Bei den sich über Monate erstreckenden Verhandlungen mit der UdSSR wurde bald erkennbar, daß die britische Seite nicht an wirksamen, auf Gegenseitigkeit und gleichen Verpflichtungen beruhenden Abmachungen interessiert war. Als sich London im Juni entschied, nicht nur mehr (wie bis dahin) per Schriftwechsel zu verhandeln, entsandte Halifax lediglich einen Abteilungsleiter nach Moskau, was Lloyd George (der 1937 von den Appeasern abgerückt war) einige Wochen später veranlaßte, in einem Zeitungsartikel zu fragen, warum sich Chamberlain dreimal hintereinander Hitler in die Arme geworfen habe, nach Moskau aber nur ein Bürokrat des Foreign Office geschickt werde. „Darauf gibt es nur eine Antwort: Mr. Neville Chamberlain, Lord Halifax und Sir John Simon wünschen keine Verbindung mit Rußland."⁴⁵

Zugleich versuchten Chamberlain und einige seiner Freunde, die bestehenden Gegensätze zu Deutschland durch Geheimverhandlungen auszugleichen, die sie aus Sorge, es könnte etwas publik werden, selbst vor der Mehrheit der Kabinettsmitglieder verbargen. Wichtigster britischer Unterhändler war Chamberlains Hauptberater Horace Wilson, der in einem Gespräch mit dem deutschen Botschafter — wie letzterer nach Berlin berichtete — den „Abschluß eines ‚Non-Aggression'-Vertrages", „die Wirtschaftsinteressen Deutschlands im Südosten", eine „Nichteinmischungsabrede" („Hierunter werde zum Beispiel auch die Danzig-Frage fallen", hieß es erläuternd), „Besprechungen über Rüstungen im allgemeinen" und anderes vorbrachte.⁴⁶ Die Appeaser hatten immer noch nicht begriffen, daß Zugeständnisse des Westens und Machtzuwachs Deutschlands die Nazis nicht verständigungsbereiter, sondern nur dreister machten.

Als die Londoner (zusammen mit der Pariser) Regierung am 25. Juli endlich ihre Bereitschaft zu militärischen Verhandlungen mit der UdSSR erklärte, da sagte Halifax im Kabinett, „er glaube, daß die Aufnahme dieser Gespräche eine gute Wirkung auf die Weltmeinung haben werde, wobei er aber nicht seine Ansicht verberge, daß diese Gespräche sehr lange Zeit in Anspruch nehmen würden".⁴⁷ In der Instruktion an die Unterhändler hieß es, die Regierung sei „nicht willens, irgendwelche detaillierten Verpflichtungen einzugehen", das Abkommen sei so allgemein wie möglich zu halten.[48] Die Delegation fuhr mit einem Schiff und traf am 11. August in Moskau ein — gut zehn Monate vorher war Chamberlain innerhalb von 14 Tagen dreimal zu Hitler geflogen. Zudem bestand sie aus wenig kompetenten Personen und brachte (im Unterschied zu den französischen Unterhändlern) keine schriftlichen Vollmachten mit.

Bemerkenswerte Äußerungen über die Gründe des Scheiterns der Moskauer Verhandlungen enthält ein Bericht, den der USA-Botschafter in Moskau, Steinhardt, am 18. August verfaßte und nach Washington sandte. Der französische Botschafter, schrieb Steinhardt, habe ihm gesagt, „daß die Russen die ganze Zeit über in gutem Glauben gehandelt und den ehrlichen Wunsch zu einem Abkommen haben . . .; daß sich die Sowjetregierung von Anfang an ‚bloßen Deklarationen' widersetzt hat und auf einem umfassenden und klaren Vertrag ohne Zweideutigkeiten und Hintertüren bestanden hat. Er fügte hinzu, daß die Sowjetregierung nicht verantwortlich ist für die Länge der Verhandlungen; ihre Antworten sind allgemein gesagt mit ungewöhnlicher Promptheit gegeben worden, während der britische Botschafter und er in Moskau häufig über zwei Wochen auf Instruktionen aus London und Paris warten mußten und die dann, wenn sie schließlich kamen, häufig noch weitere Klärungen und daraus resultierende Verzögerungen erforderten."[49]

So wurde die letzte Möglichkeit, den drohenden Krieg zu verhindern, vertan. Hektische Versuche der Appeaser, noch in den letzten Friedenstagen zu einem Ausgleich mit Deutschland zu gelangen, scheiterten an der Entschlossenheit der Naziführer, die antikommunistische Verblendung ihrer Rivalen kaltblütig auszunutzen.

V. Großbritannien im zweiten Weltkrieg

1. Die erste Phase des Krieges

Der zweite Weltkrieg begann mit dem Überfall auf Polen am 1. September 1939 und der Kriegserklärung Großbritanniens und Frankreichs an Hitlerdeutschland zwei Tage danach. Während die faschistische Kriegsmaschine Polen überrollte, unternahmen die Londoner und die Pariser Regierungen nichts, um dem Verbündeten zu helfen. Im Herbst und im Winter 1939/40 gab es nahezu keine größeren Kampfhandlungen, so daß man bald von einem ,,seltsamen" oder ,,komischen" Krieg (vor allem in Frankreich), einem ,,Sitzkrieg" und von einem ,,Scheinkrieg" (diese Bezeichnung kam in den USA auf) sprach.

Anfang September versuchten die Appeaser zu verhindern, daß die so hartnäckig erstrebte Verständigung mit Deutschland durch eine Kriegserklärung zunichte gemacht würde. Sie sandten eine Warnung nach Berlin, in der es hieß, Großbritannien werde seinen Verpflichtungen nachkommen, wenn die deutsche Regierung nicht jegliche aggressiven Handlungen gegen Polen einstelle und die Streitkräfte zurückziehe. Für die Beantwortung war aber kein Termin genannt, und der britische Botschafter in Berlin wurde zu der Erklärung ermächtigt, daß die Mitteilung kein Ultimatum darstelle. Zugleich hoffte man auf das Zustandekommen einer von Mussolini am 31. August vorgeschlagenen Konferenz, die ein zweites München herbeiführen sollte. Als jedoch weder am 1. noch am 2. September eine Antwort aus Berlin kam, wurde der Druck der Opposition so stark, daß mehrere Kabinettsmitglieder unter Hinweis auf die öffentliche Meinung vor Untätigkeit warnten und Hoare in jedem weiteren Zögern ,,furchtbare Risiken" sah.[1] Auf der Unterhaussitzung am Abend dieses Tages sprach Chamberlain hauptsächlich über Mussolinis Konferenzvorschlag und erklärte, wenn Deutschland einem Rückzug seiner Truppen aus Polen zustimme, dann werde die britische Regierung die Situation wie vor dem 1. September betrachten. Ihm schlug eine Welle der Empörung und Erbitterung entgegen. Der Labour-Führer Hugh Dalton notierte in seinem Tagebuch: ,,Besonders Amery und Duff Cooper liefen rot an und waren fast sprachlos vor Wut. Es schien, als ob . . . unser den Polen gegebenes Ehrenwort mit Vorbedacht gebrochen wurde . . . In den Wandelgängen gab es nachher große Aufregung."² Am späten Abend teilten Chamberlain und Halifax ihren französischen Amtskollegen telefonisch mit, daß sie eine Kriegserklärung nicht länger hinauszögern könnten. Der Premier sagte, „die Lage hier sei sehr ernst. Es habe eine ärgerliche Szene im Unterhaus gegeben", während Halifax meinte, „es scheine sehr zweifelhaft, ob die Regierung der Situation hier Herr bleiben würde", man werde notfalls ohne die Franzosen handeln.³ Als auf der Kabinettssitzung kurz vor Mitternacht einige Mitglieder erklärten, sie würden den Raum nicht verlassen, bevor ein Ultimatum abgesandt werde, lenkte Chamberlain widerwillig ein.

Das Ultimatum, das der deutschen Regierung am Morgen des 3. September zugestellt wurde, lief um 11 Uhr ab. Seit dieser Stunde befand sich Großbritannien im Kriegszustand. Wie 1914 galt das auch für die Kolonien. Die Dominien schlossen sich innerhalb weniger Tage an, mit Ausnahme Irlands. Am 3. September wurden Churchill und Eden in die Regierung aufgenommen, was ein beträchtliches Zugeständnis an die konservativen Oppositionellen bedeutete. Dem Kriegskabinett gehörten außer Halifax, Hoare und Simon die für die Streitkräfte zuständigen Minister — Churchill als Marineminister — sowie als Minister ohne Portefeuille Maurice Hankey, langjähriger Sekretär des Komitees für Empire-Verteidigung, an. Es wurden neue Ministerien geschaffen, so für Wirtschaftliche Kriegführung und für Information.

Die Regierung ergriff eine Reihe von einschneidenden Maßnahmen auf zivilem Gebiet, zu denen der Luftschutz, die Evakuierung von Frauen und Kindern sowie die Rationierung von Lebensmitteln gehörten. Sie waren aber weniger auf eine rasche Umstellung des Landes auf Kriegserfordernisse, sondern mehr darauf gerichtet, im In- und Ausland Eindruck zu machen und von der militärischen Untätigkeit abzulenken.

Die militärische Strategie war in den Grundzügen schon einige Monate vor Kriegsbeginn umrissen worden. Sie zielte darauf ab, Deutschland in Schach zu halten und zu schwächen und Italien (zuerst in seinen Kolonien) Schläge zu versetzen. Im Fernen Osten wollte man einen Krieg so lange wie möglich vermeiden, während die USA so bald wie möglich Hilfe leisten sollten. Deutschland glaubten die verantwortlichen Politiker und Militärs durch Wirtschaftsblockade und „intensive Propaganda" in die Knie zwingen oder entscheidend schwächen und damit die Voraussetzungen für eine erfolgreiche Offensive durch die inzwischen gut vorbereiteten alliierten Streitkräfte schaffen zu können.

Diese defensive Strategie wurde beibehalten, obwohl Italien nicht in den Krieg trat und Großbritannien und Frankreich ihrem Gegner zu Lande und in der Luft nur in einigen Bereichen unterlegen und zur See allein die britische Flotte „der deutschen gewaltig überlegen" (Churchill) waren. Die alliierten Landstreitkräfte in Frankreich — die Briten entsandten bis Oktober vier Divisionen — blieben nahezu bewegungslos: Ihr Oberbefehlshaber, der französische General Gamelin, erklärte auf der ersten Sitzung des kurz nach Kriegsbeginn gebildeten Obersten Kriegsrats, „er habe nicht die Absicht, seine Armee gegen die deutschen Hauptverteidigungen zu werfen", auch nicht, falls Polen länger als erwartet aushalten sollte.[4] Die Luftstreitkräfte beschränkten sich fast gänzlich auf den Abwurf von Flugblättern, die die Moral der deutschen Bevölkerung untergraben sollten. Nur zur See gab es nennenswerte Kampfhandlungen. Beide Seiten verloren einige Kriegs- und zahlreiche Handelsschiffe. Der deutsche Überseehandel kam fast völlig zum Erliegen.

Die Gründe für diese Haltungen waren nicht so sehr veraltetes militärisches Denken, sondern hauptsächlich der fehlende Wille zum Kampf in Verbindung mit der Illusion, der Krieg werde bald zu Ende sein. Die meisten führenden Politiker und Militärs wollten nicht sehen, daß sie am Anfang eines gewaltigen Konflikts standen, und waren bemüht, alles zu vermeiden, was eine Verschärfung und Ausweitung des Krieges zur Folge haben konnte. Das Kabinett formulierte und verkündete zwar die Auffassung, daß der Krieg mindestens drei Jahre dauern werde. Doch Chamberlain glaubte den Gegner schon im Frühjahr 1940 bezwungen zu haben — „nicht durch einen vollständigen und spektakulären militärischen Sieg", wie er einige Wochen nach Kriegsausbruch an den USA-Präsidenten schrieb, „sondern dadurch, daß wir die Deutschen überzeugen, daß sie nicht gewinnen können."[5] Im November sagte Lloyd George zum sowjetischen Botschafter, Chamberlain denke „nicht einen Augenblick lang an einen ernsten Krieg gegen Deutschland", und Maiski gelangte „zu dem Schluß, daß Lloyd George recht hatte: In den offiziellen politischen Kreisen . . . glaubten die meisten, der Krieg ginge auf irgendeine wundersame Weise sehr bald zu Ende . . . Nun ergötzte sich die Öffentlichkeit — vom Premierminister bis zum einfachen Bürger — an der Illusion: ‚Der Krieg ist bis zum Frühjahr (1940) zu Ende.' "[6]

Zugleich hofften die Appeaser immer noch auf einen „vernünftigen Kompromiß" mit Deutschland. Als Churchill im Kabinett eine entschiedene Reaktion auf Hitlers sog. Friedensangebot vom 6. Oktober forderte, hielt die Mehrheit zu Halifax, der meinte, die britische Antwort „sollte die Tür nicht definitiv schließen".[7] Chamberlain sah sich unter dem Druck der

Opposition zwar zu öffentlicher Ablehnung gezwungen, doch der Premier erging sich weiterhin in Gemeinplätzen und schönen Worten, und im Dezember sagte er bei einem Besuch in Frankreich zum damaligen Divisionskommandeur Montgomery: „Ich glaube nicht, daß die Deutschen irgendeine Absicht haben, uns anzugreifen."[8] Im Februar 1940 bezweifelte Hankey, der als militärische Autorität galt, auf einer Kabinettssitzung, daß die Deutschen im Jahre 1940 „anhaltende Angriffsoperationen an der Westfront durchführen könnten".[9]

Die Labour Party und der TUC bekundeten ihre Absicht, die Kriegsanstrengungen zu unterstützen. Sie entsprachen damit der unter den Arbeitern verbreiteten Entschlossenheit zum Widerstand gegen die faschistischen Aggressoren. Die Labour-Führer vereinbarten mit den Konservativen, bei Nachwahlen keine Kandidaten gegeneinander aufzustellen, wandten sich aber (wie auch die Liberalen) gegen eine Beteiligung an der Regierung. Dabei waren sie nicht gewillt, für eine radikale Umgestaltung der Regierung zu kämpfen; sie spielten vielmehr „die Rolle eines kooperativen Kritikers der Chamberlain-Regierung."[10] Da ihre Kritik zumeist auf Details beschränkt blieb und sie nur sagten, daß, aber nicht, wie der Krieg geführt werden mußte, wurden die sich in der zwielichtigen Atmosphäre der ersten Kriegsmonate ausweitende Ratlosigkeit und Verwirrung nicht geringer.

Anfangs setzte sich auch die KP für die Kriegführung ein. „Wir unterstützen alle notwendigen Maßnahmen, um den Sieg der Demokratie über den Faschismus zu sichern", hieß es in einer am 2. September veröffentlichten Erklärung. „Das Wesen der gegenwärtigen Situation besteht darin, daß das Volk jetzt einen Kampf an zwei Fronten führen muß. Erstens, den militärischen Sieg über den Faschismus zu sichern, und zweitens, um dies zu erreichen, den politischen Sieg über Chamberlain und die Feinde der Demokratie in diesem Lande."[11] Doch einige Wochen später veränderte die Parteiführung nach langen Auseinandersetzungen und im Einklang mit der Kommunistischen Internationale ihre Einstellung. In einem Manifest vom 7. Oktober hieß es: „Die Verantwortung für den gegenwärtigen imperialistischen Krieg liegt gleichermaßen bei allen kriegführenden Mächten. Dieser Krieg ist ein Kampf zwischen imperialistischen Mächten um Profite, Kolonien und Weltherrschaft."[12] Diese Äußerungen widerspiegelten deutlich die widersprüchliche und komplizierte Situation und den Umstand, daß der Krieg als innerimperialistische Auseinandersetzung begonnen hatte. Da die Partei jetzt nur die imperialistischen Züge sah, die Beendigung des Krieges forderte und über dessen antifaschistische Merkmale hinwegging, stieß sie bei vielen politisch aktiven Arbeitern, die sich in den Jahren zuvor (nicht zuletzt dank der Tätigkeit der Kommunisten) dem antifaschistischen Kampf angeschlossen hatten, auf Unverständnis, und ihr Einfluß ging zurück. Im Ergebnis der Auseinandersetzungen wurde Harry Pollitt, der die zu Kriegsbeginn bezogene Position vertrat, von seiner Funktion entbunden.

Anders als in ihrer Haltung zum Krieg gegen Deutschland mangelte es den herrschenden Kreisen während des sowjetisch-finnischen Konflikts nicht an Eindeutigkeit und Entschiedenheit. Bereits im Oktober beauftragte das Kabinett die Stabschefs, „die Vor- und Nachteile" einer Kriegserklärung an die UdSSR zu analysieren. Am 1. November sprach es sich gegen einen solchen Schritt aus, „wenn nicht und bis die Vereinigten Staaten von Amerika sich definitiv auf unsere Seite gestellt hätten".[13] Churchill, der Anfang Oktober die Sicherheitsmaßnahmen der UdSSR in Osteuropa öffentlich unterstützt hatte, bezeichnete es als einen Fehler, „den Finnen den Rücken zu steifen", doch die Kabinettsmehrheit dachte anders.[14] Als der Winterkrieg begann, setzte eine wütende, hysterische Kampagne gegen die UdSSR ein, der sich auch Labour-Führer anschlossen. „Chamberlains Kabinett war weit mehr an der Hilfe für die Finnen gegen den Kommunismus interessiert, als es an der Unterstützung der Polen gegen Hitler gewesen war", schrieb der britische Historiker Angus Calder.[15] Es befaßte sich im Januar 1940 auf fast jeder Sitzung mit Finnland und wenig oder gar nicht mit Frankreich: Man träumte von militärischen Aktionen gegen die UdSSR, hinter denen der Krieg gegen Deutschland vergessen oder beendet werden konnte. Es wurden große Mengen Waffen, Munition und Ausrüstungen für Finnland bereitgestellt und auf die Reise geschickt. London und Paris beschlossen Anfang Februar die Aufstellung eines Expeditionskorps. Einige Politiker waren realistisch genug, vor einem militärischen Konflikt mit der UdSSR zu warnen — namentlich Attlee und sein Stellvertreter Arthur Greenwood —, und im Kabinett wurde geäußert, daß eine Schwächung der Sowjetunion nicht im britischen Interesse liegen könne. Doch erst der sowjetisch-finnische Friedensvertrag vom 12. März setzte den Wunschträumen der Appeaser ein Ende, und vier Wochen danach nahm der Krieg eine Wendung, die auch die letzten Hirngespinste zerrinnen ließ.

2. Das Ende des Scheinkrieges

Am 4. April 1940 hielt Chamberlain eine Rede, in der er sagte, er sei vom Sieg zehnmal mehr überzeugt als bei Kriegsbeginn. Hitler — so der Premier — sei zunächst überlegen gewesen, doch er habe, da Großbritanniens

Kampfkraft inzwischen stark gewachsen sei, nunmehr ,,den Autobus verpaßt''.

Fünf Tage später besetzten deutsche Truppen Dänemark und landeten überraschend in den wichtigsten norwegischen Häfen. Großbritannien und Frankreich versuchten, die Besetzung Norwegens zu verhindern, und landeten an mehreren Stellen Truppen. Doch der Versuch wurde mit unzureichenden Kräften, zu spät und überhastet durchgeführt, so daß sich die Alliierten schließlich zurückziehen mußten.

Die Ereignisse riefen große Unruhe und Besorgnis hervor. Es wurde immer deutlicher, daß die Regierung unfähig war, den Krieg zu führen, und daß einschneidende Maßnahmen erforderlich waren, um das Land vor einer Katastrophe zu bewahren. ,,Infolge der ernsten Bedrohung wuchs die antifaschistische Stimmung unter der Bevölkerung. Sie verstärkte ihren Druck auf die Regierung, was schließlich zum Sturz Chamberlains führte.''[16]

Am 7. und 8. Mai kam es im Unterhaus zu heftigen Debatten über die nach der Besetzung Dänemarks und Norwegens entstandene militärische Lage. Chamberlain wurde während seiner Eröffnungsrede durch einen Zwischenruf an seine Äußerungen vom 4. April erinnert und dann von mehreren Konservativen scharf angegriffen. Leopold Amery sagte in einer eindrucksvollen Rede: ,,Wir können nicht so weitermachen wie bisher. Es muß sich etwas ändern''. Er zitierte dann die berühmten Worte Oliver Cromwells an das Lange Parlament: ,,Tretet ab, sage ich, und laßt uns nichts mehr mit Euch zu tun haben. In Gottes Namen geht.'' Am nächsten Tag bezeichnete der Labour-Führer Herbert Morrison die Regierung und namentlich Chamberlain, Simon und Hoare als völlig unfähig und erklärte, daß Großbritannien Gefahr laufe, den Krieg zu verlieren, wenn diese Männer weiterhin im Amt blieben. Lloyd George äußerte mit scharfem Spott: Chamberlain ,,hat an die Opferbereitschaft appelliert... Ich erkläre feierlich, daß der Premierminister ein Beispiel an Opferbereitschaft geben sollte, denn es gibt nichts, was mehr zum Sieg in diesem Krieg beitragen kann, als daß er seine Amtsinsignien opfert.'' Als das Unterhaus über den von der Labour Party gestellten (faktischen) Mißtrauensantrag abstimmte, votierten 41 Konservative dafür, während sich etwa 60 der Stimme enthielten. Die Regierung erhielt eine Mehrheit von 81 Stimmen. Das war eine schwere Niederlage für sie, denn bis dahin war eine Mehrheit von etwa 240 die Regel gewesen. So wurde das Abstimmungsergebnis von der Opposition auch mit stürmischem Beifall aufgenommen, und führende Labour-Politiker äußerten offen, jetzt sei man Chamberlain los.

Chamberlain und seine Freunde glaubten sich mit einigen Umbesetzungen im Amt halten zu können. Der Premier versuchte zunächst, Amery und andere oppositionelle Tories zum Eintritt in die Regierung zu bewegen. Diese aber machten ihre Mitwirkung von der Einbeziehung der Labour Party und der Liberalen abhängig — beide lehnten eine Beteiligung unter Chamberlains Führung ab. Danach bemühte sich der Premier, ein Koalitionskabinett unter Halifax' Leitung zustande zu bringen. Auch das mißlang. Als am 10. Mai die ersten Meldungen vom Einfall deutscher Truppen in Westeuropa eintrafen, glaubte Chamberlain die neue, höchst bedrohliche Situation für ein Verbleiben im Amt nutzen zu können. Damit hatte er ebenfalls keinen Erfolg. Noch am gleichen Tage reichte er seinen Rücktritt ein. An seine Stelle trat Churchill, der es abgelehnt hatte, in einem von Halifax geführten Kabinett zu verbleiben.

Dem neuen Kriegskabinett gehörten Chamberlain, Halifax, Attlee und Greenwood an. Der Premier übernahm zusätzlich die Funktion eines Ministers für Verteidigung (seit 1936 gab es einen Minister für die Koordinierung der Verteidigung) — die für die Teilstreitkräfte zuständigen Minister blieben nicht im Kabinett und verloren an Einfluß. Von den 20 wichtigsten Posten außerhalb des Kriegskabinetts gingen 15 an Konservative, 4 an Labour und 1 an die Liberalen. Bevin wurde Arbeitsminister, Morrison Minister für Versorgung (später für Inneres) und Dalton für Wirtschaftliche Kriegführung. Das neugeschaffene Ministerium für Flugzeugproduktion übernahm der energische und unkonventionelle konservative Zeitungsmagnat Lord Beaverbrook, der faktisch Churchills Hauptberater wurde. Ab August gehörte Beaverbrook dem Kriegskabinett an, ab Oktober auch der Konservative John Anderson (anstelle des aus gesundheitlichen Gründen ausscheidenden Chamberlain) und seit Dezember Anthony Eden (der Halifax als Außenminister ablöste). Churchills faktischer (und später offizieller) Stellvertreter war Attlee.

Als Churchill am 13. Mai 1940 dem Unterhaus die neue Regierung vorstellte, hielt er eine kurze, bedeutungsschwere Rede. „Ich habe nichts zu bieten als Blut, Mühsal, Tränen und Schweiß", sagte er. „Sie fragen, was ist unsere Politik? ... Sie besteht darin, Krieg zu führen, zu Wasser, zu Lande und in der Luft, mit all unserer Macht und mit aller Kraft, die Gott uns geben kann ... Sie fragen, was ist unser Ziel? Ich kann mit einem Wort antworten: Sieg — Sieg um jeden Preis, Sieg trotz allen Schrecken, Sieg, wie lang und hart der Weg auch sein mag". Das entsprach der Stimmung und dem Willen der Bevölkerungsmehrheit, und so wagte niemand, auch nicht ausgesprochen profaschistische Tories, gegen die Regierung zu stimmen.

Die konservativen Abgeordneten verhielten sich in ihrer Mehrheit zunächst feindselig gegenüber dem neuen Premier. Am 13. Mai brachten sie demonstrativ Chamberlain Sympathie entgegen, und in den folgenden Wochen wurde Churchill hauptsächlich von den Bänken der Labour Party begrüßt. Sie brauchten einige Zeit, um zu begreifen, daß es gerade noch gelungen war, die Tory-Partei an der Macht zu halten, daß die Konservativen erst durch den politischen Kurs der neuen Regierung, die Einbeziehung der Labour Party und die Energie und Tatkraft, die Churchill und seine Anhänger zeigten, wieder größeren Rückhalt in der Bevölkerung fanden und Großbritannien so dem Schicksal entging, das das von überwiegend defätistischen und profaschistischen Politikern geführte Frankreich ereilte.

Die folgenden Wochen und Monate waren durch den Verlauf der Kampfhandlungen in Westeuropa und die Niederlage Frankreichs bestimmt. Churchill erfuhr bereits am 15. Mai, daß die Pariser Regierung den Krieg gegen Deutschland als verloren ansah, und so mußte man in London damit rechnen, bald ohne den europäischen Hauptverbündeten dazustehen. Die Briten versuchten deshalb, den Widerstand Frankreichs so lange wie möglich zu verlängern, um Zeit für die Erhöhung der Verteidigungsfähigkeit zu gewinnen. Doch durch den raschen Vorstoß der deutschen Truppen bis Abbeville an der Sommemündung (20. Mai) wurden die alliierte Front aufgespalten und das britische Expeditionskorps zusammen mit französischen Einheiten an die Kanalküste gedrückt. Das Hauptaugenmerk galt jetzt der Evakuierung der Truppen, die am 27. Mai einsetzte. Innerhalb einer Woche gelang es, fast alle britischen (nahezu 200 000) und 139 000 französische Soldaten unter Zurücklassen aller schweren und eines Großteils der leichten Waffen aus Dünkirchen und Umgebung nach Großbritannien zu schaffen. An der hauptsächlich von Zerstörern durchgeführten und durch Jagdflugzeuge massiv unterstützten Aktion beteiligten sich Hunderte Segelboote, Fischkutter, Ausflugsdampfer und andere Schiffe — über 800, von denen mehr als ein Viertel verlorenging.

Nach der Kapitulation Frankreichs befand sich Großbritannien in einer äußerst schwierigen Lage. Es stand jetzt Deutschland allein gegenüber. Zudem war Italien in den Krieg eingetreten und wurde Japan immer dreister, und niemand wußte, wie sich Spanien verhalten würde. Die Länder des Empire konnten keine entscheidende und vor allem keine rasche Hilfe leisten.

Zunächst ging es darum, die erwartete Invasion deutscher Truppen abzuwehren und die nächsten Monate zu überstehen. Die Bevölkerung war entschlossen, sich dieser Aufgabe voll zu stellen. Die Regierung gab dem wiederholt deutlich Ausdruck, und Churchills Ansehen wuchs beträchtlich. Absolute Priorität erhielt für mehrere Monate die rasche Erhöhung der Flugzeugproduktion, denn es galt vor allem, eine deutsche Luftherrschaft — Voraussetzung für eine erfolgreiche Invasion — zu verhindern. Die Fabriken arbeiteten Tag und Nacht, und in den ersten sechs Wochen der deutschen Luftoffensive lieferten sie 500 Jagdflugzeuge, mehr als das Dreifache der in dieser Zeit verlorenen. Als gegen Mitte August 1940 mit der Intensivierung der Offensive die als Luftschlacht über England bezeichnete Phase einsetzte, hatte Großbritannien zwar immer noch erheblich weniger Flugzeuge als der Feind, doch die Verluste konnten jetzt voll ausgeglichen werden. In der Qualität gab es nur geringe Unterschiede: Die deutschen Jagdflugzeuge waren schneller und besaßen ein höheres Steigvermögen, die britischen waren beweglicher und besser bewaffnet. Die Briten hatten aber schon funktionsfähige Radargeräte, und abgeschossene Piloten konnten sich großenteils per Fallschirm retten und wieder eingesetzt werden. Die Royal Air Force verlor insgesamt 915, die deutsche Luftwaffe 1733 Flugzeuge.

Es gelang den deutschen Faschisten nicht, die Luftherrschaft zu erringen. So ordnete Hitler am 17. September den Abbruch der Offensive an. Die massiven Luftangriffe auf London, die am 7. September einsetzten und 57 Nächte dauerten, richteten schwere Schäden an und forderten viele Opfer. Doch der Wille zum Kampf blieb unverändert. Maiski, der die Angriffe erlebte, schrieb: „Wenn es um die Rüstung schlecht bestellt war, so war dafür die Moral des Volkes über jedes Lob erhaben ... der Geist der breiten werktätigen Massen war stark und ungebrochen. Das konnte man auf Schritt und Tritt sehen."[17]

3. Das zweite Kriegsjahr

Als die Luftschlacht in vollem Gange war, wurde mit dem Abschluß einer Vereinbarung über die Lieferung von 50 USA-Zerstörern der erste Schritt bei der Herausbildung des britisch-amerikanischen Blocks getan.

Churchill, der seit September 1939 in privatem Briefkontakt zu Roosevelt stand, hatte schon in der Anfangsphase des Krieges versucht, die USA stärker an die Seite Großbritanniens zu bringen. Doch in Washington war man zunächst nicht bereit gewesen, über die im November 1939 vorgenommene Abänderung des Neutralitätsgesetzes hinauszugehen, die den kriegführenden Ländern Waffenkäufe in den USA unter der Voraussetzung gestattete, daß sie bar bezahlten und das Gekaufte selbst transportierten — eine Regelung, die praktisch den europäischen Westmächten zugute kam, aber deren Dollarreserven stark angriff. Roosevelt blieb auch im Frühjahr 1940 zurückhaltend, da es große Meinungsverschiedenheiten über die Europapolitik gab und Präsidentschaftswahlen bevorstanden. Doch als nach der Niederlage Frankreichs die Angst vor einer möglichen Herrschaft Deutschlands über ganz Europa wuchs, gab der Präsident dem Drängen Churchills auf Lieferung von Waffen und insbesondere von (für Geleitschutzaufgaben benötigten) Zerstörern nach. Mit dem Abkommen vom 3. September übereignete die USA-Regierung den Briten 50 aus dem ersten Weltkrieg stammende Zerstörer und erhielt dafür 8 britische Flottenstützpunkte auf Neufundland, den Bermudas und im karibischen Raum. Es wurde in Großbritannien als Sympathiebekundung empfunden, die Hoffnungen für die Zukunft gab.

Mitte 1940 entsandte Churchill Stafford Cripps als Botschafter nach Moskau, wo der damals politisch links stehende Labour-Politiker (zu dieser Zeit noch aus der Partei ausgeschlossen) für eine Verbesserung der britisch-sowjetischen Beziehungen wirken und versuchen sollte, die UdSSR zur Aufgabe ihrer Neutralität zu bewegen. Die Sowjetregierung war an besseren Beziehungen interessiert, nicht aber an einer Verletzung des Nichtangriffspaktes, den sie am 23. August 1939 (angesichts der Haltung Großbritanniens bei den Militärverhandlungen) mit Deutschland abgeschlossen hatte.

Die finanzielle Lage Großbritanniens wurde im Herbst 1940 so kritisch, daß sich Churchill im Dezember mit einem dringlichen Hilfeersuchen an Roosevelt wandte. Die USA waren jetzt zu umfangreicher Unterstützung, doch nach wie vor nicht zu direktem militärischem Beistand bereit. Anfang 1941 schlug der im November wiedergewählte Präsident dem USA-Kongreß ein „Leih- und Pachtgesetz" (Lend-Lease Act) vor, das am 11. März in Kraft trat. Es ermöglichte, Eigentum der USA an Länder, deren Verteidigung im Interesse der Vereinigten Staaten lag, zu verleihen, zu verpachten oder auf andere Weise ohne sofortige Bezahlung zur Verfügung zu stellen. Zunächst wurden 7 Milliarden Dollar bereitgestellt, die für Lieferungen an Großbritannien und die Dominien bestimmt waren.

Die amerikanischen Lieferungen wuchsen im Jahre 1941 nur geringfügig. Sie waren mit langen und komplizierten Verhandlungen und mit zahlreichen Einschränkungen und Bedingungen verbunden. Das resultierte großenteils aus dem Bestreben, den britischen Konkurrenten zu schwächen und möglichst stark in das Empire einzudringen. Ein geradezu klassischer Ausdruck der damaligen Beziehungen und Gegensätze zwischen beiden Staaten und der Lage Großbritanniens waren Äußerungen, die Churchill im Sommer 1941 gegenüber Roosevelt machte: „Herr Präsident, ich glaube, Sie versuchen, das Britische Empire zu beseitigen. Jede Idee, die Sie über die Struktur der Nachkriegswelt hegen, zeigt das. Aber trotzdem,

trotzdem wissen wir, daß Sie unsere einzige Hoffnung darstellen. Und Sie wissen, daß wir es wissen. Sie wissen, daß wir wissen, daß ohne Amerika das Empire nicht stehen würde."[18]

Nach der Niederlage Frankreichs unternahm die britische Regierung große Anstrengungen, um die Wirtschaft voll auf die Erfordernisse der Kriegführung umzustellen und neben den Luftstreitkräften auch das Heer zu stärken. Schon im Winter 1940/41 erreichte die Rüstungsproduktion einen hohen Stand, während die zahlenmäßige Stärke des Heeres bald 2 Millionen Mann überschritt. 1941 verschwand die Arbeitslosigkeit völlig — daß sie im April 1940 noch über 1 Million betragen hatte, war ein Zeichen dafür gewesen, wie wenig das Land anfangs auf den Krieg umgestellt war. Die Wirtschaft wurde in bisher nicht gekanntem Maße staatlicher Lenkung unterstellt; die Kommandoposten gingen zumeist an Konzernmanager. Im Juli 1940 ordnete die Regierung an, daß Arbeitskonflikte, falls sich die Streitenden nicht einigen konnten, einem zentralen Schiedsgericht zur (verbindlichen) Entscheidung zu übergeben seien. Dadurch wurden Streiks faktisch verboten und die Stellung der Kampffaktionen ablehnenden rechten Gewerkschaftsfunktionäre gestärkt.

Die organisierten Arbeiter bemühten sich, zu verhindern, daß ihr Patriotismus und ihre Opferbereitschaft von den Unternehmern ausgenutzt und die Lasten des Krieges zu sehr von den werktätigen Schichten getragen wurden. Hierauf konzentrierten auch die Kommunisten ihre Tätigkeit. Auf ihre Initiative trat am 12. Januar 1941 ein Volkskonvent zusammen, der folgende Forderungen erhob: Hebung des Lebensstandards, ausreichenden Luftschutz, Wiederherstellung und Erweiterung der gewerkschaftlichen Rechte und demokratischen Freiheiten, Nationalisierung der Banken, des Bodens, des Verkehrs und der Rüstungsindustrie, Unabhängigkeit für Indien, Freundschaft mit der UdSSR, eine Volksregierung sowie „einen Volksfrieden, errungen durch die arbeitenden Menschen aller Länder und beruhend auf dem Recht aller Völker, ihr Schicksal selbst zu bestimmen."[19] An der Veranstaltung nahmen mehr als 2000 Delegierte teil, die 1,2 Millionen (hauptsächlich gewerkschaftlich) Organisierte vertraten. Sie wurde als beträchtlicher Erfolg empfunden und machte den herrschenden Kreisen deutlich, daß es unter den Arbeitern eine breite Unzufriedenheit gab.

Neun Tage später verbot Innenminister Morrison den Daily Worker mit der Begründung, das Blatt beeinträchtige die Kriegführung. Ein Verbot der KP wurde erwogen, aber aus Angst vor Aktionen der Industriearbeiter nicht ausgesprochen. Trotz zahlreicher Proteste, so seitens des Journalistenverbandes und des National Council of Civil Liberties, blieb die Zeitung bis August 1942 unterdrückt — offenbar wollte die Regierung auf diese Weise auch andere kritische Stimmen in Schach halten.

Unter dem Druck der organisierten Arbeiter und aus Furcht vor Kampfaktionen wie im ersten Weltkrieg waren die verantwortlichen Politiker bemüht, es nicht zu einer einschneidenden Verschlechterung des Lebensstandards kommen zu lassen. 1940/41 sank die Kaufkraft ab, während des Krieges insgesamt aber stieg sie an, großenteils infolge Überstundengelder und Prämien. Für einst Arbeitslose und Schlechtbezahlte gab es eine beträchtliche Erhöhung der Bezüge, und bei einem erheblichen Teil der Arbeiter verbesserten sich Ernährung (trotz allgemein absinkenden Konsums) und Gesundheit — eine bemerkenswerte und für den Kapitalismus bezeichnende Tatsache. Die Kosten des Krieges wurden in hohem Maße aus stark erhöhten Einkommenssteuern gedeckt, was bewirkte, daß die Einkünfte der materiell bessergestellten Schichten sanken. Kriegsbedingte Extraprofite unterlagen einer 100prozentigen Besteuerung, was die Labour-Führer zur Bedingung ihrer Regierungsbeteiligung gemacht hatten.

Zu militärischen Auseinandersetzungen kam es im zweiten Kriegsjahr außer zur See und in der Luft hauptsächlich in Ostafrika und im Mittelmeerraum. Im August 1940 besetzten italienische Truppen Britisch-Somaliland, im September drangen sie in Ägypten ein. Zwischen Dezember 1940 und Mai 1941 wurden die Italiener nach Libyen zurückgedrängt und aus Ostafrika (einschließlich Abessinien) hinausgeworfen. Doch im April und Mai mußte die erst im März in Griechenland gelandete britische Expeditionsarmee unter dem Druck der dort eingefallenen deutschen Truppen ganz abziehen, während italienisch-deutsche Verbände erneut in Ägypten eindrangen.

Auch der Luftkrieg brachte den Briten wenig Erfolge. Die erst im Frühjahr 1941 (im Zusammenhang mit den Vorbereitungen des Überfalls auf die UdSSR) nachlassenden Angriffe der deutschen Luftwaffe richteten beträchtliche Schäden an und töteten 1940 und 1941 über 43 000 Zivilisten (während des ganzen Krieges etwa 60 000). Die Bombenangriffe auf deutsche Städte hatten erheblich weniger Wirkung. Die weitverbreitete Erwartung, den Gegner durch diese Angriffe wirtschaftlich entscheidend schwächen zu können, erwies sich als ebenso illusionär wie die vagen Hoffnungen auf Aufstandsaktionen in vom Feind besetzten Ländern und in Deutschland selbst, die das Naziregime erschüttern oder gar zum Einsturz bringen würden.

Überaus große Bedeutung erlangte der Kampf um die Seeverbindungen. Großbritannien war auf die ständige Einfuhr großer Mengen Rohstoffe, Lebensmittel und anderer Versorgungsgüter angewiesen, und der Feind unternahm konzentrierte Anstrengungen, diese zu unterbinden. Der Kampf verlief in einem ständigen Auf und Ab. Im November 1940 gelang es den Briten, im Hafen von Tarent 3 italienische Schlachtschiffe und 2 Kreuzer außer Gefecht zu setzen — derartiges geschah erstmals durch Trägerflugzeuge. Doch zwischen Juni und Dezember 1940 verloren sie im Monatsdurchschnitt allein durch U-Boote über 200 000 Tonnen Schiffsraum, im April 1941 sogar fast 300 000. Wenn die Verluste Mitte 1941 stark zurückgingen, so lag das zum einen an der steigenden Wirksamkeit der britischen Gegenmaßnahmen, insbesondere des Geleitzugsystems; sodann an der nach dem Frühjahr 1941 zunehmenden Hilfe der USA, die den Briten Informationen über deutsche U-Boote gaben, einen Stützpunkt auf Island errichteten und eigene Konvois bis Reykjavik fahren ließen; schließlich an der Verlagerung der Hauptkräfte der deutschen Luftwaffe nach Osten. ,,Hitlers Plan zur Invasion Rußlands", so Churchill in seinen Erinnerungen, ,,verschaffte uns jetzt die so notwendige Atempause in der Luft . . . und so ging der Umfang der Angriffe gegen unsere Schiffahrt ab Mai scharf zurück."[20]

4. Die Ausweitung des Krieges. Die Antihitlerkoalition

Am 22. Juni 1941, als das faschistische Deutschland in die Sowjetunion einfiel, hielt Churchill eine Rundfunkansprache, in der er erklärte, Großbritannien sei ,,entschlossen, Hitler und jede Spur des Naziregimes zu vertilgen . . . Wer, Mensch oder Staat, gegen den Nazismus kämpft, wird unseren Beistand haben . . . Daraus folgt, daß wir Rußland und dem russischen Volk jedmögliche Hilfe gewähren, die wir gewähren können." Churchill machte kein Hehl daraus, daß er ein unversöhnlicher Gegner des Kommunismus sei und bleibe und ,,nicht ein einziges Wort" zurücknehme, das er ,,zu dem Thema gesagt" habe. Doch er sagte zugleich, daß der Überfall ,,ein Auftakt zur Invasion der Britischen Inseln" sei. ,,Die Gefährdung Rußlands ist daher unsere eigene Gefährdung und die Gefährdung der Vereinigten Staaten, und der Kampf jedes Russen für Heim und Herd ist der Kampf aller freien Menschen und aller freien Völker in allen Teilen der Welt."[21] So brachte der Premier zum Ausdruck, daß es sehr im britischen Interesse liege, mit der UdSSR gegen Deutschland zusammenzugehen.

Mit dieser Haltung zeigte er staatsmännische Klugheit. Angesichts der Lage, in der sich Großbritannien befand, und der Stimmung unter der Bevölkerung konnte er allerdings kaum anders handeln. ,,Churchill hatte keine Wahl", bemerkt Taylor. ,,Das britische Volk war nicht in der Stimmung, irgendeinen Alliierten abzulehnen . . . Viele hatten sich lange vor Churchill für die Allianz mit der Sowjetunion eingesetzt. Gleichwohl war die Entscheidung ein bedeutungsvoller Schritt in der Weltgeschichte."[22]

Am 12. Juli unterzeichneten Außenminister Molotow und Botschafter Cripps in Moskau eine Vereinbarung, die zum Eckstein der britisch-sowjetischen Beziehungen während des Krieges wurde. Die beiden Regierungen verpflichteten sich, ,,einander Beistand und Hilfe jeglicher Art" zu leisten und während des Krieges ,,über einen Waffenstillstand oder Friedensvertrag weder zu verhandeln noch einen Waffenstillstand oder Friedensvertrag abzuschließen, es sei denn durch gegenseitige Vereinbarung." Das Abkommen trat sofort in Kraft.

Im August trafen Churchill und Roosevelt auf Neufundland zusammen, um eine gemeinsame Linie ihres Verhaltens unter der neuen, durch den Kriegseintritt der UdSSR veränderten Weltlage festzulegen. Das war das erste von neun Treffen der beiden Staatsmänner. Der Premier versuchte, seinen Gesprächspartner zu einer aktiveren Haltung gegenüber Deutschland zu drängen. Roosevelt war nicht bereit, über Lieferungen an die Sowjetunion hinauszugehen, da es im USA-Kongreß nach wie vor starken Widerstand gegen jedes Engagement in Europa gab. Hauptergebnis des Treffens war eine später als Atlantik-Charta bezeichnete Erklärung, die einen gerechten und demokratischen Frieden ,,nach der endgültigen Zerstörung der Nazityrannei" forderte und einige weitere ,,allgemeine Grundsätze der nationalen Politik ihrer Länder" formulierte. Daß sich der Präsident der formell noch neutralen USA öffentlich für die Zerschlagung Hitlerdeutschlands einsetzte, war ein beträchtlicher Erfolg für Churchill.

Die Erklärung fand in der Öffentlichkeit zunächst kein großes Echo. Im Mittelpunkt der Aufmerksamkeit stand der Abwehrkampf der Sowjetunion, die jetzt die Hauptlast des Krieges trug. Da die Londoner Regierung wiederholt darlegte, daß die Eröffnung einer zweiten Front in Frankreich vorerst nicht möglich sei, waren die britisch-sowjetischen Beziehungen im zweiten Halbjahr 1941 hauptsächlich durch Verhandlungen über die Lieferung von Kriegsmaterial bestimmt. Zunächst waren oder neigten die meisten Politiker und Militärs zu der Meinung, die UdSSR werde nach wenigen Wochen oder Monaten unterliegen, und so hielten sie Lieferungen für unzweckmäßig oder nur unter dem Gesichtspunkt vertretbar, daß diese den Abwehrkampf verlängern konnten. Doch die Kommunisten und andere progressive Kräfte und unter den organisierten Arbeitern besonders die in der Rüstungsindustrie tätigen setzten sich energisch für enge Bündnisbeziehungen zur UdSSR, die Eröffnung einer zweiten Front, erhöhte Produktion und größtmögliche Lieferungen ein. Als Ende Juli der Minister für

Flugzeugproduktion, Moore-Brabazon, die Hoffnung äußerte, daß sich Russen und Deutsche gegenseitig vernichteten (und damit nur sagte, was zumindest ein Teil der Tories wünschte), entstand so starke Empörung, daß sich Churchill gezwungen sah, die „der Öffentlichkeit gegebenen Versionen der Äußerungen" als falsch zu bezeichnen; einige Monate später mußte der Minister seinen Posten räumen. Im September initiierte Beaverbrook — seit Juni Minister für (Kriegs-) Versorgung und das einzige Kabinettsmitglied, das sich vorbehaltlos für eine zweite Front und schnelle Lieferungen an die UdSSR einsetzte — eine „Tanks-für-Rußland"-Woche, die großen Widerhall fand. Unter diesem Druck gab London Anfang September die Zusicherung, der UdSSR nach den Grundsätzen des Leih- und Pachtgesetzes helfen zu wollen. Auf der Dreimächtekonferenz in Moskau Ende des Monats verpflichteten sich Großbritannien und die USA zu umfangreichen Lieferungen von Kriegsmaterial und Rohstoffen. Der Umfang der Hilfsgüter blieb dann zwar hinter den vereinbarten Mengen zurück, doch allein die Tatsache eines solchen Zusammenwirkens war von enormer Bedeutung und zeigte, daß die Antihitlerkoalition mehr und mehr Gestalt annahm.

Am 7. Dezember 1941 begann Japan mit dem als Überraschungsschlag geführten Angriff auf den USA-Flottenstützpunkt in Pearl Harbor den Krieg um die Herrschaft im asiatisch-pazifischen Raum. Der Kern der amerikanischen Pazifikflotte wurde ausgeschaltet. Drei Tage später versenkten japanische Flugzeuge vor Singapur zwei britische Schlachtschiffe, was in Großbritannien als die bis dahin schwerste Schlappe des Krieges empfunden wurde. Innerhalb weniger Wochen ging Malaya verloren, bald auch Burma (Rangun am 7. März), und Singapur kapitulierte am 15. Februar 1942. Die japanischen Aggressoren näherten sich Indien.

Daß die USA jetzt voll in den Krieg einbezogen waren, wurde von den herrschenden Kreisen in London mit Genugtuung und Erleichterung aufgenommen. Das militärische und wirtschaftliche Kräfteverhältnis und die politische Gesamtlage veränderten sich beträchtlich, und es war zu erwarten, daß sich dies bald auswirken würde. Doch zunächst gab es nur Niederlagen; der japanische Vormarsch konnte erst Mitte 1942 zum Stehen gebracht werden. Zudem mußten die Briten in anderen Gebieten schwere Schlappen hinnehmen. Im November 1941 gingen im Mittelmeer ein Flugzeugträger und ein Schlachtschiff verloren, im Dezember wurden im Hafen von Alexandria zwei Schlachtschiffe torpediert. Im Januar 1942 mußten sich die erst kurz zuvor nach Libyen eingedrungenen britischen Truppen wieder nach Ägypten zurückziehen, und im gleichen Monat erreichten die Schiffsverluste einen neuen Höhepunkt.

Auf diesem Hintergrund entstand eine breite Unzufriedenheit mit der Art und Weise der Kriegführung, und es gab Forderungen, Churchill das Verteidigungsministerium zu entziehen. Zugleich wuchs das Verlangen nach Errichtung einer zweiten Front. Die Haltung der Regierung wurde zunehmend mit dem Kampf der Sowjetarmee konfrontiert, die in der Schlacht bei Moskau der Hitlerarmee die erste schwere Niederlage beigebracht hatte. Harry Pollitt, seit Mitte 1941 wieder Generalsekretär der KP, sagte Ende Dezember auf einer Massenversammlung: „Die Rote Armee hat die Legende von der Unbesiegbarkeit des Faschismus zerschmettert. Einer der größten militärischen Siege aller Zeiten ist errungen worden." Er betonte zugleich „den tödlichen Ernst des Kampfes, der noch zu führen ist, die Opfer, die noch zu bringen sind, die titanischen Anstrengungen, die noch zu unternehmen sind."[23] Die Rede wurde in einem überfüllten Theatersaal gehalten und in neun weitere Versammlungshallen übertragen. Insgesamt waren 12 000 Personen anwesend. Fast 700 traten der KP bei.

Churchill verstand es, die Unzufriedenheit durch eine Regierungsumbildung im Februar 1942 einzudämmen. Während einige Chamberlain-Anhänger ausschieden, wurde der aus Moskau zurückgekehrte populäre Cripps Mitglied des Kriegskabinetts und Führer des Unterhauses und Attlee Stellvertretender Premierminister — beides sollte offensichtlich die organisierten Arbeiter beschwichtigen. Im Frühjahr wurde Cripps nach Indien entsandt, wo er den Führern des Nationalkongresses im Auftrag seiner Regierung volle Unabhängigkeit nach dem Kriege in Aussicht stellte. Doch der Kongreß lehnte ein Zusammenwirken mit Großbritannien auf dieser Grundlage ab (er verlangte sofortige Unabhängigkeit), so daß die Mission scheiterte, womit Churchill gerechnet hatte. Cripps schied im Herbst 1942 aus dem Kriegskabinett aus (blieb aber in der Regierung, in der er bis Kriegsende das Ministerium für Flugzeugproduktion leitete), während der rechtsstehende Morrison eintrat.

5. Verzögerung der zweiten Front

Mit dem Kriegseintritt der UdSSR und der USA hatten sich das Kräfteverhältnis und die Gesamtlage beträchtlich verändert. Die in der Antihitlerkoalition vereinten Völker und Staaten waren den Aggressoren eindeutig überlegen. Der bei weitem wichtigste Kriegsschauplatz war jetzt (und blieb) die sowjetisch-deutsche Front, wo die nazistische Blitzkriegsstrategie bereits gescheitert war. Die Hauptlast des Kampfes gegen Japan trugen die USA. Die USA handelten dabei nach dem Grundsatz des „Germany first", richteten ihre Hauptanstrengungen also auf die Bekämpfung Deutschlands, dessen Zerschlagung als Vorbedingung für den Sieg über Japan angesehen wurde. Obwohl der Einsatz ihrer Streitkräfte in Europa langsam anlief, verbesserten sich die Voraussetzungen für die Eröffnung einer wirksamen zweiten Front erheblich.

Während die maßgeblichen USA-Politiker zur baldigen Errichtung einer solchen Front in Nordfrankreich tendierten, hatte man in London andere Vorstellungen. Churchill und seine Anhänger wollten einen Zusammenstoß mit den Hauptkräften des Hauptgegners vermeiden und erst in Westeuropa landen, wenn die Rote Armee die deutsche Wehrmacht entscheidend geschwächt und sich dabei selbst verausgabt hatte. Bis dahin wollten sie an der Peripherie Krieg führen, die Gegner an weichen Stellen angreifen, sie durch lokale Schläge schwächen. Das sollte hauptsächlich im Mittelmeerraum geschehen. Zugleich sollte Deutschland durch Seeblockade und massierte Bombenangriffe auf Rüstungsbetriebe und Wohngebiete zermürbt werden. Diese Haltung lag auch in der Tradition britischer Politik, möglichst Verbündete bluten zu lassen und selbst mit minimalen Verlusten davonzukommen. Tatsächlich hatte Großbritannien zwischen 1939 und 1945 mit rund 400 000 nur gut halb soviel Tote zu beklagen wie im ersten Weltkrieg.

Im ersten Halbjahr und im Sommer 1942 geriet die Regierung stark unter den Druck einer wachsenden Bewegung für die rasche Errichtung einer zweiten Front und ein enges Zusammenwirken mit der Sowjetunion. Insbesondere im späten Frühjahr und im Sommer gab es zahlreiche Massenversammlungen und weitere Aktivitäten, die die Stimmung unter der Bevölkerung und vor allem der Arbeiter unmißverständlich zum Ausdruck brachten. Beaverbrook, der wegen seines entschiedenen Eintretens für die zweite Front mit Churchill zusammenstieß und aus der Regierung ausschied, schrieb am 16. Mai: „Vollständige Zusammenarbeit und vereintes Vorgehen mit Rußland, sowohl jetzt wie nach dem Krieg, werden von nahezu allen Teilen der öffentlichen Meinung gefordert. Dieser Wunsch ist keineswegs auf die ‚Linke' beschränkt." Und fünf Tage später: „Sicherlich wird sich das Volk nicht mehr zufriedengeben mit dem Absenden von Versorgungsgütern und dem Bombardieren deutscher Städte."[24] Am aktivsten in der Bewegung waren die Kommunisten, deren Prestige zusammen mit dem der UdSSR stark anstieg. Die Zahl der Parteimitglieder verdoppelte sich 1942 und erreichte mit 56 000 ihren höchsten Stand.

In dieser Situation und zugleich angesichts der militärischen Niederlagen in Südostasien und Nordafrika unternahm die Regierung einige Schritte, die zumindest teilweise beschwichtigend wirken sollten.

Vorbesprechungen zur Pariser Friedenskonferenz im Uhrensaal des Außenministeriums am 18.1.1919

Truppenaufmarsch der britischen Interventen in Archangelsk im Jahre 1918

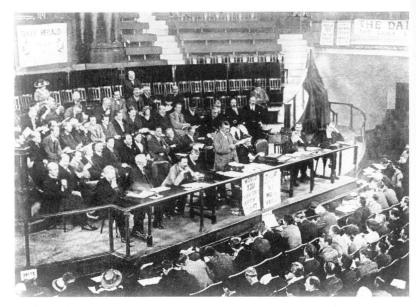

Konferenz britischer Arbeiterorganisationen im August 1920 zur Verteidigung Sowjetrußlands

Generalstreik 1926: Massendemonstration Londoner Arbeiter

Arbeitslosigkeit in den dreißiger Jahren

Demonstration für die Befreiung G. Dimitroffs und E. Thälmanns

Faschistische Schwarzhemden 1934 im Londoner Hyde Park

National-revolutionärer Krieg des spanischen Volkes: H. Pollitt (Mitte) vor britischen Interbrigadisten im Jahre 1937

Die erste Kompanie des britischen Bataillons trägt den Namen des Führers der Labour Party, C. Attlee.

Auflösung einer antikolonialen Demonstration in Bombay 1930

M. Gandhi (Mitte) bei Textilarbeitern in Lancashire im Jahre 1931

Edward VIII. wird 1936 zum König ausgerufen.

300000 Menschen verfolgen am 27.9.1938 den Stapellauf des größten Linienschiffes der Welt, der „Queen Elizabeth"

J. Simon, A. Hitler und A. Eden (v. l. n. r.) im März 1935 in der Reichskanzlei

N. Chamberlain (Mitte) am 29. 9. 1938 bei seiner Ankunft in München

Lord Halifax (r.) und N. Henderson 1938 in London

Schwere Kreuzer der britischen Flotte im zweiten Weltkrieg

Arbeiter auf Panzern, die 1941 in Großbritannien für die Sowjetunion produziert wurden

Schottische Gardesoldaten im Kampf vor El-Alamein im Jahre 1942

Unterzeichnung des sowjetisch-britischen Bündnisvertrages am 26. 5. 1942 in London: (v. l. n. r.) I. M. Maiski, W. M. Molotow, A. Eden und W. Churchill

Am 26. Mai 1942 wurde der britisch-sowjetische Bündnisvertrag unterzeichnet, der das Abkommen vom 12. Juli 1941 ersetzte und erheblich zur Festigung der Antihitlerkoalition beitrug. Beide Staaten verpflichteten sich, einander jegliche Hilfe im Kampf gegen Hitlerdeutschland und dessen europäische Satelliten zu leisten, und vereinbarten wirtschaftliche Zusammenarbeit für die Nachkriegszeit. Bei den Verhandlungen brachte Churchill allerdings zum Ausdruck, daß sich Großbritannien auch zusammen mit den USA nicht in der Lage fühle, im Jahre 1942 eine effektive zweite Front zu eröffnen. Am 12. Juni hieß es dann in einem in Moskau, London und Washington veröffentlichten Kommuniqué über die sowjetisch-britisch-amerikanischen Verhandlungen (am 11. Juni wurde ein Abkommen zwischen der UdSSR und den USA unterzeichnet), es sei ,,volle Verständigung in bezug auf die dringlichen Aufgaben der Schaffung einer zweiten Front in Europa im Jahre 1942" erzielt worden,[25] doch Churchill machte gegenüber der sowjetischen Seite sofort Vorbehalte, die erkennen ließen, daß es vorerst keine solche Front geben würde.

Ende Mai verstärkte die Royal Air Force die zwei Monate vorher begonnenen Luftbombardements in Form von Flächenangriffen. Jetzt wurden Verbände von etwa 1000 Flugzeugen gegen deutsche Städte eingesetzt und die Aktionen propagandistisch stark genutzt.

In der zweiten Julihälfte konnte sich die britische Seite mit ihrer Auffassung, Nordafrika sei der einzige geeignete Schauplatz eines offensiven anglo-amerikanischen Vorgehens, gegenüber Washington durchsetzen. Der Beschluß, 1942 nicht in Frankreich, sondern in Nordafrika zu landen, war eine schwerwiegende Entscheidung, die dem Geist der Vereinbarungen mit der Sowjetunion und dem Willen der Völker entgegenstand.

Mitte August flog Churchill nach Moskau, um dort über diese Entscheidung zu informieren und mit der Reise zugleich den Forderungen nach sofortiger Eröffnung einer zweiten Front entgegenzuwirken. Obwohl die sowjetische Seite die Argumente des Premiers nicht akzeptierte und es zeitweilig zu Spannungen kam, war angesichts der sich aus der Kriegslage ergebenden Erfordernisse im Kommuniqué von ,,herzlichem Einvernehmen", ,,engen Freundschaftsbanden" und ,,gegenseitigem Verständnis" die Rede. ,,Diese Worte wurden von den Anhängern Churchills als ein Beweis dafür ausgelegt, daß es zwischen der UdSSR und England nunmehr keinerlei Meinungsverschiedenheiten gäbe, auch nicht hinsichtlich der zweiten Front", schrieb Maiski. ,,Unsere Botschaft nahm an dieser tendenziösen Auslegung die erforderliche Korrektur vor. Dennoch wurde im Bewußtsein der Massen eine gewisse Verwirrung gestiftet, und daher büßte der Kampf für die unverzügliche Eröffnung einer zweiten Front ein gut Teil von seiner Beharrlichkeit und Entschlossenheit ein . . . Das erleichterte der britischen Regierung das Manövrieren in den darauffolgenden zwei bis drei Monaten."[26]

Unter diesem Gesichtspunkt muß wohl auch das am 19. August durchgeführte Landeunternehmen bei Dieppe an der französischen Kanalküste gesehen werden, das mit schweren Verlusten für die eingesetzten britischen und kanadischen Soldaten endete. Die schlecht vorbereitete und mit unzureichenden Kräften durchgeführte Operation sollte sicherlich nicht nur Erfahrungen vermitteln (wie danach eifrig behauptet wurde), sondern auch demonstrieren, daß eine erfolgreiche Landung noch nicht möglich sei. Es ist bemerkenswert, daß eine Woche später das Verbot des Daily Worker aufgehoben wurde: Drei Monate zuvor hatte die Jahreskonferenz der Labour Party dies mehrheitlich gefordert, und man erwartete, daß der im September tagende TUC-Kongreß das auch tun würde.

Im Herbst verbesserte sich die Gesamtlage für Großbritannien beträchtlich. Am 23. Oktober begann die Schlacht bei El Alamein (80 km westlich von Alexandria; bis dorthin hatte die von General Montgomery geführte 8. Armee zurückweichen müssen); sie endete am 4. November mit einem britischen Sieg. Das war der erste bedeutende Erfolg der Landstreitkräfte überhaupt. Vier Tage später begann die Landung anglo-amerikanischer Truppen in Nordwestafrika. Die ihr folgenden Operationen wurden zunehmend mit denen in Libyen verbunden und führten zu einer gemeinsamen Kriegführung Großbritanniens und der USA. Die Ereignisse wurden von Zeitungen, Rundfunk und in Versammlungen propagandistisch hochgespielt. Am 15. November läuteten auf der britischen Insel die Kirchenglocken, bezeichnenderweise für El Alamein und nicht für das alliierte Landeunternehmen.

Von der osteuropäischen Front hörte man in dieser Zeit erheblich weniger, obwohl bei Stalingrad die Schlacht tobte, die die Wende des Krieges herbeiführte. Das änderte sich erst nach dem Sieg an der Wolga, der von der britischen Bevölkerung mit Begeisterung aufgenommen wurde. Hinsichtlich der Relationen zwischen den Kriegsschauplätzen war Churchill durchaus realistisch. In einer Botschaft an Stalin vom 11. März 1943 informierte er darüber, daß den sechs Divisionen Montgomerys acht weitere hinzugefügt werden sollten, und über das Unternehmen, das dann im Mai zur Kapitulation der in Afrika befindlichen deutschen und italienischen Truppen führte, sagte er, daß ,,es nur einen geringen Umfang hat im Vergleich zu den gewaltigen Operationen, die Sie leiten."[27]

Wenige Tage nach dem Ende der Kampfhandlungen in Nordafrika beschlossen die britische und die amerikanische Führung, die zweite Front nicht 1943, sondern erst im Frühjahr 1944 zu errichten. Das war eine eindeutige Verletzung der Zusage (für 1943), die Churchill bei seinem Besuch in Moskau gegeben hatte und die danach mehrfach bekräftigt worden war. Daß sich der Premier abermals durchsetzen konnte, lag vor allem daran, daß die USA zu dieser Zeit erst wenig Truppen in Großbritannien stationiert hatten und den Briten auch in Nordafrika zahlenmäßig unterlegen waren (ihre Bomber begannen sich erst Anfang 1943 und in zunächst relativ geringer Zahl an Luftangriffen auf Deutschland zu beteiligen). Zudem gab es unter den amerikanischen Politikern und Militärs erhebliche Differenzen (viele von ihnen wollten vorrangig Japan bekämpfen), was sich die britische Seite zunutze machte. Es ging Churchill und den hinter ihm stehenden Kreisen nicht nur darum, die faschistische Achse am „weichen Bauch" zu packen und Italiens Ausscheiden aus dem Krieg herbeizuführen. Sie verfolgten zugleich das Ziel, ihre Positionen im Mittelmeerraum und insbesondere in dessen östlichem Teil (nebst Suezkanal) zu behaupten und zu festigen — diese Region wurde als wichtigste Verbindungslinie zum Empire betrachtet sowie als Vorfeld zu den nahöstlichen Gebieten, wo die Briten ihre Stellung auszubauen trachteten. Man war sich in London darüber im klaren, daß Macht und Einfluß der USA und der UdSSR weiter anwachsen würden und Großbritannien nach dem Kriege nur dann eine Großmacht bleiben konnte, wenn es sich weiterhin auf ein ausgedehntes Imperium stützte.

Die Landung auf Sizilien im Juli 1943 gab den letzten Anstoß zum Zusammenbruch des Faschismus in Italien und führte zum Kriegsaustritt des Landes. Zwei Monate später begannen die vereinten Truppen auf dem Festland zu operieren. Versuche der Briten, größere Kampfhandlungen auch in Südosteuropa durchzuführen, scheiterten am Widerstand der USA. Trotz Luftherrschaft und einer dreifachen Überlegenheit an Artillerie, Panzern und Soldaten kamen die Alliierten nur langsam voran — Rom wurde erst im Juni 1944 befreit. Eine spürbare Entlastung der Roten Armee trat nicht ein. Churchill selbst äußerte im November 1943, daß die Partisanen in Jugoslawien und Albanien ebenso viele deutsche Divisionen banden wie die britischen und amerikanischen Armeen zusammengenommen.[28]

Die zweite Front wurde erst mit der Landung in Nordfrankreich am 6. Juni 1944 errichtet, zu einer Zeit, als die Rote Armee die Hauptkräfte der deutschen Wehrmacht entscheidend geschlagen hatte und nach fast völliger Vertreibung der Faschisten vom Territorium der UdSSR dazu überging, auch andere Länder Europas zu befreien.

6. Vorstellungen, Ziele und Pläne für die Nachkriegszeit

Im Jahre 1942, als nach dem Kriegseintritt der UdSSR und der USA erkennbar war, daß Großbritannien und seine Verbündeten siegreich aus dem Kampf mit den faschistischen Staaten hervorgehen würden, begannen Politiker, Parteien und die Presse intensiv über die Gestaltung des künftigen Europa, die Behandlung des besiegten Deutschland und Großbritanniens Rolle in der Welt nachzudenken. Innerhalb des Regierungsapparats wurden Ausschüsse eingesetzt, die Konzepte entwarfen und Papiere zu unterschiedlichen Themen erarbeiteten. Dabei bewegten sich die Politiker der drei Regierungsparteien auf durchaus ähnlichen Bahnen.

Für die meisten stand die Aufrechterhaltung des Empire als Basis der britischen Weltmachtpositionen nach wie vor im Vordergrund. Zugleich wollten sie ihrem Land die Vormachtstellung in möglichst großen Teilen Nachkriegseuropas sichern. Von den Gedanken und Konzepten, die hierfür vorgebracht wurden, gewannen die über die Schaffung eines Europarates und eines westeuropäischen Staatenblocks unter britischer Führung beträchtliche Bedeutung. Dieser Block (mit dem wiedererstandenen Frankreich) sollte als Gegengewicht gegen Deutschland und die UdSSR dienen, wobei einige Politiker mehr die Sowjetunion und andere, wie Außenminister Eden, stärker den deutschen Rivalen im Auge hatten und deshalb auch an einem weiteren Zusammenwirken der Antihitlerkoalition interessiert waren.

Mit solchen Zielen und Absichten ging das Bemühen einher, die politischen Vorkriegsverhältnisse auf dem Kontinent aufrechtzuerhalten oder wiederherzustellen. Man versuchte, die Linken in West-, Süd- und Osteuropa zurückzudrängen, und unterstützte massiv die in London und Kairo befindlichen bürgerlichen Exilregierungen und die mit diesen in den jeweiligen Ländern zusammenwirkenden politischen Kräfte. Letzteres trat deutlich in Griechenland zutage, wo im Winter 1944/45 britische Truppen gegen die von den Kommunisten geführte Nationale Befreiungsfront EAM/ELAS eingesetzt wurden.

Die regierenden Kreise waren sich darüber im klaren, daß sie nur mit Hilfe der USA etwas erreichen konnten. Nach der Schlacht bei Stalingrad bemühte sich Churchill, diesbezüglich zu sondieren. Er „versuchte offenbar, bevor das Kräfteverhältnis zwischen den beiden Staaten sich weiter zuungunsten Großbritanniens verschlechterte, die USA auf die Linie einer gemeinsam auszuübenden Führungsrolle festzulegen, sich amerikanischer Unterstützung für das britische Kolonialreich zu versichern und das Abgleiten des Vereinigten Königreichs zum Junior-Partner zu verhindern."[29]

Doch Roosevelt befürchtete, eine Frontstellung gegen die UdSSR nach Kriegsende könnte ein den USA-Interessen nicht dienliches Engagement in Europa mit sich bringen, und er wünschte weder eine Festigung der Positionen Großbritanniens im Empire noch ein starkes Nachkriegsfrankreich. Zudem war in Washington die Überzeugung verbreitet, daß den USA aufgrund ihrer wirtschaftlichen Stärke ohnehin die Führung der Welt anheimfallen werde. So waren den britischen Vorhaben nicht nur durch die wachsende Macht der Sowjetunion und das Erstarken der progressiven Kräfte in anderen europäischen Ländern Grenzen gesetzt, sondern auch durch die Haltung der Vereinigten Staaten.

Die Haltung zu Deutschland war widersprüchlich und schwankend. Zunächst sprach man sich in London (wie in Washington) für eine Zerteilung aus, um dadurch einen erneuten Weltbrand zu verhindern, doch es gab Bedenken, und bald wurde in einem dezentralisierten deutschen Staat auf föderativer Grundlage eine bessere Lösung gesehen. 1944 äußerten dann führende Politiker zunehmend die Absicht, Deutschland als antikommunistischen Verbündeten in ein kapitalistisches (West-) Europa einzubeziehen. Das galt namentlich für Churchill, bei dem seit 1942/43, als die Niederlage der faschistischen Hauptmacht immer mehr eine Frage der Zeit geworden war, die alten antisowjetischen Grundpositionen immer stärker zur Geltung kamen und schließlich dominierten. Im Frühjahr 1945 ging der Premier — wie er in seinen Memoiren schrieb — davon aus: ,,Erstens, daß Sowjetrußland zu einer tödlichen Gefahr für die freie Welt geworden war; zweitens, daß seinem Gewaltvormarsch unverzüglich eine neue Front entgegengestellt werden mußte; . . . schließlich und vordringlichst, daß alle europäischen Hauptstreitfragen zwischen Ost und West geregelt sein müßten, ehe die Armeen der Demokratien zusammenschmolzen . . ."[30] Daß Churchill mit solchen Äußerungen und Zielsetzungen nicht an die Öffentlichkeit trat, weist klar darauf hin, daß der Übergang von der Zusammenarbeit in der Antihitlerkoalition zur Konfrontation mit der UdSSR nicht offen vollzogen werden konnte.

Ein wichtiger Bestandteil der Vorbereitung auf die Nachkriegszeit waren die Debatten und Projekte zur ,,Rekonstruktion" der wirtschaftlichen und sozialen Verhältnisse in Großbritannien. Sie wurden insbesondere 1942 geführt bzw. entworfen. In diesem Jahr wuchsen Einfluß und Kraft der Linken, insbesondere der Kommunisten, beträchtlich an. Die Zahl der gewerkschaftlich organisierten Arbeiter stieg sichtlich — sie erreichte 1942/43 wieder den Stand von 1920. 1943 sprach sich der TUC für die Einheit der internationalen Gewerkschaftsbewegung aus. Die Mehrheit der Bevölkerung empfand den Krieg als einen antifaschistischen Volkskrieg, den zumindest Teile der Herrschenden mit Unbehagen verfolgten oder mitmachten. So wurde auch vielen Konservativen klar, daß man nach dem Krieg nicht einfach zu den Vorkriegsverhältnissen zurückkehren konnte (die mit Tory-Herrschaft gleichgesetzt wurden), sondern daß es klüger war, sich umzustellen und mit Labour-Führern zusammenzuarbeiten. „Der wirkliche Meinungsstreit in Britannien geht nicht zwischen denen, die glauben, daß die Kapitalstruktur erhalten werden muß, und denen, die sie zerstören wollen", meinte Beaverbrook im November 1942. „Er geht zwischen denen, die in ihrem Urteil über die Geschwindigkeit und die Methoden differieren, mit denen der Kapitalismus den modernen Bedingungen angepaßt werden sollte. Es gibt daher für einen liberal gesinnten Konservatismus eine Gelegenheit, mit undoktrinären Labour-Leuten zu arbeiten."[31]

Der wichtigste und bekannteste Schritt war der von einem interministeriellen Ausschuß unter Leitung des liberalen Sozialwissenschaftlers William Beveridge erarbeitete und im Dezember 1942 veröffentlichte Bericht, der eine umfassende Sozialversicherung für ausnahmslos alle Beschäftigten vorsah. Obwohl der Bericht nicht allen Erwartungen und Wünschen entsprach, fand er die Unterstützung der organisierten Arbeiter, während sich die regierenden Kreise überwiegend ablehnend verhielten. Das Kabinett sprach sich dafür aus, 16 der 23 Empfehlungen „im Prinzip" anzunehmen und die Entscheidung über Durchführung oder Nichtdurchführung der nach Kriegsende zu wählenden Regierung zu überlassen. Seine Sprecher traten bei der Unterhausdebatte im Februar 1943 in einer Weise auf, die jedermann zeigte, welches Unbehagen der Bericht den Herrschenden bereitete. Bei der Abstimmung votierten mit einer Ausnahme alle nicht der Regierung angehörenden Labour-Abgeordneten gegen das Kabinett — dies war die einzige parlamentarische Aktion dieser Art während des Krieges.

Die Regierung erarbeitete in den folgenden Jahren einige Entwürfe, mit denen sie den Empfehlungen des Beveridge-Berichts etwas näherrückte. Sie ergriff auch einige Maßnahmen, mit denen sie offensichtlich ihren Rückhalt in der Bevölkerung verstärken wollte. So wurde 1944 ein Gesetz verabschiedet, das den Schulbesuch bis zum Alter von 15 Jahren vorsah. Doch die Bevölkerungsmehrheit blieb skeptisch. Es war erkennbar, daß die Konservativen insgesamt nur Flickwerk zu bieten hatten, während die organisierten Arbeiter, große Teile der Intelligenz und andere Schichten tiefgreifende soziale Wandlungen verlangten. Solche Wandlungen herbeizuführen, versprach die Labour Party in einer Reihe von programmatischen Dokumenten, die 1943 und 1944 ausgearbeitet wurden, sowie in der im April 1945 veröffentlichten Erklärung „Let Us Face the Future", die zum Programm für die ersten Nachkriegswahlen wurde.

VI. Labours große Chance (1945—1951)

1. Der Wahlsieg

Am 5. Juli 1945 trat das britische Volk an die Wahlurnen, um ein neues Unterhaus zu wählen. Die Koalitionsregierung unter Premier Winston Churchill, die vom Mai 1940 bis zur Zerschlagung der faschistischen Aggressoren in Europa die Geschicke des Landes gelenkt hatte, war am 23. Mai zurückgetreten. Bis zu den Wahlen regierte Churchill mit einem nur aus Konservativen bestehenden Übergangskabinett. Seit den letzten Parlamentswahlen, die die Konservativen überlegen gewonnen hatten, waren fast zehn Jahre vergangen. Wie würden sich die Wähler diesmal entscheiden? Die Konservativen rechneten mit einem klaren Sieg.

Ihre Wahlkampagne war ganz auf Churchill zugeschnitten, dessen Kriegstaten und staatsmännische Fähigkeiten hoch gepriesen, ja verherrlicht wurden. Churchill selbst konzentrierte sich im Wahlkampf ganz darauf, den politischen Hauptgegner, die Labour Party, zu diffamieren, anstatt den Wählern ein positives Programm seiner Partei für die Nachkriegszeit zu präsentieren. Freilich vermochte er die Wähler nicht damit zu schrecken, daß die Labour Party eine „sozialistische" Partei sei, deren Politik eine „gefährliche Bedrohung der Freiheit" darstelle. Und es war selbst einigen seiner Parteifreunde zuviel, als er der Labour Party unterschob, sie benötige eine „Gestapo", um ihre Ziele durchzusetzen.

Die Konservativen hatten die Stimmung im Lande allerdings völlig falsch eingeschätzt. Natürlich stellten die britischen Werktätigen den persönlichen Beitrag Churchills im Kampf gegen Hitlerdeutschland keinesfalls in Abrede, doch hatten sie weder die arbeiterfeindliche Innenpolitik der Konservativen noch deren reaktionäre, die faschistischen Mächte begünstigende Außenpolitik in den Zwischenkriegsjahren vergessen. Tiefe Spuren im Bewußtsein der Menschen hatte auch das Erlebnis des Krieges hinterlassen, insbesondere die herausragende Rolle der Sowjetunion bei der Niederschlagung der faschistischen Aggressoren sowie der Heroismus und die Opferbereitschaft der sowjetischen Menschen im Großen Vaterländischen

Krieg. In ihrer Summe hatten diese Faktoren zu einer Radikalisierung der britischen Werktätigen geführt, die sich in dem Wunsch nach grundlegenden sozialen Veränderungen artikulierte. „Es war ein Radikalimus", schreibt Miliband, „der in seiner Mischung aus bitteren Erfahrungen und positiven Hoffnungen, seinem Widerstand gegen eine schlimme Vergangenheit, seinem Überdruß konservativer Herrschaft, seiner Ungeduld mit der traditionellen Klassenstruktur, seiner Feindschaft gegenüber dem Anspruch auf Eigentum und Privilegien, seiner Entschlossenheit, nicht noch einmal der Früchte des Sieges beraubt zu werden, seiner Hoffnung auf soziale Gerechtigkeit nach großen, ja grundlegenden Veränderungen in der britischen Gesellschaft nach dem Krieg strebte."[1]

Die Labour Party nutzte ihre Chance und trat mit einem Wahlprogramm an die Öffentlichkeit, das geschickt der allgemeinen Stimmung Rechnung trug und vielen Wählern als echte Alternative zur Politik der Konservativen erschien. Es enthielt insbesondere auf innenpolitischem Gebiet eine Reihe von Versprechungen, die den Wünschen und Vorstellungen breiter Bevölkerungsschichten entsprachen, vor allem die Garantie der Vollbeschäftigung, die Nationalisierung bestimmter Industriezweige und der Bank von England sowie wichtige — wenn auch längst überfällige — Reformen auf sozialem Gebiet. In außenpolitischer Hinsicht versprach die Labour Party, das im Krieg geschmiedete Bündnis mit den USA und der UdSSR aufrechtzuerhalten und sich für eine Welt des Friedens einzusetzen. Die meisten Labour-Führer waren sich jedoch ihrer Sache durchaus nicht sicher, und die wenigsten rechneten mit einem Wahlsieg.

Am 17. Juli 1945 begann die Potsdamer Konferenz der Regierungschefs der UdSSR, Großbritanniens und der USA, die die Grundlagen für eine dauerhafte Friedensordnung in Europa und der Welt schaffen sollte. Zu diesem Zeitpunkt war noch nichts über den Ausgang der Wahlen in Großbritannien bekannt, da zwischen Wahltag und Öffnung der Wahlurnen drei Wochen lagen, um den in aller Welt stationierten Armeeangehörigen die Teilnahme an der Wahl zu ermöglichen. So fuhr also Winston Churchill als Delegationschef nach Potsdam. In seiner Begleitung befand sich u. a. sein ehemaliger Stellvertreter im Kriegskabinett und Hauptrivale im Wahlkampf, der Führer der Labour Party Clement R. Attlee.

In Potsdam trat Churchill aggressiv und anmaßend auf. Er versuchte, die gemeinsamen Beschlüsse der Antihitlerkoalition zu unterminieren und mit Rückendeckung des neuen USA-Präsidenten Harry S. Truman Druck auf die Sowjetunion auszuüben. Seine destruktive Haltung kam insbesondere bei der Diskussion um die Frage der Reparationen an die Sowjetunion, um das weitere Schicksal des Ruhrgebietes sowie um die Westgrenzen Polens zum Ausdruck. Am 26. Juli wurde die Potsdamer Konferenz für zwei Tage unterbrochen, um der britischen Delegation zu ermöglichen, die Bekanntgabe der Wahlergebnisse in London mitzuerleben. Churchill zweifelte nicht daran, daß er als strahlender Sieger nach Potsdam zurückkehren würde. Doch es sollte alles ganz anders kommen.

Die Wahlen brachten der Labour Party ihren bisher größten Triumph. Sie gewann etwa 48 Prozent der Stimmen und 393 Sitze im neuen Unterhaus, während sich die Konservativen mit knapp 40 Prozent und 213 Sitzen zufriedengeben mußten. Die Liberale Partei, die sich auch Gewinne ausgerechnet hatte, erhielt zwar 9 Prozent der Stimmen, aber nur 12 Sitze im Unterhaus. Der Kommunistischen Partei, die in 21 Wahlkreisen Kandidaten aufgestellt hatte, gelang es trotz des undemokratischen britischen Mehrheitswahlrechts, ihren Sitz von 1935, den der bekannte Arbeiterführer William Gallacher innehatte, zu behaupten und einen weiteren hinzuzugewinnen.

Der hohe Wahlsieg der Labour Party wurde von den Werktätigen mit Begeisterung und Zuversicht begrüßt. Viele verbanden damit die Hoffnung, daß sich nun in Großbritannien Grundlegendes ändern würde. In Westminster schien ein neuer Geist einzuziehen; als das Unterhaus am 1. August zu seiner ersten Sitzung zusammentrat, stimmten die Labour-Abgeordneten auf den hinteren Bänken spontan das alte Arbeiterlied „Die rote Fahne" an. Churchill hingegen konnte nicht begreifen, was geschehen war. Augenzeugen berichteten, daß er den Dingen fassungslos gegenüberstand und sich tief getroffen und vom britischen Volk verraten fühlte.

Entsprechend den Gepflogenheiten beauftragte der König den Führer der Labour Party, Clement Richard Attlee, mit der Bildung einer neuen Regierung. Der 1883 geborene, aus gutbürgerlichem Hause stammende und zunächst konservativen Ideen zugetane Attlee war nach seinem Universitätsstudium in Oxford, dem sich eine Tätigkeit als Rechtsanwalt anschloß, mit sozialen Problemen in Berührung gekommen und noch vor dem ersten Weltkrieg über die ILP zur Labour Party gestoßen. Seit 1922 Unterhausabgeordneter, gehörte er als Unterstaatssekretär bzw. Minister den ersten beiden Labour-Regierungen unter MacDonald an. Nach dessen Verrat war er einer der wenigen prominenten rechten Labour-Abgeordneten, die bei den Wahlen 1931 ihren Unterhaussitz verteidigen konnten. Nicht zuletzt diesem Umstand verdankte er 1935 seine Wahl zum Führer der Labour Party.

Attlee war weder ein guter Rhetoriker, noch besaß er große persönliche Ausstrahlungskraft. Er wirkte eher bescheiden, ruhig und zurückhaltend. Aber vielleicht vermochte er sich gerade durch sein leidenschaftsloses und ausgeglichenes Wesen 20 Jahre lang an der Spitze der Labour Party zu behaupten. Geschickt verstand er es, alle gegen ihn eingefädelten Intrigen zu Fall zu bringen, darunter auch den nach den Wahlen von seinem Hauptrivalen innerhalb der rechten Labour-Führung, dem ehrgeizigen Herbert Morrison, unternommenen Versuch, ihn an der Annahme des hohen Amtes zu hindern.

Die Notwendigkeit, schnellstens nach Potsdam zurückzukehren, gebot zur Eile. Bereits am 28. Juli stellte Attlee seine Regierung vor. Allgemeine Überraschung löste die Nominierung des Außenministers aus. Attlee übertrug dieses Amt nicht wie erwartet dem Experten für außenpolitische Angelegenheiten in der Labour-Führung, Hugh Dalton, der eine weitere Zusammenarbeit mit der Sowjetunion befürwortete, sondern dem ehemaligen prominenten rechten Gewerkschaftsführer und Arbeitsminister in der Churchillschen Koalitionsregierung, dem extrem antisowjetisch gesinnten Ernest Bevin. Über diese Entscheidung ist viel gerätselt worden. Manche behaupten, der König habe Bevin als Außenminister empfohlen, andere sehen in Churchill den Urheber für diese Nominierung. Für Eingeweihte stand jedoch fest, daß die Ernennung Bevins zum Außenminister ein wohlüberlegter Schachzug Attlees war. „Angesichts des Prestiges, das die Russen während des Krieges bei den englischen Industriearbeitern hatten, konnte Bevin, der das unerschütterliche Vertrauen der Gewerkschaften besaß, im Außenministerium höchst wertvoll sein, um eine Politik zu führen, die freundschaftlich, aber unnachgiebig war"[2], schreibt der rechtslabouristische Publizist Williams, der damit durchaus den Kern der Sache trifft. Wer, wenn nicht ein ehemaliger einflußreicher Gewerkschaftsführer, der den Kommunismus abgrundtief haßte, war besser geeignet, die „Kontinuität" der britischen Außenpolitik, einschließlich ihrer antisowjetischen Zielrichtung, zu wahren.

Weitere wichtige Regierungsämter erhielten Herbert Morrison als Lordpräsident des Geheimen Rates und Sprecher des Unterhauses, Hugh Dalton als Schatzkanzler, Arthur Greenwood als Lordsiegelbewahrer, Stafford Cripps als Handelsminister und Aneurin Bevan als Gesundheitsminister. Mit Ausnahme von Bevan — Cripps hatte seiner „linken Vergangenheit" längst abgeschworen — gehörten sie alle dem rechten Flügel der Labour Party an, der die Politik der Partei seit jeher bestimmte.

Noch am 28. Juli kehrte Attlee in Begleitung seines Außenministers nach Potsdam zurück. Im weiteren Verlauf der Konferenz deutete nichts darauf hin, daß in Großbritannien ein Regierungswechsel stattgefunden hatte. USA-Außenminister James Byrnes stellte überrascht fest, daß sich nach der Ablösung Churchills und Edens durch Attlee und Bevin „nicht das geringste am britischen Standpunkt gegenüber den Problemen der Konferenz" geändert hatte.³ Letztendlich aber scheiterten alle Versuche der britischen Delegation, die Arbeit der Konferenz zu desorientieren und Druck auf die UdSSR auszuüben. Angesichts der internationalen Autorität der Sowjetunion, des allgemeinen Wunsches nach einer gerechten Friedensordnung und der taktierenden Haltung der USA sah sich Attlee gezwungen, das Potsdamer Abkommen, dessen Bestimmungen den Lebensinteressen der Völker Europas und der Welt entsprachen, zu unterzeichnen.

2. Wirtschaftliche Schwierigkeiten

Die dritte Labour-Regierung begann ihre Tätigkeit zu einer Zeit, als der Imperialismus im Weltmaßstab schwersten Erschütterungen ausgesetzt war. Der herausragende Beitrag der Sowjetunion im antifaschistischen Befreiungskrieg, die volksdemokratischen Umwälzungen in einer Reihe von Ländern Ost- und Südosteuropas sowie Asiens, das stürmische Voranschreiten der nationalen Befreiungsbewegung in den kolonialen Ländern und der Aufschwung der Arbeiter- und demokratischen Bewegung in den entwickelten kapitalistischen Ländern veränderten das internationale Kräfteverhältnis entscheidend zugunsten der Kräfte des Friedens, der Demokratie und des Fortschritts. Mit Ausnahme der USA gingen alle kapitalistischen Länder geschwächt aus dem zweiten Weltkrieg hervor.

Für Großbritannien bedeutete das Ende des Krieges einen tiefen Einschnitt in seiner Geschichte. Trotz im Vergleich zu anderen Ländern relativ geringer Verluste an Menschen und an Material ging es ökonomisch stark geschwächt aus dem Krieg hervor. Die Auslandsverschuldung war von 1938 bis 1946 um das Siebenfache, auf 3,35 Milliarden Pfund Sterling, gestiegen, während sich die britischen Auslandswerte auf 1,118 Milliarden Pfund verringert hatten. Großbritannien war endgültig von einem Gläubiger- zu einem Schuldnerland geworden. Die Industrieproduktion war im Vergleich zu 1937 auf 90 Prozent zurückgegangen; die Handelsflotte hatte 50 Prozent ihres Schiffsraumes eingebüßt.

Zur Kernfrage der Wirtschaft wurde jedoch die Bezahlung der lebensnotwendigen Rohstoff- und Lebensmittelimporte. Der Warenexport war auf ein Drittel des Vorkriegsstandes geschrumpft, und der „unsichtbare Export" verzeichnete ebenfalls eine stark rückläufige Tendenz. Daraus resultierte ein erhebliches Defizit der Zahlungsbilanz, verbunden mit einem akuten Dollarmangel. Die wirtschaftlichen Schwierigkeiten verschärften sich weiter, als die USA am 21. August 1945 überraschend das Leih- und

Pachtgesetz aus dem Jahre 1941 kündigten, auf dessen Grundlage Großbritannien während des Krieges Waren aus den USA ohne Barzahlung bezogen hatte. Bereits bestellte bzw. sich auf dem Weg befindliche Waren sollten nun sofort mit Dollars bezahlt werden.

Die Attlee-Regierung stand somit vor äußerst schwierigen ökonomischen Problemen, die dauerhaft nur durch eine tiefgreifende Demokratisierung der gesellschaftlichen Verhältnisse einschließlich einer einschneidenden Kürzung aller Verpflichtungen in Übersee, vor allem der hohen Militärausgaben, hätten gelöst werden können. Doch die Labour-Regierung ignorierte die sich ihr bietende Chance und entschied sich für einen Weg, der das Land in immer größere ökonomische Abhängigkeit von den USA brachte.

Eine britische Delegation unter Leitung des bekannten Wirtschaftsexperten Lord Keynes handelte in Washington nach schwierigen und langwierigen Debatten ein Finanzabkommen aus, das beide Länder am 6. Dezember 1945 unterzeichneten. Großbritannien erhielt von den USA eine Anleihe in Höhe von 3,75 Milliarden Dollar zuzüglich 650 Millionen Dollar für die noch ausstehende Bezahlung der Lieferungen aus dem Leih- und Pachtgesetz. Dafür mußte es sich — außer der 1951 fällig werdenden Zahlung von 2 Prozent Zinsen — verpflichten, ein Jahr nach Inkrafttreten des Abkommens den freien Austausch von Pfund Sterling in Dollar wiederherzustellen, die Vorzugszölle mit den Commonwealth-Ländern herabzusetzen und die in britischen Banken „eingefrorenen" Mittel ihrer Gläubiger aus dem Sterlingblock freizugeben. Die kanadische Anleihe, die zu gleichen Zinssätzen gewährt wurde, belief sich auf 1,25 Milliarden Dollar. Die an das Abkommen mit den USA geknüpften harten Bedingungen stießen sowohl in der britischen Öffentlichkeit als auch im Unterhaus auf scharfe Kritik. Ungeachtet dessen trat es im Juli 1946 in Kraft.

Die Labour-Regierung hegte die trügerische Hoffnung, mit diesen Krediten über die ersten schweren Nachkriegsjahre hinwegzukommen. Inzwischen sollten der Export forciert, die Kapitalinvestitionen im Ausland erhöht und die Schiffahrt reaktiviert werden, um das Defizit der Zahlungsbilanz abzubauen und den Dollarmangel zu beheben. Doch es stellte sich sehr schnell heraus, daß die Kredite früher aufgebraucht sein würden als angenommen; dazu trug nicht zuletzt die Aufhebung der Preiskontrolle in den USA bei, die die Preise hochschnellen ließ und die Anleihe faktisch entwertete.

Das Jahr 1947 wurde für die Labour-Regierung zu einem Krisenjahr. Es begann mit einer schweren Brennstoffkrise, deren tiefere Ursachen in der jahrzehntelangen Vernachlässigung und technischen Zurückgebliebenheit der Kohleindustrie lagen. Der strenge und lange Winter 1947 tat das übrige, um infolge Kohlenmangels ganze Industriezweige wochenlang lahmzulegen. In dieser Zeit gab es in Großbritannien 2,3 Millionen Arbeitslose. Elektrizität wurde rationiert, und in den Haushalten kam es zu stundenlangen Stromabschaltungen.

Neue Schwierigkeiten entstanden, als London am 15. Juli 1947 entsprechend dem britisch-amerikanischen Finanzabkommen den freien Austausch von Pfund Sterling in Dollar einführte. Zu diesem Zeitpunkt war die amerikanische Anleihe fast verbraucht, und Großbritannien fühlte sich außerstande, den nunmehr einsetzenden Hunger seiner Gläubiger nach Dollars zu stillen. Deshalb hob es bereits einen Monat später die Umtauschmöglichkeit wieder auf. Das Land befand sich erneut in einer scharfen Finanzkrise. Das Defizit der Zahlungsbilanz erreichte Rekordhöhen.

Auch im Kabinett begann es zu kriseln. Einige Minister, vor allem Handelsminister Cripps und Schatzkanzler Dalton, intrigierten gegen Attlee und versuchten ihn zum Rücktritt zu zwingen. Doch der von ihnen auserkorene Nachfolger, Außenminister Bevin, weigerte sich, die Führung zu übernehmen. Attlee gelang es durch einen klugen Schachzug, die Revolte im Keim zu ersticken. Im September 1947 berief er Cripps zum Leiter des neu geschaffenen Ministeriums für Wirtschaftsangelegenheiten, und zwei Monate später übertrug er ihm auch noch das Finanzministerium, indem er eine das Budget betreffende Indiskretion von Schatzkanzler Dalton einem Journalisten gegenüber zum Anlaß nahm, ihn von seinem Amt abzulösen. Faktisch wurde Dalton damit zum Sündenbock für die verfahrene Wirtschaftspolitik der Attlee-Regierung gestempelt.

Der für seinen asketischen Lebensstil bekannte neue Schatzkanzler kündigte ein strenges Sparsamkeitsregime an, dessen Maßnahmen in erster Linie die Werktätigen zu spüren bekamen. Er propagierte eine spartanische Lebenshaltung und forderte die Gewerkschaften auf, mit Lohnforderungen maßzuhalten. ,,Austerity" (eingeschränkte Lebensweise) wurde in jenen Jahren zum Schlagwort in Großbritannien.

Bei allen wirtschaftlichen Regierungsentscheidungen behielt das Problem der Zahlungsbilanz die absolute Priorität. Deshalb wurde der Export mit allen Mitteln forciert, während gleichzeitig drastische Einfuhrbeschränkungen, einschließlich der für Lebensmittel, verfügt wurden. Dadurch verschlechterte sich die Ernährung der Bevölkerung weiter. Nachdem bereits im Juli 1946 das Brot rationiert worden war, wurden Ende 1947 auch noch Kartoffelkarten ausgegeben. Die im Krieg eingeführte Rationierung der übrigen Lebensmittel blieb bestehen, und es wurden allerhand Ersatznahrungsmittel angeboten, darunter ein aus Südafrika importierter, fast ungenießbarer Fisch mit dem undefinierbaren Namen „Snoek", der den Karikaturisten immer wieder neuen Stoff lieferte.

Der von rechten Kräften beherrschte Generalrat des TUC erklärte sich mit den geforderten Lohnbeschränkungen einverstanden. Das hatte zur Folge, daß die Preise weitaus schneller stiegen als die Löhne, und das Realeinkommen der Arbeiter konnte nur durch Überstunden- oder Akkordarbeit einigermaßen stabil gehalten werden.

Einen Rettungsanker erblickte die Attlee-Regierung in dem am 5. Juni 1947 von USA-Außenminister George C. Marshall verkündeten Plan, den europäischen Ländern mittels Warenlieferungen und Krediten zu helfen, die verheerenden wirtschaftlichen Folgen des zweiten Weltkrieges zu überwinden. Dieses „Hilfs"angebot zielte in Wirklichkeit darauf ab, die bürgerlichen Herrschaftsstrukturen in den westeuropäischen Ländern zu stabilisieren und den Einfluß der demokratischen Kräfte zurückzudrängen. Zugleich sollte mit Hilfe des Marshall-Plans die ökonomische Expansion der USA-Monopole gefördert und die in den USA drohende Überproduktionskrise gedämpft werden. Die Labour-Regierung begrüßte den Marshall-Plan enthusiastisch und spielte eine Schlüsselrolle bei der Realisierung des Projekts. Großbritannien erhielt von April 1948 bis Ende 1950 mit 30 Prozent den höchsten Anteil eines Landes an den im Rahmen des Marshall-Plans gelieferten Waren. Die wirtschaftlichen Schwierigkeiten des Landes wurden dadurch jedoch nicht behoben.

Zwar verbesserte sich seit Ende 1948 die Lebensmittelsituation in Großbritannien, und die Zahlungsbilanz kam erstmals nach dem Krieg aus den roten Zahlen. Doch als 1949 eine Rezession in den USA einsetzte und der Dollarmarkt schrumpfte, hatte dies erneut katastrophale Auswirkungen auf die Gold- und Devisenbestände in Großbritannien. Das Dollardefizit nahm solche Ausmaße an, daß sich die britische Regierung im September 1949 auf Drängen der USA zu einer Abwertung des Pfund Sterling um 30,5 Prozent entschloß. Der Wert des Pfundes fiel von 4,03 auf 2,8 Dollar. Die zum Sterlingblock gehörenden Länder folgten notgedrungen dem britischen Beispiel, und auch eine Reihe westeuropäischer Länder wertete ihre Währungen — wenn auch nicht so drastisch wie Großbritannien — ab.

Durch die Abwertung erhöhten sich die britischen Exportchancen; gleichzeitig aber verteuerten sich die Importe, was erhebliche Preissteigerungen nach sich zog. Wenn sich auch insgesamt die Zahlungsbilanz verbesserte und die Gold- und Dollarreserven wieder anstiegen, so wurde die internationale Position des Pfund Sterling durch diese drastische Abwertung weiter untergraben und seine Abhängigkeit vom Dollar erhöht. „Die Abwertung war in vieler Hinsicht ein Wendepunkt. Sie markierte den Mißerfolg der Wirtschaftspolitik der Regierung, die bis zu ihrer Niederlage bei den Wahlen 1951 keine Alternative mehr zu bieten hatte."⁴

3. Kontinuität in der Außenpolitik

Großbritannien ging aus dem zweiten Weltkrieg nicht nur wirtschaftlich stark geschwächt hervor. Auch sein Einfluß in den internationalen Beziehungen war merklich zurückgegangen. Dies war in erster Linie das Resultat des neuen internationalen Kräfteverhältnisses. Die gewachsene Macht der Sowjetunion und die revolutionären Umwälzungen in einer Reihe von Staaten Ost- und Südosteuropas, aber auch die totale Niederlage der faschistischen Staaten in Europa hatten der traditionellen Gleichgewichtspolitik des britischen Imperialismus auf dem europäischen Kontinent den Boden entzogen. Das stürmische Anwachsen der nationalen Befreiungsbewegung in den britischen Kolonien brachte das Empire zum Wanken. Im kapitalistischen Lager selbst hatten sich die USA eine hegemoniale Stellung erobert und Großbritannien in die Rolle eines Juniorpartners gedrängt.

Während des Krieges hatte sich Großbritannien in internationalen Verträgen verpflichtet, für eine demokratische und stabile Nachkriegsordnung Sorge zu tragen. In dem britisch-sowjetischen Bündnisvertrag vom Mai 1942 hatten beide Seiten versichert, auch nach dem Krieg zusammenzuarbeiten, zur Gewährleistung der Sicherheit in Europa beizutragen und sich gegenseitig wirtschaftliche Hilfe zu leisten. Der Verlauf der Konferenzen von Teheran und Jalta sowie die Gründung der Organisation der Vereinten Nationen zeugten von der Möglichkeit einer friedlichen Zusammenarbeit von Staaten unterschiedlicher Gesellschaftsordnung. Davon ausgehend, bot sich der Labour-Regierung die Chance, die internationale Position Großbritanniens aufzuwerten und eine friedliche, auf den Prinzipien der Völkerfreundschaft und der friedlichen Koexistenz beruhende Außenpolitik zu verfolgen. Doch bald wurde zur Gewißheit, was sich bereits auf der Potsdamer Konferenz angedeutet hatte. Die Labour-Regierung hielt an der traditionellen imperialistischen Großmachtpolitik des Landes fest, obwohl sie damit zunehmend in Widerspruch zu den eingeschränkten ökonomischen und politischen Potenzen des Landes geriet.

Bereits die erste Rede des neuen Außenministers vor dem Unterhaus am 20. August 1945 ließ keinen Zweifel daran, daß sich die Attlee-Regierung die konterrevolutionären Ziele des britischen Imperialismus zu eigen gemacht hatte. Bevin zog in dieser Rede gegen die Volksdemokratien in Ost- und Südosteuropa zu Felde, die er als undemokratisch und totalitär verleumdete. Im gleichen Atemzug rechtfertigte er die Unterdrückung der demokratischen Bewegung in Griechenland durch britische Truppen.

Auf der ersten, im September 1945 in London durchgeführten Sitzung des in Potsdam installierten Rats der Außenminister, der die Friedensverträge mit den ehemaligen Verbündeten Hitlerdeutschlands vorbereiten sollte, machte Bevin aus seiner feindseligen Haltung gegenüber der Sowjetunion kein Hehl, so daß diese Sitzung ergebnislos endete. Im November 1945 vereinbarten Attlee und Truman in Washington, der Sowjetunion keine Unterlagen über die Herstellung der Atombombe zu überlassen. Es kann deshalb nur als ein großes Täuschungsmanöver gewertet werden, als Bevin im Dezember 1945 in einem Gespräch mit Stalin vorschlug, die Laufzeit des britisch-sowjetischen Bündnisvertrages von 1942 von 20 auf 50 Jahre zu verlängern.

Die KP Großbritanniens bezeichnete bereits im Herbst 1945 die Außenpolitik der Labour-Regierung als Abkehr von den Prinzipien der Antihitlerkoalition. Von tiefer Sorge über Britanniens Zukunft erfüllt, bat Harry Pollitt, Generalsekretär der KP, Bevin um ein persönliches Gespräch, das am 14. November stattfand. Wie Pollitt später berichtete, reagierte Bevin auf Pollitts Bedenken über die antisowjetische Richtung der britischen Außenpolitik brüsk und abweisend: ,,Er wisse selbst, wie er mit den Russen umzugehen habe; keiner brauche ihm das zu erzählen . . ."[5]

Am 5. März 1946 schockierte Oppositionsführer Churchill anläßlich der Entgegennahme der Ehrendoktorwürde im Westminster College in Fulton (USA-Staat Missouri) die Welt mit einer Rede, die als erste ,,Kalte-Kriegs-Rede" in die Geschichte eingegangen ist. Im Beisein von USA-Präsident Truman rief Churchill zur antisowjetischen Blockbildung und zu einer Politik der Stärke gegenüber der Sowjetunion und den volksdemokratischen Ländern auf. Um die Wende von der Zusammenarbeit mit der UdSSR zur Konfrontation zu motivieren, bezichtigte Churchill die Sowjetunion aggressiver Absichten und expansionistischer Ziele und gebrauchte in diesem Zusammenhang zum erstenmal nach dem Krieg das Schlagwort vom ,,eisernen Vorhang", der von Stettin bis nach Triest heruntergezogen worden sei. An die USA appellierte Churchill, einen ,,Bruderbund der englischsprechenden Völker" zu bilden, worunter er ein enges politisches und militärisches Bündnis zwischen beiden Ländern verstand. ,,Gedruckt wurde Churchills Schlachtruf zur Bibel aller Kriegstreiber in der Welt", schreibt der liberale USA-Historiker Fleming.[6] In den USA hatten sich jedoch zu diesem Zeitpunkt die auf offene Konfrontation mit der Sowjetunion zielenden Kräfte noch nicht voll durchgesetzt, obwohl sich auch dort die Tendenz zum kalten Krieg immer stärker abzeichnete.

Die Labour-Regierung nahm Churchills Brandrede stillschweigend zur Kenntnis und dachte nicht daran, sich von ihr zu distanzieren. Einen Tadelsantrag gegen Churchill, der von 105 Labour-Abgeordneten im Unterhaus eingebracht wurde, lehnte sie ab. „Öffentlich konnte Attlee die Rede nicht unterstützen, aber privat zeigte er sich darüber erfreut", schreibt ein Biograph Attlees.[7] Jedenfalls konnte Churchill später mit Recht behaupten, daß die Attlee-Regierung die von ihm in Fulton vorgezeichnete Politik konsequent verfolgt habe.

Für viele Mitglieder und Sympathisanten der Labour Party war die Haltung der Regierung gegenüber dem faschistischen Spanien ein Prüfstein dafür, ob diese gewillt war, eine auf demokratischen Prinzipien beruhende Außenpolitik zu betreiben. Doch die Regierung tolerierte nicht nur das Franco-Regime, sondern sie weigerte sich auch, für die antifrancistische Opposition Partei zu ergreifen und die spanische Exilregierung unter Giral zu unterstützen. Als die UNO Ende 1946 eine Resolution annahm, in der allen Mitgliedern empfohlen wurde, ihre diplomatischen Vertreter aus Spanien abzuberufen, zögerte Großbritannien diesen Schritt so lange wie möglich hinaus. Hingegen war es sofort wieder bereit, volle diplomatische Beziehungen zu Franco-Spanien herzustellen, als die UNO 1950 auf Betreiben der USA den Ächtungsbeschluß von 1946 faktisch aufhob.

So tolerant sich die Labour-Regierung gegenüber dem faschistischen Spanien verhielt, so unerbittlich bekämpfte sie alle fortschrittlichen Bewegungen in den Regionen, die sie für die Sicherung der britischen Machtstellung als „lebenswichtig" betrachtete. Besonders tragische Auswirkungen hatte diese Politik in Griechenland. Die dort im Oktober 1944 gelandeten britischen Truppen waren auf Befehl Churchills mit Waffengewalt und Terror gegen die Nationale Befreiungsfront Griechenlands (EAM) vorgegangen, die begonnen hatte, eine revolutionär-demokratische Entwicklung einzuleiten. Ungeachtet scharfer Kritik aus den eigenen Reihen setzte die Labour-Regierung diese schändliche Interventionspolitik fort. Unter dem „Schutz" britischer Bajonette fanden im März 1946 in Griechenland Wahlen statt, in deren Ergebnis eine reaktionäre Regierung ans Ruder kam, die alle demokratischen Kräfte grausam unterdrückte.

Als sich die britische Regierung Anfang 1947 infolge ihrer prekären finanziellen Lage außerstande sah, das reaktionäre Regime in Griechenland weiterhin militärisch und finanziell zu unterstützen, sprang der USA-Imperialismus in die Bresche. Am 12. März 1947 forderte Präsident Truman in einer Rede vor beiden Häusern des Kongresses die Bewilligung von Geldern zur Unterstützung der reaktionären Regime in Griechenland und der Türkei. Diese als Truman-Doktrin in die Geschichte eingegangene Rede des USA-Präsidenten machte den Anspruch Washingtons geltend, unter der Flagge der „Eindämmung" des Kommunismus als Weltgendarm aufzutreten und eine weltweite Expansionspolitik zu betreiben. Damit war der offizielle Übergang des USA-Imperialismus zur Politik des kalten Krieges vollzogen, die von Großbritannien uneingeschränkt befürwortet wurde.

Ebenso wie in Griechenland versuchte der britische Imperialismus, den revolutionären Prozeß auch im übrigen Ost- und Südosteuropa aufzuhalten. Neben der Finanzierung reaktionärer Elemente in den Ländern der Volksdemokratie hoffte London, über die mit Bulgarien, Rumänien und Ungarn abzuschließenden Friedensverträge seinen Einfluß in dieser Region wiederzuerlangen. Dies führte zu scharfen Auseinandersetzungen und heftigen Disputen auf den Tagungen des Rates der Außenminister der UdSSR, Großbritanniens, der USA und Frankreichs sowie auf der Pariser Friedenskonferenz von Juli bis Oktober 1946. Der Sowjetunion gelang es jedoch, alle Versuche der imperialistischen Länder, sich in die inneren Angelegenheiten der Volksdemokratien einzumischen, abzuweisen. Die Friedensverträge, die 1947 mit diesen Ländern sowie mit Finnland und Italien abgeschlossen wurden, waren ein wichtiger Beitrag zur Herstellung einer demokratischen Friedensordnung in Europa.

In der demokratischen Öffentlichkeit Großbritanniens stieß die antisowjetische Außenpolitik der Attlee-Regierung zunehmend auf Widerspruch. Auch in der Labour Party selbst mehrten sich die kritischen Stimmen. Der im Juni 1946 stattfindenden Jahreskonferenz der Partei wurden zahlreiche Resolutionen unterbreitet, die sich kritisch mit der Außenpolitik der Regierung oder einzelnen ihrer Aspekte auseinandersetzten und eine Verbesserung der Beziehungen mit den fortschrittlichen Kräften in der Welt, insbesondere mit der Sowjetunion, forderten.

Bei der Eröffnung der neuen Sitzungsperiode des Unterhauses im November 1946 unterbreiteten 53 Labour-Abgeordnete einen Zusatzantrag zur Thronrede des Königs, in dem die Regierung mit aller Dringlichkeit aufgefordert wurde, ihre Haltung in den internationalen Angelegenheiten noch einmal zu überprüfen und „eine demokratische und konstruktive Alternative zu dem sonst unvermeidlichen Konflikt zwischen dem amerikanischen Kapitalismus und dem sowjetischen Kommunismus" zu unterbreiten.[8] Einige der oppositionellen Labour-Abgeordneten begannen sich regelmäßig zu treffen, um über Fragen der Außenpolitik zu diskutieren und dabei ihre Standpunkte zu klären. So entstand die sogenannte Keep-Left-Gruppe, die im Frühjahr 1947 eine Schrift „Keep Left" veröffentlichte, in der sich die Verfasser kritisch mit der Regierungspolitik auseinandersetzten. Diese sehr lose Gruppierung, die weder über eine Konzeption noch ein

Leitungsgremium verfügte, löste sich jedoch bereits 1948 wieder auf. Der Labour-Historiker Miliband stellt deshalb zu Recht fest, daß es den Linken in der Labour Party nie so sehr an Zusammenschluß und Organisation gemangelt hat wie unmittelbar nach dem zweiten Weltkrieg.

4. Nationalisierungen und soziale Reformen

In ihrem Wahlprogramm hatte die Labour Party die Nationalisierung einer Reihe von Industriezweigen sowie der Bank von England versprochen und damit bei ihren Anhängern die Hoffnung auf eine Veränderung der Eigentumsverhältnisse und eine gerechtere Verteilung des Reichtums geweckt. Tatsächlich verabschiedete das Unterhaus in den Jahren 1946 bis 1949 eine Reihe von Gesetzen, die die Verstaatlichung der Bank von England (1946), der Kohlebergwerke (1946), der Zivilluftfahrt (1946), der Telegrafenlinien (1946), der Elektrizitätswerke (1947), des Binnenverkehrs (1947), der Gaswerke (1948) und der Eisen- und Stahlindustrie (1949) vorsahen. Außer für die erst 1951 verstaatlichte Eisen- und Stahlindustrie traten die Gesetze jeweils ein Jahr später in Kraft. Insgesamt gingen 20 Prozent der britischen Industrie in Staatseigentum über. Die Nationalisierung der Telegrafenlinien, der Zivilluftfahrt sowie der Bank von England trug allerdings mehr oder weniger formalen Charakter, weil bereits seit längerer Zeit enge Bindungen zwischen dem Staat und der betreffenden Institution bestanden. So war die Bank von England als Banknotenemissär und Devisenverwalter des Staates bereits seit 1932 eng an das Finanzministerium gekoppelt. Unangetastet blieb hingegen die Macht der fünf großen Privatbanken, der ,,Big Five". ,,Tatsächlich war das eigentlich Erstaunliche an der Attlee-Administration das Maß dessen, was *nicht* verstaatlicht wurde", schreibt ein britischer Historiker.[9]

Bei der Begründung der einzelnen Gesetzesvorhaben machten die Labour-Minister kein Hehl daraus, daß das Hauptziel der Verstaatlichungen darin bestand, die Effektivität der britischen Wirtschaft zu erhöhen. Bei den nationalisierten Industriezweigen handelte es sich nämlich großenteils um veraltete, technisch zurückgebliebene und wenig produktive Bereiche, für deren Rekonstruktion und Modernisierung erhebliche Mittel erforderlich waren, die zum Teil die Finanzkraft der Eigentümer weit überstiegen. Da diese Industriezweige vorwiegend Dienstleistungsfunktionen für andere Sektoren der Wirtschaft auszuführen hatten, war ihre Rekonstruktion im Interesse der kapitalistischen Gesamtwirtschaft besonders dringend. Ihre Verstaatlichung war bereits während des Krieges von speziellen Untersuchungskomitees, denen vorwiegend Vertreter der Bourgeoisie angehört hatten, empfohlen worden. Die Nationalisierungen stießen deshalb auch bei der Opposition auf keinen nennenswerten Widerstand, zumal die ehemaligen Eigentümer hohe Entschädigungen erhielten, die sie mit größerem Gewinn in anderen Industriezweigen anlegen konnten. Nur die Verstaatlichung der Eisen- und Stahlindustrie, eines damals expandierenden Industriezweigs, rief bei den Konservativen Proteste hervor; das Oberhaus legte sein aufschiebendes Veto ein, das jedoch kurz zuvor auf ein Jahr begrenzt worden war.

Die Leitung und Kontrolle der nationalisierten Betriebe wurde besonderen Ausschüssen übertragen, in denen vorwiegend Männer der Finanz und Industrie saßen, „von denen kaum erwartet werden konnte, daß die Industriezweige in ihren Augen zu einem anderen Zweck verstaatlicht worden waren, als noch wirksamer dem ‚privaten Sektor' zu dienen".[10] Von einem echten Mitspracherecht der Arbeiter konnte keine Rede sein; die in die Ausschüsse berufenen Gewerkschaftsfunktionäre dienten nur als Feigenblatt, um den ausgeprägt staatsmonopolistischen Charakter der Verstaatlichungen zu verschleiern.

Dennoch begrüßten die britischen Arbeiter die Nationalisierungen, weil sie sich in den verstaatlichten Betrieben eine größere Einflußnahme und Kontrolle sowie einen Schutz vor Entlassungen erhofften. Vor allem aber erblickten sie darin die Verwirklichung einer alten Forderung der britischen Arbeiterklasse und waren überzeugt, daß damit eine Entwicklung eingeleitet würde, die schließlich auch vor den Kommandohöhen der Wirtschaft nicht haltmacht. Zugleich stellten die Verstaatlichungen in gewisser Weise einen Präzedenzfall dar, der für die britischen Kapitalisten die Gefahr der Ausweitung in sich barg und deshalb ihren Argwohn weckte. Die Forderung nach Nationalisierung wichtiger Industriezweige blieb deshalb auch weiterhin eine Grundforderung der britischen Arbeiterklasse, während die Labour-Führung immer mehr davon Abstand nahm.

Für die Werktätigen direkt zu Buche schlugen hingegen zwei wichtige, von der Labour-Regierung 1946 erlassene Gesetze im sozialen Bereich, die im Juli 1948 in Kraft traten. Es handelte sich um das Gesetz über die Staatliche Versicherung sowie um das Gesetz über die Staatliche Gesundheitsfürsorge. Das Versicherungsgesetz sah eine Neuordnung der Sozialversicherung vor, wie sie in ihren Grundzügen bereits 1942 von einer Kommission unter Vorsitz des Liberalen William Beveridge vorgeschlagen worden war. Nach diesem Gesetz waren alle erwachsenen Personen pflichtversichert und hatten Anspruch auf Krankengeld, Arbeitslosenunterstützung, Altersrente, Kindergeld, Schwangerenunterstützung, Witwen- und Sterbegeld. Die Versicherten zahlten dafür einen monatlichen Beitragssatz. Außerdem mußten die Unternehmer einen bestimmten Betrag für jeden Versicherten abführen, während der Rest des benötigten Geldes aus dem Staatshaushalt kam.

Das Staatliche Gesundheitsgesetz sicherte der Bevölkerung kostenlose ärztliche Betreuung, einschließlich eines notwendig werdenden Krankenhausaufenthalts, sowie die gebührenlose Bereitstellung von Medikamenten zu. Dieses Gesetz stieß insbesondere beim Britischen Ärzteverband auf Widerstand. Doch der verantwortliche Minister, der dynamische und wortgewandte Aneurin Bevan, ein ehemaliger Waliser Bergmann, machte sich zum beredten Anwalt dieses Gesetzes und verstand es, die meisten Bedenken aus dem Weg zu räumen. Trotz mancher Unzulänglichkeiten wurde das Gesundheitsgesetz eine der populärsten Maßnahmen der dritten Labour-Regierung.

Nicht so erfolgreich war Gesundheitsminister Bevan bei der Lösung des Wohnungsproblems, das ebenfalls in sein Ressort fiel. Die Wohnungsmisere in Großbritannien war nicht nur auf Kriegszerstörungen und die Einstellung der Bautätigkeit während des Krieges zurückzuführen, sondern sie hatte tiefere Wurzeln und existierte seit der industriellen Revolution. Wie auch in anderen kapitalistischen Ländern war der Wohnungsbau Spekulationsobjekt, und in den Industriezentren wohnten die Arbeiter oft unter unzumutbaren Bedingungen. Am Ende des Krieges fehlten darüber hinaus vier Millionen Wohnungen.

Bevan initiierte ein Wohnungsbauprogramm, das in erster Linie durch die Gemeinden getragen werden sollte. Um die schlimmste Wohnungsnot zu beseitigen, hätten pro Jahr durchschnittlich 300 000 Häuser gebaut werden müssen. Tatsächlich aber wurde nur etwa die Hälfte des dringend benötigten Wohnraums zur Verfügung gestellt. Als die Labour-Regierung 1951 abtreten mußte, war somit die Wohnungsnot größer als früher. Andererseits standen z. B. in „vornehmen" Gegenden Londons ganze Gebäudekomplexe wegen zu hoher Mieten leer. Nicht selten wurden sie von wohnungssuchenden Arbeiterfamilien in Besitz genommen. Auf diese Weise verschafften sich Tausende vorübergehend Wohnraum. Am Ende aber blieb ihnen nur die gewaltsame Exmittierung.

Die sozialen Maßnahmen der Attlee-Regierung, zu denen auch die Subventionierung von Lebensmitteln gehörte, brachten der Masse der Bevölkerung ohne Zweifel zahlreiche Verbesserungen und Erleichterungen. Sie waren vor allem das Resultat eines jahrzehntelangen Kampfes der britischen Arbeiter um ein menschenwürdiges Leben. Andererseits trugen Steuererhöhungen und andere Belastungen dazu bei, daß die Werktätigen einen großen Teil der Ausgaben für soziale Zwecke selbst tragen mußten. Deshalb erweist sich die von Labour-Ideologen erfundene Legende vom „Wohlfahrtsstaat", für die das Reformprogramm der Attlee-Regierung Pate gestanden hat, als äußerst fragwürdig. Noch zweifelhafter wird es, wenn pseudosozialistische Phrasen herhalten müssen, um den Anschein zu erwecken, als habe die Attlee-Regierung einen „demokratischen Sozialismus" verwirklicht, der nicht mehr mit den alten Gebrechen des Kapitalismus behaftet sei.

Das „englische Experiment" hatte zugleich auch programmatische Bedeutung für die rechten Führer der internationalen Sozialdemokratie, die angesichts der Nachkriegsoffensive der Arbeiter- und demokratischen Bewegung zu beweisen suchten, daß der Kapitalismus mit sozialreformistischen Methoden, d. h. ohne die Diktatur des Proletariats, zu überwinden sei. In Wirklichkeit wurden die bestehenden Machtverhältnisse in Großbritannien unter der Attlee-Regierung nicht angetastet. Vielmehr trug diese entscheidend dazu bei, das nach dem zweiten Weltkrieg geschwächte kapitalistische System in Großbritannien zu stabilisieren und bei den Werktätigen reformistische Illusionen zu erzeugen oder zu vertiefen.

5. Gewerkschaften, Kommunisten und „wilde" Streiks

Eine der ersten Maßnahmen der Labour-Regierung war die Aufhebung des gewerkschaftsfeindlichen Gesetzes über Konflikte in der Industrie und über Gewerkschaften (Trade Disputes and Trade Unions Act) aus dem Jahre 1927, das die Bourgeoisie seinerzeit als Antwort auf den Generalstreik von 1926 verabschiedet hatte. Seine Außerkraftsetzung im Jahre 1946 führte zu einigen positiven Resultaten. So erhöhte sich die gewerkschaftliche Organisiertheit der britischen Arbeiterklasse von 5,9 (1945) auf 7,4 Millionen (1947), eine Reihe von Angestelltengewerkschaften schlossen sich dem TUC an, und die Zahl der Gewerkschafter, die der Labour Party über ihre Gewerkschaft als Kollektivmitglied beitraten, stieg von 2,5 (1945) auf 4,4 Millionen (1947).

Hartnäckig hingegen weigerte sich die Regierung, die unter Kriegsbedingungen angenommene Verfügung Nr. 1305, die faktisch auf ein Streikverbot hinauslief, aufzuheben. Der erste Nachkriegstreik mußte deshalb für die Regierung zur Nagelprobe werden. Als im September 1945 50 000 Hafenarbeiter in Birkenhead, Liverpool, Hull, London und anderen Hafenstädten für höhere Löhne und bessere Arbeitsbedingungen in den Ausstand traten, sandte die Regierung — unter Berufung auf das Gesetz über außerordentliche Vollmachten aus dem Jahre 1920 — 10 000 Soldaten als Streikbrecher in die Häfen. Da es die Führer der Transportarbeitergewerkschaften mit dem notorischen Antikommunisten Arthur Deakin an der Spitze ebenfalls ablehnten, diesen Streik zu unterstützen, stand den Streikenden faktisch eine gemeinsame Front von Unternehmern, Regierung und rechten Gewerkschaftsführern gegenüber.

Mit dem Hafenarbeiterstreik im Herbst 1945 begann eine Welle sogenannter inoffizieller oder ,,wilder" Streiks, die in den folgenden Jahren zahlreiche Berufsgruppen erfaßte, darunter die Arbeiter nationalisierter Industriezweige, vor allem die Bergleute. Dank einer wachsenden Solidarität unter den Arbeitern verschiedener Industriezweige gelang es den Streikenden zumeist, Lohnerhöhungen durchzusetzen, obwohl der Jahreskongreß der TUC 1948 einem ,,Einfrieren" der Löhne zustimmte. Dennoch war die Streikaktivität der britischen Arbeiter nach 1945 insgesamt geringer als nach dem ersten Weltkrieg, was nicht zuletzt mit gewissen Erwartungen und Illusionen zusammenhing, die die Arbeiter an die Tätigkeit einer Labour-Regierung knüpften.

Die einzige politische Kraft in Großbritannien, die sich voll mit den Streikenden solidarisierte, war die Kommunistische Partei. In ihren Reihen wirkten viele aktive Gewerkschafter, die sich durch ihren selbstlosen Einsatz für die Arbeiterinteressen das Vertrauen ihrer Kollegen erworben hatten. Nach dem Krieg waren zahlreiche Kommunisten in leitenden Gewerkschaftsfunktionen tätig, z. B. Arthur Horner als Generalsekretär der Bergarbeitergewerkschaft und Jim Gardner als Sekretär der Gießereiarbeitergewerkschaft. Mit Bert Papworth von der Transportarbeitergewerkschaft saß sogar ein Kommunist im Generalrat des TUC.

Um die Positionen der linken Kräfte in der Arbeiterbewegung zu stärken, beantragte die KP Großbritanniens im Januar 1946 erneut ihre Aufnahme als Kollektivmitglied in die Labour Party. Doch es gelang den rechten Labour-Führern auch diesmal, die Mehrheit der Delegierten auf der Jahreskonferenz der Partei 1946 zur Ablehnung des Antrags zu bewegen. Darüber hinaus nahm die Jahreskonferenz auf Vorschlag des Exekutivkomitees eine Statutenänderung vor, die es politischen Organisationen mit eigenem Programm, eigenem Parteiapparat usw. unmöglich machte, der Labour Party beizutreten.

Im Zuge des beginnenden kalten Krieges gegen die Sowjetunion, das entstehende sozialistische Weltsystem und alle fortschrittlichen Kräfte in der Welt sahen sich auch die britischen Kommunisten zunehmendem Druck ausgesetzt. Die rechten Gewerkschaftsführer begannen ein Kesseltreiben gegen aktive Gewerkschafter, die der KP angehörten. Nachdem bereits

1947 der Sekretär der Labour Party, Morgan Phillips, die Gewerkschaften in einem Rundschreiben aufgefordert hatte, sich der Kommunisten zu entledigen, verfaßte der Generalrat des TUC 1948 und 1949 zwei Schmähschriften, in denen die Tätigkeit der Kommunisten in der Gewerkschaftsbewegung in übelster Weise verleumdet wurde. Die dem TUC angeschlossenen Gewerkschaften wurden aufgefordert, Kommunisten aus leitenden Funktionen zu entfernen und sie nicht als Delegierte zu Gewerkschaftskongressen zu wählen. Obwohl der Jahreskongreß des TUC im September 1949 diese antikommunistische Politik billigte, lehnten es fast alle bedeutenden Gewerkschaften ab, Kommunisten zu diskriminieren. Die einzige gewichtige Ausnahme bildete die Transportarbeitergewerkschaft, die Ende 1949 den Beschluß faßte, neun hauptamtliche Funktionäre zu entlassen und keine Kommunisten mehr in leitende Funktionen zu wählen.

Gemeinsam mit den beiden US-amerikanischen Gewerkschaftszentralen AFL und CIO waren die rechten Gewerkschaftsführer des TUC auch maßgeblich an der Spaltung des Weltgewerkschaftsbundes (WGB) beteiligt. Unmittelbar nach dem Krieg hatte sich der TUC dem allgemeinen Drang nach internationaler Gewerkschaftseinheit nicht entziehen können und deshalb die Gründung des WGB im Oktober 1945 mitinitiiert. Als es jedoch den rechten Führern des TUC im Zuge des beginnenden kalten Krieges nicht gelang, dem WGB ihre Politik aufzuzwingen, boykottierten sie seine Tätigkeit und forderten schließlich seine Auflösung. Da ihr Ansinnen im WGB auf breiten Widerstand stieß, verließen sie zusammen mit der CIO und den niederländischen Gewerkschaften den WGB und gründeten im Dezember 1949 mit anderen sozialreformistisch orientierten Gewerkschaftsverbänden den Internationalen Bund Freier Gewerkschaften (IBFG).

Ungeachtet der antikommunistischen Praktiken des TUC erzielten die kämpferischen Kräfte in der britischen Gewerkschaftsbewegung um die Wende zu den fünfziger Jahren zwei bedeutsame Erfolge. Erstens nahm der Jahreskongreß des TUC 1950 entgegen dem Vorschlag des Generalrates mit Stimmenmehrheit eine Resolution gegen ein weiteres „Einfrieren" der Löhne an. Zweitens sah sich die Regierung im August 1951 gezwungen, die Verordnung 1305 aufzuheben. Noch im September 1950 hatte sie das Gesetz gegen streikende Londoner Gaswerker angewandt, indem sie 10 Mitglieder der Streikleitung verhaften und aburteilen ließ. Daraufhin gründeten die Londoner Arbeiter ein Vereinigtes Komitee zum Kampf für die Außerkraftsetzung der Verordnung Nr. 1305. Als die Regierung im Februar 1951 erneut versuchte, das Gesetz, diesmal gegen streikende Hafenarbeiter, anzuwenden, mußte sie den Rückzug antreten. Unter dem Druck der empörten Arbeiter wurden die verhafteten Hafenarbeiter freigelassen und die Verordnung 1305 annulliert. Das Streikrecht der britischen Arbeiter war damit wiederhergestellt.

6. Auf dem Weg in die NATO

Bereits die Fulton-Rede Churchills im März 1946 hatte signalisiert, daß die tonangebenden Kreise Großbritanniens früher als die der USA bereit waren, einen militanten antisowjetischen Kurs einzuschlagen und von der Kooperation mit der UdSSR zur Konfrontation überzugehen. Die von Churchill in dieser Rede beschworene Partnerschaft mit den USA war Teil des außenpolitischen Konzepts der Nachkriegszeit, über das sich die beiden Hauptparteien, die Konservativen und die Labour Party, prinzipiell einig waren. Es beruhte auf der Fiktion, daß Großbritannien als wichtigster Verbündeter der USA, als Führungsmacht des Commonwealth und als stärkste westeuropäische Macht trotz zunehmender ökonomischer Schwächung seine Weltmachtposition aufrechterhalten und den sich ausbreitenden Sozialismus zurückdrängen könnte.

Die Partnerschaft mit den USA, die London gern als ,,besondere Beziehungen" (special relationship) bezeichnete, bildete deshalb trotz zunehmender Rivalität zwischen beiden Staaten um wirtschaftliche und politische Einflußsphären einen Eckpfeiler der britischen Außenpolitik nach dem zweiten Weltkrieg. Die USA ihrerseits versäumten es nicht, London immer wieder spüren zu lassen, daß diese Partnerschaft nicht ebenbürtig sei. So nutzte Washington die wirtschaftlichen Schwierigkeiten Großbritanniens, um die britischen Positionen im Commonwealth zu untergraben und in andere britische Einflußgebiete, insbesondere in den Nahen und Mittleren Osten mit seinen reichen Erdölvorkommen, einzudringen. Die USA beendeten auch einseitig die Zusammenarbeit mit Großbritannien bei der Entwicklung der Atombombe, bei deren Herstellung 75 führende britische Wissenschaftler mitgewirkt hatten. Dies wiederum veranlaßte Attlee 1948 zu dem Entschluß, eine eigene britische Atomstreitmacht aufzubauen.

Von den USA immer mehr in die Rolle eines Juniorpartners gedrängt, versuchte Großbritannien wenigstens in Westeuropa seine Vormachtstellung zu behaupten. Der Ausgang des Krieges, insbesondere die Schwächung des deutschen Konkurrenten, bot hierfür günstige Voraussetzungen. Bereits während des Krieges hatten die herrschenden Kreise Großbritanniens auf die Bildung eines westeuropäischen Blocks unter britischer

Führung orientiert. Daran anknüpfend, forderte Churchill am 19. September 1946 in einer Rede an der Universität Zürich, eine „Art Vereinigter Staaten von Europa" zu schaffen, zu denen Großbritannien — gestützt auf sein Empire und seine Partnerschaft mit den USA — enge Beziehungen unterhalten wolle. Ging es Churchill auch in erster Linie um den Aufbau eines antisowjetischen Staatenblocks in Westeuropa, so spekulierte er zugleich darauf, mit einem von Großbritannien geführten geeinten Westeuropa im Rücken die britische Position gegenüber dem überlegenen Rivalen aus Übersee aufwerten zu können. Obwohl die Europakonzeption Churchills sowohl unter Konservativen als auch in der Labour Party — wenn auch aus unterschiedlichen Motiven — auf Einwände stieß, griff die Attlee-Regierung die Losung vom „Vereinigten Europa" auf. Um den antisowjetischen Charakter ihrer Europapolitik zu tarnen, erweckte sie zunächst den Anschein, als könne ein „Vereinigtes Europa" als „dritte Kraft" zwischen dem sich entwickelnden sozialistischen Weltsystem und dem USA-Imperialismus fungieren. Diese Scheinalternative zerstob jedoch spätestens mit der Annahme des Marshall-Planes durch die Labour-Regierung.

Der erste Schritt auf dem Weg einer antisowjetischen Blockbildung in Europa war der zwischen Großbritannien und Frankreich abgeschlossene Vertrag von Dünkirchen vom 4. März 1947. Obwohl er offiziell als ein Verteidigungsbündnis gegen die Gefahr einer neuen deutschen Aggression bezeichnet wurde, bildete er die Grundlage für den militärischen Zusammenschluß der imperialistischen Mächte nach dem zweiten Weltkrieg.

Ebenfalls im März 1947 begannen auf Vorschlag Londons Verhandlungen zwischen Großbritannien und der Sowjetunion über die Verlängerung der Laufzeit des britisch-sowjetischen Vertrages von 1942 auf 50 Jahre; am positiven Ausgang dieser Beratungen war die britische Seite jedoch von vornherein nicht interessiert. Vielmehr hatten diese Verhandlungen eine Art Alibifunktion gegenüber der eigenen Bevölkerung und wurden zugleich benutzt, um der Sowjetunion die Schuld für die Verschlechterung der Beziehungen zwischen beiden Staaten zuzuschieben. Da Großbritannien nicht bereit war, die berechtigten Sicherheitsinteressen der UdSSR zu respektieren, endeten die Verhandlungen im Mai 1947 ergebnislos.

Anfang 1948 schlug Bevin im Unterhaus die Bildung einer Westunion auf der Grundlage des Vertrages von Dünkirchen vor. Die daraufhin eingeleiteten Verhandlungen führten am 17. März 1948 zum Abschluß des Brüsseler Paktes zwischen Großbritannien, Frankreich, Belgien, Luxemburg und den Niederlanden. Es war der erste multilaterale Militärpakt in Friedenszeiten mit einer ständigen und einheitlich geleiteten militärischen Organisation. Artikel 4 des Brüsseler Vertrages verpflichtete die Mitgliedstaaten zu automatischem militärischem Beistand. Obwohl die Westunion angeblich jeder Aggressionspolitik Widerstand leisten und namentlich Schutz vor einer neuerlichen deutschen Aggression bieten sollte, bestand in der Öffentlichkeit kein Zweifel darüber, daß sie ein Produkt des kalten Krieges und in ihrer Stoßrichtung antisowjetisch war. Großbritannien verband mit der Gründung der Westunion zugleich die Hoffnung, seinen Anspruch auf die führende Rolle in Westeuropa geltend zu machen und damit seine Position im Sonderbündnis mit den USA zu stärken. „Der Brüsseler Vertrag war ... nicht nur ein Instrument der konterrevolutionären Strategie Großbritanniens, konzipiert als Vorstufe eines atlantischen Paktes, der ihn dann absorbierte. Er verankerte darüber hinaus auch zeitweise die britische Hegemonie über Westeuropa."[11]

Im Sommer 1948 begannen zwischen den USA, Kanada und den Staaten der Westunion Verhandlungen über die Schaffung eines breitgefächerten militärisch-politischen Bündnisses. Großbritannien mußte dabei sehr schnell seine Hoffnungen auf eine paritätische Führung des ins Auge gefaßten Paktes durch die USA und die von ihm geführte Westunion begraben. Der am 4. April 1949 in Washington aus der Taufe gehobene aggressive Nordatlantikpakt (NATO) stand unter Führung der USA und wurde zum Hauptinstrument der imperialistischen Mächte im kalten Krieg gegen die UdSSR und die anderen sozialistischen Länder. Er bedrohte Frieden und Sicherheit in der Welt und war das Haupthindernis im Kampf um die Schaffung eines europäischen Sicherheitssystems. Außenminister Bevin bezeichnete die Gründung der NATO als „einen der großen Momente" in seinem Leben, und Premier Attlee spendete Bevin das zweifelhafte Lob, der Abschluß des Brüsseler Paktes und der NATO sei dessen Werk gewesen. Churchill hätte für seine 1946 in Fulton proklamierte Politik des kalten Krieges kaum einen besseren Sachwalter finden können.

7. Als Besatzungsmacht in Deutschland

Nach der bedingungslosen Kapitulation der deutschen Faschisten am 8. Mai 1945 übernahm Großbritannien zusammen mit der UdSSR, den USA und Frankreich die oberste Regierungsgewalt in Deutschland. Gemeinsam mit den anderen Mächten der Antihitlerkoalition verpflichtete es sich im Potsdamer Abkommen, Militarismus und Nazismus in Deutschland auszurotten und dem deutschen Volk die Möglichkeit zu geben, sein Leben auf demokratischer und friedlicher Grundlage zu gestalten. Deutschland sollte als einheitlicher Wirtschaftsorganismus behandelt und das deutsche Volk bei der Bildung eines einheitlichen demokratischen Staates unterstützt werden. Ähnliche Ziele hatte die Labour Party in einem 1944 verabschiedeten Dokument formuliert, das die Forderung enthielt, Deutschland auf unbefristete Zeit zu entmilitarisieren und „sowohl die Macht der deutschen Militärkaste als auch der deutschen Junker und Schwerindustriellen zu zerstören".[12]

Die Attlee-Regierung versuchte zunächst den Eindruck zu erwecken, als ob ihre Besatzungspolitik in Deutschland diesen Absichten und Zielen entspräche. So fehlte es anfangs nicht an Beteuerungen, das deutsche Monopolkapital zu entmachten, um eine neue deutsche Aggression zu verhindern. Außenminister Bevin versprach sogar die „Sozialisierung" der Ruhrindustrie, eine damals unter den britischen Arbeitern populäre Losung. Auch waren in der britischen Militärregierung in Deutschland anfangs nicht wenige Offiziere tätig, die mit antifaschistich-demokratischen Kräften zusammenarbeiteten und sich für die Durchsetzung konsequent antifaschistischer Maßnahmen einsetzten. Sie wurden allerdings bald abberufen oder mußten sich Befehlen fügen, die ihrer antifaschistischen Grundhaltung zuwiderliefen. Der britische Kronanwalt D. N. Pritt berichtet in seinen Memoiren von einem Stabshauptmann, der in den Internationalen Brigaden in Spanien gekämpft hatte, aktiver Kriegsteilnehmer gewesen war und nach dem Krieg in der britischen Militärregierung arbeitete. Bereits nach sechs Wochen wurde er wegen seiner Mitwirkung bei der Aufdeckung eines Skandals bei der Hamburger Polizei abberufen und mit einem niedrigeren Dienstgrad nach Holland versetzt.

Seit Anfang 1946 wurde der antisowjetische Kurs der britischen Regierung auch in der Deutschlandpolitik immer deutlicher spürbar. In einer Geheimbesprechung am 3. April 1946 im Foreign Office, an der Außenminister Bevin, der für Deutschland zuständige Minister Hynd sowie hohe Beamte des Foreign Office und der Kontrollkommission in Deutschland teilnahmen, spielte die Frage „der eventuellen Teilung Deutschlands in zwei Staaten" bereits eine entscheidende Rolle. Die Gesprächsteilnehmer einigten sich darauf, dem Kabinett ein Papier zu unterbreiten, in dem als Alternative aufgezeigt werden sollte, entweder „weiterhin zentrale deutsche Verwaltungen anzustreben oder in der britischen Zone eine Zonenverwaltung zu errichten, die mehr oder weniger als separate Einheit behandelt werden und die Möglichkeit einschließen sollte, die drei Westzonen Deutschlands zusammenzuschließen".[13]

Es geschah deshalb sicher nicht nur auf Betreiben der USA, als sich diese Mitte 1946 mit Großbritannien über die wirtschaftliche Fusion der amerikanischen und der britischen Besatzungszone einigten. „Es bleibt uns nichts anderes übrig, als das Potsdamer Abkommen zum alten Eisen zu werfen ...", bemerkte ein hoher Beamter des Foreign Office im Herbst 1946. Dabei komme es jedoch darauf an, „die Russen in der deutschen Öffentlichkeit als die Saboteure der deutschen Einheit erscheinen zu lassen".[14] Die Unterzeichner des am 2. Dezember 1946 abgeschlossenen Vertrages über die Bildung des „Vereinigten Wirtschaftsgebietes", der sogenannten Bizone, waren sich somit entgegen anderslautenden Beteuerungen in der Öffentlichkeit völlig darüber im klaren, daß diese Maßnahme in krassem Gegensatz zum Potsdamer Abkommen stand.

Die Moskauer Tagung des Rats der Außenminister vom 10. März bis 24. April 1947, die sich ausschließlich mit der deutschen Frage befaßte, stand bereits ganz im Zeichen des durch USA-Präsident Truman nunmehr offen proklamierten kalten Krieges gegen die Sowjetunion. Der sowjetische Vorschlag, Deutschland als einen einheitlichen, friedliebenden Staat mit einem gesamtdeutschen Parlament und einer deutschen Zentralregierung auf der Grundlage von demokratischen Wahlen wiederherzustellen, wurde vom britischen Außenminister Bevin mit der Begründung abgelehnt, eine solche „Überzentralisierung" könne erneut die Sicherheit der Völker gefährden. Statt dessen unterbreitete er einen Vorschlag, den sogenannten Bevin-Plan, der zwar formal von der Herstellung der Einheit Deutschlands ausging, aber eine so starke Föderalisierung vorsah, daß die beabsichtigte deutsche Zentralregierung faktisch machtlos gewesen wäre. Es ging Bevin, wie er sich in einem Brief an Attlee ausdrückte, um eine „Demokratie, wie wir sie verstehen"[15], d. h. um ein Deutschland nach westlichem Muster, in dem die alten Besitzverhältnisse erhalten und die Machtpositionen der Kapitalistenklasse unangetastet bleiben sollten.

Nach der Moskauer Tagung des Außenministerrates setzten die imperialistischen Besatzungsmächte ihre separaten Maßnahmen verstärkt fort. Dazu gehörten insbesondere die Einbeziehung ihrer Besatzungszonen in den Marshall-Plan sowie die weitere Ausgestaltung der Bizone, an die sich die französische Besatzungszone immer stärker anlehnte. In der Labour Party stieß die auf die Spaltung Deutschlands gerichtete Politik der Regierung auf wachsende Kritik. In einer der Jahreskonferenz der Partei im Mai 1947 unterbreiteten Resolution wurde gefordert, daß in der britischen Militärverwaltung Menschen arbeiten sollten, die mit dem Sozialismus sympathisieren. Die Zonenverwaltung sollte abgeschafft und „so bald als möglich durch ein politisch und ökonomisch vereinigtes Deutschland, das von einer demokratisch gewählten Regierung verwaltet werden sollte", ersetzt werden.[16]

Ungeachtet dieser Kritik setzte die Labour-Regierung ihre verhängnisvolle Deutschlandpolitik fort. Nach dem Abbruch der Londoner Konferenz des Rats der Außenminister am 15. Dezember 1947 arbeiteten die imperialistischen Mächte zielstrebig auf die endgültige Spaltung Deutschlands hin. „Die Vereinigten Staaten gaben zwar den Ton an, doch die britische Politik war im wesentlichen damit einverstanden", schreibt ein USA-Historiker.[17] So war von einer „Sozialisierung" der Ruhrindustrie schon längst nicht mehr die Rede. Statt dessen stimmte die Labour-Regierung im Juni 1948 einem auf Initiative der USA zustande gekommenen Beschluß zu, eine „Internationale Ruhrbehörde" unter Ausschluß der Sowjetunion zu bilden, die die Kohle- und Stahlproduktion an Rhein und Ruhr kontrollieren sollte. Als der Landtag von Nordrhein-Westfalen 1948 ein Gesetz zur Verstaatlichung des Kohlebergbaus annahm, legte die britische Besatzungsmacht ihr Veto ein.

Die Labour-Regierung war Mitinitiator aller weiteren Schritte, die die Bildung eines westdeutschen Separatstaates zum Ziel hatten, angefangen von der Londoner Sechsmächtekonferenz (Februar bis Juni 1948) und den dort formulierten sogenannten Londoner Empfehlungen über die separate Währungsreform in den Westzonen und in Westberlin im Juni 1948, das Inkraftsetzen des Ruhrstatuts im April 1949 bis zur Gründung der Bundesrepublik am 23. Mai 1949. Damit trug sie die Mitverantwortung für die Spaltung Deutschlands und die Restauration der ökonomischen und politischen Grundlagen des deutschen Imperialismus.

8. Das Empire wankt

Die Labour-Regierung sah sich 1945 mit der Tatsache konfrontiert, daß die Völker der von Großbritannien in Jahrhunderten zusammengeraubten Kolonien die britische Herrschaft nicht länger dulden wollten. Während des Krieges, in den die Kolonialvölker auf unterschiedlichste Weise einbezogen worden waren, hatte sich der Gegensatz zwischen Unterdrückern und Unterdrückten aufs äußerste zugespitzt. Im Bewußtsein der kolonial unterdrückten Völker war der Krieg gegen den Faschismus zugleich ein Befreiungskrieg vom Kolonialjoch. Einige britische Kolonien in Asien, wie Burma und Malaya, waren während des Krieges von Japan besetzt worden. Nach der Vertreibung der Japaner waren die befreiten Völker nicht mehr bereit, sich den alten Kolonialherren erneut zu unterwerfen. Der antijapanische Widerstandskampf wuchs hinüber in den Kampf um nationale Unabhängigkeit.

In zahlreichen Kolonien hatte der Kampf gegen die britische Kolonialherrschaft eine jahrezehntelange Tradition. Insbesondere in Süd- und Südostasien hatte die national-revolutionäre Befreiungsbewegung ein solches Ausmaß erreicht, daß sich die Kolonialmacht außerstande sah, dort die Vorkriegsverhältnisse wiederherzustellen. Die Labour-Regierung verfolgte deshalb eine Taktik der Kompromisse und Zugeständnisse, ohne dabei prinzipiell die „Legitimität" der britischen Kolonialpolitik in Frage zu stellen.

In Indien, der größten britischen Kolonie, hatte sich die Krise der britischen Herrschaft während des Krieges so zugespitzt, daß die Labour-Regierung gezwungen war, schnell zu handeln, um einer Explosion im Lande vorzubeugen. Um zu retten, was noch zu retten war, strebte London im Sinne der alten imperialen Devise „Teile und herrsche" nach separater Verständigung mit den beiden großen Parteien in Indien, dem Indischen Nationalkongreß unter Führung von J. Nehru und der Moslemliga unter Leitung von M. A. Jinnah. Eine im März 1946 nach Indien entsandte britische Regierungsmission kehrte jedoch unverrichteterdinge nach London zurück. Die Moslemliga trat im Gegensatz zum Nationalkongreß für die Abtrennung der Gebiete von Indien ein, in denen die Bevölkerung islamischen Glaubens die Mehrheit bildete, ein Plan, der von Großbritannien lebhaft unterstützt wurde. Da es jedoch keine klaren Grenzen zwischen Moslem- und Hindugebieten gab, mußte jede Teilung große Umsiedlungsaktionen mit sich bringen und den religiösen Fanatismus schüren. Deshalb war der große Führer des antiimperialistischen Befreiungskampfes in Indien, der Patriot und Humanist Mahatma Gandhi, gegen eine Teilung des Landes. „Er durchschaute die Engländer, die auf diese Weise die faktische Abhängigkeit aufrechterhalten wollten, auch wenn sie formal der Unabhängigkeit zustimmten."[18]

Unterdessen erreichten die sozialen und antibritischen Bewegungen in Indien einen neuen Höhepunkt. In den Städten nahmen Zahl und Heftigkeit der Streiks zu. Auf dem Lande fanden Protestaktionen gegen Pacht- und Zinswucher statt. In einigen Gebieten rebellierten die Bauern gegen die feudalen Grundherren und nahmen Land in Besitz. Im Februar 1946 erhoben sich die Matrosen in Bombay, um gegen die kolonialen Praktiken und gegen rassistisches Verhalten britischer Offiziere zu protestieren. In dem von ihnen gebildeten Streikkomitee waren alle politischen und religiösen Bewegungen vertreten. Die Arbeiter von Bombay solidarisierten sich mit den Matrosen und riefen den Generalstreik aus.

Doch die Führungen des Nationalkongresses und der Moslemliga distanzierten sich von den rebellierenden Matrosen. Da ihnen London grundsätzlich die Selbstregierung in Aussicht gestellt hatte, sahen sie keinen

Anlaß, sich auf die Massen zu stützen. Statt dessen konzentrierten sie sich auf die von den Briten geschürten religiösen Zwistigkeiten zwischen den Nationalitäten und Religionsgemeinschaften, die sich zu blutigen Massakern und bürgerkriegsähnlichen Zuständen steigerten. Die Moslemliga ging zu direkten Aktionen für die Abtrennung der islamischen Gebiete über und verschärfte damit den Konflikt mit dem Nationalkongreß.

Nachdem Attlee am 20. Februar 1947 die Übergabe der Regierung an Indien bis spätestens Juni 1948 angekündigt hatte, ernannte er Lord Mountbatten zum letzten Vizekönig von Indien und beauftragte ihn, so schnell wie möglich eine Entscheidung herbeizuführen. Mountbatten schlug vor, an Stelle von Britisch-Indien zwei Dominien zu schaffen, denen die Unabhängigkeit gewährt werden sollte. Der Nationalkongreß stimmte schließlich der Teilung Indiens zu; auch Gandhi gab resigniert nach. ,,Er stand vor den Trümmern seiner eigenen Vorstellungen, ein desillusionierter Mann. Statt eines friedlichen, seinem Ideal der Gewaltlosigkeit entsprechenden Indien sah er ein sinnloses, gegenseitiges Morden der Angehörigen verschiedener Religionen."[19] Er selbst fiel am 30. Januar 1948 dem Mordanschlag eines religiösen Fanatikers zum Opfer.

Am 15. August 1947 endete die britische Herrschaft über Indien. Es entstanden zwei unabhängige Staaten, Indien und Pakistan, die beide den Dominionstatus erhielten. Ungeachtet aller Unzulänglichkeiten war die Erringung der staatlichen Unabhängigkeit Indiens und Pakistans ein Ereignis von großer historischer Tragweite. Es leitete nicht nur einen neuen Abschnitt in der Geschichte des indischen Volkes ein, sondern kündigte auch unwiderruflich den Zusammenbruch des britischen Kolonialimperiums an.

Am 4. Februar 1948 erlangte auch Ceylon die staatliche Unabhängigkeit. Hier war es der Labour-Regierung ohne große Konflikte und Auseinandersetzungen gelungen, mit den rechten Kräften innerhalb der Unabhängigkeitsbewegung zu einer Übereinkunft zu kommen. Ceylon erhielt ebenfalls den Dominionstatus.

Einen anderen Verlauf nahmen die Ereignisse in Burma. Dort war während des Krieges eine alle politische Richtungen umfassende antijapanische Widerstandsbewegung entstanden, die Antifaschistische Volksfreiheitsliga (AFPFL) unter Vorsitz von General Aung San. Nach der Vertreibung der Japaner, an der die AFPFL wesentlichen Anteil hatte, versuchte London zunächst, die alten Verhältnisse wiederherzustellen. Diese kolonialen Restaurationsversuche stießen jedoch auf den hartnäckigen Widerstand des burmesischen Volkes. Protestaktionen und Streiks mündeten am 23. September 1946 in einen Generalstreik und in die Forderung nach Bildung einer nationalen Regierung. Daraufhin entschloß sich die Labour-Regierung zu einer Änderung ihrer Taktik. Sie schlug die Bildung einer Interimsregierung unter Aung San vor. Die Mehrheit der AFPFL erklärte sich mit diesem Kompromiß einverstanden, während sich konsequent revolutionäre Kräfte, darunter die Kommunistische Partei, dagegen wandten. Diese Differenzen führten schließlich zu der von den Engländern einkalkulierten Spaltung der nationalen Befreiungsbewegung Burmas.

Nachdem die kleinbürgerlichen, kompromißbereiten Kräfte in der AFPFL die Oberhand gewonnen hatten, entschloß sich die Labour-Regierung Ende 1946, die Unabhängigkeit in Aussicht zu stellen. Die Ermordung Aung Sans durch Rechtsextremisten am 19. Juli 1947, die Aufdeckung der Verschwörung und der Prozeß gegen die Verschwörer zwangen London zu schnellem Handeln. In einem am 17. Oktober 1947 unterzeichneten Abkommen verzichtete es auf seine kolonialen Ansprüche gegenüber Burma, und am 4. Januar 1948 proklamierte sich Burma als unabhängiger Staat. Im Gegensatz zu Indien, Pakistan und Ceylon verblieb Burma nicht im Commonwealth.

Anders als in Indien, Burma und Ceylon war die britische Kolonialmacht in dem an strategischen Rohstoffen, wie Zinn und Kautschuk, reichen Malaya nicht bereit, der nationalen Befreiungsbewegung Tribut zu zollen und die Unabhängigkeit des Landes anzuerkennen. Die im Kampf gegen die Japaner geschaffene Malayische Antijapanische Volksarmee hatte das Land vor dem Eintreffen britischer Truppen befreit und gewählte Volkskomitees ins Leben gerufen, die die Verwaltung des Landes übernahmen. Die britische Kolonialmacht, die Truppen in Malaya an Land setzte, löste die Komitees auf und begann, die demokratischen Massenorganisationen, darunter den Malayischen Gewerkschaftsverband, der 300 000 Mitglieder umfaßte, sowie politische Parteien, insbesondere die Kommunistische Partei, in ihrer Tätigkeit zu behindern. Ähnlich wie in Indien nutzte sie die zwischen den malayischen, chinesischen und indischen Bevölkerungsgruppen bestehenden Widersprüche aus, um Haß und Feindschaft zwischen den Nationalitäten zu schüren. Auf diese Weise gelang es ihr — unterstützt durch die malayische Feudalreaktion —, die nationale Befreiungsbewegung Malayas zu spalten.

Die Labour-Regierung handelte mit der Feudalaristokratie und den kompromißbereiten Kräften der malayischen Bourgeoisie einen Verfassungsplan aus, der am 1. Februar 1948 zur Bildung der Malayischen Föderation führte, an deren Spitze ein britischer Hochkommissar stand. Singapur wurde von Malaya abgetrennt. Malaya sollte nach Auffassung Londons „nach und nach unabhängig" werden.

Das Volk von Malaya fühlte sich verraten. Mit einem 24stündigen Streik und anderen Aktionen protestierte es gegen diese Machenschaften. Doch die britische Kolonialmacht war entschlossen, jeden Widerstand zu unterdrücken, um das an Rohstoffen reiche Land weiter ausbeuten zu können. Im Juni 1948 wurde über das ganze Land der Ausnahmezustand verhängt. Der Malayische Gewerkschaftsverband, andere demokratische Massenorganisationen und die Kommunistische Partei wurden verboten. Es kam zu einer Welle von Verfolgungen, Verhaftungen, massenhaften Aburteilungen und Hinrichtungen. Im September 1948 griff das Volk von Malaya, geführt von der Kommunistischen Partei, zu den Waffen und begann den Partisanenkampf. Daraufhin begann die britische Kolonialmacht — ähnlich wie die französische in Indochina — einen grausamen Kolonialkrieg in Malaya, der eine Reihe von Jahren dauerte und in den immer mehr britische Truppen einbezogen wurden. Erst gegen Ende 1951 gelang der Kolonialmacht eine Wende zu ihren Gunsten. Ungeachtet dessen setzte die Anfang 1949 gebildete Malayische Volksbefreiungsarmee ihren Kampf noch jahrelang fort. Die Unabhängigkeit errang das Land erst 1957.

Nach dem Verlust der Mehrheit der asiatischen Kolonien konzentrierte sich die britische Kolonialpolitik auf Afrika. Um aus den dortigen Kolonien noch mehr herauszupressen, wurde 1948 ein Gesetz über die Entwicklung der überseeischen Ressourcen verabschiedet. Es sah die Bildung zweier staatlicher Körperschaften vor, der Korporation für koloniale Entwicklung sowie der überseeischen Lebensmittelkorporation. Obwohl diese Maßnahmen angeblich der Entwicklung der Kolonialgebiete dienen und den Afrikanern Fortschritt und ein besseres Leben bescheren sollten, machten die Labour-Minister kein Hehl daraus, daß die Kolonien dem „Mutterland" aus den ökonomischen und finanziellen Schwierigkeiten heraushelfen sollten. Ernährungsminister John Strachey drückte das so aus: „Auf diese oder andere Weise, so oder so, ist die Entwicklung von Grundprodukten aller Art innerhalb und außerhalb des Empire eine Angelegenheit von Leben oder Tod für die Wirtschaft dieses Landes."[20]

Die Nutznießer aller Entwicklungsprojekte in den Kolonien, auch des mit großem Propagandaaufwand angekündigten und schließlich gescheiterten Erdnußprojekts zur Ölgewinnung in Tanganjika, waren die großen Monopole, die ihre Kolonialprofite zum Teil beträchtlich erhöhen konnten, während für die afrikanische Bevölkerung im besten Falle nur einige Krumen vom reich gedeckten Tisch abfielen.

Doch auch in Afrika wuchs die antikoloniale Bewegung für Freiheit und Unabhängigkeit rasch an. Die britische Kolonialmacht war hier jedoch zu keinerlei Zugeständnissen bereit. Wo Widerstand aufflammte, wurde er grausam unterdrückt. Eine am 28. Februar 1948 in der Kolonie Goldküste

(Ghana) durchgeführte genehmigte Demonstration gegen Preiswucher wurde von der Polizei brutal zusammengeschossen. Auf ihr Schuldkonto kamen 22 Tote und über 200 Verletzte. Ähnliches ereignete sich am 18. November 1949 in Nigeria, als Polizeitruppen gegen streikende Bergarbeiter vorgingen; 21 Arbeiter wurden getötet und 51 verletzt. „Die Antwort der Regierung auf die antikoloniale Herausforderung, mit der sie sich konfrontiert sah, war eine Mischung von geringfügigen Verfassungsreformen einerseits und von Repression andererseits, darunter der als Teil der Verteidigung der ‚freien Welt' gegen den Kommunismus geführte grausame Kolonialkrieg in Malaya."[21]

Auch im Nahen und Mittleren Osten geriet die britische Herrschaft nach dem Krieg ins Wanken. Diese Region war seit jeher wegen ihrer strategischen Bedeutung am Schnittpunkt zweier Kontinente und zunehmend wegen ihrer reichen Erdölvorkommen von besonderem Interesse für den britischen Imperialismus. Die meisten Länder des Nahen und Mittleren Ostens befanden sich in halbkolonialer Abhängigkeit von Großbritannien und Frankreich, die in diesem Raum im Ergebnis des Krieges zudem noch starke Truppenverbände konzentriert hatten. Die nationale Befreiungsbewegung, die auch hier einen starken Aufschwung nahm, artikulierte sich vor allem in der Forderung nach Abzug der ausländischen Truppen, nach Revision der den Völkern des Nahen und Mittleren Ostens aufgezwungenen ungleichen Verträge und nach völliger Herstellung der Unabhängigkeit und Souveränität.

In Syrien und im Libanon, wo die Interessen Frankreichs und Großbritanniens aufeinanderprallten, sahen sich beide Länder bald einem derartigen Druck von innen und außen ausgesetzt, daß sie 1946 ihre Truppen abziehen mußten. Gleichzeitig entschloß sich London zur Aufhebung des britischen Mandats über Transjordanien, behielt sich aber das Recht vor, seine Truppen im Land zu belassen. Transjordanien erklärte sich am 25. Mai 1946 zum Königreich. Der durch britische Subsidien ausgehaltene König Abdallah garantierte die britischen Interessen und Positionen in diesem Land.

Das Hauptproblem, mit dem sich die Labour-Regierung in diesem Raum konfrontiert sah, war jedoch Palästina, das seit 1920 britisches Mandatsgebiet war. Das prinzipienlose Lavieren Londons zwischen Zionisten und Arabern in den Zwischenkriegsjahren hatte seine Position in Palästina untergraben. Nach dem Krieg gingen die Zionisten zunehmend zu Terroraktionen gegen die britische Mandatsmacht und gegen die arabischen Palästinenser über, um ihr von den USA unterstütztes Programm, das auf die Errichtung eines jüdischen Staates in ganz Palästina zielte, in die Tat umzusetzen. Die politischen Kräfte im palästinensischen Lager hingegen waren zersplittert, führungsunfähig und hatten ihren Kontrahenten nichts Gleichwertiges entgegenzusetzen. Großbritannien geriet immer mehr in Verlegenheit und sah schließlich keinen anderen Ausweg, als die Lösung der Palästinafrage im April 1947 an die Vereinten Nationen zu delegieren. Diese empfahlen die Teilung Palästinas in einen jüdischen und einen arabischen Staat. Am 14. Mai 1948 erlosch das britische Mandat über Palästina. Am selben Tag proklamierten die Zionisten einseitig den Staat Israel.

Die gängige Behauptung, die Labour-Regierung habe eine „Entkolonialisierungspolitik" betrieben, wird somit durch die historischen Tatsachen widerlegt. Es war in erster Linie die Kraft der nationalen Befreiungsbewegung, die das britische Weltreich zerbröckeln ließ. Dabei scheute sich auch eine Labour-Regierung nicht, dort, wo es ihr opportun schien, einen Kolonialkrieg zu entfesseln.

9. Labour auf dem Prüfstand

Spätestens im Juli 1950 waren neue Unterhauswahlen fällig. Die Konservativen hatten die Zeit nach ihrem Debakel 1945 genutzt, um die Partei zu reorganisieren und zu reformieren. Dabei machten insbesondere konservative Politiker der mittleren Generation, wie Richard A. Butler, Reginald Maudling und Ian Macleod, von sich reden. Von den vorgelegten programmatischen Dokumenten verdient vor allem die Industriecharta Beachtung, in der sich die Konservativen für einen „Wohlfahrtsstaat" und für staatsmonopolistische Maßnahmen in der Wirtschaft aussprachen. Churchill hatte an diesen Aktivitäten keinen Anteil. Da die Konservativen zwischen 1945 und 1950 bei Nachwahlen für das Unterhaus sieglos geblieben waren, mehrten sich die Stimmen in der Partei, die den Rücktritt Churchills forderten, zumal dieser immer eigenwilliger und oft ohne vorherige Konsultation des „Schattenkabinetts" in der Öffentlichkeit agierte. Aber letztlich überwog doch sein in den Kriegsjahren erworbener Nimbus, um ihn an der Spitze der Partei zu belassen.

Die Labour-Regierung setzte die Wahlen für den 23. Februar 1950 fest. Einen Monat zuvor hatte sie die am 1. Oktober 1949 gegründete Volksrepublik China diplomatisch anerkannt und damit einen gewissen Sinn für Realitäten bewiesen. Dieser nicht zuletzt von wirtschaftlichen Motiven beeinflußte Schritt ging allerdings nicht mit einem Botschafteraustausch einher oder gar mit der Unterstützung des Anspruchs der VR China auf ihren rechtmäßigen Sitz in der UNO.

Die Wahlprogramme der beiden großen Parteien wichen in ihren prinzipiellen Aussagen nur noch wenig voneinander ab. Außenpolitisch sprach aus beiden der Geist des kalten Krieges. Aber auch innenpolitisch waren wesentliche Unterschiede kaum noch festzustellen. So war im Wahlprogramm der Labour Party von der Nationalisierung *wichtiger* Industriezweige nicht mehr die Rede; man beschränkte sich darauf, die Nationalisierung der Zucker- und Zementindustrie zu fordern. Der Wahlkampf selbst verlief ohne Höhepunkte. Nach Auffassung von Churchill waren es „artige" Wahlen. Nur einmal sorgte er selbst für Aufsehen, als er sich in einer Wahlrede in Edinburgh für neue Verhandlungen mit der Sowjetunion auf höchster Ebene aussprach. Verärgert bezeichneten die Labour-Führer dies als Wahltaktik. Als Antwort fiel ihnen jedoch nichts anderes ein, als weitschweifig auf die Schwierigkeiten bei der Vorbereitung solcher Verhandlungen hinzuweisen.

Die Wahlen, die eine hohe Wahlbeteiligung von 84 Prozent (gegenüber 74 Prozent 1945) aufwiesen, ließen die große Mehrheit der Unterhausmandate der Labour Party auf 6 zusammenschmelzen. Sie erhielt nur noch 315 Unterhaussitze, während die Konservativen 298, die Liberalen 9 und andere Parteien 2 Mandate errangen. Die Kommunistische Partei, die 100 Kandidaten aufgestellt hatte, verlor im Zeichen des verstärkten Antikommunismus ihre beiden Unterhaussitze. Attlee wurde erneut mit der Regierungsbildung beauftragt. Doch angesichts des Wahlausgangs war bereits abzusehen, daß die nächsten Wahlen bald folgen würden. Attlee nahm keine nennenswerten Änderungen in seiner Regierungsmannschaft vor. Die beiden nach ihm wichtigsten Männer, Außenminister Bevin und Schatzkanzler Cripps, blieben vorerst noch im Amt, obwohl beider Gesundheitszustand sehr schlecht war. An Bevins Stelle trat Anfang 1951 Herbert Morrison, und Cripps wurde noch im selben Jahr durch den weit jüngeren, zur Spitze der Labour Party vorgestoßenen Hugh Gaitskell abgelöst.

Die Tätigkeit der neuen Labour-Regierung stand ganz im Zeichen des kalten Krieges, der sich 1950 gefährlich zuspitzte und in einen heißen Krieg umzuschlagen drohte. Im Juni überfiel Südkorea mit massiver Unterstützung der USA die Koreanische Demokratische Volksrepublik, die sofort zum Gegenangriff überging. Unter Mißbrauch des UNO-Sicherheitsrates, der die KDVR — bei Abwesenheit des sowjetischen Vertreters — der Aggression bezichtigte, gelang es den USA, andere imperialistische Staaten, darunter Großbritannien, in diesen Krieg hineinzuziehen. Britische See- und Landstreitkräfte wurden faktisch unter USA-Befehl gestellt und intervenierten in Korea.

Dieser Krieg war von einer zügellosen antikommunistischen und antisowjetischen Hysterie begleitet, die alles bisher Dagewesene in den Schatten stellte; „er wurde benutzt, um eine großangelegte skrupellose Propaganda zu betreiben, die sowohl mit völlig falschen Darstellungen als auch mit der Unterschlagung von Tatsachen arbeitete", schrieb der britische Kronanwalt D. N. Pritt.[22] Viele Menschen in Großbritannien erlagen zunächst dieser Propaganda und stellten erst allmählich fest, daß sie hintergangen worden waren.

Die USA eskalierten diesen Krieg in einer Weise, daß selbst ihre Verbündeten etwaige Konsequenzen zu fürchten begannen. Als USA-Oberbefehlshaber McArthur mit dem Einsatz der Atombombe drohte, meldete Attlee, der Anfang Dezember 1950 bei Präsident Truman vorstellig wurde, vorsichtig Bedenken dagegen an. Der Verzicht Trumans auf den Einsatz der Bombe dürfte jedoch kaum auf die Intervention Attlees zurückzuführen gewesen sein; vielmehr mußten die USA in Rechnung stellen, daß die UdSSR seit 1949 ebenfalls über die Bombe verfügte.

Der Koreakrieg wurde von den USA zum Anlaß genommen, um von ihren NATO-Partnern verstärkte Rüstungsanstrengungen und die Zustimmung zur Einbeziehung der BRD in das militärische Paktsystem der Westmächte zu erzwingen. Im September 1950 kündigte die Labour-Regierung an, sie werde die Rüstungsausgaben auf 3,6 Milliarden Pfund Sterling für die Jahre 1951—1954 erhöhen. Dies bedeutete gegenüber 1949/50 eine Steigerung von 49 Prozent. Auf Druck der USA wurde diese Summe im Januar 1951 auf 4,7 Milliarden Pfund erhöht. Ebenfalls im September 1950 wurde die für Großbritannien in Friedenszeiten ohnehin unübliche Wehrpflicht auf zwei Jahre verlängert. Schließlich erklärte sich Bevin im gleichen Monat auf einer Außenministerkonferenz der USA, Großbritanniens und Frankreichs grundsätzlich mit der Remilitarisierung der BRD einverstanden. Keine sechs Monate waren vergangen, seit er Churchill, der im Unterhaus für einen militärischen Beitrag der BRD eingetreten war, entgegnet hatte: „Wir alle sind dagegen. Ich wiederhole, wir alle sind dagegen. Es wäre eine schreckliche Entscheidung."[23]

Wirtschaftlich wirkte sich der Koreakrieg eher nachteilig für Großbritannien aus. Es profitierte kaum von dem sogenannten Korea-Boom, den die verstärkte Nachfrage nach Kriegsmaterialien hervorgerufen hatte. Das lag daran, daß zum einen die Preise für dringend benötigte Importe sprunghaft anstiegen und zum anderen die rasche Aufrüstung die Wirtschaft erheblich belastete. Die Zahlungsbilanz, die 1950 noch einen Überschuß von 300 Millionen Pfund Sterling verzeichnete, verschlechterte sich erneut und wies 1951 bereits wieder ein Defizit von 400 Millionen Pfund auf.

Der Koreakrieg tat der Labour-Regierung auch politisch Abbruch, denn er machte deutlich, in welch hohem Maße sich Großbritannien bereits im Fahrwasser der Außenpolitik der USA befand. Dies und vor allem das auf Drängen der USA in Aussicht genommene Aufrüstungsprogramm stießen im Lande auf wachsende Kritik und lösten schließlich eine Regierungskrise aus. Im April 1951 erklärten Arbeitsminister Aneurin Bevan, Handelsminister Harold Wilson und der Parlamentarische Staatssekretär im Versorgungsministerium John Freeman im Zusammenhang mit dem vom Schatzkanzler vorgelegten Budget ihren Rücktritt. In einem Brief an Attlee begründete Bevan diesen Schritt damit, daß das Budget mit seinen für Rüstungszwecke vorgesehenen Ausgaben für ihn nicht annehmbar sei, weil es eine Erhöhung der Preise in Betracht ziehe und mit der Zerstörung jener Sozialleistungen beginne, auf die die Labour Party so stolz sei.[24]

Bevan, der aus der Arbeiterklasse stammte und über ungewöhnliches Redetalent und große persönliche Ausstrahlungskraft verfügte, galt seit jeher als Linker. In den dreißiger Jahren hatte er sich maßgeblich für das Zustandekommen einer Einheits- und Volksfront in Großbritannien eingesetzt und war deshalb 1939 vorübergehend aus der Labour Party ausgeschlossen worden. Von unbändigem Ehrgeiz erfüllt, hatte er nach dem Rücktritt von Cripps im Oktober 1950 wohl selbst auf das wichtige Amt des Schatzkanzlers spekuliert und betrachtete nun dessen Nachfolger, den Intellektuellen und politisch rechtsstehenden Hugh Gaitskell, als seinen ärgsten Rivalen. Wenn auch Bevans Rücktritt von persönlichen Motiven nicht unbeeinflußt gewesen sein mag, so fand sein Schritt doch breiten Widerhall in der Labour Party und führte zur Stärkung ihres linken Flügels. Es entstand die sogenannte Bevan-Gruppe, die in den folgenden Jahren beträchtlich an Einfluß gewinnen sollte.

Einiges Aufsehen erregte die Tatsache, daß das jüngste Mitglied der Attlee-Regierung, der damals erst 35jährige Harold Wilson, Bevans Beispiel folgte, obwohl er als Protegé der Parteiführung galt und sich bisher nicht als Linker profiliert hatte. Was immer auch die tieferen Beweggründe für seinen Rücktritt gewesen sein mögen, so legte Wilson damals den Grundstein für seine spätere Wahl zum Parteiführer, die ihm schließlich das höchste Amt im Staate einbrachte.

Im September 1951 kündigte die Labour-Regierung für den 25. Oktober Neuwahlen an. Auf ihrer Jahreskonferenz Anfang Oktober demonstrierte die Partei angesichts der bevorstehenden Wahlen Einigkeit. Zur Diskussion stand nur das Wahlprogramm. Es war sehr allgemein gehalten, und seine Formulierungen waren äußerst verschwommen. Das Wort „Sozialismus" wurde sorgfältig vermieden, und von einer Nationalisierung von Industriezweigen war nun überhaupt nicht mehr die Rede. Im Wahlkampf, in den erstmals ein neues Medium, das Fernsehen, einbezogen wurde, rückten angesichts der zugespitzten internationalen Situation Fragen der Außenpolitik und der Friedenssicherung zunehmend in den Vordergrund. Die Labour-Führer nutzten insbesondere den Konflikt mit dem Iran, um die Tories der Kriegstreiberei zu beschuldigen.

Im Iran hatten national gesinnte bürgerliche Kräfte um den neuen Premier Mossadegh im Frühjahr 1951 die Nationalisierung der mächtigen Anglo-Iranian Oil Company durchgesetzt. Diese hatte jahrzehntelang das Land ausgeplündert und den britischen Aktionären den Löwenanteil der Profite zugeschanzt. Trotz diplomatischen Ränkespiels, ökonomischen Drucks und der Demonstration miliärischer Stärke am Persischen Golf sah sich London schließlich gezwungen, nachzugeben und seine Spezialisten am Vorabend der Wahlen aus den Ölraffinerien von Abadan zurückzurufen. Die Konservativen erhoben dagegen lautstarken Protest und warfen der Regierung Schwäche vor. Daraufhin beschuldigten die Labour-Führer die Tories, sie hätten einen Krieg gegen den Iran vorgezogen und damit den internationalen Frieden aufs höchste gefährdet, ein Argument, das nicht ohne Wirkung auf die Wählerschaft blieb.

Dennoch brachten die Wahlen der Labour Party eine Niederlage. Sie konnte zwar mit 48,8 Prozent den höchsten Stimmenanteil, den sie je erzielte, für sich verbuchen und übertraf damit die Konservativen, die 48 Prozent der Stimmen auf sich vereinigten. Doch diesmal wirkte das Mehrheitswahlsystem zugunsten der Konservativen, die 321 Unterhaussitze erhielten, während die Labour Party nur 295 Abgeordnete ins neue Unterhaus entsenden konnte. Einen schweren Rückschlag erlebten die Liberalen, die lediglich 6 Sitze retten konnten. Die 10 Kandidaten der Kommunistischen Partei blieben bei dieser Polarisierung der Kräfte ohne Erfolg.

10. Für Frieden und Demokratie

Die Politik des kalten Krieges, die auch in Großbritannien mit verstärktem Antikommunismus einherging, bewirkte Ende der vierziger Jahre eine Zunahme der rechten Tendenzen in der britischen Arbeiterbewegung. Die Tätigkeit der Kommunisten und anderer linker Kräfte wurde zunehmend behindert. Im März 1948 verbot die Regierung die Beschäftigung von Kommunisten im Staatsdienst. In der Labour Party häuften sich disziplinarische Maßnahmen gegen linke Kräfte. So wurde 1948 John Platts-Mills aus der Partei ausgeschlossen, weil er ein Telegramm an die italienischen Sozialisten, die im Sprachgebrauch der rechten Labour-Führer als ,,von den

Kommunisten beherrscht" galten, initiiert hatte. Weitere 21 Unterzeichner dieses sogenannten Nenni-Telegramms, das nur gute Wünsche für die bevorstehenden Parlamentswahlen enthielt, mußten sich schriftlich verpflichten, in Zukunft derartige Schritte zu unterlassen. Im Frühjahr 1949 erfolgte der Parteiausschluß des engagierten linken Labour-Abgeordneten Konni Zilliacus, weil er am ersten Weltfriedenskongreß in Paris teilgenommen hatte.

In der Regel ließen sich jedoch die nach links tendierenden Kräfte in der Labour Party einschüchtern. So stimmten bei der Ratifizierung des Nordatlantikpaktes im Unterhaus im Mai 1949 neben den beiden kommunistischen und zwei unabhängigen Abgeordneten nur vier Labour-Abgeordnete gegen den NATO-Vertrag. Die bekannte linke Wochenschrift ,,Tribune" und die Mehrzahl ihrer Anhänger waren bereits Ende 1947 auf Regierungskurs eingeschwenkt.

Ungeachtet dessen begann sich seit 1948 auch in Großbritannien der organisierte Kampf gegen die friedensgefährdende Politik der Regierung zu entwickeln. Im Juli 1948 organisierte das Organ der KP Großbritanniens ,,Daily Worker" in London einen Friedenskongreß, an dem namhafte Persönlichkeiten, wie der Dekan von Canterbury, Hewlett Johnson, der unabhängige Unterhausabgeordnete D. N. Pritt und der Vorsitzende des Nationalen Friedensrates, Alex Wood, teilnahmen. Angeregt vom ersten Weltfriedenskongreß, gründeten bekannte Wissenschaftler und Persönlichkeiten des öffentlichen Lebens unter tatkräftiger Mitwirkung der Kommunisten im Juni 1949 das Britische Friedenskomitee. Es hielt im Oktober den ersten britischen Friedenskongreß ab, an dem Delegierte von Organisationen mit 1,6 Millionen Mitgliedern teilnahmen. Den berühmten Stockholmer Appell zur Ächtung der Atombombe unterzeichneten in Großbritannien 1,3 Millionen Menschen.

Dennoch nahm zunächst nur ein kleiner Teil der britischen Bevölkerung aktiven Anteil an der Friedensbewegung. Das lag nicht zuletzt daran, daß die Friedensbewegung aufs übelste verleumdet wurde, weil sie angeblich den ,,Interessen Moskaus" diene. Die Labour Party setzte das Britische Friedenskomitee auf die Liste der ,,verbotenen Organisationen", d. h., sie hielt eine Mitarbeit in diesem Komitee für unvereinbar mit der Mitgliedschaft in der Labour Party. Eine ähnliche Haltung nahmen die rechten Führer des TUC ein. Im November 1950 verbot die Labour-Regierung faktisch die Abhaltung des zweiten Weltfriedenskongresses in Sheffield, indem sie einer großen Zahl von Delegierten die Einreise nach Großbritannien verweigerte.

Nach dem Ausbruch des Koreakrieges mit seinen verhängnisvollen Folgen verstärkte sich der Friedenskampf des britischen Volkes. Auf der Jahreskonferenz der Labour Party im Herbst 1950 übten Delegierte zum ersten Mal seit 1947 wieder in größerem Umfang Kritik an der Außenpolitik der Regierung. Auch im Unterhaus wurden erneut kritische Stimmen laut. In den Mittelpunkt des Friedenskampfes rückte immer stärker der Widerstand gegen die geplante Wiederaufrüstung der BRD. In vorderster Reihe des Kampfes standen die Kommunisten, das Britische Friedenskomitee und andere demokratische und Friedensorganisationen. Aber auch innerhalb der Labour Party entfaltete sich eine breite Protestbewegung. Eine Reihe von großen Gewerkschaften, wie die Eisenbahnergewerkschaft, die Maschinenbauergewerkschaft und die Elektrikergewerkschaft, faßten auf ihren Jahreskonferenzen 1951 Beschlüsse, in denen sie die Wiederaufrüstung der BRD ablehnten. In einer dem TUC-Kongreß im September 1951 unterbreiteten Resolution, die über $2^1/_2$ Millionen Stimmen erhielt, wurde die Regierung aufgefordert, ihre Politik zur Unterstützung der Wiederaufrüstung Deutschlands und Japans aufzugeben.

In dieser Situation, in der zunehmend die Forderung nach einer Labour-Regierung laut wurde, die sich von den Interessen der Arbeiterklasse leiten läßt, trat die KP Großbritanniens mit ihrem neuen Parteiprogramm „The British Road to Socialism" an die Öffentlichkeit. Es war auf Initiative von Harry Pollitt ausgearbeitet und vom Exekutivkomitee im Januar 1951 verabschiedet worden. Die Bedeutung des Programms bestand darin, daß es den fortschrittlichen Kräften den Weg zum Sozialismus unter Beachtung der allgemeingültigen Gesetzmäßigkeiten wie der konkreten historischen Gegebenheiten des Landes aufzeigte. Es war das erste Programm einer kommunistischen Partei, das einen friedlichen Entwicklungsweg zum Sozialismus ins Auge faßte. Dabei maß es insbesondere dem „im Ergebnis des historischen Kampfes Britanniens um Demokratie entstandenen Parlament", das „in das demokratische Instrument des Willens der großen Mehrheit des Volkes" umzuwandeln sei, große Bedeutung bei.[25] Das Programm wies zugleich auf die Notwendigkeit einer einheitlich handelnden Arbeiterklasse hin, die die Opposition der Bourgeoisie zu zerschlagen habe.

Die Kommunistische Partei war sich darüber im klaren, daß wesentliche Voraussetzungen für die Realisierung des Programms erst noch geschaffen werden mußten. Noch war das Bewußtsein von der Notwendigkeit eines entschiedenen revolutionären Kampfes für eine sozialistische Perspektive unter den britischen Arbeitern schwach entwickelt und die traditionelle Loyalität gegenüber der Labour Party weiterhin groß. Den revolutionären Kräften aber gab das Programm eine klare Orientierung für Weg und Ziel des Kampfes.

VII. Auf dem Höhepunkt des kalten Krieges (1952—1956)

1. Wirtschafts- und innenpolitischer Konsens

Churchill stand kurz vor der Vollendung seines 77. Lebensjahres, als ihn der König nach den Oktoberwahlen 1951 mit der Regierungsbildung beauftragte. Der Gesündeste war er nicht mehr. Zwei überstandene Schlaganfälle und eine zunehmende Taubheit schränkten seine Arbeitsfähigkeit erheblich ein. Doch er war stolz darauf, noch einmal das höchste Amt im Staat übernehmen zu dürfen. Die von ihm auserkorene Regierungsmannschaft löste keine große Überraschung aus. Es waren vornehmlich Vertreter der „alten Garde", die Churchill schon während des Krieges treu gedient hatten. Das Verteidigungsministerium übernahm der Regierungschef — wie im Krieg — zunächst selbst, trat es aber schon nach kurzer Zeit an Feldmarschall Alexander ab. Außenminister wurde der erfahrene und schon seit 1940 als „Kronprinz" der Konservativen geltende Anthony Eden. Weitere wichtige Regierungsämter erhielten Richard Butler (Schatzkanzler), Sir Maxwell Fyfe (Innenminister), Oliver Lyttelton (Kolonialminister), Lord Woolton (Lordpräsident) und Lord Salisbury (Lordsiegelbewahrer).

Als ein Mißerfolg erwies sich die von Churchill eingeführte Maßnahme, die Arbeit mehrerer Ministerien zu koordinieren und sie unter die Aufsicht von sogenannten Oberministern oder Overlords — wie diese wegen ihrer Zugehörigkeit zum Oberhaus bald scherzhaft genannt wurden — zu stellen. Dieses Experiment scheiterte vor allem deshalb, weil Oberhausmitgliedern der Zutritt zum Unterhaus verwehrt ist. So konnten die „Overlords" bei Parlamentsdebatten, die ihr Ressort betrafen, nicht selbst auftreten, sondern mußten sich auf die ihnen unterstellten Minister verlassen. Im Grunde genommen blieb somit alles beim alten.

Bald nach der Regierungsbildung — im Februar 1952 — starb König George VI. Dies gab Churchill Gelegenheit, sich intensiv mit der Thronbesteigung der 25jährigen Tochter des Königs, die unter dem Namen Elizabeth II. zur Königin ausgerufen wurde, zu beschäftigen und seine Treue zur britischen Monarchie zur Schau zu stellen. „Als Royalist von Natur widmete sich Churchill mit ungeheurer Befriedigung den Aufgaben, die mit der Bestattung des verstorbenen Königs und der Thronbesteigung der neuen Königin verbunden waren."¹ Elizabeth II. ehrte ihn 1953 mit dem Hosenbandorden, dem höchsten britischen Orden. Damit erhielt er die Ritterwürde und konnte sich fortan Sir Winston Churchill nennen.

In der Innenpolitik, um die sich Churchill persönlich wenig kümmerte, setzte die konservative Regierung die Politik ihrer Vorgängerin in ihren Grundzügen fort, d. h., sie stellte das von der Labour-Regierung vertretene Konzept vom „Wohlfahrtsstaat", von der Vollbeschäftigung und der Wirtschaftsregulierung nicht prinzipiell in Frage. Die Sozialgesetzgebung der Attlee-Regierung und deren Nationalisierungsmaßnahmen blieben im wesentlichen unangetastet. Lediglich die Eisen- und Stahlindustrie, die erst im letzten Amtsjahr der Labour-Rgerierung verstaatlicht worden war, sowie der Autotransport wurden 1953 reprivatisiert. Außerdem führten die Konservativen Rezeptgebühren für Arzneimittel ein und setzten damit den vom ehemaligen Schatzkanzler Gaitskell im Zusammenhang mit der forcierten Aufrüstung begonnenen Sozialabbau fort. Insgesamt zeigte sich, „daß die konservative Regierung sehr wenig von der grundlegenden Gesetzgebung, die die Attlee-Administration eingeführt hatte, rückgängig machte. Sie war nur darauf bedacht zu zeigen, daß sie diese besser handhaben könnte."²

Bei der Überwindung des von der Labour-Regierung übernommenen hohen Defizits der Zahlungsbilanz kam den Konservativen zugute, daß sich 1952 das Verhältnis von Export- und Importpreisen deutlich zugunsten Großbritanniens veränderte, weil die Preise für Rohstoffe, den Hauptimportartikel, drastisch zurückgingen. Vor allem diesem Umstand war es zu verdanken, daß die Regierung zwischen 1952 und 1954 mit keinen größeren Zahlungsbilanzschwierigkeiten zu kämpfen hatte. Weniger Wirkung zeigte hingegen die Finanzpolitik von Schatzkanzler Butler, die sich so wenig von der seines Labour-Vorgängers Gaitskell unterschied, daß die renommierte Wirtschaftszeitung „The Economist" angesichts dieser Übereinstimmung den Begriff „Butskellismus" prägte, der treffend den damals vorhandenen wirtschafts- und innenpolitischen Konsens der beiden politischen Hauptparteien Großbritanniens charakterisierte.

Die von Butler eingeführten Maßnahmen, wie Kürzung der Lebensmittelsubventionen, Importbeschränkungen, Erhöhung der indirekten Steuern, Kürzung der Einkommens- und Gewinnsteuern, waren „dazu bestimmt, das Einkommen zugunsten der Reichen und des ‚Unternehmertums' umzuverteilen".³ Um zusätzliche Mittel für die Aufrüstung freizusetzen, wurden außerdem beträchtliche Investitionsbeschränkungen für die Industrie verfügt und erstmals nach 1932 wieder der Bankzinssatz erhöht.

Die Konservativen brüsteten sich damit, daß sich die wirtschaftliche Situation nach ihrer Regierungsübernahme vor allem deshalb verbessert habe, weil sie von Kontrollmaßnahmen und staatlichen Eingriffen in die Wirtschaft abgegangen wären und die „Freiheit des Unternehmertums" wiederhergestellt hätten. In Wirklichkeit handelte es sich bei den von ihnen verfügten Maßnahmen im wesentlichen um die Abschaffung von unter Kriegsbedingungen eingeführten Produktionskontrollen, die bereits von der Labour-Regierung schrittweise abgebaut worden waren. Die Konservativen hoben lediglich weitere aus der Kriegszeit stammende Restriktionen auf, insbesondere Produktionsbeschränkungen und Preiskontrollen sowie 1954 die letzten Reste der Lebensmittelrationierung. Zugleich profitierten sie von dem allgemeinen wirtschaftlichen Aufschwung, der in der ersten Hälfte der fünfziger Jahre für die meisten kapitalistischen Länder charakteristisch war.

Nach dem zweiten Weltkrieg hatten sich in der britischen Wirtschaft die bereits in den zwanziger Jahren begonnenen tiefgreifenden industriellen Strukturveränderungen weiter fortgesetzt. Der Exportzwang nach dem Krieg begünstigte das Wachstum zukunftsträchtiger Industriezweige, wie des Automobil- und Fahrzeugbaus, der chemischen, elektronischen und elektrotechnischen Industrie, des Maschinenbaus, der Computertechnik sowie der industriellen Nutzung von Atomenergie. Diese Industriezweige hatten bereits während des Krieges aus militärischen und wirtschaftlichen Erfordernissen am meisten von den Fortschritten in Wissenschaft und Technik profitiert. Sie wiesen die höchste Arbeitsproduktivität auf und steigerten nach dem Krieg rasch ihre Produktion. Gleichzeitig verstärkte sich der relative oder absolute Rückgang der „alten" Exportindustrien, vor allem der Textilindustrie und des Schiffbaus, während andere traditionelle Industriezweige, wie der Kohlebergbau, stagnierten. Zwischen 1948 und 1960 betrug das durchschnittliche jährliche industrielle Wachstum in Großbritannien etwa 3,7 Prozent.

Langfristig gesehen wirkte sich jedoch die seit 1945 betriebene Wirtschaftspolitik, bei der den außenwirtschaftlichen Belangen stets der Vorrang eingeräumt wurde, negativ auf das industrielle Wachstum aus und erschwerte letztendlich den Strukturwandel. Trotz wissenschaftlicher und technischer Spitzenleistungen im Bereich der Grundlagenforschung und der Technologie (1948 wurde z. B. in Großbritannien der erste Speichercomputer der Welt hergestellt und getestet) blieb die britische Wirtschaft in den fünfziger Jahren hinsichtlich der industriellen Wachstumsraten, der

Arbeitsproduktivität und weiterer ökonomischer Kennziffern hinter der anderer kapitalistischer Länder zurück. Dies resultierte in erster Linie daraus, daß dem Kapitalexport der Vorrang eingeräumt wurde, während die Investitionsraten im Inland weit unter dem Durchschnitt anderer kapitalistischer Länder blieben. Infolgedessen traten erhebliche Zeitverluste bei der Überführung der neuen Technologie in die Industrie auf, was sich wiederum nachteilig auf die Arbeitsproduktivität auswirkte. So büßte Großbritannien in den fünfziger Jahren ziemlich rasch den Vorsprung ein, den es nach dem Krieg gegenüber seinen europäischen Konkurrenten und Japan besessen hatte. Das relative Zurückbleiben Großbritanniens im industriellen Sektor schränkte die britische Konkurrenzfähigkeit auf dem Weltmarkt erheblich ein, mit dem Ergebnis, daß der Anteil Großbritanniens am Export von Fertigprodukten von 25,4 Prozent 1950 auf 16,2 Prozent 1961 zurückging.

2. Außenpolitik im Zeichen des kalten Krieges und imperialistischer Rivalität

Das Interesse des neuen Premierministers galt in erster Linie der Außenpolitik. Hier war die Übereinstimmung zwischen konservativer und Labour-Politik noch offensichtlicher. Der kalte Krieg gegen das sozialistische Weltsystem und alle fortschrittlichen Bewegungen in der Welt, dem sich Großbritannien als engster Verbündeter der USA voll verschrieben hatte, nahm auch in den außenpolitischen Aktivitäten der neuen Regierung eine beherrschende Stellung ein.

Auf seiner ersten USA-Reise als Premierminister im Januar 1952 bekräftigte Churchill gegenüber Präsident Truman die Bereitschaft Londons, in allen wichtigen, das Problem Krieg und Frieden betreffenden Fragen eng mit Washington zusammenzuarbeiten. Er unterstützte vorbehaltlos die Aggression der USA in Korea sowie die Einbeziehung der BRD in das westliche Militärpaktsystem. Gleichzeitig war Großbritannien bestrebt, sich im Rahmen der NATO neben den USA eine gewisse Sonderstellung zu bewahren und als zweite Atommacht innerhalb des Bündnisses zu fungieren. Deshalb forcierte die britische Regierung die Versuchs- und Entwicklungsarbeiten im nuklearen Bereich. Im Oktober 1952 wurde die erste britische Atombombe gezündet, und im Juli 1954 faßte das Kabinett den Beschluß, Wasserstoffbomben herzustellen. Seit 1948 unterhielten die USA entsprechend einer Vereinbarung zwischen beiden Staaten strategische Bomberbasen auf britischem Territorium, über die nur sie allein verfügen konnten. Churchill erhielt bei seinem Besuch in Washington von Truman die Zusicherung, daß ohne vorherige Konsultation zwischen dem Präsidenten der USA und dem britischen Premierminister keine mit Atombomben bestückten Bomber von der Insel starten durften.

Die sich aus der NATO-Mitgliedschaft ergebenden hohen Rüstungsausgaben belasteten die britische Wirtschaft schwer und beeinträchtigten auf längere Sicht die Leistungskraft des Landes. Zwischen 1952 und 1954 wurden jährlich etwa 1,6 Milliarden Pfund Sterling oder 11 Prozent des Nationaleinkommens für die Rüstung ausgegeben. Etwa 7 Prozent der Bevölkerung arbeiteten in der Rüstungsindustrie, und etwa 12 Prozent des Produktionsvolumens der Metallindustrie wurden für Rüstungszwecke aufgewendet.

Ungeachtet der engen Partnerschaft im kalten Krieg gegen das sozialistische Weltsystem waren die Beziehungen zwischen Washington und London nicht ungetrübt. So fügte sich Großbritannien nur widerwillig dem von den USA geforderten Handelsembargo gegenüber den sozialistischen Staaten, da es eine Beeinträchtigung seiner wirtschaftlichen Interessen befürchtete. Auch die erfolgreichen Bemühungen der USA, in die Märkte des Commonwealth einzudringen und den Einfluß der britischen Monopole vornehmlich im Nahen Osten zu untergraben, erregten den wachsenden Unwillen der herrschenden Kreise in Großbritannien. Besonders hart umkämpft war der Anteil an der Ölgewinnung. Erbitterte Konkurrenzkämpfe entbrannten auch um andere wichtige Rohstoffe, insbesondere um Uran, Kautschuk, Wolle, Kupfer und Zinn.

Äußerst verstimmt reagierte London auf die Gründung des ANZUS-Paktes, zu dem sich im September 1951 die USA und die beiden Commonwealth-Länder Neuseeland und Australien zusammengeschlossen hatten, ohne Großbritannien zur Mitarbeit aufzufordern. Dem Wunsch der britischen Regierung, im Juli 1952 als Beobachter an der Sitzung der Paktmitglieder in Honolulu teilzunehmen, wurde von Washington nicht stattgegeben. Auch die Bestrebungen der USA, sämtliche Schlüsselpositionen in der NATO selbst in der Hand zu halten, trafen in Großbritannien auf Widerstand.

Neue Probleme ergaben sich für Großbritannien Anfang der fünfziger Jahre in Westeuropa. Die Leitidee für die britische Westeuropapolitik hatte Churchill bereits als Oppositionsführer in seiner Züricher Rede am 19. September 1946 verkündet. Darin hatte er deutlich gemacht, daß sich Großbritannien nicht direkt an den von ihm vorgeschlagenen ,,Vereinigten Staaten von Europa" beteiligen, sondern — gestützt auf das Commonwealth und seine engen Bindungen zu den USA — lediglich als Freund und

Förderer dieses Staatenblocks auftreten würde. Churchill erblickte darin die Garantie für die Aufrechterhaltung der britischen Führungsrolle in Westeuropa.

Die Attlee-Regierung hatte sich diese Konzeption zu eigen gemacht und sich nur an solchen Zusammenschlüssen beteiligt, die — wie der 1949 gegründete Europarat — unterhalb der Schwelle der Supranationlität blieben. Hingegen hatte sie eine Teilnahme als Vollmitglied an der 1950 vom französischen Außenminister Schuman vorgeschlagenen und im April 1951 gegründeten Europäischen Gemeinschaft für Kohle und Stahl (EGKS), die die europäische Montanindustrie einer supranationalen Behörde unterstellte, abgelehnt.

Die Churchill-Regierung billigte die Entscheidung ihrer Vorgängerin, weil sie durch eine zu enge Bindung an Westeuropa eine Beeinträchtigung der Commonwealth-Interessen des britischen Imperialismus sowie der sich aus der engen Partnerschaft mit den USA ergebenden britischen Sonderstellung in Westeuropa befürchtete. Zudem spielte Westeuropa damals in den außenwirtschaftlichen Beziehungen Großbritanniens keineswegs die Hauptrolle. So gingen 1952 etwa 48 Prozent des britischen Exports in die Commonwealth-Länder und nur 26 Prozent in die kapitalistischen Länder Europas. Bezogen auf den Import, ergab sich ein Verhältnis von 45,7 zu 24 Prozent. London hatte aber wohl kaum damit gerechnet, daß mit der beginnenden ökonomischen Integration die Weichen für eine Kräfteverschiebung in Westeuropa gestellt würden, in deren Ergebnis Großbritannien endgültig seine führende Position in diesem Raum verlieren würde. Die von Churchill 1948 formulierte sogenannte Drei-Kreise-Theorie, die auf der britischen Vormachtstellung in Westeuropa, seiner Führungsrolle im Commonwealth und seinen „besonderen Beziehungen" zu den USA beruhte, geriet somit auch in der Europapolitik immer mehr mit den Realitäten in Konflikt.

Im Zentrum der britischen Westeuropapolitik in der ersten Hälfte der fünfziger Jahre standen die Bemühungen zur Eingliederung der BRD in das westliche Militärpaktsystem. Allerdings erwuchsen daraus weitere Probleme für Großbritannien. Mit dem Wiedererstarken des deutschen Imperialismus, dem die Rolle einer Speerspitze im Kampf gegen den Sozialismus zugedacht war, entstand erneut ein gefährlicher Konkurrent in Westeuropa. Zwar konnte Großbritannien bis 1955 in solchen wichtigen ökonomischen Kennziffern wie der Industrieproduktion noch einen knappen Vorsprung gegenüber der BRD behaupten, doch zeichnete sich bereits zu diesem Zeitpunkt das relative Zurückbleiben Großbritanniens hinter der BRD ab.

Gegen Mitte der fünfziger Jahre gelang es dank der konsequenten Friedenspolitik der UdSSR, zwei gefährliche Krisenherde in der Welt zu entschärfen. Im Sommer 1953 wurde der Koreakrieg durch ein Waffenstillstandsabkommen beendet. Im Jahre 1954 konnte auf einer Außenministerkonferenz in Genf durch mehrere Abkommen der Friede in Indochina, wo Frankreich seit 1945 mit wachsender Unterstützung der USA einen schmutzigen Kolonialkrieg geführt hatte, wiederhergestellt werden. Großbritannien, dessen Außenminister Eden als einer der beiden Kopräsidenten der Genfer Außenministerkonferenz fungierte, billigte im Gegensatz zu den USA in einer völkerrechtlich verbindlichen Erklärung die Genfer Indochinaabkommen. Allerdings zeigte sich sehr bald die Fragwürdigkeit der britischen Haltung in Genf. Kurze Zeit danach, im September 1954, wurde Großbritannien Gründungsmitglied des aggressiven, auf Initiative der USA geschaffenen Südostasienpaktes (SEATO), der gegen die sozialistischen Länder, die nationale Befreiungsbewegung und jene national befreiten Länder Südost- und Südasiens gerichtet war, die blockfrei bleiben und eine friedliche Außenpolitik betreiben wollten.

Im Frühjahr 1955 wurde auf Initiative Großbritanniens der Bagdadpakt gegründet, der der nationalen Befreiungsbewegung im Nahen und Mittleren Osten den Kampf ansagte. Die USA traten diesem Militärpakt nicht bei, was Außenminister Eden zu der bitteren Bemerkung veranlaßte, daß es die USA manchmal an einer Unterstützung ihrer Freunde mangeln ließen, um bei deren Gegnern beliebt zu bleiben. „Die praktischen Folgen dieser ungewissen Diplomatie werden durch die Haltung der USA zum Bagdadpakt illustriert. Die USA, die eine führende Rolle gespielt haben, um dieses Projekt zum Tragen zu bringen, hielten sich zurück, während Großbritannien als einzige westliche Macht beitrat. Was noch schlimmer ist, sie versuchten aus dieser Haltung in Hauptstädten wie Kairo, die diesem Pakt feindlich gegenüberstanden, Nutzen zu ziehen."[4]

3. Zunehmende Linkstendenzen in der Arbeiterbewegung

In der ersten Hälfte der fünfziger Jahre konnten die britischen Arbeiter ihre materielle Lebenslage etwas verbessern. Die von ihnen erkämpften Lohnerhöhungen überstiegen geringfügig die Preissteigerungen von jährlich etwa 2,2 Prozent. Die Arbeitslosenrate, die zwischen 1 und 2 Prozent schwankte, war relativ niedrig. Die Wohnungssituation wurde dadurch etwas entschärft, daß jährlich 300 000 Wohnungen neu gebaut wurden, die jedoch nur die schlimmste Wohnungsnot mildern konnten. Durch die Abschaffung der Lebensmittelrationierung verbesserte sich auch die Ernährungslage der Bevölkerung. Obwohl es nennenswerte Verbesserungen im materiellen Lebensstandard der Arbeiter keineswegs überall gab, waren das Anwachsen von Industrie und Handel und das zunehmende Warenangebot Faktoren, die auf dem Hintergrund des Mangels und der Entbehrungen der Kriegs- und ersten Nachkriegsjahre von vielen Menschen als wichtig empfunden wurden und weiterhin Illusionen über den „Wohlfahrtsstaat" nährten.

Die Streikbewegung wies zwar in der ersten Hälfte der fünziger Jahre eine steigende Tendenz auf, doch blieb sie bis 1954 insgesamt gesehen relativ gering. Die rechten Gewerkschaftsführer, die im Generalrat des TUC saßen und an der Spitze solcher großen und einflußreichen Gewerkschaften wie der Transportarbeitergewerkschaft (Arthur Deakin), der Gewerkschaft der Allgemeinen und Städtischen Arbeiter (Tom Williamson) und der Bergarbeitergewerkschaft (Will Lawther) standen, sahen keinen Grund, sich mit der neuen Regierung anzulegen. 1953 schien es, als fände dieser „industrielle Friede" ein jähes Ende. Allein in der zweiten Hälfte des Jahres 1953 erhoben Gewerkschaften mit insgesamt über sechs Millionen Mitgliedern Lohnforderungen. Den Anfang machten die Elektriker, bei denen Kommunisten und andere Linke großen Einfluß ausübten. Nachdem die Verhandlungen gescheitert waren, führten sie Anfang 1954 mehrere Warnstreiks durch, die ihren Höhepunkt in einer allgemeinen Arbeitsniederlegung am 18. Januar 1954 erreichten. Am 2. Dezember 1953 waren die Maschinen- und Schiffbauer in einen Proteststreik gegen die Zurückweisung ihrer Lohnforderungen durch die Unternehmer getreten. Auch die Eisenbahner waren zum Streik bereit, falls ihre Lohnforderungen nicht berücksichtigt würden. Unter dem Druck dieser Aktionen zogen es Regierung und Unternehmer vor nachzugeben. Damit war der Versuch gescheitert, in drei wichtigen Industriezweigen einen Lohnstopp durchzusetzen.

Im Herbst 1954 und insbesondere 1955 nahm die Streikbewegung erheblich zu. Die bedeutendsten Aktionen waren die der Hafenarbeiter, der Eisenbahner, der Bergarbeiter und der Zeitungsdrucker. Die Zahl der durch Streiks verlorenen Arbeitstage erreichte 1955 den höchsten Stand seit 1932. Zumeist handelte es sich um sogenannte nichtoffizielle Streiks, die von der Basis ausgingen. Rechte TUC-Führer drohten den Gewerkschaften, die konservative Regierung könne gesetzliche Maßnahmen ergreifen, falls sich die Streikwelle fortsetze. Ungeachtet dessen wuchs die Opposition gegen die von ihnen betriebene Stillhaltepolitik weiter an. Hatten die fortschrittlichen Gewerkschaften auf dem Jahreskongreß des TUC 1952 ein Viertel aller Stimmen gewinnen können, so im Jahre 1955 bereits zwei

Fünftel. Vor allem in der größten britischen Gewerkschaft, dem 1,2 Millionen Mitglieder umfassenden Transportarbeiterverband, wuchs der Einfluß der progressiven Kräfte, was 1956 in der Wahl des linken Gewerkschaftsführers Frank Cousins zum Generalsekretär dieser Gewerkschaft deutlich wurde. Das Ergebnis dieser Entwicklung bestand darin, ,,daß die Kontrolle der Gewerkschaften durch den rechten Flügel 1955 zu zerbrechen begann".[5]

Auch die rechten Führer der Labour Party sahen sich in der ersten Hälfte der fünfziger Jahre zunehmend vom linken Parteiflügel herausgefordert. Innenpolitisch verlangten die Linken ein radikaleres Programm, insbesondere hinsichtlich weiterer Nationalisierungsforderungen. Doch der Hauptakzent ihrer Kritik lag auf der von der Labour-Führung vertretenen Rüstungs- und Außenpolitik. Zum Hauptsprecher der Linken in der Labour Party wurde die 1951 gebildete Bevan-Gruppe, der neben Aneurin Bevan solche prominenten Unterhausabgeordneten wie Harold Wilson, Michael Foot, Richard Crossman, Ian Mikardo und Barbara Castle angehörten.

Zur ersten Kraftprobe zwischen der Bevan-Gruppe und den rechten Parteiführern kam es anläßlich der Abstimmung im Unterhaus über das Rüstungsprogramm der Regierung Churchill. Entgegen dem Fraktionsbeschluß, sich der Stimme zu enthalten, votierten 57 Labour-Abgeordnete, darunter die Mitglieder und Sympathisanten der Bevan-Gruppe, gegen das Rüstungsprogramm für 1952/53. Die ,,Rebellion" hatte insofern ihr Nachspiel, als die 1945 außer Kraft gesetzte Geschäftsordnung der Labour Party, wonach sich jeder Abgeordnete dem Fraktionszwang unterzuordnen hat, wieder eingeführt wurde.

Auf der Jahreskonferenz der Labour Party 1952 wurde deutlich, daß die Bevan-Gruppe beträchtlich an Einfluß gewonnen hatte. Bei der Wahl des neuen Exekutivkomitees eroberte sie sechs Sitze und beherrschte damit die von den Ortsorganisationen zu wählende Sektion dieses formal höchsten Parteigremiums. In den anderen Sektionen des 26 Personen umfassenden Exekutivkomitees dominierten jedoch nach wie vor die Rechten. Dennoch wurde die Parteiführung hellhörig, zumal die Bevan-Gruppe auch solche altgedienten Spitzenfunktionäre wie Herbert Morrison aus dem Feld geschlagen hatte.

An der nunmehr einsetzenden gezielten Kampagne der Parteiführung gegen die Bevan-Gruppe beteiligten sich vor allem der äußerst rechts stehende Gewerkschaftsführer Deakin sowie der sich immer stärker profilierende ehemalige Schatzkanzler Gaitskell. Schließlich beschloß die Parlamentsfraktion die Auflösung aller offiziell nicht anerkannten Gruppierungen innerhalb der Partei. Die Bevan-Gruppe löste sich daraufhin unter Protest formell auf. Wenngleich dadurch ihre Wirksamkeit vorübergehend eingeschränkt wurde, bedeutete dies nicht das Ende ihrer Aktivitäten. Es war in erster Linie der gemeinsame Widerstand gegen die Remilitarisierung der BRD, der die Gruppe in den beiden folgenden Jahren zusammenhielt und ihr ständig neue Impulse verlieh. Ihren Kraftquell fand die Bevan-Gruppe in den Ortsorganisationen der Labour Party und in den Gewerkschaften. Dort existierte eine linke Strömumg, lange bevor ihr Bevan seinen Namen gab, und die Kräfte an der Basis waren es auch, die weiterkämpften, als Bevan längst Frieden mit der Parteiführung geschlossen hatte.

Als konsequenteste Kraft im Kampf für Frieden und Demokratie erwies sich die KP Großbritanniens, die der Politik der herrschenden Klasse in Gestalt ihres neuen Parteiprogramms eine echte Alternative entgegenzusetzen hatte. Allerdings war sie weiterhin antikommunistischen Verleumdungen ausgesetzt, und die rechten Labour-Führer taten alles, um sie bei den Arbeitern zu diskreditieren. Dieser schroffe Antikommunismus förderte zeitweilig gewisse sektiererische Tendenzen in der Partei. Die Kommunisten erkannten bald diese Schwäche und setzten sich kritisch mit Mängeln in ihrer Arbeit und dem damit verbundenen Rückgang der Mitgliederzahlen auseinander.

Auf dem 22. Parteitag 1952 forderte Harry Pollitt eine verstärkte Zusammenarbeit mit den Ortsorganisationen und Mitgliedern der Labour Party und eine intensivere Tätigkeit der Kommunisten in den Gewerkschaften. Dabei komme es darauf an, alle Reste des Sektierertums zu überwinden. Auf dem Parteitag wurde auch darauf verwiesen, daß es die Kommunisten nicht immer genügend verstanden hätten, den Kampf für die unmittelbaren Bedürfnisse der Arbeiter mit der allgemeinen Politik der Partei zu verbinden, und daß sie in den gewerkschaftlichen und anderen Arbeiterorganisationen zu sehr als Einzelpersonen und zu wenig als Parteimitglieder gewirkt hätten.

Im Ergebnis intensiver Anstrengungen konnten Mängel in der Parteiarbeit allmählich überwunden und dem Rückgang der Mitgliederzahl Einhalt geboten werden. Die Fortschritte in der Parteiarbeit waren insofern von großer Bedeutung, als sich Mitte der fünfziger Jahre im Zuge des Anwachsens der Streikbewegung und des zunehmenden Einflusses der fortschritlichen Kräfte in den Gewerkschaften für die Kommunisten und die anderen Linken vermehrte Wirkungsmöglichkeiten ergaben.

4. Auseinandersetzungen über die Remilitarisierung der BRD

Zu einer in der britischen Öffentlichkeit immer heftiger diskutierten Frage wurde die geplante Remilitarisierung der BRD, mit der sich bereits die Labour-Regierung trotz wachsenden Widerstands in den eigenen Reihen grundsätzlich einverstanden erklärt hatte. Die Regierung Churchill, die einen militärischen Beitrag der BRD uneingeschränkt befürwortete, lehnte jedoch ebenso wie ihre Vorgängerin eine Beteiligung an der geplanten „Europäischen Verteidigungsgemeinschaft" (EVG) ab, in deren Rahmen die BRD aufgerüstet werden sollte. Sie begründete dies vor allem mit ihren zahlreichen militärischen Verpflichtungen in Übersee, die eine Beteiligung an einem Militärbündnis mit supranationalem Charakter nicht zuließen.

Auf Drängen der französischen Regierung, die Großbritannien als Sicherheitsfaktor gegenüber einem befürchteten Vormachtstreben der BRD betrachtete, verpflichtete sich Großbritannien, eng mit der EVG in Fragen der Ausbildung, des Kommandos und der Ausrüstung zusammenzuarbeiten. Anläßlich des Abschlusses des EVG-Vertrages am 27. Mai 1952 in Paris unterzeichnete Eden drei Dokumente, die den Charakter von Garantie- und Beistandsabkommen gegenüber der EVG trugen. Einen Tag vorher hatte er in Bonn zusammen mit den Außenministern der USA, Frankreichs und der BRD den Vertrag über die Beziehungen zwischen der BRD und den drei Mächten, den sogenannten Generalvertrag, unterschrieben, der die Aufhebung des Besatzungsstatuts vorsah und der BRD mit gewissen Einschränkungen die Souveränität zusicherte.

Nach der Unterzeichnung der Verträge von Bonn und Paris wuchs in der britischen Bevölkerung der Widerstand gegen die geplante Remilitarisierung der BRD. Als bekannt wurde, daß die Verträge noch vor den Parlamentsferien ratifiziert werden sollten, ergoß sich aus allen Teilen des Landes eine Flut von Protesten nach London. Bergarbeiter aus Fifeshire und Derbyshire, Betriebsräte aus Sheffielder Großbetrieben, Maschinenschlosser aus Liverpool, Holzarbeiter aus Glasgow — sie alle appellierten eindringlich an ihre Vertreter im Unterhaus, den Verträgen ihre Zustimmung zu versagen.

Entscheidenden Anteil an der Organisierung dieser Protestbewegung hatten die KP und das Britische Friedenskomitee. In den Gewerkschaften und Friedensorganisationen kämpften Kommunisten in vorderster Front und entwickelten zahlreiche Initiativen gegen die Remilitarisierung der BRD. Im Juni 1952 wurde das „Britische Komitee zur friedlichen Lösung des deutschen Problems" gegründet, dem Vertreter aller bedeutenden Friedensorganisationen angehörten.

Neben den Kommunisten und anderen fortschrittlichen Organisationen waren es vor allem die Mitglieder der Bevan-Gruppe, die gegen die Verträge von Bonn und Paris auftraten und damit zu Sprechern großer Teile der Labour-Mitgliedschaft wurden. Ihre Aktivitäten trugen wesentlich dazu bei, daß sich 1952 die Befürworter der Remilitarisierung der BRD um Attlee und Morrison weder im Exekutivkomitee noch in der Parlamentsfraktion durchsetzen konnten, sondern gezwungen waren, der breiten Protestbewegung Tribut zu zollen. So faßte die Parteiführung den Beschluß, im Unterhaus gegen die Verträge von Bonn und Paris zu stimmen, die damit nur mit 293 gegen 253 Stimmen angenommen wurden.

An ein Inkrafttreten der Verträge war jedoch vorerst nicht zu denken, da die französische Regierung infolge des wachsenden Widerstands im Lande die Ratifizierungsdebatte immer wieder hinausschob. Infolgedessen ebbte die Protestbewegung in Großbritannien 1953 vorübergehend ab, zumal Churchill am 11. Mai 1953 in einer Unterhausrede für viele überraschend den Vorschlag unterbreitet hatte, eine Konferenz der Großmächte auf höchster Ebene ins Auge zu fassen, um über die „deutsche Frage" zu beraten. Freilich löste er damit weder bei seinen Parteifreunden noch in Washington und Bonn große Begeisterung aus. Wie wenig ernst er die Idee einer neuen Gipfelkonferenz selbst nahm, zeigte sein Einlenken gegenüber dem Vorschlag der USA, zunächst ein Treffen der Regierungschefs der drei Westmächte zu arrangieren. Dazu kam es jedoch nicht, weil Churchill bald danach erneut einen Schlaganfall erlitt und längere Zeit pausieren mußte.

Auf einem Treffen der Außenminister der drei Westmächte im Juli 1953 wurde der Plan eines Gipfeltreffens endgültig begraben. Statt dessen nahm man eine Außenministerkonferenz in Aussicht, um die „deutsche Frage" mit der UdSSR zu beraten. Die britische Diplomatie verfolgte damit das Ziel, „mit einem Minimum an Verzögerung zu zeigen, daß es die Russen waren, die eine Lösung des europäischen Problems verhinderten", wie es später der damalige Unterstaatssekretär im britischen Außenministerium, Nutting, formulierte. Wenn dies nicht gelänge, „würde das französische Parlament wahrscheinlich niemals eine Entscheidung über die EVG treffen".[6]

Nach einem längeren Notenwechsel zwischen den drei Westmächten und der Sowjetunion fand die vorgesehene Außenministerkonferenz der vier Großmächte vom 25. Januar bis 18. Februar 1954 in Berlin statt. Da die imperialistischen Mächte an ihrer Konzeption festhielten, die BRD um jeden Preis wiederaufzurüsten, wurden auf der Berliner Außenministerkonferenz keine konkreten Ergebnisse in der „Deutschlandfrage" erzielt, sosehr sich auch die Sowjetunion um eine Annäherung der Standpunkte bemühte. Auch der von Eden unterbreitete Plan für die deutsche Wiedervereinigung war nur ein taktisches Manöver, um der Sowjetunion die Schuld für das Scheitern der Konferenz zuschieben zu können. Der Eden-Plan sei von Anfang an ein Betrug gewesen, schrieb der linke Labour-Abgeordnete Michael Foot in der ,,Tribune". Eden sei davon ausgegangen, daß die Sowjetunion nicht zustimme und damit die Westmächte ihre Pläne ungehindert verfolgen könnten. Und Eden selbst gestand in seinen Memoiren, daß die Sowjetunion vor vollendete Tatsachen gestellt werden sollte. ,,Als wir ursprünglich während der Washingtoner Gespräche ein Treffen der Außenminister vorschlugen, war es unsere Absicht, daß vor Eröffnung einer solchen Konferenz die EVG existieren würde."[7]

Die rechten Labour-Führer nahmen das Scheitern der Berliner Außenministerkonferenz zum Anlaß, um sich uneingeschränkt zur Remilitarisierung der BRD zu bekennen. Doch hatten sie wohl kaum damit gerechnet, daß nun der Sturm erst richtig losbrechen würde. In den Labour- und Gewerkschaftsorganisationen breitete sich eine Woge der Empörung aus, die bis in die Parlamentsfraktion und das Exekutivkomitee hinein ihre Spuren hinterließ. Anfang April 1954 organisierte das Britische Friedenskomitee eine außerordentliche Konferenz, an der sich 257 Delegierte aus 136 verschiedenen Friedensorganisationen und Gewerkschaftssektionen beteiligten. Mitglieder der Labour Party, Kommunisten, Christen, Pazifisten und sogar ein Konservativer sprachen sich für ein unbewaffnetes, friedliebendes Deutschland aus.

Innerhalb der Labour Party stellte sich die Bevan-Gruppe erneut an die Spitze der Protestbewegung, indem sie sich öffentlich von den Beschlüssen der Parteiführung in der Frage der Remilitarisierung der BRD distanzierte und zum Widerstand dagegen aufrief. Die Abstimmungsergebnisse auf den turnusgemäßen Jahreskonferenzen der Gewerkschaften und Genossenschaften im Frühjahr und Sommer 1954 zeigten, daß sich große Teile der Labour-Mitgliedschaft in die Massenbewegung gegen die Remilitarisierung der BRD eingereiht hatten. Bis Anfang Juli hatten auf Gewerkschaftskonferenzen bereits mehr als 2 $1/2$ Millionen Gewerkschafter gegen die Remilitarisierung der BRD votiert.

Am 30. August 1954 sprach sich die französische Nationalversammlung gegen die EVG aus und besiegelte damit deren Schicksal. Nun sah Außenminister Eden seine große Stunde gekommen. Er bereiste kurzfristig einige Hauptstädte der ehemaligen EVG-Staaten und warb für den Plan, die BRD in die 1948 gegründete Westunion einzubeziehen. Gleichzeitig sondierten die USA in Bonn und London. Im Ergebnis dieser fieberhaften diplomatischen Tätigkeit fand auf britische Initiative Ende September bis

Anfang Oktober die Londoner Neunmächtekonferenz statt, auf der sich Großbritannien, die USA, Kanada und die ehemaligen EVG-Staaten grundsätzlich über die Einbeziehung der BRD in die NATO und in die Westunion, die in die Westeuropäische Union (WEU) umgewandelt wurde, einigten. Diese Beschlüsse fanden in den Pariser Verträgen vom Oktober 1954 ihren Niederschlag.

Während die Westmächte nach Ersatzlösungen für die EVG suchten, kam es auf den Jahreskonferenzen des TUC und der Labour Party im Herbst 1954 zur letzten großen Kraftprobe zwischen Gegnern und Befürwortern der Remilitarisierung der BRD, die zugleich den Höhepunkt der Auseinandersetzungen in dieser Frage bildete. Auf beiden Konferenzen wurde heftig und mit großer Leidenschaft debattiert und gestritten. Bei den abschließenden Abstimmungen entgingen die rechten Führer nur knapp einer Niederlage. Das hatten sie neben einigen Manipulationen, die sie hinter den Kulissen vornahmen, nicht zuletzt den prominenten Mitgliedern der Bevan-Gruppe zu verdanken, die nicht in die Diskussion eingriffen, sondern sich auf Zwischenrufe beschränkten. Die „Times" vermutete deshalb nicht zu Unrecht, daß der Bevan-Gruppe kein langes Leben mehr beschieden sein würde.

Infolge des Massenprotests in den eigenen Reihen wagte es die Labour-Führung jedoch nicht, im Unterhaus für die Pariser Verträge zu votieren. Sie wies in letzter Minute Stimmenthaltung an. Trotz Ausschlußdrohungen stimmten sechs Fraktionsmitglieder gegen die Einbeziehung der BRD in die NATO. Die Mitglieder der Bevan-Gruppe hingegen beugten sich dem Fraktionsbeschluß. Es zeigte sich, daß die für die Linken in der Labour Party seit jeher typische Inkonsequenz und Kompromißbereitschaft auch der Bevan-Gruppe anhafteten. Ihre Haltung erleichterte es der Parteiführung, disziplinarische Maßnahmen gegen die sechs „Abtrünnigen" zu ergreifen, die aus der Fraktion ausgeschlossen wurden.

Am 25. Januar 1955 kam es noch einmal zu einem nachdrücklichen Massenprotest der britischen Bevölkerung gegen die Pariser Verträge. Einem Aufruf des Britischen Friedenskomitees folgend, versammelten sich Tausende Friedenskämpfer aus allen Teilen des Landes vor dem Parlamentsgebäude, um die Abgeordneten zum Widerstand gegen die Einbeziehung der BRD in die NATO aufzufordern. Ungeachtet des friedlichen Charakters dieser Kundgebung wurde berittene Polizei eingesetzt, die äußerst brutal gegen die Menge vorging. Es kam sogar zu Verhaftungen. Zahlreiche Teilnehmer formierten sich daraufhin zu einem ständig von der Polizei attackierten Demonstrationszug und fanden sich in der Nähe des Britischen Museums zu einer eindrucksvollen Abschlußkundgebung zusammen.

5. Eden als Premier

Anfang 1955 faßte der inzwischen 80jährige Churchill den langerwarteten und auch von vielen seiner Parteifreunde herbeigesehnten Entschluß zurückzutreten. Schon seit geraumer Zeit befand er sich nicht mehr im Vollbesitz seiner geistigen und körperlichen Kräfte. Am 5. April überreichte er der Königin sein Rücktrittsgesuch. Über seinen Nachfolger gab es keine Meinungsverschiedenheiten. Einen Tag nach Churchills Rücktritt übernahm der elegante Anthony Eden, Prototyp eines Gentleman mit aristokratischem Gehabe und innerhalb der Konservativen Partei als Gemäßigter geltend, das Amt des Premierministers. Seinen ehemaligen Posten als Außenminister erhielt Harold Macmillan, zunächst Wohnungsbau- und seit 1954 Verteidigungsminister in der Regierung Churchill. Ansonsten nahm der neue Premier keine nennenswerten Veränderungen im Kabinett vor.

Die Lage schien günstig, um Neuwahlen anzuberaumen. Innenpolitisch konnten die Verhältnisse als einigermaßen stabil bezeichnet werden. Die sozialen Reformen der Labour-Regierung waren im wesentlichen beibehalten worden; die Arbeitslosigkeit war relativ niedrig. Auf außenpolitischem Gebiet versprachen die Konservativen, sich für eine Konferenz der vier Mächte auf höchster Ebene einzusetzen. Die Labour Party mit ihrem alternden Parteiführer Attlee und seinem wenig jüngeren Stellvertreter Morrison an der Spitze hatte keinerlei Alternative zu bieten. Statt dessen präsentierte sie sich als eine zerstrittene Partei, deren rechte Führer alles daransetzten, dynamischen Persönlichkeiten, wie Aneurin Bevan, den Weg zur Parteispitze zu verbauen. Bevan war im Frühjahr 1955 sogar kurzfristig aus der Parlamentsfraktion ausgeschlossen worden, weil er Attlee, als dieser im Unterhaus die Herstellung thermonuklearer Waffen befürwortete, in die Enge gedrängt hatte. Der Versuch der rechten Parteiführer, Bevan ganz aus der Partei auszuschließen, mißlang jedoch.

Im Ergebnis der Wahlen, die am 26. Mai 1955 stattfanden und mit 76,7 Prozent eine weit geringere Beteiligung als 1951 aufwiesen, vergrößerten die Konservativen ihren Vorsprung gegenüber der Labour Party. Sie gewannen 49,7 Prozent der Stimmen und 344 Abgeordnetensitze im Unterhaus, während sich die Labour Party mit 46,4 Prozent und 277 Mandaten begnügen mußte. Auf die Liberalen entfielen wiederum nur 6 Sitze. Einige Monate nach der Wahl, im Dezember 1955, trat Attlee als Parteiführer zurück. Sein Nachfolger wurde der von ihm protegierte rechtsstehende ehemalige Universitätsdozent Hugh Gaitskell. Bei der Abstimmung in der Unterhausfraktion war es diesem gelungen, die beiden anderen Kandidaten, Aneurin Bevan und Herbert Morrison, weit aus dem Feld zu schlagen.

Bald nach den Unterhauswahlen sahen sich die Konservativen wachsenden innenpolitischen Schwierigkeiten gegenüber. Die Finanzlage des Landes verschlechterte sich, die Zahlungsbilanz geriet ins Wanken, und es verstärkten sich die inflationären Tendenzen. In der ersten Hälfte der fünfziger Jahre hatte sich in Großbritannien eine finanzpolitische Praxis herausgebildet, die als ,,Stop-and-Go"-Politik bekannt geworden ist. Sie schwankte zwischen restriktiven und expansiven Maßnahmen des Staates zur Drosselung bzw. Ankurbelung der Wirtschaft in Abhängigkeit von außenwirtschaftlichen Erfordernissen. ,,Diese ständig auf Zahlungsbilanz und äußere Währung gerichtete Orientierung unterband . . . jedweden länger anhaltenden Aufschwung, verschlechterte die Kapitalverwertungsbedingungen im Lande und verstärkte die Stagnationstendenzen der britischen Wirtschaft."[8]

Im Sommer 1955 machten sich die Folgen des Anheizens der Konjunktur im vorangegangenen Jahr bemerkbar, und die Regierung ging — ähnlich wie 1952 — zu restriktiven Maßnahmen über. So wurden die Investitionen für die nationalisierte Industrie gekürzt, Lebensmittel- und Mietsubventionen reduziert, die Steuern drastisch erhöht, Ratenkäufe beschränkt und der Bankzinssatz erhöht. Faktisch wurde damit all das zurückgenommen, was der Bevölkerung vor den Wahlen versprochen worden war.

Infolgedessen gerieten die Regierung und der Premier persönlich immer mehr ins Feuer der Kritik. Als Eden sein Amt antrat, war er mit viel Vorschußlorbeeren bedacht worden. Doch bereits acht Monate später hatte er sich derart in Mißkredit gebracht, daß um die Jahreswende zu 1956 in der Tagespresse Meldungen über seinen bevorstehenden Rücktritt lanciert wurden. Bei fast allen Nachwahlen zum Unterhaus 1955/56 mußten die Konservativen beträchtliche Stimmeneinbußen in Kauf nehmen. Zwar bildete Eden im Dezember 1955 das Kabinett um, wobei er u. a. Schatzkanzler Butler durch Macmillan ersetzte, doch Grundlegendes an der Politik seiner Regierung änderte sich dadurch nicht. ,,Eden hatte bereits in den ersten 15 Monaten seiner Amtsführung — noch ehe der Suezsturm losbrach — eine bemerkenswerte Unfähigkeit zur Führung offenbart."[9]

In der Außenpolitik, Edens eigentlichem Metier, schien es zunächst besser zu laufen, insbesondere was die Gestaltung der Beziehungen zur Sowjetunion betraf. Zwar war der britisch-sowjetische Bündnisvertrag von 1942 durch die Einbeziehung der revanchistische Ziele verkündenden BRD in den aggressiven NATO-Pakt zu einem wertlosen Stück Papier geworden, und die UdSSR hatte ihn folgerichtig einen Tag nach Inkrafttreten der

Pariser Verträge — am 7. Mai 1955 — annulliert. Gleichzeitig ließ die Sowjetunion nichts unversucht, um die Lage in Europa und der Welt zu entschärfen. So konnte ein seit Kriegsende anstehendes Problem, die österreichische Frage, mit der Unterzeichnung des Staatsvertrages der vier Mächte mit Österreich am 15. Mai endgültig gelöst werden. Im gleichen Monat, nicht zuletzt angesichts der bevorstehenden Wahlen, ergriff Großbritannien die Initiative, kam auf den wiederholt von der Sowjetunion unterbreiteten Vorschlag einer Konferenz der Regierungschefs der vier Großmächte zurück und konnte die USA und Frankreich für diesen Plan gewinnen.

Die erste Gipfelkonferenz seit Potsdam, die vom 18. bis 23. Juli 1955 in Genf stattfand, wirkte sich positiv auf das internationale Klima aus, wenngleich keine konkreten Ergebnisse erzielt wurden. ,,Genf hat der ganzen Welt eine einfache Botschaft übermittelt; es hat die Gefahr eines Krieges verringert", resümierte Eden im Unterhaus nach seiner Rückkehr.[10] Während der Gipfelkonferenz hatte Eden die höchsten sowjetischen Repräsentanten, den Vorsitzenden des Ministerrates N. A. Bulganin und den Ersten Sekretär der KPdSU N. S. Chruschtschow, nach Großbritannien eingeladen. Dieser Besuch fand im April 1956 statt. Praktische Resultate erbrachte er nicht, doch trug er dazu bei, Positionen zu klären und die Bereitschaft zum Dialog zu signalisieren. ,,Ich glaube nicht, daß die Russen gegenwärtig irgendwelche Pläne für eine militärische Aggression im Westen verfolgen", schrieb Eden nach dem Besuch in einem Memorandum.[11] Dies war angesichts des jahrelangen hysterischen Geschreis über eine ,,Bedrohung aus dem Osten" ein bemerkenswertes Eingeständnis.

6. Das Suezabenteuer

Nach dem Verlust des größten Teils seines Kolonialreiches in Asien konzentrierte sich der britische Imperialismus noch stärker auf den Nahen und Mittleren Osten, der infolge seiner reichen Erdölvorkommen und seiner strategisch günstigen Lage seit langem eine Schlüsselrolle in der britischen Politik spielte. Doch auch in diesem Raum verstärkte sich Anfang der fünfziger Jahre die nationale Befreiungsbewegung. Außerdem sahen sich dort die britischen Monopole einem immer stärkeren Konkurrenzdruck seitens der USA-Monopole ausgesetzt. So gelang es zwar im Iran, im August 1953 mit Hilfe der USA die Regierung Mossadegh durch einen vom Schah inszenierten Militärputsch zu stürzen und deren Nationalisierungsmaßnahmen rückgängig zu machen. Doch die einst beherrschende Stellung der Anglo-

Iranian Oil Company wurde untergraben. In dem zur Ausbeutung der iranischen Ölquellen 1954 gebildeten Internationalen Konsortium entfielen auf die Anglo-Iranian, die den Namen British Petroleum Company annahm, nur noch 40 Prozent der Aktien, während USA-Monopole, die früher nicht an der Ausbeutung iranischen Öls beteiligt gewesen waren, den gleichen Anteil erhielten.

Besonders empfindlich trafen den britischen Imperialismus die Ereignisse in Ägypten, wo London entsprechend einem Vertrag von 1936 starke Truppenverbände zur Beherrschung des Suezkanals konzentriert hatte. In Ägypten hatte sich die Organisation der „Freien Offiziere" um Gamal Abd al-Nasser an die Spitze der nationalen Befreiungsbewegung gestellt und im Juli 1952 das korrupte englandhörige Regime unter König Faruk hinweggefegt. Nach der Ausrufung der Republik im Juni 1953 begann sich das Land aus britischer Abhängigkeit zu lösen. Mit moralischer und diplomatischer Rückendeckung durch sozialistische und arabische Staaten und unter Ausnutzung imperialistischer Rivalitäten gelang es dem ägyptischen Revolutionsrat, Großbritannien zu Verhandlungen über die Wiederherstellung der vollen Souveränität Ägyptens zu bewegen. Das am 19. Oktober 1954 unterzeichnete Abkommen annullierte den Vertrag von 1936 und legte den etappenweisen Abzug der britischen Truppen innerhalb von 20 Monaten fest.

Am 19. Juni 1956 verließen die letzten britischen Soldaten ägyptischen Boden. Damit war die früher mächtige Stellung des britischen Imperialismus im Nilland bis auf wenige Überreste liquidiert. Die britische Regierung hatte gehofft, daß sich Ägypten als Gegenleistung dem Bagdadpakt anschließen würde, aber als dieser 1955 aus der Taufe gehoben wurde, lehnte Ägypten eine Beteiligung an diesem imperialistischen Militärbündnis ab. Der Rückzug aus Ägypten wurde von der sogenannten Suez-Gruppe innerhalb der Konservativen Partei, die sich an längst überholte imperiale „Vorrechte" klammerte, heftig befehdet.

Seit Anfang 1956 nahmen die Ereignisse, die schließlich zu einem der größten Desaster in der britischen Nachkriegsgeschichte führen sollten, ihren Lauf. Am 1. März 1956 entließ König Hussein von Jordanien den langjährigen britischen Oberkommandierenden der Arabischen Legion, Sir John Glubb (Glubb-Pascha), und forderte ihn zum Verlassen des Landes auf. Die Entfernung Glubbs, der als heimlicher Beherrscher Jordaniens galt, traf die britischen Imperialisten schwer. Eden gab dem ägyptischen Regierungschef Nasser die Schuld an der Entlassung Glubbs. „Ich habe ... nach Glubbs Entlassung den Abend und die halbe Nacht hindurch mit Eden debattiert und kann bezeugen, daß er damals die ganze Schuld auf

Nasser schob", schrieb Staatssekretär Nutting. ,,Und an diesem schicksalsschweren Tag kam er zu der Überzeugung, daß die Welt nicht groß genug sei, um Platz genug für ihn und Nasser zu bieten."[12]

Ende 1955 hatten die USA und Großbritannien der ägyptischen Regierung angeboten, das geplante Projekt zum Bau des Assuanstaudammes durch Kredite zu unterstützen. Wie aus den Memoiren des damaligen britischen Außenministers Selwyn Lloyd hervorgeht, kam die britische Regierung bereits im März 1956 zu der Überzeugung, daß ,,Nasser kein Geld für den Staudamm erhalten sollte, wenn er seinen Standpunkt hinsichtlich der Interessen des Westens im Nahen Osten nicht grundlegend verändert". Anfang Mai einigten sich Selwyn Lloyd und sein amerikanischer Amtskollege Dulles, ,,daß das Assuanstaudammprojekt ‚am Strauch verwelken'" sollte.[13] Doch erst im Juni wurde die ägyptische Regierung davon unterrichtet, daß der Kredit nicht gewährt würde.

Am 26. Juli 1956 verkündete Nasser die Verstaatlichung des Suezkanals, um die Nutzungsgebühren zur Finanzierung des Staudammes zu verwenden. Obwohl die ägyptische Regierung eine Entschädigung der Aktionäre in Aussicht stellte, reagierte London äußerst hysterisch auf diesen legitimen Akt eines souveränen Staates. Neben wirtschaftlichen Sanktionen, wie dem Einfrieren ägyptischer Sterling-Guthaben in britischen Banken, wurden unter dem Codenamen ,,Musketier" Vorbereitungen für ein militärisches Eingreifen getroffen. Am 27. Juli telegrafierte Eden an USA-Präsident Eisenhower: ,,Meine Kollegen und ich sind überzeugt, daß wir bereit sein müssen, als letztes Mittel auch Gewalt anzuwenden, um Nasser zur Vernunft zu bringen. Wir für unseren Teil sind bereit, das zu tun. Ich habe heute morgen unsere Stabschefs angewiesen, einen entsprechenden militärischen Plan auszuarbeiten."[14] Anfang August wurden 20 000 Reservisten einberufen und Verstärkungen ins östliche Mittelmeer entsandt.

Die britischen Pläne, Ägypten in die Knie zu zwingen und damit der gesamten nationalen Befreiungsbewegung in diesem Raum einen Schlag zu versetzen, trafen sich mit denen Frankreichs, das wie Großbritannien Hauptaktionär der Suezkanalgesellschaft war, seit 1954 einen Kolonialkrieg in Algerien führte und mit einem Sieg über Ägypten zugleich eine wichtige Basis der algerischen Befreiungsbewegung ausschalten wollte. Die USA sparten ebenfalls nicht mit starken Worten gegenüber Ägypten. Es müsse ein Weg gefunden werden, daß Nasser wieder ausspuckt, was er zu schlucken versucht, äußerte USA-Außenminister Dulles.

Obwohl Ägypten die freie Durchfahrt durch den Kanal gewährte und der Verkehr reibungslos funktionierte, begannen die Westmächte eine diplomatische Offensive gegenüber Ägypten, um angeblich die Interessen der Kanalnutzer zu gewährleisten. Doch alle Versuche, die Verwaltung des Suezkanals in die Hände eines „Internationalen Gremiums" zu legen oder eine „Gesellschaft der Nutzer des Suezkanals" ins Leben zu rufen, scheiterten am Widerstand Ägyptens und anderer Staaten, vor allem der UdSSR und junger Nationalstaaten wie Indien. Auch Provokationen, wie die Zurückziehung der Lotsen durch die imperialistischen Mächte, blieben ohne Wirkung.

Als offenbar wurde, daß Ägypten so nicht beizukommen war, wurden die militärischen Vorbereitungen für einen Überfall forciert. Dabei trafen sich die anglo-französischen Pläne mit den Absichten Israels, dessen herrschende Kreise den Konflikt ausnutzen wollten, um ihr Territorium auf Kosten Ägyptens zu vergrößern. Sie beteiligten sich deshalb schon frühzeitig an den antiägyptischen Invasionsbestrebungen.

Am 14. Oktober fand in Chequers, dem Landsitz des britischen Premierministers, eine Geheimsitzung mit zwei französischen Emissären statt, auf der militärische Details des Überfalls auf Ägypten besprochen wurden. Wie Selwyn Lloyd berichtete, sah der französische Plan folgendes vor: „Großbritannien und Frankreich schlagen Israel vor, Ägypten über die Sinaihalbinsel anzugreifen; sie geben Israel genügend Zeit, um das gesamte Territorium der Sinaihalbinsel oder einen großen Teil davon zu besetzen. Dann rufen sie Israel und Ägypten auf, ihre Truppen aus der Kanalzone zurückzuziehen, damit die britisch-französischen Streitkräfte die Möglichkeit erhalten, den Kanal zu besetzen, um ihn im Falle militärischer Aktionen vor Zerstörungen zu bewahren."[15]

Am 24. Oktober wurde von den drei Angreiferstaaten in einer Villa in Sèvres bei Paris ein Geheimdokument unterzeichnet, das den Verlauf der Operationen festlegte. Demzufolge fiel Israel am 29. Oktober ohne Kriegserklärung in die Sinaihalbinsel ein. Die ägyptischen Truppen leisteten zunächst erbitterten Widerstand, zogen sich dann aber infolge der militärischen Überlegenheit des Gegners in Richtung auf den Suezkanal zurück. Nach dem mit Israel abgesprochenen Ultimatum Großbritanniens und Frankreichs an „beide kriegführenden Seiten", dessen Ablehnung durch Ägypten infolge der unzumutbaren Forderung, sich westlich vom Suezkanal zurückzuziehen, einkalkuliert worden war, begannen am 31. Oktober heftige Bombardements ägyptischer Städte und Dörfer durch britische und französische Flugzeuge. Am 5. November landeten anglo-französische Fallschirmjäger im Gebiet von Port Said.

Durch die Welt ging ein Schrei der Empörung über diesen hinterhältigen Überfall. Es entfaltete sich eine machtvolle Bewegung der Solidarität mit dem ägyptischen Volk. Die Sowjetunion warnte die Aggressoren, daß diese

Intervention, wenn sie fortgesetzt wird, nicht ungestraft bleiben würde. Gleichzeitig unterbreitete sie im UNO-Sicherheitsrat einen Beschlußentwurf, der die Einstellung aller Kampfhandlungen innerhalb von zwölf Stunden und den Rückzug aller ausländischen Truppen von ägyptischem Boden forderte. Die UNO-Vollversammlung nahm auf Vorschlag der USA, die zunächst das Feuer mit geschürt hatten, mit 65 gegen 5 Stimmen eine Entschließung an, in der ein Waffenstillstand und die Zurücknahme aller eingesetzten Streitkräfte gefordert wurden. Diese doppelzüngige Haltung der USA war vor allem darauf zurückzuführen, daß sie den drohenden Prestigeverlust ihrer NATO-Partner im Nahen Osten zu nutzen gedachten, um dort den eigenen Einfluß zu verstärken. Außerdem standen Präsidentschaftswahlen vor der Tür, die Präsident Eisenhower nicht durch einen unpopulären Krieg verlieren wollte.

So waren die Aggressoren bald völlig isoliert und bereits am 6. November 1956 gezwungen, ihre Kampfhandlungen einzustellen. Am 22. Dezember schließlich verließen die letzten britischen Soldaten ägyptisches Territorium.

Auch in Großbritannien schlugen im Herbst 1956 die Wogen hoch. Zunächst war es nur die KP, die die Verstaatlichung des Suezkanals billigte und eine friedliche Regelung des Konflikts verlangte. Ihre Forderung nach sofortiger Einberufung des Parlaments, das sich in den Sommerferien befand, erlangte bald eine derartige Popularität, daß sich ihr neben anderen Organisationen auch die Labour Party und der Generalrat des TUC anschlossen. Nach der Verstaatlichung des Suezkanals hatten die rechten Labour-Führer, insbesondere Gaitskell, Nasser verleumdet und die Regierung zu Gegenmaßnahmen ermuntert. Unter dem Druck der Massenstimmung sahen sie sich aber schließlich veranlaßt, den Kriegskurs der Regierung abzulehnen. Doch waren sie nicht bereit, die Konservativen herauszufordern und vorfristige Wahlen zu verlangen.

Als die Aggression im Gange war, erreichte die Protestbewegung ihren Höhepunkt. Die Empörung der Massen wuchs von Tag zu Tag. „Das Unterhaus befand sich nahezu eine Woche lang in fast ununterbrochener und oft tumultähnlicher Sitzung. Mißtrauensvoten, Vertagungsanträge und alle möglichen anderen verfahrenstechnischen Mittel wurden in den Debatten ins Spiel gebracht. Mit Verbitterung und flammender Leidenschaft wurde auf allen Seiten gekämpft und argumentiert", schreibt Macmillan in seinen Memoiren. „In den wenigen Stunden, die ich außerhalb von Whitehall verbringen konnte, beobachtete ich, daß unsere mit ätzender Schärfe geführten Auseinandersetzungen auf Bezirke übergegriffen hatten, wo man sie sonst nur selten findet — in den Clubs, in den Pubs, in den Straßen, in den

U-Bahnen. Wo immer sich Menschen versammelten, wurde der Streit mit großem Engagement geführt."[16]

Auch innerhalb der Konservativen Partei wurde mit Erbitterung gekämpft. Zwei Regierungsmitglieder, die allerdings nicht dem Kabinett angehörten, Anthony Nutting und Sir Edward Boyle, traten aus Protest gegen die Suezaggression zurück. Sie wurden von etwa 25 bis 40 konservativen Abgeordneten unterstützt. Auf der anderen Seite stand die etwa gleich starke ,,Suezgruppe", die der Regierung applaudierte, als diese zu militärischen Aktionen überging, und sie tadelte, als sie die Kampfhandlungen einstellte.

Die Suezaggression bedeutete für Großbritannien eine eklatante politisch-moralische und diplomatische Niederlage und beschleunigte den Zerfall des britischen Kolonialreiches. Britanniens Prestige in der Welt, insbesondere unter den jungen Nationalstaaten, sank erheblich. Auch die Mehrzahl der Commonwealth-Länder mißbilligte das Suezabenteuer. Die anglo-amerikanischen Beziehungen erreichten in dieser Zeit einen Tiefpunkt. Wirtschaftlich bewirkte diese Aggression ein drastisches Absinken der britischen Gold- und Dollarreserven.

Am 9. Januar 1957 erklärte Anthony Eden — angeblich aus Krankheitsgründen — seinen Rücktritt. Die Nation bekam ihren Sündenbock. Zwei Kandidaten standen als Nachfolger bereit: Richard A. Butler, Lordsiegelbewahrer und Führer des Unterhauses, und Harold Macmillan, zuletzt Schatzkanzler in der Eden-Regierung. Nach einer ungewöhnlichen Prozedur, bei der jedes Kabinettsmitglied vom Lordkanzler und vom Lordpräsidenten des Geheimen Rates einzeln befragt wurde, fiel die Wahl auf Macmillan, für den sich auch Churchill bei der Königin verwendete. Aus einer erfolgreichen Londoner Verlegerfamilie stammend und durch seine Heirat mit dem britischen Hochadel verbunden, war der etwas altmodisch wirkende Macmillan ein typischer Vertreter des traditionellen Toryismus. Er hatte bereits eine erfolgreiche politische Karriere hinter sich. Als Vertrauter Churchills gehörte er seit 1951 dem Kabinett an und hatte verschiedene Ministerposten bekleidet. Während der Suezaggression hatte Macmillan hinter Eden gestanden und war in dieses verhängnisvolle Abenteuer ebenso verstrickt gewesen wie dieser.

VIII. Großbritannien im Umbruch (1957—1964)

1. Die Konservativen im Aufwind

Die Intentionen des neuen Premiers waren darauf gerichtet, das Suezabenteuer so schnell wie möglich vergessen zu machen und das Image Großbritanniens in den Augen der Weltöffentlichkeit wieder aufzupolieren. In erster Linie kam es ihm darauf an, die engen Beziehungen zu den USA, die während des Suezkrieges einer erheblichen Belastungsprobe ausgesetzt waren, wiederherzustellen. Die Voraussetzungen hierfür waren insofern günstig, als sich der im November 1956 wiedergewählte USA-Präsident, Dwight D. Eisenhower, am 5. Januar 1957 in der nach ihm benannten Doktrin für eine Politik des Interventionismus im Nahen Osten ausgesprochen und damit faktisch kundgetan hatte, daß es in der Haltung gegenüber der arabischen nationalen Befreiungsbewegung zwischen beiden Mächten keine grundlegenden Meinungsverschiedenheiten gab. Auf dem ersten Treffen zwischen Macmillan und Eisenhower im März 1957 auf den Bermudas erklärte sich Washington bereit, im Militärkomitee des Bagdadpaktes mitzuarbeiten, und ein gutes Jahr später, im Juli 1958, kam es zu einer koordinierten militärischen Intervention beider Staaten in Jordanien bzw. im Libanon als Antwort auf die nationale Revolution im Irak, deren Wirkung auf andere Länder mit allen Mitteln eingedämmt werden sollte.

Im Oktober 1957 bekannten sich Eisenhower und Macmillan in einer Gemeinsamen Absichtserklärung zur sogenannten Doktrin der gegenseitigen Abhängigkeit (Interdependence). Dieser Doktrin lag der Gedanke zugrunde, daß beide Länder ihre antikommunistische Politik nur dann erfolgreich verwirklichen können, wenn sie gemeinsam vorgehen und sich dabei gegenseitig Zugeständnisse machen. In diesem Sinne versprachen die USA, die anglo-amerikanische Zusammenarbeit auf dem Gebiet der Atomforschung wiederherzustellen. Dies fand seinen Niederschlag in einem im Juni 1958 zwischen beiden Staaten unterzeichneten Abkommen über die Zusammenarbeit bei der Nutzung von Atomenergie für militärische Zwecke. Darüber hinaus erhielt Großbritannien die Möglichkeit, von den USA atombetriebene U-Boote zu kaufen und sich an der Durchführung unterirdischer Kerntests in der Wüste von Nevada zu beteiligen. Als Gegenleistung gestattete London den USA, auf den sich unter britischer Oberhoheit befindlichen Weihnachtsinseln im Pazifik Wasserstoffbombentests durchzuführen.

Welche Gefahren die Doktrin der gegenseitigen Abhängigkeit für die britische Bevölkerung heraufbeschwor, wird daraus ersichtlich, daß 1958 in Großbritannien amerikanische Nuklearraketen vom Typ Thor stationiert wurden, die sich ausschließlich unter USA-Kontrolle befanden. Außerdem erklärte sich Großbritannien 1960 bereit, in Holy Loch (Schottland) einen ständigen Stützpunkt für mit Polarisraketen bestückte amerikanische U-Boote zu errichten. So blieb auch in diesen Jahren der gegen die Sowjetunion, die anderen sozialistischen Staaten und die nationale Befreiungsbewegung gerichtete kalte Krieg das wichtigste verbindende Glied in den anglo-amerikanischen Beziehungen.

Zur gleichen Zeit vollzogen sich in der internationalen Arena wichtige Veränderungen, denen sich Großbritannien ebenso wie andere kapitalistische Staaten stellen mußte. Das sozialistische Weltsystem festigte sich und übte einen wachsenden Einfluß auf die weltpolitische Entwicklung aus. Insbesondere der Start des ersten Sputniks im Oktober 1957 löste in der kapitalistischen Welt einen regelrechten Schock aus. In den kolonial unterdrückten Ländern erreichte der nationale Befreiungskampf eine neue Stufe und breitete sich über den afrikanischen Kontinent aus. Vor den Toren der USA siegte im Januar 1959 die kubanische Volksrevolution, die bald in ihre sozialistische Etappe hinüberwuchs. 1961 entstand — vorwiegend aus ehemals kolonial unterdrückten Staaten — die Bewegung der Nichtpaktgebundenen, die in wachsendem Maße ihre Stimme zu Gehör brachte.

Die Erfolge des Sozialismus und der nationalen Befreiungsbewegung zwangen die imperialistischen Staaten, darunter Großbritannien, zu einer zögernden Überprüfung ihrer bisherigen Politik gegenüber dem sozialistischen Weltsystem und den jungen Nationalstaaten. In Anpassung an das veränderte internationale Kräfteverhältnis begannen sich realistisch denkende Kreise der Monopolbourgeoisie allmählich von alten, starren antikommunistischen Dogmen zu lösen und ein flexibleres und differenzierteres Konzept im Kampf gegen den Sozialismus und alle Fortschrittskräfte in der Welt zu entwickeln.

In Großbritannien gehörte Macmillan offenbar zu jenen Kräften innerhalb der herrschenden Kreise, die nicht zuletzt angesichts der Erfahrungen des Suezkrieges das internationale Kräfteverhältnis und speziell die Lage Großbritanniens realistischer als zuvor einzuschätzen begannen und bis zu einem gewissen Grade bereit waren, sich den neuen Gegebenheiten anzupassen. Davon zeugte nicht zuletzt die Reise Macmillans in die Sowjetunion Anfang 1959, die freilich nicht zufällig wenige Monate vor den Unterhauswahlen stattfand.

Macmillan schildert in seinen Memoiren ausführlich seine Eindrücke und Erlebnisse während dieser Reise und gefällt sich dabei in der Rolle eines Wegbereiters der Entspannung. „Kein amtierender Premierminister und kein Regierungschef irgendeines westlichen Landes hatte seit Kriegsende Rußland besucht. Trotz mancher Bedenken und Zweifel herrschte allgemeine Zustimmung, obwohl man sich ganz offensichtlich vor allem unter unseren Verbündeten mit einiger Nervosität fragte, ob ich nicht vielleicht doch versuchen würde, mehr zu erreichen, als ich öffentlich erklärt hatte."[1] Das wichtigste praktische Resultat dieser Reise war, daß die Handels- und kulturellen Beziehungen zwischen beiden Staaten belebt wurden. Außerdem verständigte man sich darüber, daß eine neue Gipfelkonferenz ins Auge gefaßt werden sollte.

In Westeuropa hatten sich unterdessen Prozesse angebahnt, die Großbritannien allmählich ins Abseits drängten. Seit 1955 führten die sechs Mitgliedstaaten der Montanunion Verhandlungen über die Schaffung eines gemeinsamen Marktes, die mit der Unterzeichnung des Vertrages über die Bildung der „Europäischen Wirtschaftsgemeinschaft" (EWG) am 25. März 1957 ihren Abschluß fanden. Das wichtigste Ziel der EWG war die schrittweise Abschaffung der Zölle zwischen den Teilnehmerländern und die Einführung eines gemeinsamen Außenzolltarifs. Außerdem sollten ein gemeinsamer Agrarmarkt geschaffen, die Wirtschaften der beteiligten Länder immer enger verzahnt und Kurs auf eine spätere politische Vereinigung genommen werden.

Großbritannien, das aus seiner ablehnenden Haltung gegenüber supranationalen Zusammenschlüssen infolge seiner Commonwealth-Interessen kein Hehl machte, hatte in der Vorbereitungsphase der EWG die Schaffung einer Großen Freihandelszone vorgeschlagen, die im Gegensatz zur EWG keine supranationalen Organe und keinen gemeinsamen Außenzoll vorsah. Nachdem dieses Projekt bei den Sechs auf Ablehnung gestoßen war, kreierte Großbritannien Ende 1959 die Kleine Freihandelszone (EFTA), an der sich Dänemark, Schweden, Österreich, Portugal, die Schweiz und Norwegen beteiligten. Die EFTA war jedoch nicht imstande, die ihr zugedachte Rolle zu erfüllen. Weder vermochte sie die negativen Folgen der EWG für Drittländer abzufangen noch eine Brücke zur EWG zu schlagen. Doch fanden diese Entwicklungen in Großbritannien zunächst relativ wenig Beachtung, zumal die sich aus der Gründung der EWG ergebenden Nachteile für die britische Wirtschaft erst in den sechziger Jahren voll wirksam wurden.

Im Jahre 1957 wurde Großbritannien nach einem kurzen Aufschwung erneut von einer Wirtschaftskrise heimgesucht, die in erster Linie durch die Schwäche des Pfund Sterling gegenüber anderen Währungen und damit im Zusammenhang stehende spekulative internationale Finanzoperationen verursacht wurde. Die im September 1957 verfügte Erhöhung des Bankzinssatzes auf sieben Prozent, den höchsten seit 1920, Investitionsbeschränkungen für die nationalisierte Industrie und andere restriktive Maßnahmen waren jedoch nicht dazu angetan, die Wirtschaft zu beleben. Die Arbeitslosigkeit erreichte 1958 mit etwa einer halben Million bzw. 2,1 Prozent der arbeitsfähigen Bevölkerung den höchsten Stand, seit die Konservativen das Regierungsruder in der Hand hielten, und sie kletterte im Januar 1959 sogar auf 620 000 bzw. 2,8 Prozent.

Einen ernsten Angriff auf die Lebensbedingungen der Werktätigen stellte das 1957 von der Macmillan-Regierung verabschiedete Mietgesetz dar. Es sah vor, daß 810 000 Häuser jeglicher Mietkontrolle entzogen wurden und für 4,3 Millionen Häuser die Mieten heraufgesetzt werden konnten. Das Gesetz wurde damit begründet, daß andernfalls die Hauseigentümer nicht in der Lage seien, notwendige Reparaturen durchzuführen. In Wirklichkeit öffnete es skrupellosen Grundstücksspekulanten vom Typ eines Peter Rachman Tür und Tor. Rachman war ein Grundstücksbesitzer, der seine Geschäfte mit Hilfe einer regelrechten Gangstergruppe betrieb. Er ließ Häuser in den Slums zu billigen Preisen aufkaufen, die Mieter unter Anwendung von brutaler Gewalt exmittieren und die Häuser nach Abschaffung der Mietkontrolle zu hohen Preisen an Grundstücksspekulanten für Geschäftsbauten oder Wohnhäuser mit phantastisch hohen Mieten verkaufen. ,,Rachmanismus" galt bald als Synonym für Mietwucher und Exmittierungen.

Nach der Verabschiedung des Mietgesetzes verschlechterte sich die Wohnungssituation vor allem für Arbeiterfamilien beträchtlich. Der 1965 vorgelegte Bericht einer in Groß-London eingesetzten Untersuchungskommission stellte fest, ,,daß eine beträchtliche Anzahl von Mietern unter höchst schlimmen und unangemessenen Bedingungen lebt, mit unsicheren Pachtverhältnissen und hohen Mieten. . ."[2]

In den ersten Monaten nach der Ernennung Macmillans zum Premierminister schienen die Chancen der Konservativen für die nächsten Wahlen schlecht zu stehen. Darauf deuteten sowohl die Ergebnisse von Unterhausnachwahlen als auch Meinungsumfragen hin. Seit dem Sommer 1958 bahnte sich jedoch eine deutliche Trendwende an. Die Wirtschaft begann sich zu beleben, Suez schien vergessen, und die außenpolitischen Aktivitäten Macmillans, insbesondere seine Reise in die Sowjetunion, vermittelten zumindest den Eindruck, daß Großbritannien immer noch ein entscheidendes Wort in der Weltpolitik mitzureden hatte. Zudem hatte die Konservative Partei eine für britische Verhältnisse ungewöhnliche und neuartige Kampagne gestartet, die langfristig die nächsten Wahlen vorbereiten sollte. Mit viel Geld und großem propagandistischem Aufwand wurde ein regelrechter Reklamerummel um die Regierung und den Premierminister entfacht, wobei man vor keinen Übertreibungen zurückschreckte. Macmillan wurde zum ,,Super-Mac", zur Symbolfigur des erfolgreichen, dynamischen und weitsichtigen Staatsmannes hochstilisiert, der das Land angeblich auf den Weg zu einer ,,Überflußgesellschaft" geführt habe.

Gemessen an den Vorkriegs- und unmittelbaren Nachkriegsjahren, hatte sich der Lebensstandard der arbeitenden Bevölkerung tatsächlich erheblich verbessert. Kühlschränke, elektrische Waschmaschinen und andere langlebige Konsumgüter, wie die neueste technische Errungenschaft, das Fernsehgerät, hatten in Arbeiterhaushalten Eingang gefunden. Ja sogar ein Auto war für Arbeiterfamilien kein unerfüllbarer Traum mehr. In der Regel gingen die Menschen auch besser gekleidet als früher und hatten mehr Freizeit. Vieles wurde freilich auf Kredit gekauft, und nicht immer konnte das Geld für die Ratenzahlungen aufgebracht werden. Auch war die Armut beileibe nicht verschwunden. Es waren die Alten und die Kranken, die kinderreichen Familien, die Witwen und die Arbeitslosen, die am Rande der Gesellschaft dahinvegetierten. Sie machten immerhin etwa 15 Prozent der Bevölkerung aus, von denen wiederum 5 Prozent unterhalb des Existenzminimums lebten. Die ,,Überflußgesellschaft" war in Wirklichkeit eine ungleiche, eine ungerechte Gesellschaft, denn selbst diejenigen, die sich nun manches leisten konnten, was ihren Vätern und Großvätern noch versagt geblieben war, bekamen nur einen winzigen Teil von dem Reichtum, den sie durch harte Arbeit für einige wenige Privilegierte anhäuften.

2. Auseinandersetzungen in der Arbeiterbewegung

Unterdessen driftete die Labour Party unter Gaitskells Führung immer weiter nach rechts. Der Labour-Führer gehörte zur Gruppe der sogenannten neuen Denker, die in den fünziger Jahren mit einer Reihe von programmatischen Schriften auftraten, in denen das traditionelle Gedankengut der Labour Party einer grundlegenden Revision unterzogen wurde. Die ,,neuen Denker" richteten den Hauptstoß gegen die alte Forderung der britischen Arbeiterbewegung nach Überführung der Produktionsmittel in Gemeineigentum, die seit 1918 im Statut der Labour Party verankert war. Sie behaupteten, diese Forderung sei im Grunde genommen belanglos geworden, weil sich die kapitalistische Gesellschaft nach dem Krieg angeblich grundlegend gewandelt habe und keine Ähnlichkeit mehr mit dem Vorkriegskapitalismus aufweise. 1952 schrieb C. A. R. Crosland, einer der prominentesten „neuen Denker": „Persönliche Eigentumsrechte bilden nicht mehr die wesentliche Grundlage wirtschaftlicher und sozialer Macht. Unter dem Kapitalismus waren die Eigentümer der Produktionsmittel ganz offenbar die herrschende Klasse. Heute, da das aktive Eigentum in passiven Aktienbesitz umgewandelt ist, liegt die Leitung in anderen Händen, und viele Momente des traditionellen Kampfes zwischen Sozialisten und Kapitalisten sind heute belanglos."[3]

Die „neuen Denker" nutzten geschickt neue Erscheinungen in der Entwicklung des modernen Kapitalismus, um den angeblichen Machtverlust der kapitalistischen Eigentümer nachzuweisen. So wurde die verstärkte Übernahme ökonomischer Funktionen durch den Staat so gedeutet, als sei dadurch eine wesentliche Einschränkung des Privateigentums erreicht worden. Auch die Tatsache, daß mit zunehmender Konzentration des Kapitals die Leitungsfunktion vom Eigentum getrennt wurde, diente als Begründung ihrer Thesen.

Die von den „neuen Denkern" aufgestellten Leitsätze fanden in der zweiten Hälfte der fünfziger Jahre Eingang in die offiziellen Dokumente der Labour Party. Das auf der Jahreskonferenz 1957 angenommene Dokument „Industrie und Gesellschaft" propagierte z. B. die These von der gemischten Wirtschaft anstelle der Nationalisierung wichtiger Industriezweige. „Dies war ein durch und durch revisionistisches Dokument, und seine Veröffentlichung wäre unvorstellbar gewesen, wäre nicht der Grund dafür von den Revisionisten nach der Niederlage der Partei 1951 gelegt worden."[4]

Die Labour-Linke reagierte zunächst kaum auf diese deutliche Rechtsentwicklung der Partei. Ihr ehemaliger Führer, Aneurin Bevan, hatte inzwischen Frieden mit der Parteiführung geschlossen und gehörte seit 1956 als Schatzmeister wieder dem Exekutivkomitee an. Auf der Jahreskonferenz 1957 in Brighton sagte er sich endgültig von seinen Anhängern los, als er im Namen des Exekutivkomitees eine Resolution ablehnte, in der die einseitige nukleare Abrüstung Großbritanniens gefordert wurde. Der Lohn ließ nicht lange auf sich warten. Als Sprecher für außenpolitische Angelegenheiten avancierte er faktisch zum zweitwichtigsten Mann hinter Gaitskell im Labour-Schattenkabinett, konnte jedoch seine Ambitionen letztendlich nicht verwirklichen, da er 1960 verstarb. Reste der ehemaligen Bevan-Gruppe und andere Linke schlossen sich in der zweiten Hälfte der fünfziger Jahre zur Gruppe „Sieg für den Sozialismus" zusammen, die in erster Linie propagandistisch tätig war, aber relativ geringen Einfluß in der Partei besaß.

Der eigentliche Widerstand gegen die Angriffe der Rechten auf traditionelle Forderungen der britischen Labour-Bewegung begann sich in der Gewerkschaftsbewegung zu formieren. Er ging einher mit der wachsenden Kampfbereitschaft der Gewerkschaften zur Verteidigung ihrer sozialen Errungenschaften. Die Anzahl der Streiks und die dadurch verlorengegangenen Arbeitstage erhöhten sich in der zweiten Hälfte der fünfziger Jahre gegenüber den Vorjahren beträchtlich. Besonders intensiv war die Streiktätigkeit 1957, als die Monopole mit Unterstützung der konservativen Regierung versuchten, die Löhne unter dem Vorwand der Eindämmung der Inflation „einzufrieren". Der größte Ausstand 1957 war der Streik der um Lohnerhöhungen kämpfenden Schiff- und Maschinenbauer, an dem sich nahezu 1,75 Millionen Arbeiter beteiligten. Zwar wurden ihre Forderungen infolge der kompromißbereiten Haltung rechter Gewerkschaftsführer nur teilweise erfüllt, doch verfehlte dieser seit langer Zeit machtvollste Streik in diesem Industriezweig seine Wirkung auf andere Teile der britischen Arbeiterklasse nicht. Zugleich verstärkte sich der bereits Mitte des Jahrzehnts spürbar gewordene Linkstrend in der britischen Gewerkschaftsbewegung.

Das Bemühen der rechten Labour-Führung, die Partei als eine gemäßigte, dem Klassenkampf abholde, nach Reformen strebende nationale Kraft darzustellen, zahlte sich nicht aus. Deutlicher Beweis hierfür waren die Unterhauswahlen vom 8. Oktober 1959. Der Anspruch der Labour Party, es besser als die Konservativen machen zu wollen, wirkte wenig überzeugend, da sie — abgesehen von geringfügigen Reformversprechungen auf sozialem Gebiet — keinerlei Alternative zu bieten hatte. Die Konservativen hingegen brüsteten sich damit, daß es die Briten nie so gut gehabt hätten wie in den fünfziger Jahren. Die Wahlen bescherten der Labour Party eine noch größere Niederlage als 1955. Während die Konservativen 49,4 Prozent der Stimmen auf sich vereinigten und mit 365 Abgeordneten ins Unterhaus zogen, mußte sich die Labour Party mit 43,8 Prozent und 258 Unterhausmandaten begnügen. Auf die Liberalen entfielen wiederum nur 6 Parlamentssitze.

Die nunmehr dritte Wahlniederlage hintereinander provozierte in der Labour Party heftige Diskussionen und Auseinandersetzungen über die Ursachen des schlechten Abschneidens der Partei. Während die Rechten um Parteiführer Gaitskell behaupteten, die von der Labour Party beabsichtigten (äußerst geringfügigen — H. K.) Nationalisierungen hätten viele potentielle Labour-Wähler, insbesondere aus den Mittelschichten, abgestoßen, machten die Linken die proimperialistische alternativlose Politik der Labour Party für die Wahlniederlage verantwortlich. John Gollan, seit 1956 Generalsekretär der KP Großbritanniens, antwortete auf die Frage nach den Ursachen der eklatanten Wahlniederlage der Labour Party: „Weil sich der offizielle Standpunkt der Labour Party in solchen Hauptfragen wie der des ‚kalten Krieges‘, der Wasserstoffbombe, des Gesellschaftssystems und der allgemeinen Wirtschaftspolitik kaum von dem der Tories unterscheidet."[5]

Auf der wenige Wochen nach den Wahlen durchgeführten Jahreskonferenz der Partei begann Gaitskell einen Frontalangriff gegen den Punkt 4 des Statuts der Labour Party, der die Überführung der Produktionsmittel in Gemeineigentum als das zu erstrebende Ziel der Partei zum Inhalt hat. Er schlug vor, diese Forderung aus dem Statut zu eliminieren. Doch sein Ansinnen rief in der ganzen Partei heftigen Widerstand hervor. Zum erstenmal versagten die Gewerkschaften der Parteiführung in einer wichtigen, die Ziele und Prinzipien der Partei betreffenden Frage die Gefolgschaft. Sie waren nicht bereit, auf das in der britischen Arbeiterbewegung tief verwurzelte traditionelle, wenn auch verschwommen und unklar formulierte sozialistische Gedankengut zu verzichten.

Da für Gaitskell und seine Anhänger keine Aussicht bestand, die gesamte Partei auf ihre Linie festzulegen, nahmen sie zu einem Manöver Zuflucht, um im nachhinein doch noch ihr Ziel zu erreichen. Im März 1960 verabschiedete das Exekutivkomitee eine Erklärung zu den Zielen der Partei, die den Punkt 4 des Statuts in einer Weise „modernisierte", daß er faktisch seines wesentlichen Inhalts beraubt wurde. Doch die Mehrzahl der im Frühsommer 1960 durchgeführten Gewerkschaftskonferenzen, darunter die der Transportarbeitergewerkschaft, der Maschinenbauergewerkschaft und der Bergarbeitergewerkschaft, sowie viele örtliche Labour-Organisationen bekräftigten ihre Treue zur sozialistischen Zielstellung der Partei und lehnten die von der Parteiführung vorgeschlagene Ergänzung des Punkts 4 ab.

Unter diesen Umständen sah sich die Parteiführung auf der Jahreskonferenz 1960 in Scarborough zum Rückzug gezwungen. Sie schlug einen Kompromiß vor, der von den Delegierten gebilligt wurde: Punkt 4 des Statuts blieb in der alten Formulierung erhalten, während die Erklärung vom März 1960 als zusätzliches Dokument angenommen wurde. So war der Kampf um die sozialistische Zielstellung der Partei zugunsten der linken Kräfte ausgegangen, die mit der Verabschiedung einer progressiven außenpolitischen Resolution einen weiteren Sieg errangen. ,,Die Schlacht um Punkt 4 bezog sich nicht nur auf die Frage des öffentlichen Eigentums. Dahinter stand die Absicht der Labour-Führung, der Labour Party die endgültige Annahme eines Wirtschaftssystems aufzuzwingen, das auf privatem Eigentum und Kontrolle beruhte, und die Alternative, die der Punkt 4 verkörperte, ein für allemal abzuschaffen."[6]

Einen nicht unwesentlichen Anteil am positiven Ausgang der Jahreskonferenz der Labour Party in Scarborough hatten die britischen Kommunisten. Ihre Linie, die Gewerkschaften für eine aktive Klassenpolitik zu gewinnen und gemeinsam mit ihnen und den linken Kräften in der Labour Party den fortschrittlichen Tendenzen in der britischen Arbeiterbewegung zum Durchbruch zu verhelfen, zeitigte in Scarborough die ersten Früchte. ,,Die Siege in Scarborough sind das Ergebnis vereinter Anstrengungen aller in der Arbeiterbewegung tätigen Sozialisten, Kommunisten und aktiven Gewerkschafter sowie der breiten Massen, die in der Friedensbewegung wirken"[7], betonte John Gollan.

Inzwischen war die KP Großbritanniens mit einem überarbeiteten Parteiprogramm an die Öffentlichkeit getreten, das sie auf ihrem XXV. (außerordentlichen) Parteitag zu Ostern 1957 zur Diskussion gestellt hatte. Die britischen Kommunisten knüpften darin an die Erkenntnisse der kommunistischen Bewegung über die Mannigfaltigkeit der Formen des Übergangs zum Sozialismus an und wiesen — wie schon im Programm von 1951 — dem in Großbritannien historisch gewachsenen Parlament eine wichtige Rolle zu. Eine sozialistisch-kommunistische Mehrheit könne das Parlament ,,in ein wirksames Instrument des Volkswillens verwandeln, mit dessen Hilfe die wichtigsten gesetzlichen Maßnahmen der sozialistischen Umgestaltung durchgeführt werden", heißt es darin.[8] Natürlich verwiesen die britischen Kommunisten zugleich auch darauf, daß die Erringung einer sozialistisch-kommunistischen Mehrheit im Parlament den Massenkampf der geeinten Arbeiterklasse im Bündnis mit anderen Klassen und Schichten gegen die Monopolbourgeoisie voraussetzt.

Die im Programm geforderten Maßnahmen, wie die Nationalisierung der Großbetriebe, Banken und Versicherungsgesellschaften, die Überführung der großen Ländereien in öffentliches Eigentum, eine umfassende Wirtschaftsplanung sowie die Demokratisierung des Staatsapparates und der Streitkräfte, waren gegen die Macht der Monopole und auf die Erweiterung der Demokratie gerichtet und stellten die einzig echte Alternative zur Politik der Konservativen dar. Freilich waren sich die britischen Kommunisten der Tatsache bewußt, daß die Gewinnung der britischen Arbeiterklasse für eine sozialistische Politik in entscheidendem Maße davon abhing, ob es gelingen würde, den Einfluß der rechten Kräfte in der britischen Labour-Bewegung zurückzudrängen und die Labour Party für einheitliche Aktionen mit den Kommunisten zu gewinnen. Insofern war Scarborough ein wichtiger Meilenstein auf diesem Weg.

Der XXV. Parteitag der britischen Kommunisten stand zugleich im Zeichen einer prinzipiellen Auseinandersetzung mit revisionistischen Kräften innerhalb der Partei, die im Zusammenhang mit der Kritik am Personenkult um J. W. Stalin auf dem XX. Parteitag der KPdSU im Februar 1956 aktiv geworden waren. Angeblich aus dem Bestreben heraus, die Vergangenheit kritisch analysieren zu wollen, traten sie mit Konzeptionen auf, die gegen grundlegende Prinzipien der kommunistischen Bewegung, insbesondere gegen den proletarischen Internationalismus, verstießen. So griffen sie u. a. die internationalistische Linie der KP Großbritanniens bei der Einschätzung der konterrevolutionären Ereignisse in Ungarn im Herbst 1956 an und stellten dieser eine eigene Plattform entgegen. Unter dem Vorwand einer angeblich notwendigen „Demokratisierung" der Partei unterbreiteten sie dem Parteitag einen „Bericht der Minderheit", der jedoch von den Delegierten mit überwältigender Stimmenmehrheit abgelehnt wurde. Hingegen billigten diese einen Bericht zur innerparteilichen Demokratie, der von einer in Vorbereitung des Parteitages vom Exekutivkomitee eingesetzten Kommission ausgearbeitet worden war.

Die prinzipielle Auseinandersetzung mit revisionistischen Kräften auf dem XXV. Parteitag bannte die Gefahr einer Spaltung der Partei. Dennoch war die parteifeindliche Tätigkeit dieser Kräfte nicht spurlos an der Partei vorübergegangen. Es war ihnen gelungen, Verwirrung in den Reihen der Partei zu stiften, so daß zahlreiche Mitglieder ihren Parteiaustritt erklärten. Im Ergebnis dessen verlor die Partei 1956/57 etwa ein Fünftel ihrer Mitgliedschaft. Überdies mußte sie viel Kraft und Zeit für innerparteiliche Auseinandersetzungen aufwenden, was zeitweilig ihre Massenarbeit und Massenwirksamkeit einschränkte. Nach der ideologischen Zerschlagung der rechten Kräfte betrachteten es die britischen Kommunisten als ihre Hauptaufgabe, die Partei durch die Gewinnung neuer Mitglieder zu stärken.

3. Die Bombe und der Unilateralismus

Im Frühjahr 1957 fand auf den Weihnachtsinseln im Pazifik der erste britische Wasserstoffbombentest statt. Etwa zur gleichen Zeit legte Verteidigungsminister Duncan Sandys ein Weißbuch vor, das neue Akzente in der

Rüstungspolitik setzte. Der Minister kündigte an, die Regierung werde in Zukunft das Schwergewicht von der konventionellen auf die nukleare Rüstung verlagern. Mit dieser Entscheidung wurde die Strategie der „unabhängigen nuklearen Abschreckung" zur offiziellen Militärdoktrin des Vereinigten Königreichs erklärt. Im Detail plante die Regierung den Bau eigener Nuklearraketen sowie die Bereitstellung von Bombern, die britische Wasserstoffbomben befördern können. In diesem Zusammenhang sollte 1960 auch die Wehrpflicht abgeschafft werden.

Die Regierung versuchte ihre Nuklearstrategie damit zu begründen, daß die konventionelle Rüstung im Vergleich zur BRD oder zu Frankreich zuviel vom Nationaleinkommen verschlungen habe, wodurch die britische Konkurrenzposition auf dem Weltmarkt ungünstig beeinflußt worden sei. Eine Umstellung auf Nuklearrüstung könne angeblich die Verteidigungskosten senken. Ob die Regierung selbst an diese wenig überzeugende Argumentation glaubte, bleibt dahingestellt. Auf jeden Fall war es eine für das britische Volk höchst gefährliche Entscheidung, denn „wie ihre Urheber selbst zugaben, war diese neue Politik strategisch gesehen ... sinnlos, da ein Nuklearkrieg nur zur Zerstörung des Landes führen konnte"[9].

In der Labour Party machten sich zur selben Zeit erste Ansätze einer Neuorientierung in verteidigungspolitischen Fragen bemerkbar, die freilich in sich sehr widerspruchsvoll waren. Im Sommer 1957 schlug Parteiführer Gaitskell einen detaillierten Plan des Auseinanderrückens (disengagement) der Streitkräfte der NATO und des Warschauer Vertrags in Mitteleuropa vor, den sogenannten Gaitskell-Plan, der insofern realistische Positionen enthielt, als er von der Anerkennung der legitimen Sicherheitsinteressen beider Seiten ausging. Gleichzeitig billigte Gaitskell die Herstellung der Wasserstoffbombe, und auf der Jahreskonferenz im Oktober 1957 brachte die Parteiführung eine Resolution zu Fall, die eine einseitige nukleare Abrüstung Großbritanniens forderte.

Die eigentliche Opposition gegen die verhängnisvolle Rüstungspolitik der Regierung kam aus einer anderen Richtung. Anfang 1958 formierte sich in Großbritannien eine Bewegung, in der sich zum erstenmal die britischen Kernwaffengegner auf nationaler Ebene zusammenfanden. Gegen die Herstellung und Erprobung von Atom- und Wasserstoffbomben hatte es seit Anfang der fünfziger Jahre immer wieder Initiativen und Proteste gegeben. Insbesondere die KP und das Britische Friedenskomitee hatten zahlreiche Aktivitäten entfaltet, vor den Gefahren der Atomrüstung gewarnt und die Einstellung der Versuche mit Atom- und Wasserstoffbomben gefordert. Doch seit 1958 nahm die Bewegung gegen die Atomrüstung erstmals Massencharakter an. Ihre organisatorische Basis bildete die im Januar 1958 gegründete „Kampagne für nukleare Abrüstung" (CND). Zu ihren Geburtshelfern gehörten bekannte Persönlichkeiten des öffentlichen Lebens, aus Wissenschaft und Kultur, wie der Philosoph und Mathematiker Bertrand Russell, der Kanonikus der St.-Paul's-Kathedrale John Collins, der Schriftsteller und Dramatiker J.B. Priestley, der Oxforder Historiker A.J.P. Taylor, der führende linke Labour-Politiker Michael Foot und viele andere.

Bereits die erste von der CND organisierte Veranstaltung am 17. Februar 1958 war ein großartiger Erfolg. Da ein regelrechter Ansturm auf die Eintrittskarten einsetzte, mußten neben der für das Meeting vorgesehenen Central Hall im Zentrum Londons vier weitere Säle gemietet werden. „Eilig boten wir weitere Versammlungsleiter und Redner auf", schrieb die langjährige Organisationssekretärin der CND, Peggy Duff, in ihren Erinnerungen. „Ich stellte eine komplizierte Namensliste von Rednern auf, die von Saal zu Saal ziehen mußten, und von Führern für die Redner, damit diese den richtigen Ort erreichten. Eine große Zahl von Ordnern und Kassierern wurde angeheuert, Rednern wurde Wortentzug angedroht, wenn sie ihre Zeit überzogen — dies hätte in allen Sälen ein Chaos hervorgerufen."[10]

Von dieser Veranstaltung ging der Ruf an die Regierung, die Initiative zu ergreifen und einseitig auf die Produktion, Erprobung und Anwendung von Kernwaffen zu verzichten. In der Folgezeit kristallisierte sich die Forderung nach einseitiger britischer Kernabrüstung, der sogenannte Unilateralismus, als einer der wichtigsten Programmpunkte der CND heraus. „Eine Nation, die in der Lage ist, diese Waffe zu produzieren, sollte anderen Nationen ein Beispiel geben, indem sie bewußt die hinter dem Wettrüsten stehende hysterische Furcht herausfordert...", schrieb der damalige Vizepräsident der CND, J.B. Priestley. „Und Großbritannien kann durch Atomwaffen nicht angemessen verteidigt werden. Sie zu behalten und weiter zu produzieren mit einem Kostenaufwand, der unsere ganze Wirtschaft gefährdet, ist weiter nichts als ein idiotischer Bluff."[11]

Bald machte die CND erneut von sich reden. Durch ihre Teilnahme am ersten Ostermarsch gegen die britische Atomrüstung 1958 verhalf sie dieser neuen Form des Massenprotests zu einer Resonanz, die weit über die Grenzen des Landes hinausging. Trotz Kälte, Regen- und Schneeschauern beteiligten sich an diesem Marsch, der von London nach dem etwa 80 Kilometer entfernten britischen Kernwaffenforschungszentrum Aldermaston führte, etwa 5000 Menschen. Auf den mitgeführten Bannern erschien zum erstenmal das inzwischen weltbekannte CND-Symbol, ein weißes nach unten abgeknicktes Kreuz innerhalb eines Kreises auf schwarzem Grund.

Seit 1959 organisierte die CND die Ostermärsche in eigener Regie. Dabei änderte sie aus gutem Grund die Richtung. Die Märsche begannen nun in der Regel am Karfreitag in Aldermaston und endeten am Ostermontag auf dem Trafalgar Square (später auch im Hyde Park) in London mit einer großen Abschlußkundgebung. 1959 beteiligten sich 30 000, 1960 bereits 100 000 und 1961 sogar 135 000 Menschen an den Ostermärschen und Kundgebungen. Daneben waren die CND oder ihr angeschlossene Gruppen an einer Vielzahl weiterer Kampagnen beteiligt, z. B. an den im Frühjahr 1961 ihren Höhepunkt erreichenden Protestaktionen gegen die in Holy Loch (Schottland) stationierten, mit Polarisraketen bestückten U-Boote der USA.

Der CND schlossen sich Menschen verschiedener sozialer Herkunft, unterschiedlicher Weltanschauung und verschiedener religiöser Bekenntnisse an, von denen viele bisher an keiner politischen Bewegung teilgenommen hatten. Es beteiligten sich Labour-Linke, Kommunisten und Liberale, Pazifisten und Christen. Breite Resonanz fand die neue Bewegung insbesondere unter der Jugend. Ein Jahr nach Gründung der CND bestanden bereits 300 lokale CND-Gruppen. Seit 1961 gab die CND eine eigene Monatsschrift, die ,,Sanity", heraus. Innerhalb der CND existierten bzw. entstanden weitere, zumeist radikalere Gruppen mit spezifischer Zielstellung, wie das 1960 gegründete Komitee der 100, das Sitzstreiks auf öffentlichen Plätzen oder vor Regierungseinrichtungen durchführte und zu zivilem Ungehorsam aufrief.

Unter dem Eindruck der Massenbewegung für Kernabrüstung verstärkte sich in der Labour Party der Widerstand gegen die Politik der Parteiführung, die die Rüstungs- und Atomkriegspolitik der Macmillan-Regierung unterstützte. Auf den turnusgemäßen Jahreskonferenzen der Gewerkschaften im Frühjahr und Sommer 1960 wurde massive Kritik an der Außenpolitik der Regierung geübt. Die Labour-Führer mißachteten diese wachsende Antikriegsstimmung und unterbreiteten der Jahreskonferenz in Scarborough ein außenpolitisches Dokument, das den Atomrüstungskurs der Regierung guthieß. Doch die Mehrheit der Delegierten versagte ihm die Zustimmung. Statt dessen nahm die Konferenz eine Entschließung der Transportarbeitergewerkschaft an, die von einer künftigen Labour-Regierung die Ablehnung der Kernwaffenpolitik sowie die Einstellung der Produktion und Erprobung von Kernwaffen forderte.

Nachdem bereits die Auseinandersetzungen um den Punkt 4 des Statuts zugunsten der Linken entschieden worden waren, bedeutete dies eine weitere Niederlage der rechten Parteiführer auf der Jahreskonferenz 1960 in Scarborough. Freilich gaben sich diese nicht geschlagen. Gaitskell verkündete, daß er gegen diesen Beschluß „kämpfen, kämpfen und nochmals kämpfen" werde. Gestützt auf die Mehrheit der Parlamentsfraktion, den Parteiapparat und die „Loyalität" der meisten Gewerkschaftsführer sowie auf die Aktivitäten der Ende 1960 entstandenen „Kampagne für demokratischen Sozialismus", einer rechten Gruppierung innerhalb der Labour Party, gelang es der Parteiführung auf der Jahreskonferenz 1961, den Beschluß von 1960 zu revidieren. Doch die Gegner der einseitigen nuklearen Abrüstung blieben weiterhin eine starke Fraktion innerhalb der Labour Party.

An den Aktivitäten der CND beteiligten sich von Anfang an auch zahlreiche Kommunisten. Nach den Worten von Peggy Duff „spielten die Kommunisten innerhalb der CND immer eine zentrale, standhafte Rolle".[12] Dennoch war das Verhalten der KP gegenüber der CND anfangs zwiespältig. Obwohl sie deren Entstehung begrüßte, machte sie zugleich aus ihren Vorbehalten gegenüber dem Unilateralismus kein Hehl. Die Partei gab zu bedenken, daß ein einseitiger Verzicht Großbritanniens auf Kernwaffen die Gefahr eines Atomkrieges nicht bannen könne, sondern daß dafür ein internationales Abkommen erforderlich sei. Dabei berücksichtigte sie zu wenig, daß diese Losung breite Bevölkerungskreise ansprach und daß ihre Zurückhaltung die Gefahr der Isolierung von einer Bewegung in sich barg, die einen wichtigen Beitrag im Friedenskampf leistete. Deshalb korrigierte die Kommunistische Partei 1960 ihre Haltung zur CND und akzeptierte den Unilateralismus als einen wichtigen Schritt auf dem Wege zu einem allgemeinen Abkommen über Kernabrüstung.

4. Von den „zornigen jungen Männern" zu den Beatles

Es war bestimmt nicht das Verdienst der Konservativen, daß die fünfziger Jahre auf kulturellem Gebiet, insbesondere in der Literatur- und Theatergeschichte, neue Akzente setzten. Vielmehr war es die Reaktion einer neuen Schriftstellergeneration auf die nach dem zweiten Weltkrieg eingetretenen Veränderungen in der internationalen Arena, aber auch im Leben des eigenen Volkes, Veränderungen, die Fragen nach dem Sinn des Lebens und der Gestaltung der Zukunft aufwarfen, auf die diese jungen Schriftsteller mit ihren Mitteln eine Antwort zu geben versuchten.

Als endgültiger „Durchbruch" zu einem neuen Realismus galt allgemein das am 8. Mai 1956 in London uraufgeführte Theaterstück „Blick zurück im Zorn" von dem noch unbekannten John Osborne, das dieser neuen Schriftstellergeneration den Namen gab: die zornigen jungen Männer. Neben Osborne gehörten dazu vor allem die Dramatiker John Arden, Arnold Wesker und die junge Shelagh Delaney sowie Prosaschreiber, wie John Braine, Kingsley Amis, John Wain und Iris Murdoch, die in den fünfziger Jahren Romane, Theaterstücke und Gedichte mit einer ähnlich zornigen und nicht selten von Weltschmerz geprägten Grundstimmung schrieben. Ende der fünfziger Jahre stießen zu ihnen weitere, zumeist jüngere Schriftsteller, wie Alan Sillitoe, David Storey, Keith Waterhouse, Stan Barstow u. a. m.

Die meisten dieser Schriftsteller stammten aus der Arbeiterklasse oder aus kleinbürgerlichen Schichten. Sie hatten die schlimmen dreißiger Jahre und den Krieg als Kinder oder Halbwüchsige miterlebt; teilweise hatten sie sogar aktiv am Krieg teilnehmen und seine Schrecken am eigenen Leibe erfahren müssen. Ihre Helden, wie Osbornes Jimmy Porter oder Braines Joe Lampton, kamen in der Regel aus demselben Milieu wie sie selbst. Es waren Menschen aus Fleisch und Blut mit ihren Problemen, Hoffnungen, Idealen, aber auch Fehlern und Irrungen. Zumeist traten diese Schriftsteller in ihren Werken spontan und gefühlsmäßig für die Sache der Werktätigen ein und ergriffen Partei für die von der Gesellschaft Benachteiligten. Aber keiner von ihnen war wirklich in der Lage, die geschichtsbildende Kraft und revolutionäre Rolle der Arbeiterklasse zu erfassen. Einige von ihnen, wie Osborne, Wesker und Braine, schlossen sich Ende der fünfziger Jahre der Friedensbewegung an.

Manche der damals entstandenen Stücke und Romane, wie Braines „Weg nach oben", Delaneys „Ein Hauch von Glückseligkeit", Sillitoes „Die Einsamkeit eines Langstreckenläufers" oder Barstows „Ein Kind der Liebe", lieferten die literarische Vorlage für Ende der fünfziger und Anfang der sechziger Jahre entstandene neorealistische Filme, die in der ganzen Welt ihre Zuschauer fanden. Wie ihre Vorlagen griffen diese Filme auch bisher verpönte Themen auf, wie Abtreibung, Homosexualität oder Liebe zwischen Angehörigen verschiedener Rassen. Es war deshalb wohl auch kein Zufall, daß 1960 — mehr als 30 Jahre nach seinem Erscheinen — der Roman von D. H. Lawrence „Lady Chatterleys Liebhaber" endlich in der ursprünglichen Fassung und ungekürzt erscheinen durfte.

Auch in der Musik gab es in den fünfziger Jahren neue Trends. Inspiriert durch die Massenbewegung für Kernabrüstung, entstanden populäre Songs für den Frieden, die — zur Gitarre oder ohne instrumentale Begleitung gesungen — bereits auf dem ersten Ostermarsch 1958 erklangen. Der bekannteste Song dieser Jahre, „Der Donner der H-Bombe", wurde faktisch zur Hymne der britischen Ostermarschbewegung. Massenwirksamkeit erzielten auch Lieder wie „Ächtet die Bombe" oder „Die Familie der Menschen". Viele dieser Lieder basierten auf alten Hymnen, traditionellen Melodien oder Scherzliedern. Daneben erlangte der Jazz eine neue Popularität. ,,Die Wiedergeburt des Jazz und das Anwachsen der CND waren mehr als ein Zufall", schreibt ein aktiver Ostermarschteilnehmer, der selbst Lieder verfaßte; ,,sie waren sozusagen zwei Seiten derselben Medaille. Ähnliche soziale Haltungen und positive humanistische Werte haben beide beeinflußt."[13] Nicht selten bestimmte Jazz das Marschtempo bei Demonstrationen, und Jazz-Combos intonierten bekannte Lieder, wie ,,Down by the Riverside" oder ,,When the Saints go marchin' in".

In der ernsten Musik setzte Benjamin Britten mit seinem War-Requiem neue Akzente. Es wurde 1961 anläßlich der Einweihung der wiedererbauten, 1940 durch deutsche Luftangriffe zerstörten St.-Michaelis-Kathedrale in Coventry uraufgeführt und zählt zu den bedeutendsten chorsinfonischen Werken der Gegenwart. Seine deutsche Erstaufführung erlebte es anläßlich des 20. Jahrestages der Zerstörung Dresdens im Januar 1965 in dieser leidgeprüften Stadt.

Aber auch in der Unterhaltungs- und Tanzmusik gab es Neues. Es begann Anfang der fünfziger Jahre mit dem ,,Skiffle", einer Art hausgemachten, im wesentlichen von Amateuren auf improvisierten Instrumenten wie Waschbrettern intonierten volkstümlichen, dem Jazz ähnlichen Musik. Doch war dieser Musik keine lange Lebensdauer beschieden, denn 1956 kam der Rock' n' Roll über den Atlantik nach Großbritannien und eroberte sich schnell die Tanzsäle. Im Unterschied zum ,,Skiffle" wurde der Rock' n' Roll durch Funk und Fernsehen, Plattenfirmen und Filmgesellschaften schnell kommerzialisiert und trat seinen Siegeszug durch die Welt an.

Der Rock' n' Roll inspirierte Ende der fünfziger Jahre auch die vier jungen Amateurmusiker aus Liverpool John Lennon, Paul McCartney, George Harrison und Ringo Starr, die in den sechziger Jahren als die Beatles weltbekannt wurden. Ahmten sie anfangs lediglich bekannte amerikanische Rockmusiker nach, so entwickelten sie bald ihren eigenen, unverwechselbaren Musizierstil, der jugendliche Frische, Natürlichkeit und Optimismus ausstrahlte und zugleich voller Humor und Poesie war. Sie trafen mit ihren Liedern die Sehnsüchte und Interessen junger Menschen und wurden zum Vorbild einer ganzen Generation von Rockmusikern. Daß die spontane Begeisterung für die Beatles und die von ihnen kreierte ,,Pilzkopf-Frisur" von der kapitalistischen Vergnügungsindustrie geschickt genutzt wurde, um die vier erfolgreichen jungen Männer zu vermarkten und eine regelrechte Beatlesmanie zu erzeugen, ist die andere Seite der Medaille. Ungeachtet dessen haben die Beatles die Unterhaltungskunst in der zweiten Hälfte unseres Jahrhunderts wesentlich mitgeprägt.

Doch zurück zu den fünfziger Jahren. Nicht nur der Rock'n'Roll wurde aus den USA importiert. Die zunehmende Amerikanisierung des öffentlichen Lebens in Großbritannien war ein allgemeiner Charakterzug jener Jahre. ,,Amerikanische Gepflogenheiten und Modeerscheinungen überquerten nun den Atlantik mit einer Geschwindigkeit und Bestimmtheit, daß angenommen werden mußte, Britannien wäre nur eine weitere vorgelagerte Insel."[14] Supermärkte, Spielhallen und Striptease-Klubs schossen wie Pilze aus der Erde. Blue Jeans, Coca Cola und Transistorradios wurden zum unentbehrlichen Utensil jedes Teenagers. Selbst G. B. Shaws Stück ,,Pygmalion" wurde als Musical ,,My fair Lady" von den USA nach Großbritannien zurückexportiert.

Für die fünfziger Jahre war aber auch typisch, daß Tabak- und Alkoholkonsum rapide zunahmen und die Spiel- und Wettleidenschaft anstiegen. Zugleich nahm die Kriminalität besorgniserregende Formen an. ,,Es ist ein beunruhigender Zug unserer Gesellschaft", hieß es in einem Regierungsbericht von 1959, ,,daß in den Jahren nach dem Krieg höherer Lebensstandard, Bildung und soziale Wohlfahrt keine Verminderung der hohen Verbrechensquote während des Krieges gebracht haben: im Gegenteil, die Kriminalität ist größer geworden und erhöht sich weiter."[15] So nahm die Kriminalität zwischen 1958 und 1962 um 43 Prozent zu.

Der Siegeszug des Fernsehens führte auch in Großbritannien zur Änderung der Lebensgewohnheiten der Menschen. Ende der fünfziger Jahre mußten viele Kinos ihre Pforten schließen. Darüber hinaus bedeutete insbesondere die Einführung des kommerziellen Fernsehens im Jahre 1955, das sich auf Werbung spezialisierte, für viele kleinere Zeitungen und Zeitschriften, die von Annoncen lebten, den Todesstoß. Insbesondere Provinzzeitungen konnten sich dieser massiven Konkurrenz nicht erwehren und gingen zugrunde. Aber auch landesweite Zeitungen, wie die ,,News Chronicle" und der ,,Star", mußten ihr Erscheinen einstellen. Zur selben Zeit vergrößerten die Zeitungskönige Cecil King durch die ,,Übernahme" des ,,Herald" und Roy Thompson durch den Kauf der ,,Sunday Times" ihre Zeitungsimperien.

5. Das Kolonialreich bricht zusammen

Wenige Wochen nach der Ernennung Macmillans zum Premierminister erkämpfte das erste afrikanische Land südlich der Sahara, die britische Kolonie Goldküste, ihre Unabhängigkeit. Am 6. März 1957 konstituierte es sich unter dem Namen Ghana als selbständiger Staat. Dieses Ereignis bedeutete nicht nur den Anfang vom Ende der britischen Herrschaft in Afrika, sondern es markierte darüber hinaus einen wichtigen Einschnitt im antikolonialen Kampf der Völker Afrikas, von denen die meisten in den darauffolgenden Jahren unabhängig wurden.

Angesichts des stürmischen Aufschwungs der nationalen Befreiungsbewegung nach dem zweiten Weltkrieg hatte sich die britische Kolonialmacht Anfang der fünfziger Jahre gezwungen gesehen, auch in Afrika zu veränderten Methoden der Herrschaftsausübung überzugehen, um den weiteren Zerfall des Kolonialsystems möglichst aufzuhalten. Durch sogenannte Verfassungsreformen in einigen afrikanischen Kolonien sollte die nationale Befreiungsbewegung eingedämmt und das drohende Ausbrechen der afrikanischen Völker aus dem Empire abgewendet werden. Diese als System der ,,indirekten Herrschaft" bekanntgewordene koloniale Reformpolitik, in deren Genuß freilich nur wenige Kolonien kamen, barg jedoch zugleich für die Kolonialmacht die Gefahr in sich, daß sie von der nationalen Befreiungsbewegung als Ausgangspunkt für die Forderung nach weitergehenden Zugeständnissen genutzt werden konnte. Genau das war in Ghana der Fall.

Dort hatte sich bereits in den vierziger Jahren eine starke antikoloniale Befreiungsbewegung formiert. Zur politischen Führungskraft im antikolonialen Kampf entwickelte sich die 1949 unter Führung von Kwame Nkrumah gebildete Volkskongreßpartei (CPP). Eine der wichtigsten, von der Kolonialmacht im Rahmen ihrer ,,Verfassungsreformen" verfügten Maßnahmen war die schrittweise Erweiterung gewählter afrikanischer Vertretungen in den legislativen und exekutiven Organen, die im Rahmen der Kolonialverwaltung existierten. Bei den 1951 in Ghana durchgeführten Wahlen zur Legislative erlangte die CPP eine überwältigende Stimmenmehrheit. Der ein Jahr zuvor von der Kolonialmacht wegen seiner antikolonialen Aktivitäten eingekerkerte Nkrumah mußte unter diesen Umständen auf freien Fuß gesetzt werden. Ihm wurde das Amt des ,,Premierministers" übertragen, das er zielstrebig nutzte, um mit Unterstützung des Massenkampfes das Land der politischen Freiheit entgegenzuführen. Als die CPP bei den allgemeinen Wahlen 1954 und 1956 wiederum den Sieg davontrug, sah sich die britische Kolonialmacht außerstande, dem Land weiterhin die volle politische Unabhängigkeit zu verweigern. Ghana wurde zum Fanal für die Befreiung ganz Afrikas.

Als Macmillan Anfang 1960 Afrika bereiste, mußte er eingestehen, daß der ,,Wind der Veränderung" durch den Kontinent weht. ,,Seit ich London vor einem Monat verlassen habe, hat mich am meisten die Stärke dieses afrikanischen nationalen Selbstbewußtseins beeindruckt . . . Der Wind der Veränderung bläst durch diesen Kontinent", sagte Macmillan am 3. Februar 1960 in einer Rede vor dem südafrikanischen Parlament in Kapstadt. „Ob wir es mögen oder nicht, dieses Anwachsen des nationalen Selbstbewußtseins ist eine politische Tatsache... Unsere nationale Politik muß das in Rechnung stellen." In seinen Worten schwang zugleich die Furcht mit, daß die Völker Afrikas einen anderen als den gewünschten Weg einschlagen könnten, wenn die Unabhängigkeit noch länger hinausgezögert wird. „Das große Problem in der zweiten Hälfte des 20. Jahrhunderts ist, ob sich die von uns entlassenen Völker Asiens und Afrikas dem Osten oder dem Westen zuwenden", meinte er deshalb besorgt.[16]

Noch im selben Jahr, am 11. Oktober 1960, erlangte die größte britische Kolonie in Afrika, Nigeria, ihre Unabhängigkeit. Auch hier waren die qualitativ neuen Merkmale der nationalen Befreiungsbewegung bereits unmittelbar nach dem zweiten Weltkrieg in Erscheinung getreten. Ein landesweiter Streik im Sommer 1945, der erfolgreich endete, festigte die Bewußtheit und Organisiertheit der nigerianischen Arbeiterklasse. Allerdings waren die sich für die Unabhängigkeit einsetzenden politischen Kräfte in Nigeria in sich stärker differenziert und in mehrere, zum Teil ethnisch-nationale Organisationen aufgesplittert. Dadurch gelang es der Kolonialmacht, die Frage der politischen Unabhängigkeit bis 1960 aufzuschieben.

Daß der britische Imperialismus auch in den fünfziger Jahren nicht davor zurückschreckte, Zwang, militärische Gewalt und Terror anzuwenden, zeigte vor allem die Entwicklung in Ostafrika. Von 1952 bis 1956 führte Großbritannien einen grausamen Kolonialkrieg in Kenia, um die sich dort zu Beginn der fünfziger Jahre verstärkende nationale Befreiungsbewegung, an deren Spitze die von Jomo Kenyatta geführte Afrikanische Union von Kenia (KAU) stand, zu unterdrücken. Als Vorwand dienten die Aktivitäten einer angeblich von der KAU unterstützten geheimen Gesellschaft unter dem Namen Mau-Mau, die Europäer überfallen hätte.

Die Kolonialmacht verhängte 1952 den Ausnahmezustand, verbot die KAU und machte Kenyatta und seinen Mitstreitern 1953 den Prozeß, in dessen Ergebnis er und fünf weitere Führer der nationalen Befreiungsbewegung zu sieben Jahren Verbannung und Zwangsarbeit verurteilt wurden. In einem mehrjährigen, überaus grausam geführten Kolonialkrieg gegen die sich hartnäckig zur Wehr setzenden Afrikaner, die bewaffnete Partisanenabteilungen schufen, gelang es schließlich der Kolonialmacht, den Aufstand niederzuschlagen. Im Verlaufe des Krieges wurden mehr als 100 000 Menschen verhaftet, verurteilt, gefoltert, ermordet oder in Konzentrationslager geworfen. Dennoch gelang es der Kolonialmacht nicht, Kenia zu „befrieden". Gewalt und Repressalien gegenüber den Afrikanern blieben an der Tagesordnung. Erst 1960 wurde der über das Land verhängte Ausnahmezustand aufgehoben. Die danach gegründete neue Befreiungsorganisation, die Afrikanische Nationale Union von Kenia (KANU), konnte sich 1961 bei den Wahlen zur Legislative als führende Kraft durchsetzen. Kenyatta war bereits 1959 unter dem Druck einer über das Land hinausgehenden Kampagne aus dem Gefängnis entlassen worden. Am 12. Dezember 1963 wurde das Land schließlich unabhängig; Kenyatta wurde Ministerpräsident.

Eine andere von der britischen Kolonialmacht angewandte Methode zur Disziplinierung der Afrikaner war die der Zwangsföderation. 1953 wurden im Interesse britischer Monopole und südrhodesischer weißer Siedler und entgegen dem Willen der afrikanischen Bevölkerungsmehrheit Nordrhodesien und Njassaland mit Südrhodesien zur Zentralafrikanischen Föderation zusammengeschlossen. Die weißen Siedler Südrhodesiens erhofften sich davon die Festigung ihrer Herrschaft über die afrikanische Mehrheit des eigenen Gebiets und zugleich die Ausdehnung ihrer Macht auf das an Kupfer reiche Nordrhodesien sowie die Ausbeutung billiger Arbeitskräfte aus Njassaland. In diesem künstlichen Gebilde herrschten von Anfang an Rassendiskriminierung, brutale Gewalt und blutiger Terror gegenüber der afrikanischen Bevölkerungsmehrheit. Der Widerstand der Afrikaner in allen drei Gebieten wurde jedoch so stark, daß die Kolonialmacht schließlich nicht umhinkonnte, 1963 das kolonialistische Zwangsgebilde wieder aufzulösen. Am 5. Juli 1964 wurden Njassaland unter dem Namen Malawi und am 24. Oktober 1964 Nordrhodesien als Sambia unabhängig.

Inzwischen hatten die meisten britischen Kolonien in Afrika ihre politische Freiheit erkämpft: am 27. April 1961 Sierra Leone, am 9. Dezember 1961 Tanganjika, am 9. Oktober 1962 Uganda, am 10. Dezember 1963 Sansibar und Pemba. Ende 1964 befanden sich in Afrika noch Gebiete mit einer Bevölkerung von 6,7 Millionen unter britischer Kolonialherrschaft. Aber auch für sie schlug bald die Stunde der Befreiung. Nur in dem von weißen Siedlern beherrschten Südrhodesien mußten die Afrikaner noch jahrelang einen zähen Kampf um ihre Befreiung führen.

Als ein Fehlschlag für die Kolonialmacht erwies sich auch der Zusammenschluß der sich unter britischer Oberhoheit befindlichen Westindischen Inseln in der Karibik zu einer Föderation. 1958 gebildet, mußte sie wegen heftigen Widerstands der einheimischen Bevölkerung bereits 1962 wieder aufgelöst werden. Die meisten der Westindischen Inseln, darunter Jamaika, Trinidad und Tobago, errangen in den sechziger Jahren ebenfalls ihre Unabhängigkeit.

Hartnäckig widersetzte sich Großbritannien der Forderung der zypriotischen Patrioten nach Selbstbestimmung. Das britische Interesse an Zypern war in erster Linie strategischer Natur. „Es wurde nach der 1954 getroffenen Entscheidung, den Suezstützpunkt zu evakuieren, als neue Heimstätte für das Allgemeine Hauptquartier Mittelost benötigt. Es wurde als eines der wichtigsten Sprungbretter sowohl für den Angriff auf Ägypten 1956 als auch für das Übersetzen britischer und amerikanischer Truppen nach dem Libanon und nach Jordanien 1958 benutzt. Es wurde auch als Nuklearbasis im Falle eines Krieges mit der Sowjetunion gebraucht."[17]

Um der Insel so lange als möglich die Unabhängigkeit zu verweigern, nutzte die Kolonialmacht nach der alten Devise „Teile und herrsche" die zwischen griechischen und türkischen Zyprioten bestehenden Zwistigkeiten über die Zukunft der Insel aus und schürte diese noch weiter. Ungeachtet dessen erstarkte die von der Befreiungsorganisation EOKA geführte zypriotische Unabhängigkeitsbewegung, an deren Seite sich die Kirche mit Erzbischof Makarios an der Spitze stellte. Daraufhin griff die Kolonialmacht zu Repressalien, verhängte 1955 den Ausnahmezustand und verbannte 1956 Erzbischof Makarios auf die Seychellen. Doch weltweiter Protest führte bereits 1957 zu seiner Freilassung.

Gegen die zypriotische Befreiungsbewegung, die 1955 den Partisanenkampf begonnen hatte, wurden reguläre Truppen eingesetzt, die mit äußerster Brutalität vorgingen. Nach langwierigen Verhandlungen zwischen den NATO-Mächten Großbritannien, Griechenland und Türkei kam man schließlich 1959 in den sogenannten Zypernverträgen überein, die Unabhängigkeit Zyperns, deren Proklamation am 16. August 1960 erfolgte, zu garantieren. Präsident der Republik Zypern wurde Erzbischof Makarios. Die Briten sicherten sich allerdings das Recht, weiterhin Stützpunkte auf Zypern zu unterhalten.

Der Zusammenbruch des britischen Kolonialreiches veränderte weitgehend die Zusammensetzung und den Charakter des Commonwealth. Gehörten ihm bis 1945 nur Großbritannien und die sogenannten weißen Dominien Kanada, Australien, Neuseeland und Südafrika an, so waren 20 Jahre später 21 Länder aus der „dritten Welt" hinzugekommen. Mit Ausnahme Burmas traten alle ehemaligen britischen Kolonien dem Commonwealth bei, unabhängig davon, ob sie die britische Königin als Oberhaupt anerkannten oder sich zur Republik erklärten. Großbritannien hoffte mit Hilfe des Commonwealth seine ehemaligen Kolonien sowohl wirtschaftlich als auch politisch weiter an sich zu binden. „Die Assoziation ist jung und hat ihre Unvollkommenheiten, aber es ist möglich, daß wir durch diesen Akt des Vertrauens die endgültige Niederlage des Kommunismus sichergestellt haben", resümierte 1961 der damalige britische Außenminister Lord Home.[18]

Doch die neuen Commonwealth-Mitglieder waren keineswegs bereit, der Londoner Politik bedingungslos zu folgen. Das wurde besonders deutlich, als es 1961 um die weitere Mitgliedschaft des rassistischen Südafrika im Commonwealth ging. Insbesondere nach dem Massaker von Sharpeville im März 1960, als die südafrikanische Polizei wahllos auf friedliche Demonstranten geschossen und 70 von ihnen getötet hatte, verstärkte sich die Kritik an diesem unmenschlichen Apartheidregime. Südafrika, das sich 1961 zur Republik erklärt hatte und mit Zustimmung der Macmillan-Regierung um weitere Mitgliedschaft im Commonwealth nachsuchen wollte, zog schließlich seinen Antrag zurück, nachdem sich herausgestellt hatte, daß die damals sechs asiatischen bzw. afrikanischen Commonwealth-Mitglieder sowie Kanada eine weitere Mitgliedschaft Südafrikas ablehnten. Ungeachtet dieser Entscheidung arbeiteten London und Pretoria weiterhin eng zusammen. Auch die zwischen den Commonwealth-Ländern bestehenden Vorzugszölle blieben für Südafrika in Kraft.

6. Zunehmende Schwierigkeiten und Mißerfolge der Konservativen

Mit den für sie so erfolgreichen Unterhauswahlen von 1959 hatte die Macmillan-Regierung zugleich ihren Zenit erreicht. Danach ging es langsam, aber stetig bergab. Mißerfolge und Schwierigkeiten häuften sich sowohl innen- als auch außenpolitisch. In der Wirtschaft verstärkten sich die Stagnationstendenzen. Die Wahlen waren kaum vorüber, als sich erneut eine Krise andeutete. Dem 1961 neu ernannten Schatzkanzler Selwyn Lloyd fiel außer den üblichen restriktiven Maßnahmen nichts anderes ein, als eine ,,Lohnpause" zu verkünden, solange sich die Produktivität der Arbeit nicht erhöhe. Daraufhin schlugen im Lande die Wogen hoch. Die Gewerkschaften kündigten Widerstand an, und die Streikaktivität nahm sprunghaft zu. Sie erfaßte zahlreiche wichtige Industriezweige, wie den Maschinen- und Schiffbau, den Bergbau, das Bauwesen und den Transport. Verstärkt nahmen auch staatliche Angestellte, die in erster Linie Opfer der ,,Lohnpause" waren, an den Streiks teil. Aufsehen erregte eine im Januar 1962 von den 180 000 britischen Postangestellten durchgeführte Aktion. Diese beschlossen, einen Monat lang ,,nach Vorschrift" zu arbeiten, was die peinlichste Beachtung einer Vielzahl, teilweise noch aus dem vorigen Jahrhundert stammender Vorschriften, Instruktionen und Gesetze bedeutete. Dies genügte, um den gesamten Postverkehr auf der britischen Insel lahmzulegen.

Die eigentlichen Ursachen für die wirtschaftliche Misere waren nach wie vor zu niedrige Investitionsquoten im Inland zugunsten des Kapitalexports, extrem hohe Ausgaben für die Rüstung sowie die verfehlte Stop-and-go-Politik der Konservativen in den fünfziger Jahren. Die Nutzung der Ergebnisse der wissenschaftlich-technischen Revolution blieb trotz Spitzenleistungen in einigen Bereichen der Grundlagenforschung und der Technologie hinter den Erfordernissen zurück. „Das Vereinigte Königreich wies sowohl eine geringe Wachstumsrate als auch eine geringe Investitionsrate auf. In der britischen produktiven Industrie war die wesentliche Ausrüstung hoffnungslos veraltet."[19] Ende 1961 stammten 60 Prozent der Gebäude und 38 Prozent des Maschinenparks in der Industrie aus der Zeit vor 1948. In einigen Industriezweigen war der Prozentsatz sogar noch etwas höher.

Ende der fünfziger Jahre fiel Großbritannien in der Industrieproduktion hinter die BRD auf den dritten Platz in der kapitalistischen Welt zurück. Im Vergleich zu den anderen kapitalistischen Hauptländern wies Großbritannien in der Industrieproduktion relativ geringe Zuwachsraten auf. Sie betrugen zwischen 1956 und 1964 im Durchschnitt jährlich 2,8 Prozent, während sie in der BRD im gleichen Zeitraum durchschnittlich 7,3 Prozent, in Frankreich 6,2 Prozent und in Italien 8,2 Prozent erreichten. Hinzu kam die sich immer deutlicher abzeichnende Schwäche des Pfund Sterling gegenüber der Deutschen Mark, aber auch gegenüber dem Franc und anderen westeuropäischen Währungen.

Infolge der niedrigen Investitionsquoten blieb Großbritannien auch in der Arbeitsproduktivität immer weiter hinter den anderen kapitalistischen Ländern zurück, was sich wiederum negativ auf die britische Konkurrenzposition auf dem Weltmarkt auswirkte. Keiner der vier Schatzkanzler unter Macmillan vermochte diesen Teufelskreis zu durchbrechen, der seine tiefere Ursache darin hatte, daß Großbritannien ungeachtet des veränderten internationalen Kräfteverhältnisses mit allen Mitteln bemüht war, seine aus der Kolonialzeit stammende Großmachtpolitik aufrechtzuerhalten.

Um die Wirtschaft anzukurbeln, gingen die Konservativen Anfang der sechziger Jahre verstärkt zu staatsmonopolistischen Regulierungsmaßnahmen über. Ende 1961 wurde der Nationale Ökonomische Entwicklungsrat (NEDC) — im Volksmund bald „Neddy" genannt — geschaffen, der als eine Art Planungsinstrument dienen sollte. Damit war der Aufbau eines Apparats vorgesehen, der die gesamte wirtschaftliche Entwicklung im staatlichen und privaten Sektor koordinieren, kontrollieren und möglichst weitgehend lenken sollte. Ihm oblag es, die Zuwachsraten der Industrie für einige Jahre im voraus zu berechnen und Maßnahmen zur Förderung bestimmter Industriezweige vorzuschlagen. Die vom „Neddy" 1962 aufgestellten Prognosen über ein jährliches industrielles Wachstum von 4 Prozent erwiesen sich jedoch in der Praxis als vollkommen unrealistisch.

Das zweite Organ, die 1962 gebildete Nationale Einkommenskommission (NIC), genannt ,,Nicky", sollte die Regierung bei Lohnforderungen beraten. In Wirklichkeit ging es der Regierung darum, sich in Tarifverhandlungen zwischen Unternehmern und Gewerkschaften einzumischen mit dem Ziel, Lohn- und Gehaltsforderungen von der Steigerung der Arbeitsproduktivität abhängig zu machen. Während im ,,Neddy" Gewerkschaftsvertreter mitarbeiteten, lehnten sie eine Beteiligung am ,,Nicky" ab.

Unterdessen schritt in Großbritannien der Monopolisierungsprozeß weiter voran. Die Industrie wurde von einer Fusionswelle wie nie zuvor erfaßt, die erstmals auch in größerem Umfang auf den Dienstleistungssektor übergriff. Charakteristisch für die Ende der fünfziger Jahre einsetzende neue Welle von Konzentration und Zentralisation war, daß große Gesellschaften andere Unternehmen durch den Erwerb der Aktienmehrheit ,,übernahmen" (take-over-bid). Solche ,,Übernahmen", die zunächst mit kleineren und zumeist schlecht geführten Unternehmen praktiziert wurden, erreichten bald völlig neue Dimensionen, indem sich große Monopole zu noch größeren Giganten zusammenschlossen. Zwischen 1957 und 1962 wurden von 1882 Gesellschaften 247 ,,übernommen", darunter 21 von den 180 größten Monopolvereinigungen. Am schnellsten schritt der Konzentrationsprozeß in der Auto- und in der Elektroindustrie voran.

Heftige politische Kontroversen im Lande rief das 1962 erlassene Einwanderungsgesetz hervor, das einzige grundlegende Gesetz auf innenpolitischem Gebiet, das die Konservativen während ihrer dritten Amtsperiode verabschiedeten. Seit dem zweiten Weltkrieg hatte sich die Zahl der Einwanderer aus den Commonwealth-Ländern, vor allem aus Indien und Pakistan, aber zunehmend auch von den Westindischen Inseln, stetig erhöht. Es handelte sich zumeist um weniger qualifizierte Arbeitskräfte, die in ihren Ländern, die noch unter den Folgen der Kolonialherrschaft litten, weder Arbeit noch Brot finden konnten. Als ,,britische Untertanen" konnten sie bisher ohne Schwierigkeiten nach Großbritannien einreisen. Dort waren sie angesichts des Arbeitskräftemangels nach dem Krieg zunächst auch gefragt und als billige Arbeitskräfte willkommen. Sie wurden vorwiegend im Transportwesen, im Bauwesen oder im Dienstleistungsbereich eingesetzt. Die Einwanderer, die in ihrer Mehrzahl eine andere Hautfarbe hatten, konzentrierten sich vor allem in London und in den Industriestädten Mittelenglands, wo sie zumeist in bestimmten Stadtteilen unter teilweise unwürdigen, ja ghettoartigen Zuständen leben mußten.

Das 1962 erlassene Gesetz sah vor, daß Einwanderer aus den ,,neuen"

Commonwealth-Ländern nur dann noch aufgenommen wurden, wenn sie bestimmte Bedingungen erfüllten. Sie mußten entweder Arbeit nachweisen können oder für bestimmte, in Großbritannien benötigte, zumeist niedrig bezahlte Tätigkeiten geeignet sein oder Teil eines Kontingents von Einwanderern sein, das von der Regierung von Zeit zu Zeit festgelegt wurde. Damit wurden faktisch alle Einwanderer aus den ,,neuen" Commonwealth-Ländern als Bürger zweiter Klasse abgestempelt. Die Kritiker des Gesetzes stellten zu Recht fest, daß es sich hierbei eindeutig um rassische Diskriminierung handelte.

Auch auf außenpolitischem Gebiet blieben Erfolge aus. Das Scheitern der Pariser Gipfelkonferenz im Mai 1960 empfand Macmillan als persönliche Niederlage, war der Gedanke einer Zusammenkunft auf höchster Ebene doch erstmals bei seinem Moskaubesuch 1959 erörtert worden. ,,Bevor die dritte Mai-Woche zu Ende gegangen war, schien das großartige Gebäude, an dessen Bau ich so lange und unter großen Mühen gearbeitet hatte, gänzlich und für immer zerstört", schreibt er in seinen Memoiren.[20] Die USA, die noch kurz vor der Konferenz Spionageflüge über dem Territorium der UdSSR durchgeführt hatten, in deren Ergebnis der Luftspion Powers von der sowjetischen Flugabwehr abgeschossen worden war, weigerten sich, öffentlich zu erklären, daß sie in Zukunft derartige Flüge unterlassen würden. Dadurch hatten sie eine gemeinsame Beratung auf höchster Ebene unmöglich gemacht. Macmillan, der natürlich der Sowjetunion die Schuld für das Scheitern der Konferenz zuschob, verhehlte jedoch auch nicht seinen Unmut über ,,die inkompetente Art und Weise, wie die Amerikaner sich in dieser Affäre verhielten mit den vielen Dementis, den Widersprüchen, den Anpassungen und den Ausreden . . ."[21]

Im Juli 1961 kündigte die Macmillan-Regierung im Unterhaus an, sie werde um Mitgliedschaft in der EWG nachsuchen. Was hatte sie zu diesem Schritt veranlaßt, der im Gegensatz zu ihren bisherigen Auffassungen und Haltungen stand? In erster Linie hoffte Großbritannien durch den von den USA befürworteten Beitritt zur EWG wieder eine größere Rolle in Europa spielen und innerhalb dieser Gemeinschaft stärker für die Idee einer erweiterten atlantischen Partnerschaft werben zu können. Zudem waren in den letzten Jahren die britischen Exporte in die EWG-Länder bedeutend schneller gewachsen als der Handel mit den Commonwealth-Ländern und mit den Ländern der EFTA. Vor allem jene Teile der britischen Monopolbourgeoisie, die die ,,neuen" Industriezweige beherrschten, fanden in den EWG-Ländern einen aufnahmefähigen Markt für ihre Produkte. Doch standen bei diesem ersten Beitrittsersuchen nicht so sehr ökonomische als vielmehr politische Interessen im Vordergrund. Deshalb war die Macmillan-Regierung auch nicht zum bedingungslosen Beitritt bereit, sondern forderte mit Hinweis auf die Verpflichtungen gegenüber dem Commonwealth und der EFTA sowie den Interessen der britischen Landwirtschaft eine Sonderstellung innerhalb der EWG. Eine Schwerpunktverlagerung der britischen Außenpolitik vom Commonwealth auf Westeuropa bzw. eine Abkehr von bisher vertretenen Prinzipien bedeutete das Beitrittsgesuch der Macmillan-Regierung jedoch noch nicht.

Inzwischen war auch die Illusion von der 1957 groß angekündigten Errichtung einer unabhängigen britischen Nuklearmacht zerstoben. Infolge zu hoher Kosten wurde 1960 das geplante Projekt zur Herstellung eigener Raketensysteme mit nuklearen Sprengköpfen eingestellt. Die USA sprangen in die Bresche, und im Dezember 1962 unterzeichneten Macmillan und der inzwischen ins Weiße Haus eingezogene neue USA-Präsident John F. Kennedy in Nassau auf den Bahamas ein Abkommen, das den Verkauf von amerikanischen Polarisraketen an Großbritannien vorsah. Zwar bekräftigten beide Seiten, daß der Einsatz von Kernwaffen — sofern es die Umstände erlaubten — nicht ohne vorherige gegenseitige Konsultation erfolgen sollte, aber im Klartext bedeutete dies nichts weiter als das Versprechen Londons an Washington, die von den USA gekauften Raketen nicht ohne deren vorherige Billigung einzusetzen. Von einer ,,unabhängigen" britischen Kernstreitmacht konnte deshalb keine Rede mehr sein. Vielmehr bedeutete das Abkommen von Nassau die Unterordnung der britischen Kernstreitkräfte unter die der USA. Die Gefahr für das Land hatte sich dadurch keineswegs verringert.

7. 13 Jahre sind genug

In den Jahren 1962/63 deuteten Gemeindewahlen und Nachwahlen zum Unterhaus darauf hin, daß der Stern der Konservativen im Sinken begriffen war. Die Liberalen erzielten einige spektakuläre Erfolge. Ihr Slogan ,,Es ist Zeit für eine Veränderung" blieb bei den Wählern nicht ohne Echo. Um die Popularität seiner Regierung wieder zu erhöhen, entließ Macmillan im Juli 1962 über Nacht ein Drittel seines Kabinetts, darunter Schatzkanzler Selwyn Lloyd. Drei Tage später wurden neun Minister, die nicht dem Kabinett angehörten, ihrer Ämter enthoben. Diese als große ,,Säuberungsaktion" oder ,,Nacht der langen Messer" bezeichnete rigorose Regierungsumbildung half Macmillan jedoch wenig. Obwohl es in der Regel jüngere Männer waren, die er zu Ministern berief, vermochten auch diese nicht, das Staatsruder herumzureißen. Zudem wurde Macmillans persönliches Ansehen durch diesen Coup ziemlich ramponiert. Seine Stellung war auch in seiner eigenen Partei längst nicht mehr unangefochten. Immer mehr Stimmen wurden laut, daß er zurücktreten sollte, zumal er auf die Siebzig zuging. Ein „Kronprinz" stand allerdings nicht bereit; statt dessen gab es mehrere Anwärter für das hohe Amt, über die jedoch unter den Konservativen die Meinungen recht geteilt waren.

Gegen Ende des Jahres 1962 sah sich die Regierung mit einem neuen Problem konfrontiert. Im Oktober 1962 überschritt die Zahl der Arbeitslosen zum erstenmal seit Ende der fünfziger Jahre wieder die magische Zahl von einer halben Million. Im Januar 1963 hatte sie sich bereits auf mehr als 800 000 erhöht. Im selben Monat scheiterten die 1961 begonnenen Beitrittsverhandlungen mit der EWG am Veto des französischen Präsidenten de Gaulle, der den Briten nicht traute, ihren Anspruch auf Sonderbedingungen ablehnte und auch befürchtete, die USA könnten mit Hilfe Großbritanniens die EWG unterlaufen.

In den folgenden Monaten wurde die Regierung in einen unappetitlichen Skandal verwickelt, der Macmillans Ansehen vollends unterminierte. Seit Anfang des Jahres schwirrten durch London Gerüchte, daß Kriegsminister John Profumo intime Beziehungen zu einem Callgirl namens Christine Keeler unterhalte und daß in diesem Zusammenhang der Verdacht der Preisgabe von Staatsgeheimnissen bestehe. Der Premierminister, der zugleich für die Sicherheit des Landes verantwortlich ist, gab sich ahnungslos. Als im März 1963 im Unterhaus eine diesbezügliche Anfrage gestellt wurde, leugnete Profumo jegliche intimen Beziehungen zu Miss Keeler, und sein Premier glaubte ihm das. Eingeweihte wußten jedoch, daß dies eine glatte Lüge war. Von der Opposition gedrängt, ordnete Macmillan schließlich eine Befragung Profumos an und setzte eine Untersuchungskommission ein. Profumo gestand, daß er gelogen hatte, und stellte sein Amt und seinen Parlamentssitz zur Verfügung. Ein im September 1963 vorgelegter Bericht der Untersuchungskommission unter Lord Denning stellte allerdings fest, daß sich Profumo nicht der Verletzung nationaler Sicherheitsinteressen schuldig gemacht habe.

Inzwischen hatten sich an der Spitze der Labour Party wichtige Veränderungen vollzogen. Im Januar 1963 war überraschend der erst 56jährige Labour-Führer Hugh Gaitskell verstorben. Obwohl sich der bisherige stellvertretende Parteiführer, George Brown, um die Nachfolge bewarb, wurde nicht er, sondern Harold Wilson von der Parlamentsfraktion zum neuen Parteiführer gewählt. Der dritte Kandidat, James Callaghan, hatte seine Bewerbung nach dem ersten Wahlgang, bei dem er die wenigsten Stimmen erhalten hatte, zurückgezogen.

Wilson, zehn Jahre jünger als Gaitskell, stammte aus kleinbürgerlichen Verhältnissen, hatte in Oxford Ökonomie studiert und dort auch gelehrt. Ehrgeizig und ein vorzüglicher Redner, war er 1945 als 31jähriger ins Unterhaus eingezogen und wurde in der Attlee-Regierung jüngster Kabinettsminister. Sein 1951 zusammen mit Bevan erfolgter Rücktritt aus dieser Regierung und seine Zugehörigkeit zur Bevan-Gruppe in der ersten Hälfte der fünfziger Jahre hatten ihm den Ruf eingebracht, ein Linker zu sein. Aber nach seinem spektakulären Regierungsaustritt war er eher darauf bedacht, es mit keinem zu verderben. Anthony Sampson schrieb 1962 vorausschauend: „In den Jahren nach dieser Tätigkeit (gemeint ist seine Tätigkeit im Kabinett — H. K.) wurde Wilson und seine Pfeife zunehmend rätselhaft. Er tat sich zuerst mit Bevan zusammen und trat dann in Gaitskells Lager über, ohne jedoch einen allzu loyalen Eindruck zu machen ... Wilson blieb immer sorgsam unverbindlich und scheint auf seine Zeit zu warten."[22] Für die Mehrzahl der Parlamentsfraktion schien er jedenfalls eher als der betont rechtsstehende George Brown geeignet, die Partei zu einen und in die nächsten Wahlen zu führen.

Im Zusammenhang mit der Profumo-Affäre hatte Wilson Gelegenheit, seine Fähigkeit als Oppositionsführer unter Beweis zu stellen. Am 17. Juni 1963 trat er im Unterhaus mit einer gekonnten und brillant vorgetragenen Rede auf, in der er Macmillan die Verletzung nationaler Sicherheitsinteressen vorwarf. Dessen Erwiderung darauf war so dürftig, daß er selbst bei seinen eigenen Parteifreunden auf Widerspruch stieß. Bei der anschließenden Abstimmung über einen von der Labour-Fraktion eingebrachten Tadelsantrag enthielten sich 27 Konservative der Stimme, anstatt — wie es normal gewesen wäre — dagegen zu stimmen. Viele hätten am liebsten gesehen, wenn Macmillan sofort zurückgetreten wäre. Doch dieser verkündete in einem Fernsehinterview, er wolle die Partei in die nächsten Wahlen führen.

Ein Ereignis im Sommer 1963 gab allerdings auch in Großbritannien Anlaß zu Optimismus. Der Sowjetunion und allen Friedenskräften in der Welt war es gelungen, einen wichtigen Schritt auf dem Wege zur völligen Einstellung von Atombombenversuchen voranzukommen. Am 5. August 1963 unterzeichneten die UdSSR, Großbritannien und die USA in Moskau das Abkommen über das Verbot von Kernwaffenversuchen in der Atmosphäre, im kosmischen Raum und unter Wasser, das bekannte Moskauer Teststoppabkommen. Dies war Macmillans letzter staatsmännischer Akt. Im Oktober erkrankte er plötzlich und ergriff diese Gelegenheit, um sein Amt — wahrscheinlich nicht nur aus eigenem Ermessen — zur Verfügung zu stellen. Als Anwärter auf das höchste Amt im Staate boten sich vor allem Butler, Lord Hailsham (der frühere Quintin Hogg) und Reginald Maudling an. Nach einem regelrechten Tauziehen hinter den Kulissen ging jedoch der bis dahin kaum in Betracht gezogene bisherige Außenminister Lord Home als Sieger hervor, der schließlich auch Macmillan auf seinem Krankenbett als der geeignete Nachfolger erschien.

Am 18. Oktober 1963 wurde Lord Home Premierminister. Seine ehemaligen Rivalen erklärten sich bereit, Ministerposten zu übernehmen. Da seiner Lordschaft als Mitglied des Oberhauses der Zutritt zum Unterhaus nicht gestattet war, stellte er seinen Adelstitel zur Verfügung und kandidierte im November bei einer Nachwahl für einen für die Konservativen sicheren Sitz. Aus Lord Home wurde Sir Alec Douglas-Home. Doch damit war der Anachronismus nicht aus der Welt geschafft, daß nunmehr ein aus altem Adel stammender Premier die Geschicke des Landes leitete, der nicht den geringsten Zugang zu den Problemen der einfachen Menschen hatte, von Innenpolitik so gut wie nichts verstand und schon lange nicht mehr mit den parlamentarischen Gepflogenheiten vertraut war. Aber kein anderer als er mußte die Konservativen in die 1964 bevorstehenden Wahlen führen.

Inzwischen hatte sich der neue Labour-Führer um Profil bemüht. Er appellierte an die Partei, sich angesichts der Wahlen zusammenzuschließen. Auf der Jahreskonferenz der Labour Party 1963 wurde deutlich, daß die Linken bereit waren, dem neuen Oppositionsführer zu folgen. Dabei spielten sicher gewisse Illusionen, die sie mit der Person Wilsons wegen dessen „linker" Vergangenheit verbanden, eine nicht unwesentliche Rolle. Im April 1964 errang die Labour Party einen beachtlichen Erfolg bei den ersten Wahlen für den neu geschaffenen Stadtrat von Groß-London. Mit 64 zu 36 Stimmen ließ sie die Konservativen weit hinter sich und beherrschte damit dieses Gremium.

Die Unterhauswahlen wurden schließlich auf den 15. Oktober 1964 festgesetzt. Die Labour Party trat mit einem Wahlmanifest an die Öffentlichkeit, in dem sie sich geschickt als Partei des Wandels präsentierte. Sie legte den Hauptakzent auf die Innenpolitik und betonte die Notwendigkeit, die Effektivität und Dynamik der britischen Wirtschaft durch Modernisierung und Strukturwandel der Industrie zu erhöhen. Dies wiederum sei verbunden mit der Forcierung von Wissenschaft und Forschung, um die Probleme der wissenschaftlich-technischen Revolution zu meistern. In diesem Zusammenhang forderte sie, den staatlichen Organen eine größere Initiative und erweiterte Rolle für die Forschung und die Nutzbarmachung wissenschaftlicher Ergebnisse in der Industrie zu übertragen. Sie trat auch für eine Erweiterung des staatlichen Sektors in der Industrie ein, aber nicht durch die Überführung privatmonopolistischen Eigentums in Staatseigentum (mit Ausnahme der Stahlindustrie), sondern durch die Schaffung neuer, die

Struktur der britischen Wirtschaft verändernder, auf neuesten Erkenntnissen der Wissenschaft beruhender Industriezweige. Den Werktätigen versprach die Labour Party Maßnahmen gegen die Arbeitslosigkeit, den Ausbau des Sozialwesens und des nationalen Gesundheitsdienstes, die Abschaffung des Mietgesetzes von 1957, eine Lohnpolitik im Interesse der Arbeiter sowie eine „Revolution" im Bildungswesen. Das Wahlprogramm der Konservativen bot dagegen nichts Neues.

Der Wahlkampf selbst war wenig aufregend. Eine immer zentralere Rolle im Wahlkampf spielte das Fernsehen mit seinen Foren, Interviews und Diskussionsrunden. Wilson und der Führer der Liberalen, Jo Grimmond, waren hier Sir Alec Douglas-Home bei weitem überlegen. Die Wahlen brachten der Labour Party eine knappe absolute Mehrheit von 4 Sitzen im Unterhaus. Sie erhielt 44,1 Prozent der Stimmen und 317 Parlamentssitze, die Konservativen bekamen 43,4 Prozent und 304 Sitze und die Liberalen 11,2 Prozent und 9 Sitze. Der Trend zur Labour Party hin war in den einzelnen Landesteilen unterschiedlich. London, Wales und Schottland wählten Labour, aber in den Midlands, dem traditionellen Industriegebiet Englands, und besonders im Südosten Englands, wo vor allem die neuen Industriezweige beheimatet sind, schnitten die Konservativen überraschend gut ab.

Einen Tag nach den Wahlen wurde Harold Wilson von der Königin zum Premierminister ernannt. Die 13jährige Tory-Herrschaft war vorerst vorüber. Aber würde sich Wesentliches im Land verändern? Die britischen Kommunisten, die keinerlei Illusion über den Charakter einer Labour-Regierung hegten, berücksichtigten gleichzeitig, daß damit günstigere Bedingungen für die Einflußnahme der demokratischen Kräfte auf die Regierungspolitik geschaffen wurden. Deshalb richteten sie ihren Hauptangriff weiterhin gegen die Monopole und deren direkte Interessenvertreter, die Konservativen, denen es nicht gestattet werden dürfte, in die Regierung zurückzukehren. „Wir Kommunisten wollen, daß die Labour-Regierung von Bestand ist und Siege für das Volk erringt. Wir werden alle von ihr ergriffenen fortschrittlichen Maßnahmen oder von ihr unternommenen progressiven Schritte unterstützen ... Jede Kritik unsererseits wird nur dazu dienen, die Regierung und ihr Ansehen beim Volke zu stärken", stellte John Gollan auf einer Sitzung des Exekutivkomitees fest.[23]

IX. Enttäuschte Hoffnungen (1964—1970)

1. Die ersten 18 Monate

Die von Wilson auserkorene Regierungsmannschaft schien den verschiedenen Richtungen in der Partei Rechnung zu tragen. Schatzkanzler wurde James Callaghan, der über die Gewerkschaftsbewegung zur Labour Party gestoßen war und seit jeher zu ihrem rechten Flügel gehörte. Dem erfahrenen und fähigen Denis Healey, der den ehemaligen Außenminister Bevin als seinen Lehrmeister betrachtete, übertrug Wilson das Verteidigungsministerium. Zum Chef des neugeschaffenen Wirtschaftsministeriums und stellvertretenden Premierminister ernannte er seinen ehemaligen Rivalen im Kampf um die Parteiführung, George Brown, der sich freilich mit Callaghan nicht besonders gut stand, obwohl er gerade mit ihm und dessen Ministerium eng zusammenarbeiten mußte. An die Spitze des ebenfalls neu eingerichteten Ministeriums für Technologie berief Wilson überraschend Frank Cousins, den bisherigen Führer der Transportarbeitergewerkschaft, der zum linken Parteiflügel zählte und „den Beifall jenes großen Teils der Partei (fand), der das Gefühl hat, daß er von den kompromißbereiten Labour-Politikern der Nachkriegszeit um seine Utopia betrogen wurde und daß Englands Rolle als Friedensstifter der atlantischen Allianz geopfert worden ist".[1] Das dritte neugeschaffene Ministerium übertrug Wilson seiner alten Mitkämpferin aus den Tagen der Bevan-Rebellion, Barbara Castle, die Minister für überseeische Entwicklung wurde.

Wenig Glück hatte Wilson mit der Ernennung Patrick Gordon-Walkers zum Außenminister. Dieser hatte bei den Wahlen seinen Unterhaussitz verloren, und als er im Januar 1965 bei einer Nachwahl für einen als sicher geltenden Sitz erneut unterlag, stellte er sein Amt zur Verfügung. Sein Nachfolger wurde Michael Stewart, der jedoch bereits 1966 von dem inzwischen als Wirtschaftsminister zurückgetretenen George Brown abgelöst wurde.

Ähnlich wie die Attlee-Regierung 1945 stand auch die Wilson-Regierung vor schwierigen wirtschaftlichen Problemen. Das ihr von den Konservativen hinterlassene Zahlungsbilanzdefizit erreichte 1964 die Rekordhöhe von 800 Millionen Pfund Sterling. Diese Tatsache sowie gewisse Bedenken des internationalen Finanzkapitals, daß die von der Labour-Regierung angekündigten sozialen Maßnahmen, wie Rentenerhöhungen und die Abschaffung der Rezeptgebühren für Arzneien, das Land in noch größere finanzielle Schwierigkeiten bringen könnten, führten zu Spekulationen mit dem Pfund Sterling, die dessen raschen Kursverfall hervorriefen. ,,Unsere Reserven schmolzen schnell dahin. Täglich verloren wir 50 Millionen Pfund und mehr. Unsere Reserven an Gold und frei konvertierbaren Devisen betrugen insgesamt nur noch knappe 1000 Millionen Pfund", schreibt Wilson in seinen Erinnerungen.[2]

Die daraufhin von der Labour-Regierung verfügten Gegenmaßnahmen unterschieden sich jedoch in keiner Weise von denen ihrer konservativen Vorgängerin in ähnlichen Situationen. Anstatt die hohen Rüstungsausgaben drastisch zu verringern und die in Übersee stationierten Truppen abzubauen, erhöhte sie die Importzölle um 15 Prozent, schraubte den Bankzinssatz von 5 auf 7 Prozent herauf, erhöhte die Einkommenssteuern und später auch die indirekten Steuern und nahm im Ausland, darunter beim Internationalen Währungsfonds, hohe Kredite auf. Indem sie vor allem durch restriktive Maßnahmen versuchte, das Zahlungsbilanzdefizit abzubauen, setzte die Wilson-Regierung die Stop-and-go-Politik der Konservativen, die sie in der Opposition so heftig befehdet hatte, fort, wobei sich die Gewichte in der Folgezeit immer mehr zum ,,Stop" hin verschoben.

Viel versprach sich die Wilson-Regierung von der sogenannten Einkommenspolitik, die in den folgenden Jahren bis zur Perfektion ausgebaut wurde. Im Dezember 1964 gelang es ihr, den TUC und die Unternehmerorganisationen zur Unterzeichnung einer Gemeinsamen Absichtserklärung zu bewegen, in der die Gewerkschaftsführer faktisch einer freiwillig regulierten Lohnpolitik, die in erster Linie den Verwertungsbedingungen des Kapitals und nicht den Interessen der Arbeiter entsprach, zustimmten. Die Gewerkschaften verpflichteten sich, keine ,,unbegründeten" Lohnforderungen zu stellen, während die Unternehmer versprachen, die Preise nicht hochzuschrauben. Ein im Februar 1965 gebildetes staatliches Organ, die Nationale Behörde für Preise und Einkommen, sollte die Einhaltung dieser Normen durch die Tarifpartner überwachen. Damit mischte sich die Regierung faktisch in die Tarifverhandlungen zwischen Gewerkschaften und Unternehmern ein.

Ein im April 1965 veröffentlichtes Weißbuch für die Preis- und Einkommenspolitik setzte — ausgehend von einer Produktivitätssteigerung von etwa 3,5 Prozent — als zulässige Norm für Lohn- und Gehaltserhöhungen 3 bis 3,5 Prozent fest. Lohnerhöhungen sollten somit fortan von der Steigerung der Arbeitsproduktivität abhängig gemacht werden. Für Profite und Dividenden sowie für die Preisgestaltung wurden in diesem Weißbuch keine Normen gesetzt, sondern nur Erwartungen formuliert. Auf Grund seines unverbindlichen Charakters erwies sich jedoch die in diesem Weißbuch fixierte Einkommenspolitik in der Praxis als völlig unwirksam. So stiegen innerhalb eines Jahres die Einzelhandelspreise um 4,8 Prozent, während es den Gewerkschaften in derselben Zeit gelang, in den Hauptindustriezweigen Lohnerhöhungen von durchschnittlich 8,5 Prozent durchzusetzen. Die KP verurteilte auf ihrem XXIX. Parteitag im November 1965 die Einkommenspolitik der Regierung und forderte die Arbeiterbewegung auf, sich dieser Politik zu widersetzen und jegliche Gesetzgebung abzulehnen, die die Rechte der Gewerkschaften beschneidet.

Die Labour-Regierung baute auch gezielt den von den Konservativen zunächst zögernd entwickelten staatsmonopolistischen Planungs- und Regulierungsapparat weiter aus. Im Herbst 1965 veröffentlichte sie einen „nationalen Plan" für die wirtschaftliche Entwicklung des Landes, der eine industrielle Wachstumsrate von durchschnittlich vier Prozent jährlich vorsah. Die Regierung hoffte dieses Ziel mit Hilfe staatsmonopolistischer Maßnahmen, wie gezielter Investitions- und Subventionspolitik, staatlicher Förderung von Forschung und Entwicklung und ähnlicher Schritte, zu erreichen. Neben einem kontinuierlichen Wirtschaftswachstum sollte damit zugleich die erforderliche Veränderung der Wirtschaftsstruktur herbeigeführt werden. Doch die hochgesteckten Ziele der Labour-Regierung erwiesen sich als völlig illusionär. Bereits zehn Monate später war der „nationale Plan" währungs- und außenpolitischen Prioritäten zum Opfer gefallen.

Das von der Labour Party im Wahlkampf versprochene Reformprogramm wurde hingegen sehr verhalten in Angriff genommen. Die Rentenerhöhung wurde ein halbes Jahr hinausgezögert und die Nationalisierung der Stahlindustrie auf die lange Bank geschoben. Das 1965 verabschiedete Mietgesetz beseitigte zwar die schlimmsten Auswüchse des von den Konservativen erlassenen Gesetzes von 1957 und sicherte den Mietern einen gewissen Schutz zu, doch das Wohnungsproblem wurde damit nicht aus der Welt geschafft. Ein ebenfalls 1965 verabschiedetes Gesetz über die Beziehungen zwischen den Rassen verbot rassische Diskriminierung, doch traf es keinerlei konkrete Maßnahmen auf den Gebieten, auf denen die farbige Bevölkerung besonders benachteiligt war: in ihren Wohnverhältnissen und auf dem Arbeitsmarkt.

Im Ergebnis einer für die Labour Party erfolgreichen Unterhausnachwahl Anfang 1966 entschloß sich Wilson zur Ansetzung von Neuwahlen, um seine Parlamentsmehrheit zu vergrößern, die infolge von Todesfällen zeitweilig auf einen Sitz zusammengeschmolzen war. Wahltag sollte der 31. März 1966 sein. In ihrem Manifest und im Wahlkampf verwies die Labour Party darauf, daß es ihr gelungen sei, das Zahlungsbilanzdefizit erheblich abzubauen, einige soziale Reformen durchzusetzen und dem Land mit dem „nationalen Plan" eine Orientierung für die nächsten Jahre gegeben zu haben. Nun komme es darauf an, das bereits Erreichte auszubauen und weiterzuführen. Kurz vor den Wahlen, im Februar 1966, weilte Wilson auf Einladung der Sowjetregierung in Moskau. Im Abschlußkommuniqué versicherten beide Seiten, sich für die Entspannung der internationalen Lage und die Abwendung eines Kernwaffenkrieges einzusetzen und die bilateralen Beziehungen zwischen beiden Ländern zu entwickeln.

Die Konservativen gingen mit einem neuen Parteiführer in die Wahlen. Wie erwartet, war Douglas-Home 1965 zurückgetreten. Sein Nachfolger wurde Edward Heath, der unter Macmillan und Douglas-Home Regierungsverantwortung ausgeübt hatte und seit 1964 Schatzkanzler im Schattenkabinett der Konservativen war. Zum erstenmal in der Geschichte der Konservativen Partei war ihr Führer von der Parlamentsfraktion gewählt worden. Mit 150 Stimmen hatte Heath seine beiden Mitbewerber Reginald Maudling (133 Stimmen) und Enoch Powell (15 Stimmen) aus dem Feld geschlagen.

Heath war Repräsentant jener Gruppe innerhalb der Konservativen, die die Partei modernisieren und den neuen Bedingungen anpassen wollte. Er trat nachdrücklich für einen EWG-Beitritt Großbritanniens ein und wollte die Beziehungen zwischen Unternehmern und Arbeitern „reformieren" und die Gewerkschaften disziplinieren; außerdem plädierte er für eine drastische Senkung der direkten Steuern. Bis zu den Wahlen hatte er jedoch wenig Gelegenheit, sich als neuer Parteiführer zu profilieren. Zudem mangelte es ihm am nötigen Charisma, um schnell populär zu werden. „Er war eher von einer strengen, distanzierten, unnahbaren Persönlichkeit, die die einfachen Menschen mehr beunruhigend als vertrauenerweckend empfanden."[3]

Die Labour Party ging aus den Wahlen als unangefochtener Sieger hervor. Mit 363 Mandaten verfügte sie nunmehr im Unterhaus über eine absolute Mehrheit von 97 Sitzen. Die Konservativen mußten sich mit 253 und die Liberalen mit 12 Mandaten begnügen.

Die Kommunistische Partei hatte in ihrem Wahlprogramm die Beendigung der Einkommenspolitik, den Abzug der im Ausland stationierten Truppen, die Auflösung der Militärbasen, die Einschränkung der Kapitalinvestitionen und die Beschneidung der Macht des Großkapitals gefordert. Sie begrüßte den Wahlsieg der Labour Party, forderte aber, daß die Regierung eine neue Politik verfolgen müsse.

2. Von den Juli-Maßnahmen 1966 bis zur Pfundabwertung

Die Unterhauswahlen vom März 1966 sahen die Labour-Regierung auf dem Höhepunkt ihrer Popularität. Doch bereits wenige Monate später hatte sich das Blatt völlig gewendet. Ursache hierfür waren die sogenannten Juli-Maßnahmen, die nicht nur die Wahlversprechen der Labour Party zunichte machten, sondern zugleich auch das Ende des „nationalen Plans" bedeuteten, der in den Archiven der Planungsbehörden verschwand.

Die am 20. Juli 1966 verkündeten Maßnahmen, mit denen insgesamt 500 Millionen Pfund eingespart werden sollten, sahen u. a. eine zehnprozentige Erhöhung der indirekten Steuern, drastische Kürzungen der Staatsausgaben für öffentliche Zwecke, einschließlich der Investitionen für die nationalisierte Industrie, und eine rigorose Einschränkung von Ratenkäufen vor. Sie kulminierten in der Ankündigung, daß ab sofort ein Lohnstopp von sechs Monaten in Kraft treten und für das erste Halbjahr 1967 strengste Zurückhaltung bei Lohnforderungen an den Tag gelegt werden sollte. Ein entsprechendes Gesetz über Preise und Einkommen vom August 1966 fixierte die für die Lohnentwicklung zulässigen Normen und Höchstgrenzen. Als zentrales Kriterium für die Erhöhung der Löhne diente wiederum die Produktivitätssteigerung. Traditionelle Kriterien, wie wachsende Lebenshaltungskosten, wurden nicht mehr anerkannt. Das Einkommensgesetz enthielt Strafbestimmungen, die es der Regierung erlaubten, gegen Gewerkschaften und Einzelpersonen vorzugehen, die sich nicht der nunmehr gesetzlich fixierten Einkommenspolitik unterwarfen. Auf der Grundlage dieses Gesetzes verfügte die Regierung den angekündigten Lohnstopp von sechs Monaten.

Die Kommunistische Partei, die die Maßnahmen der Regierung als „den hinterhältigsten Angriff gegen die Arbeiterklasse seit 1931" bezeichnete, rief die Gewerkschaften zum Widerstand gegen die geplante Gesetzgebung auf. Zum erstenmal seit der Existenz der Labour-Regierung wurde auch wieder Kritik in den eigenen Reihen laut. Bei der dritten Lesung des Gesetzes über Preise und Einkommen enthielten sich 22 Labour-Abgeordnete der Stimme. Auch einige Gewerkschaften, darunter die mitgliederstärkste, die Transportarbeitergewerkschaft, kündigten Widerstand an. Anfang Juli 1966 trat Frank Cousins aus Protest gegen die angekündigten Maßnahmen aus der Regierung aus und übernahm wieder die Funktion des Generalsekretärs der Transportarbeitergewerkschaft. Auf der Jahreskonferenz des TUC im September 1966 gelang es jedoch dem nach wie vor von rechten Kräften beherrschten Generalrat, mit äußerst knapper Mehrheit einen Beschluß zu verabschieden, in dem die Einkommenspolitik der Regierung gebilligt wurde.

Die Schuld für die schwierige wirtschaftliche Lage im Sommer 1966, mit der die „Juli-Maßnahmen" begründet wurden, schob die Wilson-Regierung der Seeleutegewerkschaft zu. Diese hätte durch ihren mehrwöchigen Streik im Mai/Juni 1966 die Wirtschaft destabilisiert und das Vertrauen zum Pfund Sterling erneut untergraben.

Da Löhne und Arbeitsbedingungen der Seeleute schlechter waren als die anderer Berufsgruppen, hatte die Gewerkschaft eine 40-Stunden-Woche und Lohnerhöhungen gefordert. Als ihre Verhandlungen mit den Schiffseignern erfolglos blieben, hatte sie zum Streik aufgerufen. Wilson war darüber derart erbost, daß er die Kontrolle über sich verlor und die Seeleutegewerkschaft in einer gehässigen Art und Weise angriff, die in der Labour-Bewegung allgemeine Empörung auslöste. Als alles nichts half, bezichtigte er die Kommunisten, den Streik provoziert zu haben, obwohl nur 2 der 48 Mitglieder umfassenden Exekutive der Seeleutegewerkschaft Mitglieder der KP waren. Wilsons Enthüllungen über angebliche kommunistische „Aufwiegler" standen aber auf derart schwachen Füßen, daß selbst die Presse nicht mitzog, ganz zu schweigen von breiten Kreisen der Labour Party, die sich solidarisch mit den Seeleuten erklärten. Diese stimmten schließlich einem Kompromiß zu und beendeten nach mehr als sechs Wochen den Streik. Die Quittung für ihre arbeiterfeindliche Politik erhielt die Labour Party bei den Kommunalwahlen im Frühjahr 1967, bei denen sie erhebliche Stimmeneinbußen hinnehmen mußte. Zum erstenmal seit 33 Jahren verlor sie ihre Mehrheit im Londoner Stadtparlament.

Im Sommer 1967 beschloß die Regierung ein neues Einkommensgesetz, das Lohnerhöhungen weiterhin begrenzte. Inzwischen hatte auch die Arbeitslosenzahl wieder eine halbe Million erreicht. Auf dem TUC-Kongreß 1967 gelang es den kämpferischen Kräften in der Gewerkschaftsbewegung im Gegensatz zu 1966, die Linie des Generalrates zurückzuweisen. In einer mit knapper Mehrheit angenommenen Resolution wurde die Wirtschaftspolitik der Regierung mißbilligt und ihre Einmischung in Tarifverhandlungen verurteilt.

Im Herbst 1967 verschlechterte sich die wirtschaftliche Situation nach einer kurzen Erholungspause erneut derart, daß sich die Regierung schließlich entschloß, die von Wilson und Callaghan bisher stets verworfene, von anderen Kabinettsministern jedoch bereits seit langem geforderte Abwertung des Pfund Sterling vorzunehmen. Am 18. November 1967 wurde es um 14,3 Prozent abgewertet. Sein Wechselkurs sank von 2,80 auf 2,40 Dollar. Die Abwertung war mit einer Reihe von Maßnahmen verbunden, die den Werktätigen neue Lasten aufbürdeten und ihre sozialen Errungenschaften unterminierten. Auf innenpolitischem Gebiet umfaßten sie vor allem die Wiedereinführung von Rezeptgebühren für Arzneimittel, die Erhöhung der Gebühren für zahnärztliche Versorgung, die Einstellung der kostenlosen Milchversorgung für Schüler, drastische Kürzungen im Wohnungs- und Straßenbauprogramm sowie die Aufschiebung der versprochenen Erhöhung des Schulentlassungsalters. „Für eine Labour-Regierung waren es drakonische Maßnahmen. Die Demütigung für Harold Wilson, der einst aus Protest wegen der Einführung von Rezeptgebühren aus der Attlee-Regierung ausgetreten war, war sehr groß."[4]

Im Zusammenhang mit der Pfundabwertung stellte Callaghan sein Amt zur Verfügung und wechselte ins Innenministerium über. Sein Nachfolger wurde der bisherige Innenminister Roy Jenkins, ein ehemaliger „neuer Denker", der keinerlei Beziehungen zur Arbeiterklasse hatte und innerhalb der Labour Party auf der äußersten Rechten stand. Sein wenig später vorgelegtes Budget sah weitere Sparmaßnahmen vor, darunter eine erneute Erhöhung der indirekten Steuern. 1968 bestand kein Zweifel mehr darüber, daß nun endgültig sämtliche Wahlversprechen der Labour Party der von ihr auf Kosten der Werktätigen betriebenen „Sparpolitik" zum Opfer gefallen waren.

Unter den Labour-Mitgliedern wuchs die Unzufriedenheit. Die sich um die Zeitschrift „Tribune" gruppierenden Linken begannen sich aus ihrer Erstarrung zu lösen und Alternativvorstellungen zu entwickeln. So schlugen sie in der Socialist Charter vom Juni 1968 u. a. eine alternative Wirtschaftsstrategie vor, die eine Ausdehnung des staatlichen Wirtschaftssektors und Kontrollmaßnahmen im außenwirtschaftlichen Bereich vorsah. Insgesamt gelang es ihnen jedoch nicht, den mit der Politik der rechten Labour-Führung unzufriedenen Kräften innerhalb der Partei eine politische Führung zu geben. So konnte es kaum überraschen, daß die Labour Party zwischen 1964 und 1968 fast 130 000 oder 15 Prozent ihrer Einzelmitglieder verlor.

Die eigentliche Linksentwicklung innerhalb der Labour Party vollzog sich Ende der sechziger Jahre in den Gewerkschaften. Sie fanden in dieser Zeit zu kämpferischen Positionen zurück und mobilisierten die Werktätigen zur Verteidigung ihrer unmittelbaren Interessen. 1967 wählte z. B. die zweitgrößte britische Gewerkschaft, die Vereinigte Maschinenbauergewerkschaft, den linksorientierten Gewerkschafter Hugh Scanlon zu ihrem Präsidenten. Ausgehend von den progressiven Einzelgewerkschaften, dehnte sich der Abwehrkampf schließlich auf die ganze britische Gewerkschaftsbewegung aus. Die Zahl der an Streiks beteiligten Werktätigen, die im Jahre 1965 bereits 869 000 betragen und 1966 mit 530 000 einen Tiefpunkt erlebt hatte, stieg seit 1967 mit 731 000 wieder deutlich an und erreichte 1968 mit 2,3 Millionen einen Höhepunkt. Als Resultat dieser Streikkämpfe konnte auch in der Zeit, als die Politik der Regierung direkt auf eine Senkung des Realeinkommens zielte, eine geringfügige Erhöhung der Reallöhne durchgesetzt werden.

Die Streikkämpfe verfehlten nicht ihre Wirkung auf die Haltung der Gewerkschaften zur Einkommenspolitik der Wilson-Regierung. Auf dem TUC-Kongreß 1968 wurde mit überwältigender Stimmenmehrheit eine Resolution für die Aufhebung des inzwischen verabschiedeten dritten Einkommensgesetzes angenommen. Freilich wurde gleichzeitig — wenn auch mit geringer Mehrheit — eine Entschließung des Generalrates gebilligt, die für eine „freiwillige" Einkommenspolitik plädierte, was davon zeugte, daß eine gewisse „Loyalität" der Regierung gegenüber weiter wirkte.

3. Konzentration, Zentralisation und Veränderungen in der Sozialstruktur

Nach dem Scheitern des „nationalen Planes" konzentrierte sich die Regierung Wilson in der zweiten Hälfte der sechziger Jahre im Rahmen ihrer restriktiven Wirtschaftspolitik auf eine umfassende Förderung des Konzentrations- und Zentralisationsprozesses in der Industrie sowie im Bank- und Versicherungswesen. In fast allen Wirtschaftszweigen entstanden unter ihrer unmittelbaren Regie neue kapitalistische Riesenunternehmen. Im Bankwesen kristallisierte sich 1968 die Gruppe der „Big Four" heraus, zu denen die Lloyds Bank, die Barclays Martins Bank, die National Westminster Bank und die Midland Bank gehören. Sie sind ebenso wie die sechs großen Versicherungsgesellschaften eng mit den großen Industriekonzernen verflochten und haben zur Herausbildung von sieben großen Finanzgruppen geführt, die in allen Teilen der Welt agieren.

Zur Förderung des Konzentrations- und Zentralisationsprozesses schuf die Labour-Regierung eine halbstaatliche Institution, die Industrielle Reorganisationsgesellschaft (Industrial Reorganization Corporation — IRC). In den sechziger Jahren gab es kaum eine bedeutende Fusion, an deren Zustandekommen die IRC nicht beteiligt gewesen wäre. Sie verfügte über staatliche Mittel, vergab bei Zusammenschlüssen zinsverbilligte Darlehen und fungierte bei vielen Fusionsprojekten als Berater. Geleitet wurde sie vorwiegend von Bankiers und Geschäftsleuten aus der City.

Die IRC förderte 1967/68 aktiv den Zusammenschluß der drei größten britischen Elektrokonzerne zur General Electric Company (GEC), deren Produktions- und Filialnetz sich über die ganze Welt erstreckt. Aktiven Anteil nahm die IRC 1968 auch bei der Fusion von British Motor Corporation und Leyland Motor zur British Leyland Motor, dem fünftgrößten Autoproduzenten der Welt. Etwa zur gleichen Zeit entstand der Computerkonzern International Computers Limited, der 1970 über einen Marktanteil von 43 Prozent verfügte. „Der Staat wurde noch nachdrücklicher als in anderen imperialistischen Ländern zum Organisator der Monopolisierung, der auch maßgeblich ihre Formen bestimmte."[5]

Im Ergebnis dieser Konzernfusionen, die die Labour Party in der Opposition als „monopolkapitalistische Aggression" verurteilt hatte, verdoppelte sich zwischen 1963 und 1969 der Umsatz der zehn größten britischen Unternehmen. In den sechziger Jahren rangierten unter den 200 größten Unternehmen der Welt allein 49 britische. Am schnellsten schritt der Konzentrationsprozeß in der weiterverarbeitenden Industrie voran, insbesondere in der chemischen und metallverarbeitenden Industrie, in der Auto- und Elektroindustrie sowie in der Luftfahrt und der Computertechnik. Zugleich erhöhte sich die Macht der Konzerne mit internationalem Zuschnitt, insbesondere des führenden Chemietrusts Imperial Chemical Industries, der Erdölkonzerne Royal Dutch Shell und British Petroleum und des britisch-niederländischen Lebensmittelkonzerns Unilever.

Die Regierung begründete diese massive Förderung des Zentralisationsprozesses damit, daß es notwendig sei, die Struktur der britischen Wirtschaft den Erfordernissen der wissenschaftlich-technischen Revolution anzupassen, zusätzliche Voraussetzungen für eine dauerhafte Stabilisierung der Handels- und Zahlungsbilanz zu schaffen, dem britischen Monopolkapital günstigere Expansionsbedingungen zu bieten und der Herausforderung der USA auf technologischem Gebiet zu begegnen. Der Konzentrations- und Zentralisationsprozeß wurde somit vor allem von der materiell-technischen Basis her erklärt ohne Berücksichtigung der Tatsache, daß sich dadurch die monopolkapitalistischen Machtstrukturen weiter verfestigten und am Ende die Arbeiter die Leidtragenden sein würden. Indem sie die Machtzusammenballung des Monopolkapitals entscheidend vorantrieb, fügte sich die Labour-Regierung nicht nur völlig nahtlos in das staatsmonopolistische System ein, sondern trug darüber hinaus dazu bei, daß dieses System trotz einer Kette von ökonomischen Krisen manövrierfähig blieb.

Eine wichtige Funktion übten in diesem Zusammenhang die nach dem zweiten Weltkrieg verstaatlichten Industriezweige aus, die faktisch gegenüber der Privatindustrie vom Staat subventionierte Dienstleistungen erfüllten, da sie der Gesamtwirtschaft einen großen Teil der erforderlichen Rohstoffe, Energie und Transportleistungen bereitstellen. „Eine Besonderheit des britischen Imperialismus ist es, daß der nach 1945 unter der Labour-Regierung entstandene und später ausgebaute umfangreiche nationalisierte Sektor im Mechanismus der Profitstützung eine ungewöhnlich große Rolle spielt."[6] 1967 verstaatlichte die Labour-Regierung gegen hohe Entschädigung an die ehemaligen Eigentümer die bereits 1951 das erstemal nationalisierte und von den Konservativen wieder reprivatisierte Stahlindustrie und schuf den staatseigenen Konzern British Steel Corporation, der 90 Prozent der britischen Stahlproduktion abdeckte.

Konzentration und Zentralisation hatten in Großbritannien — ähnlich wie in anderen kapitalistischen Ländern — erhebliche Auswirkungen auf die Sozialstruktur des Landes. Die Polarisation der Klassen verstärkte sich weiter. Anzahl und Anteil der Lohn- und Gehaltsempfänger an der Bevölkerung nahmen zu, während die Zahl derjenigen, die von der Ausbeutung der Werktätigen lebten, weiter zurückging. Ein Teil der Mittelschichten, insbesondere die wissenschaftlich-technische Intelligenz, näherte sich immer stärker der Arbeiterklasse an. Der Proletarisierungsprozeß schritt in Großbritannien schneller als in anderen kapitalistischen Ländern voran. Von 1955 bis 1970 erhöhte sich der Anteil der Lohn- und Gehaltsempfänger von 89,1 auf 93,5 Prozent; davon gehörten 1969 85 Prozent zur Arbeiterklasse.

Neben dem zahlenmäßigen Anwachsen vollzogen sich innerhalb der Arbeiterklasse weitreichende strukturelle Veränderungen. Ein schnelles Wachstum wiesen vor allem die verschiedenen Angestelltengruppen auf sowie jene Teile der Arbeiterklasse, die im Dienstleistungsbereich tätig sind. 1970 entfielen von den Lohn- und Gehaltsempfängern 54,3 Prozent auf die Industrie, 1,7 Prozent auf die Landwirtschaft und 42,7 Prozent auf die Dienstleistungssphäre, einschließlich der Tätigkeit in Finanzinstitutionen und im Staatsapparat. Durch die Veränderung der materiell-technischen Basis führte ein wachsender Teil der Lohn- und Gehaltsempfänger nichtmanuelle Tätigkeiten aus.

Veränderungen zeigten sich auch in der Berufs- und Qualifikationsstruktur. Während die Zahl der Arbeiter in den traditionellen Industriezweigen, wie im Bergbau, in der Textilindustrie und im Schiffbau, zum Teil rapide abnahm, erhöhte sie sich in solchen Industriezweigen wie der Elektroindustrie, dem Maschinenbau, der Elektronik, der Chemie und der

Computertechnik. In diesen Industriezweigen wuchs die Nachfrage nach Arbeitern mit allgemeinen Fähigkeiten sowie nach Spezialisten und Technikern stärker als nach solchen mit traditionellen Facharbeiterberufen. Zugleich ging die Zahl der Hilfsarbeiter zugunsten der angelernten Arbeiter zurück.

Die strukturellen Veränderungen innerhalb der Arbeiterklasse spiegelten sich auch in der Entwicklung der Gewerkschaften wider. Während traditionelle Berufs- und Industriegewerkschaften, wie die der Bergarbeiter und der Eisenbahner, stark abnahmen, vergrößerten sich die allgemeinen Gewerkschaften und vor allem die Angestelltengewerkschaften, von denen einige in die Phalanx der größten britischen Gewerkschaften vorstießen. So verfügte die Bergarbeitergewerkschaft 1968 nur noch über 54 Prozent der Mitglieder, die ihr neun Jahre zuvor angehört hatten. Hingegen erhöhte sich die Mitgliedschaft der Gewerkschaft der Behördenangestellten (NALGO) in derselben Zeit um ein Drittel. Die Gesamtzahl der Gewerkschaftsmitglieder wuchs von 1962 bis 1970 von etwa 9,9 Millionen auf über 11 Millionen, während sich durch Zusammenschlüsse die Zahl der Gewerkschaften von 626 auf 538 verringerte.

4. Das Scheitern britischer Weltmachtambitionen

„Wir sind eine Weltmacht und besitzen weltweiten Einfluß — oder wir sind nichts", äußerte Wilson am 16. November 1964, wenige Wochen nach seiner Amtsübernahme, auf einem Bankett im Londoner Rathaus. Somit ließ er von Anfang an keinen Zweifel darüber, daß auch seine Regierung die Fiktion aufrechtzuerhalten suchte, daß Großbritannien — ungeachtet der veränderten Weltlage und seiner schwächer gewordenen Rolle im Konzert der imperialistischen Mächte — in der Lage sei, gleichzeitig in drei Weltsphären zu agieren, ohne sich verpflichtend zu binden. Dieser von Wilson formulierte Anspruch auf einen Weltmachtstatus bedeutete in erster Linie, den britischen Einfluß in den Gebieten um den Persischen Golf und den Indischen Ozean sowie im Fernen Osten zu erhalten und durch militärische Präsenz zu sichern. Diese sogenannte Politik „östlich von Suez" war für die Wilson-Regierung Ziel- und Angelpunkt ihrer Weltmachtambitionen.

Als Garantie für die Behauptung ihrer Weltmachtrolle betrachtete auch die Labour-Regierung die Pflege enger Beziehungen zu den USA. Eine seiner ersten Reisen führte Wilson deshalb nicht zufällig nach Washington, wo er mit dem seit Ende 1963 amtierenden USA-Präsidenten Lyndon B. Johnson zusammentraf. Obwohl die erste Begegnung zwischen den beiden Staatsmännern nicht ganz im Sinne Wilsons verlief, da Johnson zu sehr den großen Bruder herauskehrte, waren sich beide in der Unterstützung ihrer gegenseitigen Interessen einig. Während Wilson das Vorgehen der USA in Vietnam, die im Sommer 1964 zur direkten Intervention gegen das vietnamesische Volk übergegangen waren, vorbehaltlos billigte, versprach Johnson, Britanniens Politik ,,östlich von Suez" zu unterstützen. Gegenüber dem britischen Plan, anstelle der vom 1963 ermordeten Präsidenten Kennedy vorgeschlagenen ,,Multilateralen Atomstreitmacht" (MLF) eine ,,Atlantische Atomstreitmacht" (ANF) zu bilden, die lediglich die amerikanischen und britischen Kernstreitkräfte vereinen sollte, verhielt sich Johnson zurückhaltend. Im Endergebnis scheiterten infolge unüberbrückbarer Differenzen innerhalb der NATO beide Pläne.

Ungeachtet dessen, daß die Unterstützung der USA-Aggression in Vietnam immer mehr zur außenpolitischen Achillesferse der Labour-Regierung wurde, hielt diese auch in den folgenden Jahren daran fest. Als die USA im Februar 1965 begannen, systematisch Städte und Dörfer in der Demokratischen Republik Vietnam zu bombardieren, erklärte Außenminister Stewart, daß dies eine legale Reaktion der Amerikaner auf die Hilfe sei, die die Vietnamesen im Norden den vietnamesischen Guerillas im Süden geleistet hätten. ,,Dies blieb in den folgenden drei Jahren die offizielle britische Haltung, und sie wurde öffentlich bekräftigt, als die US-Bomber nach der Weihnachts-Waffenruhe 1965/66 und 1966/67 erneut ihre Luftangriffe auf den Norden begannen. Man hielt daran fest, obwohl die US-Politik innerhalb der eigenen Partei des Präsidenten unter Feuer geraten war, obwohl sie von der französischen Regierung verurteilt worden war und obwohl die Jahreskonferenzen der Labour Party von 1966 und 1967 speziell die Beendigung der Bombardements der USA und Verhandlungen auf der Grundlage der Genfer Abkommen von 1954 gefordert hatten."[7] Zwar gab es seitens der Regierung gelegentlich Einwände gegen Teilaspekte der amerikanischen Kriegführung in Vietnam, aber sie dienten lediglich dazu, die Labour-Mitglieder und vielleicht auch das eigene Gewissen zu beruhigen.

Nicht aus ideologischen oder ethisch-moralischen Gründen, denen sich eine Labour-Regierung möglicherweise verpflichtet fühlte, sondern aus harten ökonomischen Erwägungen heraus entschloß sich die Regierung Wilson 1967 im Zusammenhang mit der Abwertung des Pfund Sterling und den danach eingeleiteten Sparmaßnahmen auch zur Kürzung ihrer Ausgaben in Übersee.

Unter dem unmittelbaren Zwang der Zahlungs- und Währungskredite faßte die Regierung 1967 und 1968 Beschlüsse, die unter dem Begriff des Rückzugs ,,östlich von Suez" bekannt geworden sind. Sie bildeten hinsichtlich der weltpolitischen Stellung des britischen Imperialismus und seiner Strategie in Übersee einen wichtigen Einschnitt, zumal sie mit einer stärkeren Hinwendung zu Westeuropa und zur EWG sowie mit einem größeren Engagement in der NATO einhergingen.

Die neue Strategie, die den Abbau eines Teils der aus der imperialen Ära stammenden britischen Positionen in Übersee umfaßte, sah u.a. den Abzug der britischen Truppen aus Malaysia, Singapur und Sarawak sowie aus dem Raum des Persischen Golfs bis zum Jahre 1971 vor. Im Zusammenhang damit sollten die britische Truppenstärke herabgesetzt, der Bau atombetriebener U-Boot-Jäger beschränkt, die drei britischen Flugzeugträger nach Beendigung des Truppenabzugs aus Übersee außer Dienst gestellt und die Bestellung von 50 Düsenjägern vom Typ F 111 aus den USA storniert werden.

Die geplante Räumung der meisten Stützpunkte in Asien (mit Ausnahme von Hongkong) hatte gewisse Auswirkungen auf die Beziehungen zwischen Großbritannien und den USA, da bis dahin ein stillschweigendes Übereinkommen zwischen beiden Staaten bestand, daß Großbritannien im Gebiet des Indischen Ozeans einen Teil der Lasten zur Unterdrückung der antiimperialistischen Befreiungsbewegung trägt. ,,Johnson... konnte seine Wut kaum im Zaume halten, als George Brown mit der Nachricht in Washington eintraf, daß Großbritannien als Teil des Abwertungspakets seine Rolle ‚östlich von Suez' aufgab und Truppen aus dem Fernen Osten und dem Persischen Golf zurückzog und darüber hinaus den Vertrag kündigte, 50 amerikanische Düsenjäger zu kaufen."[8]

In noch größerem Maße tangierte der Rückzug ,,östlich von Suez" die britische Politik in Westeuropa. Als die Regierung Macmillan 1961 den ersten Antrag auf Beitritt zur EWG gestellt hatte, war die Labour Party gegen einen sofortigen Anschluß aufgetreten und hatte 1962 fünf Bedingungen formuliert, die vorher erfüllt sein müßten. Diese betrafen sichere Garantien für die Handels- und sonstigen Interessen der Commonwealth-Länder, Handlungsfreiheit in der Außenpolitik, Erfüllung der Verpflichtungen innerhalb der EFTA, das Recht auf Planung der eigenen Wirtschaft und Garantien für die Sicherung der britischen Landwirtschaft. Im Wahlkampf 1964 hatte die EWG-Problematik eine relativ geringe Rolle gespielt, da die beiden großen Parteien nach wie vor an der ,,Drei-Kreise-Theorie" festhielten und sich nicht zu stark in Europa binden wollten. Doch bereits in Vorbereitung der Wahlen vom März 1966 deutete sich ein Wandel an. Im Wahlmanifest der Labour Party wurde ein Beitritt zur EWG unter bestimmten Bedingungen in Betracht gezogen. Nach den Wahlen taktierte die Regierung zunächst noch und versuchte den Eindruck zu erwecken, als ob sie weiterhin an den 1962 formulierten fünf Bedingungen festhalte, von denen sie aber in Wirklichkeit bereits abgerückt war.

Am 10. November 1966 kündigte Wilson im Unterhaus an, daß die Frage eines EWG-Beitritts erneut von der Regierung sondiert werde. Eine Reihe von diplomatischen Aktivitäten, darunter Gipfelgespräche in den Hauptstädten der sechs EWG-Mitgliedsländer, bereitete das offizielle Beitrittsgesuch, das am 11. Mai 1967 erfolgte, vor. In der vorangegangenen Abstimmung im Unterhaus hatten sich 35 Labour-Abgeordnete gegen einen EWG-Beitritt ausgesprochen und etwa 50 der Stimme enthalten. Da es auch unter den Konservativen ,,Anti-Europäer" gab, die durch eine Mitgliedschaft in der EWG um ihre Commonwealth-Interessen fürchteten, belief sich die Zahl der Gegenstimmen auf 62. Unmißverständlich formulierte die Kommunistische Partei ihre Opposition zum Eintritt in die EWG: ,,Der Gemeinsame Markt ist nicht Europa, sondern ein Teil Westeuropas, und versetzt eine kleine Gruppe von Monopolisten in die Lage, die Angelegenheit dieser Region zu beherrschen und sich Verbesserungen der wirtschaftlichen und sozialen Lage der Bevölkerung zu widersetzen . . . Der Anschluß an den Markt würde die beträchtlichen ökonomischen und politischen Schwierigkeiten Großbritanniens intensivieren . . ."[9]

Die Labour-Regierung begründete ihren Sinneswandel vor allem mit den sich zunehmend verschlechternden ökonomischen Positionen Großbritanniens. Durch eine Mitgliedschaft in der EWG erhoffte man sich günstigere Bedingungen für die Kapitalverwertung und für die Expansion der britischen Monopole; der zu erwartende verstärkte Konkurrenzdruck sollte die Konkurrenzfähigkeit der britischen Unternehmen erhöhen und die notwendigen Strukturveränderungen in der Wirtschaft herbeiführen. Gleichzeitig sollte die Mitgliedschaft in der EWG als neue Grundlage und neuer Rahmen für einen größeren politischen Einfluß Großbritanniens in Westeuropa dienen. ,,Waren bisher mit Ausnahme der Zentralisation die meisten auf eine Modernisierung und eine Verbesserung der Wirtschaftsstruktur abzielenden Maßnahmen nur wenig wirksam, so soll der ‚Peitschenhieb der EWG-Konkurrenz' der britischen Volkswirtschaft die erforderlichen radikalen Anpassungen nunmehr im Rahmen eines größeren Wirtschaftsblocks gewissermaßen von außen aufzwingen."[10]

Aber auch diesmal erwies sich Präsident de Gaulle als das Haupthindernis für einen britischen EWG-Beitritt. Er bezeichnete Großbritannien als noch nicht reif für die EWG. Zuerst müsse es seine Wirtschaft und Währung stabilisieren, ehe ein Beitritt in Frage käme. Wahrscheinlich befürchtete er auch, daß Großbritannien unter Sonderbedingungen aufgenommen werden würde. Obwohl die Verhandlungen zunächst vertagt wurden, zog die Labour-Regierung das Beitrittsgesuch nicht zurück. Erst nach dem Rücktritt de Gaulles im Frühjahr 1969 wurde das britische Beitrittsersuchen erneut auf die Tagesordnung gesetzt. Allerdings mußte die Labour-Regierung dabei in Rechnung stellen, daß inzwischen die Zahl der EWG-Gegner in Großbritannien bedeutend angewachsen war. Einer Meinungsumfrage zufolge sprachen sich im September 1969 57 Prozent und im März 1970 bereits 64 Prozent der befragten Bürger gegen die Fortsetzung der Beitrittsverhandlungen aus. Angesichts der bevorstehenden Wahlen ging die Regierung deshalb zum Taktieren über und stellte die Frage der Bedingungen wieder mehr in den Vordergrund.

Widersprüchlich gestalteten sich die Beziehungen der Wilson-Regierung zur Sowjetunion und zu den anderen sozialistischen Staaten. Zwar kam es zu mehreren Begegnungen zwischen Wilson und höchsten sowjetischen Repräsentanten in Moskau und London, doch gingen von der Labour-Regierung kaum Initiativen aus, um auf dem Weg der Entspannung voranzukommen. Im Gegenteil, nach der Hilfsaktion der Staaten des Warschauer Vertrages zur Eindämmung der Konterrevolution in der ČSSR im August 1968 stimmte die Labour-Regierung voll in den antisowjetischen Chorus mit ein. Ungeachtet dessen begann sich Ende der sechziger Jahre zum ersten Male in der Nachkriegsgeschichte die reale Möglichkeit einer weltpolitischen Wende vom kalten Krieg zur Entspannung abzuzeichnen, der sich auch die Wilson-Regierung nicht zu entziehen vermochte. So war sie einer der Unterzeichner des am 1. Juli 1968 abgeschlossenen Kernwaffensperrvertrags, der eine wichtige Etappe auf dem Weg zur Entspannung darstellte.

5. Nein zum Vietnamkrieg

In der ersten Hälfte der sechziger Jahre schien es, als hätte die britische Friedensbewegung ihren Höhepunkt überschritten. Für die ,,Kampagne für nukleare Abrüstung" begannen schwierige Jahre, in denen sie nicht mehr die breite Unterstützung der Bevölkerung fand wie an der Schwelle zu den sechziger Jahren. Das Moskauer Teststoppabkommen hatte bei manchen ihrer Anhänger die Illusion erzeugt, daß die Schlacht schon fast gewonnen sei. Hinzu kamen hochgespannte Erwartungen, die viele an die neue Labour-Regierung knüpften. Doch als deutlich wurde, daß diese nicht daran dachte, eine antinukleare Politik zu verfolgen, war die Enttäuschung um so größer. Bei zahlreichen CND-Anhängern breitete sich Resignation aus. ,,Als Labour 1964 die Wahlen gewonnen hatte, machte Harold Wilsons Regierung jede Hoffnung zunichte, daß sie eine antinukleare Politik verfolgen würde. Das Polarisprogramm wurde fortgesetzt; Nuklearbasen blieben bestehen und wurden erweitert; die Amerikaner besetzten weiter ihre nuklearen Außenposten in Britannien."[11] Auseinandersetzungen innerhalb der CND über die einzuschlagende Taktik und über anzuwendende Kampfformen taten ein übriges, um die Bewegung zu desorientieren.

Mitte der sechziger Jahre rückte zudem ein anderes Ereignis in den Mittelpunkt der Aufmerksamkeit aller friedliebenden Menschen in der Welt, darunter auch in Großbritannien: die USA-Aggression in Vietnam. Insbesondere nach dem Beginn der Bombardierung von Städten in der Demokratischen Republik Vietnam (DRV) im Februar 1965, die die Wilson-Regierung uneingeschränkt billigte, kam es zu ersten größeren Massenmeetings und Protestdemonstrationen in Großbritannien gegen das Vorgehen der USA in Vietnam und dessen Tolerierung durch die britische Regierung. Die CND unterstützte zwar diese Protestbewegung, doch sie stellte sich nicht an ihre Spitze. Statt dessen entstanden neue Organisationen, die den Kampf gegen die USA-Aggression in Vietnam auf ihre Fahnen schrieben und zur Solidarität mit dem heldenhaft kämpfenden vietnamesischen Volk aufriefen. Eine wichtige Rolle bei der Mobilisierung der Bevölkerung gegen die Vietnamaggression der USA spielte der im April 1965 gegründete ,,Britische Rat für den Frieden in Vietnam" unter Vorsitz des engagierten Veteranen der britischen Friedensbewegung und führenden Labour-Mitglieds Lord Fenner Brockway. An den Aktivitäten dieses Rates beteiligten sich auch andere britische Friedensorganisationen, darunter das Britische Friedenskomitee, die CND sowie pazifistische und religiös gebundene Organisationen.

Zu einem ersten Höhepunkt der Kampagne gegen die USA-Aggression in Vietnam gestaltete sich eine Massendemonstration vor dem Parlamentsgebäude am 30. Juni 1965, an der 1500 Menschen aus allen Teilen des Landes teilnahmen. Sie überreichten eine Petition mit über 100 000 Unterschriften, in der die Regierung aufgefordert wurde, sich von dieser Aggression zu distanzieren und Schritte zu unternehmen, um den Konflikt auf der Basis des Genfer Indochinaabkommens von 1954 zu lösen. Neben dem ,,Britischen Rat für den Frieden in Vietnam" entstanden 1965/66 weitere Organisationen, die gegen die USA-Aggression in Vietnam auftraten, wie die Bertrand-Russell-Friedensstiftung sowie die von Trotzkisten initiierte ,,Solidaritätsbewegung mit Vietnam", deren Gründungsaufruf von über 50 Organisationen und Gruppen unterzeichnet worden war.

Von den politischen Parteien waren es die Kommunisten, die zuerst und am eindringlichsten das Vorgehen der USA in Vietnam anprangerten. Bereits Anfang August 1964 — unmittelbar nach Beginn der offenen USA-Intervention in Vietnam — forderten sie die britische Regierung auf, die Aggression zu verurteilen und alles zu unternehmen, damit sich dieser Krieg nicht zu einem Weltkrieg ausweitet. Auch innerhalb der Labour Party entwickelte sich allmählich eine Oppositionsbewegung gegen den Vietnamkrieg, die schließlich weit über den linken Parteiflügel hinausging. Einem von linken Kräften gebildeten Parlamentarischen Komitee für den Frieden in Vietnam schlossen sich etwa 100 Abgeordnete der Labour Party und der Liberalen Partei an.

Dennoch erreichte die Protestbewegung gegen die USA-Aggression in Vietnam anfangs nicht das Niveau und die Breite wie die Bewegung gegen die nukleare Aufrüstung Großbritanniens Ende der fünfziger Jahre, und sie reichte zunächst auch nicht an ähnliche Bewegungen in anderen kapitalistischen Ländern heran. Dafür gab es mehrere Gründe. Der Krieg in Vietnam war für viele Briten, die zum Teil noch in ihrer Inselmentalität befangen waren, weit entfernt und stellte in ihrem Bewußtsein für sie keine so unmittelbare Bedrohung wie die auf dem Boden ihres Landes stationierten Nuklearwaffen dar. Außerdem unternahm die bürgerliche Propaganda alles, um die Tatsachen auf den Kopf zu stellen und die vietnamesische nationale Befreiungsbewegung zu verunglimpfen. Schließlich gab es zwischen den verschiedenen Friedensorganisationen erhebliche Meinungsverschiedenheiten über Kampfmethoden und Kampftaktik. So waren z. B. pazifistisch orientierte Gruppen nicht bereit, den bewaffneten nationalen Befreiungskampf des vietnamesischen Volkes zu tolerieren, obwohl sie die USA-Aggression und deren Unterstützung durch die britische Regierung verurteilten. Andere Organisationen, insbesondere die ,,Solidaritätsbewegung mit Vietnam", die mit linksradikalen und sektiererischen Zügen behaftet war, versuchten den Kampf gegen den Vietnamkrieg in einen generell antikapitalistischen Kampf umzufunktionieren, für den die Bedingungen nicht gegeben waren und der realistische Zielsetzungen nur gefährden konnte.

Doch mit der weiteren Eskalation des Krieges in Vietnam, der immer unmenschlichere Züge annahm und von Brutalität und Gewalt gegen die Zivilbevölkerung geprägt war, nahm die Antikriegsbewegung seit Mitte 1966 auch in Großbritannien neue Züge an. In wachsendem Maße beteiligte sich — wie auch in anderen kapitalistischen Ländern — die Jugend, insbesondere die studentische, an den Antikriegsmanifestationen. Der mit der USA-Aggression in Vietnam verbundene Desillusionierungsprozeß über die imperialistische Freiheitsdemagogie sowie die moralische Empörung über die imperialistischen Verbrechen in Vietnam führten zu einer Radikalisierung der Jugend und Studenten, die immer stärker antiimperialistische Züge annahm.

Der Protest gegen den Vietnamkrieg wurde eingebettet in den Kampf um Demokratie und Mitbestimmung in allen Bereichen des gesellschaftlichen Lebens, einschließlich der Hochschulen. Friedensrallys, Vietnamwochen, Blutspendeaktionen, Protestdemonstrationen vor der USA-Botschaft in London, sogenannte Teach-ins, d. h. die öffentliche Diskussion hochbrisanter politischer Themen, und Parlamentslobbies waren die wichtigsten Formen des Massenprotestes. Auch die Ostermärsche standen seit 1965 ganz im Zeichen des Widerstandes gegen den mit britischer Billigung geführten Vietnamkrieg der USA.

Immer stärkeren Anteil an der Antikriegsbewegung nahm die organisierte Arbeiterbewegung. Auf den Jahreskonferenzen des TUC und der Labour Party im Herbst 1967 wurden erstmals mit Stimmenmehrheit Resolutionen verabschiedet, in denen die Beendigung der britischen Unterstützung für die Vietnampolitik der USA gefordert wurde. Die KP würdigte auf ihrem XXX. Parteitag im November 1967 die gestiegenen Aktivitäten der Arbeiterbewegung im Kampf gegen den Vietnamkrieg und verurteilte schärfstens die von der Labour-Regierung unterstützte brutale Aggression der USA in Vietnam. Gleichzeitig rief sie dazu auf, eine noch umfassendere und breitere Protestbewegung zu entfalten, um die Regierung zur Änderung ihrer Politik in der Vietnamfrage zu zwingen. In einer Dringlichkeitsresolution zu Vietnam forderte sie: „Distanzierung vom amerikanischen Krieg in Vietnam, sofortige und vorbehaltlose Einstellung der Bombardierung, Truppenabzug der USA und ihrer Verbündeten, Erfüllung des Genfer Abkommens, Gewährung des Selbstbestimmungsrechts für das Volk Vietnams . . ."[12]

Im Jahre 1968 erreichte die Antivietnamkriegsbewegung in Großbritannien ihren Höhepunkt. Es setzte sich eine stärkere Vereinheitlichung der Aktionen verschiedenster Organisationen, Parteien und Gewerkschaften durch. Am 17. März kam es vor der USA-Botschaft zu blutigen Auseinandersetzungen zwischen der Polizei und etwa 15 000 von linksradikalen Gruppen angeführten Jugendlichen, bei denen 280 Demonstranten verhaftet und 86 teilweise schwer verletzt wurden. Wenn auch viele progressive Organisationen die von den Demonstranten angewandten Methoden ablehnten, so verurteilten sie doch gleichzeitig das brutale Vorgehen der Polizei und wiesen entschieden Versuche zurück, auf Grund dieser Vorkommnisse das Demonstrationsrecht einzuschränken.

Große Bedeutung hatte die Unterschriftensammlung für die Deklaration des britischen Volkes für den Frieden in Vietnam, die im Frühjahr 1968 begann und an der sich die Mehrheit der Friedensorganisationen, zahlreiche Gewerkschaften, Frauen-, Jugend- und religiöse Organisationen und Gruppen beteiligten. Eine aktive Rolle spielten hierbei auch viele örtliche Labour-Organisationen und vor allem die Kommunistische Partei. Mitte August 1968 unterstützten die Deklaration mehr als tausend gesellschaftliche Organisationen, darunter 216 Gewerkschaften, 139 örtliche Labour-Organisationen, 81 Ortsorganisationen der Kommunistischen Partei, 26 Komitees der Liberalen Partei, 103 Jugendorganisationen und 106 Unterhausabgeordnete.

Am 27. Oktober 1968, auf einer der größten Massendemonstrationen gegen den Vietnamkrieg in Großbritannien, protestierten mehr als 100 000 Teilnehmer gegen die Verbrechen des USA-Imperialismus in Vietnam und riefen zur Solidarität mit dem vietnamesischen Volk auf. Die Regierung setzte erneut mehrere Hundertschaften Polizei gegen die Demonstranten ein.

Auch in den folgenden Jahren riß die Protestbewegung gegen den Vietnamkrieg nicht ab. Doch abgesehen von halbherzigen Einwänden gegen diese oder jene Einzelmaßnahme der USA in Vietnam blieb die Wilson-Regierung bis zu ihrem Sturz 1970 bei ihrer prinzipiellen Zustimmung.

6. Südrhodesien und das Rassenproblem

Als die Labour Party 1964 die Regierungsgeschäfte übernahm, war von dem ehemals riesigen britischen Kolonialreich nicht mehr viel übriggeblieben. Dennoch befanden sich immer noch Gebiete, insbesondere in Afrika und Latainamerika, unter direkter britischer Kolonialherrschaft. Ungeklärt waren vor allem die Verhältnisse in Südrhodesien. Dort herrschte eine Minderheit von etwa 210 000 „weißen" Siedlern, denen Großbritannien bereits 1923 die Selbstregierung zugestanden hatte, während die afrikanische Bevölkerung, die mehr als fünf Millionen Menschen zählte, keinerlei politische Rechte besaß und von der weißen Minderheit brutal ausgebeutet wurde. Die britische Kolonialmacht hatte diesen Zustand bisher gutgeheißen und durch die Bildung der Zentralafrikanischen Föderation im Jahre 1953 sogar noch gefördert. Nach dem Auseinanderbrechen dieses Zwangsgebildes und der Erringung der Unabhängigkeit durch Njassaland (Malawi) und Nordrhodesien (Sambia) im Jahre 1964 erhob die sich immer stärker am südafrikanischen Apartheidregime orientierende weiße Minderheit in Südrhodesien ebenfalls Anspruch auf Unabhängigkeit. Allerdings war sie nicht bereit, der afrikanischen Bevölkerungsmehrheit die ihr zustehenden Rechte, darunter das Wahlrecht, zuzubilligen. Deren fortgeschrittenste Teile hatten sich zu nationalen Befreiungsorganisationen zusammengeschlossen, der Afrikanischen Volksunion von Simbabwe (ZAPU) unter Joshua Nkomo und der Afrikanischen Nationalunion von Simbabwe (ZANU) unter Ndabiningi Sithole und Robert Mugabe, um mit der Waffe in der Hand für ihre Befreiung zu kämpfen.

Gespräche zwischen der britischen Regierung und Ian Smith, dem Führer der herrschenden rassistischen Patriotischen Front und Premierminister von Südrhodesien, mit dem Ziel, der afrikanischen Bevölkerung wenigstens ein gewisses Mitspracherecht zu sichern, blieben ohne Erfolg. Die weißen Rassisten um Smith und die sie unterstützenden, in Rhodesien agierenden Monopole weigerten sich, selbst auf die äußerst bescheidenen Bedingungen Londons einzugehen. Am 11. November 1965 erklärte das Smith-Regime einseitig die Unabhängigkeit des Landes. Wilson hatte bis zuletzt versucht, einen Kompromiß zustande zu bringen, der freilich die afrikanische Bevölkerungsmehrheit weiter benachteiligt und diskriminiert hätte.

Nach dieser einseitigen Unabhängigkeitserklärung verurteilte Wilson in scharfen Worten das Smith-Regime, aber die angekündigten und dann auch eingeleiteten Gegenmaßnahmen waren kaum dazu angetan, das rassistische Regime zur Räson zu bringen. Zwar wurden Wirtschaftssanktionen gegen die abtrünnige Kolonie verhängt — im Dezember 1965 zunächst ein Ölembargo und im Januar 1966 ein totales Handelsembargo —, doch zur selben Zeit verhandelte die britische Regierung mit dem Regime und machte ihm eine Konzession nach der anderen, ohne Smith im geringsten zu beeindrucken.

Die Konferenz der Premierminister der Commonwealth-Länder im Januar 1966 in Lagos forderte von London ein härteres Vorgehen gegen Südrhodesien, darunter die Einleitung von militärischen Maßnahmen. Wilson erklärte jedoch großspurig, daß die Rebellen „innerhalb von Wochen und nicht von Monaten" in die Knie gezwungen würden. Doch Wochen und Monate zogen ins Land, ohne daß das Smith-Regime zusammenbrach. Im Gegenteil, es stabilisierte sich, während die britische Regierung keine Gelegenheit versäumte, „dem ‚Rebellenregime' und — was noch wichtiger war — der Geschäftswelt von Salisbury klarzumachen, daß sie daran interessiert ist, schnell eine Übereinkunft zu erzielen."[13]

Auf der Commonwealth-Konferenz im September 1966 ließen sich jedoch die afrikanischen Premiers nicht mehr beruhigen. Wilson gestand in seinen Erinnerungen: „Die Konferenz ... gestaltete sich zu einem Alptraum und wurde nach dem übereinstimmenden Urteil der Beteiligten zu der bisher unangenehmsten . . ." Und er fügte hinzu: „Als wir uns für das Wochenende vertagten, geschah dies in äußerst gespannter Stimmung. Kaum jemand konnte mit Sicherheit voraussagen, ob das Commonwealth nicht auseinanderfallen würde."[14] Nur mit Mühe gelang es, die Konferenz doch noch einigermaßen geschlossen zu Ende zu führen.

Ungeachtet der Stimmung in den afrikanischen Commonwealth-Ländern bemühte sich Wilson weiterhin um einen Kompromiß mit dem Smith-Regime. Zweimal traf er persönlich auf britischen Kreuzern im Mittelmeer bzw. vor Gibraltar mit Smith zusammen. Doch obwohl die von Wilson Ende 1966 anläßlich der ersten Begegnung mit Smith unterbreitete Verfassung „reaktionärer und für die rassistische weiße Minderheit in Rhodesien akzeptabler als die Tory-Verfassung von 1961 war"[15], blieb Smith unbeugsam. Weitere Vorstöße Wilsons in ähnlicher Richtung blieben ebenfalls erfolglos. Im März 1970 erklärte sich Südrhodesien zur Republik. Es bedurfte eines weiteren Jahrzehnts hartnäckigen Ringens der nationalen Befreiungsbewegung von Simbabwe, bis die afrikanische Bevölkerung endlich frei und das Land wirklich unabhängig wurde.

Ähnlich inkonsequent und prinzipienlos wie im Falle Südrhodesien verhielt sich die Labour-Regierung auch gegenüber Südafrika. Obwohl sie verbal das Apartheidregime in Südafrika verurteilte, florierte der Handel mit diesem blutigen rassistischen Regime wie eh und je und wurde sogar noch intensiviert. Zwar verfügte die Wilson-Regierung nach ihrer Amtsübernahme in Anlehnung an einen UNO-Beschluß ein Waffenembargo für Südafrika, doch blieben bereits abgeschlossene Verträge in Kraft und noch genug andere Hintertüren offen, um das Embargo faktisch unwirksam zu machen. 1970 betrugen die Investitionen der Sterlingzone in Südafrika 58 Prozent aller ausländischen Investitionen. Großbritannien deckte zu diesem Zeitpunkt 22 Prozent der südafrikanischen Importe, während es 29 Prozent der Exporte aus Südafrika aufnahm.

Ein ähnlich düsteres Kapitel stellte die Fortsetzung der von den Konservativen eingeleiteten Maßnahmen gegenüber den farbigen Einwanderern aus dem Commonwealth dar. Das von der Wilson-Regierung 1968 verabschiedete Einwanderungsgesetz richtete sich vor allem gegen jene Einwanderer, die zwar britische Pässe besaßen, aber „keine wirklichen Beziehungen" zum Vereinigten Königreich nachweisen konnten. Damit sollte vor allem die Einwanderung von bisher in Kenia lebenden Asiaten abgeblockt werden, denen nach der Unabhängigkeitserklärung von der dortigen Regierung freigestellt worden war, Bürger Kenias zu werden oder ihre britische Staatsbürgerschaft zu behalten. Nach dem neuen Gesetz wurde die Einwanderung jener Personen, die als britische Staatsbürger in Großbritannien leben wollten, aber keine „wirklichen Beziehungen" zum Vereinigten Königreich nachweisen konnten, auf 1500 pro Jahr begrenzt.

Die Regierung begründete diese neuerlichen Restriktionen damit, daß zunächst erst einmal den bereits Eingewanderten bessere Lebensbedingungen geboten werden müßten. Tatsächlich wurde 1968 ein Gesetz über die Beziehungen zwischen den Rassen verabschiedet, das gegenüber dem entsprechenden Gesetz von 1965 wesentliche Verbesserungen enthielt. Doch in der Praxis wurde die Diskriminierung der farbigen Einwanderer bei der Arbeitssuche und in den Wohnverhältnissen nicht beseitigt, so daß sich insgesamt die Lage der farbigen Einwanderer kaum verbesserte.

Die zwiespältige Politik der Wilson-Regierung gegenüber den farbigen Einwanderern war nicht dazu angetan, gewisse Elemente zu zügeln, die immer offener rassistische Propaganda betrieben. Im Februar 1967 war aus mehreren ultrarechten Gruppen und Grüppchen die profaschistische Nationale Front entstanden, die Rassismus und Fremdenhaß auf ihre Fahnen schrieb und vor Gewalttaten gegenüber farbigen Briten nicht zurückschreckte. Sie trieb ihr Unwesen besonder in jenen Gebieten, wo sich vorwiegend Immigranten niedergelassen hatten, wie in einigen süd- und östlichen Stadtteilen Londons sowie in den westlichen Midlands, insbesondere in Birmingham. In den folgenden Jahren entwickelte sich die Nationale Front zur stärksten neofaschistischen Organisation in Großbritannien.

Im Zusammenhang mit den Diskussionen um das neue Einwanderungsgesetz machte auch ein führendes Mitglied der Konservativen Partei, Enoch Powell, von sich reden, der bald als Prototyp der Rassisten in Großbritannien galt. In einer emotionsgeladenen, von Haß geprägten und an niedrige Instinkte appellierenden Rede in Birmingham am 20. April 1968, der bald weitere folgten, machte Powell die farbigen Einwanderer für alle Schwierigkeiten des Landes verantwortlich und forderte einen Einwanderungsstopp sowie die Rückführung der Immigranten in ihre Herkunftsländer. Mit gekonnter Rhetorik und einer Demagogie ohnegleichen führte er nicht nachweisbare „Beispiele" an, wie Immigranten angeblich Alteingesessene terrorisierten. Was noch schlimmer war, er fand in bestimmten Kreisen, insbesondere unter Mittelschichten, aber auch bei politisch ungebildeten Arbeitern, zeitweilig eine gewisse Resonanz.

Obwohl die konservative Führung ebenfalls rigorose Einwanderungsbeschränkungen befürwortete, war sie an einer derart hysterischen Kampagne gegen die farbigen Einwanderer nicht interessiert. Deshalb nahm Heath Powell aus der Schußlinie. Er entfernte ihn aus dem Schattenkabinett, wo er Sprecher für Verteidigungsfragen war, und verbannte ihn auf die „hinteren Bänke" im Unterhaus.

7. Nordirland und die nationale Frage in Schottland und Wales

Es war schon eine kleine Sensation, als die 21jährige Studentin Bernadette Devlin am 17. April 1969 in einem nordirischen Wahlbezirk bei Nachwahlen zum Unterhaus einen Parlamentssitz errang und den Kandidaten der in Nordirland herrschenden reaktionären Unionistischen Partei von Ulster (Ulster Unionist Party) aus dem Feld schlug. In Wirklichkeit war der Wahlsieg der jungen nordirischen Bürgerrechtskämpferin kein Zufall, sondern Ausdruck des Anwachsens der nordirischen Bürgerrechtsbewegung in der zweiten Hälfte der sechziger Jahre.

Nordirland, das 1921 nach der Erkämpfung der Unabhängigkeit durch Irland vom Irischen Freistaat abgespalten worden war und bei Großbritannien verblieb, besaß zwar formal die innere Selbstverwaltung mit eigener Regierung und eigenem Parlament, doch konnte diese unter Berufung auf das Gesetz über Sondervollmachten aus dem Jahre 1922 jederzeit wieder aufgehoben werden. Die herrschenden Unionisten, die sich aus der vorwiegend protestantischen Oberschicht rekrutierten, hatten seit jeher versucht, in dem gegenüber anderen britischen Landesteilen ökonomisch rückständigen Nordirland religiöse und nationale Zwistigkeiten zwischen den beiden Bevölkerungsgruppen, der überwiegend protestantischen englisch-schottischen und der zumeist katholischen irischen Bevölkerung, zu schüren und beide gegeneinander auszuspielen, um die eigene Herrschaft zu sichern und die bestehenden Machtverhältnisse aufrechtzuerhalten. Zu diesem Zweck wurde die katholische irische Minderheit, die etwa ein Drittel der Bevölkerung Nordirlands umfaßt, ökonomisch, politisch und sozial diskriminiert. So war die ohnehin weit über dem Landesdurchschnitt liegende Arbeitslosigkeit in Nordirland unter den irischen Katholiken dreimal höher als unter den englisch-schottischen Protestanten. Auch war der Prozentsatz der Katholiken unter den niedrig bezahlten Arbeitern und jenen mit geringer Qualifikation unverhältnismäßig hoch. ,,Die protestantische Herrschaft äußerte sich in der ungerechten Verteilung von kommunalen Wohnungen, in Wahlschiebungen . . ., in der Verweigerung grundlegender Bürgerrechte für die Katholiken, einschließlich des Rechts ‚ein Mann — eine Stimme' bei Provinzialwahlen und des Rechts, friedlich durch die Straßen zu marschieren, wie es die Protestanten praktizierten."[16] Zur Disziplinierung der katholischen Minderheit bedienten sich die Unionisten spezieller Polizeitruppen, Bürgerwehren und militanter Organisationen.

Seit Mitte der sechziger Jahre begann sich die nordirische Bürgerrechtsbewegung immer entschlossener gegen Diskriminierung, Unterdrückung und Gewalt zur Wehr zu setzen. Doch war sie in sich gespalten und in viele Organisationen zersplittert und dadurch in ihrer Aktionsfähigkeit und Durchschlagskraft erheblich eingeschränkt. Als konsequenteste Kraft im Kampf um Freiheit und Demokratie trat die Kommunistische Partei von Nordirland auf, die sich 1970 mit der marxistisch-leninistischen Irischen Arbeiterpartei zur Kommunistischen Partei Irlands vereinigte und damit ihren Willen zur Wiedervereinigung Irlands und zur Sicherung der sozialen und demokratischen Rechte aller Werktätigen ungeachtet ihrer Religion und Nationalität demonstrierte. Es gab aber auch Kräfte, wie die 1969 von der Irischen Republikanischen Armee (IRA) abgespaltene Provisorische IRA, die auf den individuellen Terror setzte und durch spektakuläre Aktionen, wie Bombenlegen, Hungerstreiks u. ä., der Sache des irischen Volkes eher schadete.

Ende der sechziger Jahre verschärften sich die Spannungen in Nordirland und mündeten schließlich in bürgerkriegsähnliche Zustände. In der Unionistischen Partei und in der Regierung setzten sich zunehmend rechtsextremistische Kräfte durch, als deren neuer Führer sich immer stärker der Reverend Ian Paisley profilierte, der sein Redetalent skrupellos nutzte, um Massenhysterie und Pogromstimmung zu erzeugen. Gegen einen am 5. Oktober 1968 von der irischen Bürgerrechtsbewegung durchgeführten friedlichen Marsch, der bezeichnenderweise vom nordirischen Innenminister verboten worden war, ging die Polizei mit Schlagstöcken und Wasserwerfern vor und verletzte zahlreiche Demonstranten, darunter einen Unterhausabgeordneten der Labour Party, der mit zwei weiteren Labour-Abgeordneten an diesem Marsch teilgenommen hatte. Hingegen gestattete der Innenminister einen von einer militanten protestantischen Organisation vorbereiteten Demonstrationszug, der am 12. August 1969 stattfand und nicht zufällig vorwiegend durch von Katholiken bewohnte Stadtteile in Londonderry führte. Die am Rande stehenden Zuschauer wurden von den Demonstranten mit Schmährufen überschüttet und mit Gegenständen beworfen, ohne daß die Polizei einschritt. Selbst Wilson mußte zugeben: „Nicht ganz ohne Grund glaubte die katholische Minderheit bereits, daß die Polizei gegen sie voreingenommen sei. Katholische Familien, die in der Nähe der von Protestanten bewohnten Stadtbezirke lebten, besonders aber solche, deren Wohnungen sich in protestantischen Gegenden befanden, wurden in häßlicher Weise aufgefordert, das Feld zu räumen."[17]

Die Provokation von Londonderry bildete den Auftakt für den Ausbruch von Gewalttätigkeiten, die auch auf Belfast übergriffen. Extremistische Kräfte auf beiden Seiten sahen ihre Stunde gekommen. Die Polizei, die für die Provokateure Partei ergriff, machte von der Schußwaffe Gebrauch. Dabei kamen sieben Menschen, darunter fünf Katholiken, ums Leben. Mit dem Anspruch, Ruhe und Ordnung wiederherstellen zu wollen, beschloß die Londoner Regierung im August 1969, Truppen nach Nordirland zu beordern. Die bürgerkriegsähnlichen Zustände in Nordirland wurden dadurch weiter eskaliert.

Auch in Schottland und Wales verschärfte sich in der zweiten Hälfte der sechziger Jahre die nationale Frage. Dies äußerte sich zunächst vor allem darin, daß die kleinbürgerlich-nationalistischen Parteien, die Schottische Nationalpartei (SNP) bzw. die Walisische Nationalpartei (Plaid Cymru), bei den Parlamentswahlen 1966 und bei Nachwahlen 1967 in beiden Landesteilen bedeutende Stimmengewinne für sich verbuchen konnten. So entwickelte sich die SNP innerhalb weniger Jahre von einer unbedeutenden Gruppierung zur Partei mit der größten individuellen Mitgliedschaft in Schottland. Nach dem vielbeachteten Einzug eines Vertreters der SNP im November 1967 ins Unterhaus zeigte sich ihre Stärke vor allem auf lokaler Ebene, wo sie bei Munizipalwahlen 1968 über ein Drittel aller Stimmen erhielt.

Neben Nordirland bekamen Wales und vor allem Schottland in besonderem Maße die negativen Folgen der wirtschaftlichen Misere Großbritanniens zu spüren. Die Arbeitslosenrate war in diesen beiden Landesteilen weitaus höher, das durchschnittliche Lohnniveau niedriger und die soziale Lage schlechter als in England. Deshalb war die nationale Bewegung in Schottland und Wales, die breite Schichten der Bevölkerung erfaßte, eng mit der Forderung nach ökonomischen, sozialen und politischen Veränderungen verbunden. Zum Angelpunkt wurde die Forderung nach einem schottischen bzw. walisischen Parlament, das diese Veränderungen durchsetzen sollte.

Für die Labour-Regierung waren die Forderungen der Schotten und Waliser nach mehr Selbstregierung zunächst ohne Relevanz. Den Aufschwung der nationalen Bewegung bewertete sie als eine zufällige Erscheinung. Schließlich sah sie sich 1969 doch genötigt, eine Verfassungskommission einzusetzen, die in den verschiedenen Teilen des Vereinigten Königreiches alle Aspekte einer Selbstverwaltung — inzwischen hatte sich dafür der Begriff Devolution durchgesetzt — untersuchen sollte. Doch nach wie vor betrachtete die Regierung Wilson die Devolution als ein untergeordnetes Problem und unternahm nichts, um es einer Lösung zuzuführen. Hingegen unterstützte die Kommunistische Partei die Forderung nach nationalen Parlamenten in Schottland und Wales von Anfang an, weil sie darin einen wichtigen Schritt zur Erweiterung der Demokratie und zur Verbesserung der sozialen und ökonomischen Lage der Schotten und Waliser erblickte.

8. Der Angriff auf das Streikrecht und die Wahlniederlage

Nachdem die Einkommenspolitik der Wilson-Regierung 1968 am Widerstand der Gewerkschaften gescheitert und die Streikbewegung im selben Jahr sprunghaft angestiegen war, griff die Regierung zu einem anderen Mittel, um dennoch zum Ziel zu gelangen. Im Januar trat sie mit dem Weißbuch „Anstelle von Streit" (In Place of Strife) an die Öffentlichkeit, das die Vorstellungen der Regierung über die künftigen Beziehungen zwischen Kapital und Arbeit enthielt und so schnell wie möglich rechtsgültig werden sollte. Wesentlichen Anteil an seinem Zustandekommen hatte neben Premier Wilson selbst der neue Arbeitsminister, Barbara Castle.

Die Grundlage des Weißbuchs bildeten die Empfehlungen einer bereits im April 1965 von der Regierung eingesetzten Kommission zur Untersuchung der „industriellen Beziehungen" unter Vorsitz von Lord Donovan. Der von der Kommission im Juni 1968 vorgelegte Bericht zur „Reformierung" der Gewerkschaften zielte darauf ab, die Rechte der gewählten Betriebsvertrauensleute (shop stewards) zu beschneiden, sogenannte wilde Streiks möglichst zu unterbinden und die bisher in Großbritannien übliche Tarifautonomie durch umfassende Arbeitsabkommen zu ersetzen.

Die im Weißbuch der Regierung unterbreiteten Vorschläge gingen noch über die Empfehlungen der Donovan-Kommission hinaus. So sollte der Arbeitsminister ermächtigt werden, „nichtkonstitutionelle" Streiks 28 Tage aufzuschieben, bei offiziellen Streiks eine Urabstimmung zu erzwingen und Strafen gegen streikende Gewerkschafter zu verhängen. Die Lohnkämpfe sollten faktisch durch staatliche Regulierung ersetzt und das Streikrecht zugunsten staatsmonopolistischer Interventionsmöglichkeiten ausgehöhlt werden. „Streiks wurden als Symptom gewerkschaftlicher Anarchie und Disziplinlosigkeit gewertet, nicht aber als Ausdruck des im kapitalistischen Lohnsystem angelegten Grundkonflikts."[18]

Schon kurze Zeit nach Veröffentlichung des Weißbuches entwickelte sich in Großbritannien eine Massenbewegung zur Verteidigung des gewerkschaftlichen Streikrechts, die zugleich Ausdruck einer weiteren Linksentwicklung in der britischen Gewerkschaftsbewegung war. Der Widerstand gegen das geplante Gesetzesvorhaben erfaßte breite Kreise der britischen Arbeiterklasse. Selbst im Kabinett gab es Bedenken. So befürchtete z. B. Innenminister Callaghan, daß ein solches Gesetz die Lebensader der Labour Party — ihre enge Verbindung mit der Gewerkschaftsbewegung — zerstören könne. Bei der Abstimmung über das Weißbuch im Unterhaus im März 1969 versagten 55 Labour-Abgeordnete ihrer Regierung die Gefolgschaft, und weitere 40 enthielten sich der Stimme.

Eine herausragende Rolle bei der Mobilisierung der Arbeiterklasse gegen das geplante Gesetz spielte die Kommunistische Partei. Über ihre Tageszeitung, den „Morning Star", auf Flugblättern und Massenmeetings gelang es ihr, die Bewegung politisch zu beeinflussen und kämpferische Losungen in die Gewerkschaftsbewegung hineinzutragen. Ihre zuverlässigste Stütze waren die „shop stewards" in den Betrieben sowie das 1966 gegründete Verbindungskomitee zur Verteidigung der Gewerkschaften, das die Widerstandsaktionen auf gesamtnationaler Ebene koordinierte. Es organisierte Protestmärsche, Flugblattaktionen, Streiks und ähnliche Schritte gegen das Weißbuch. Nach seinem Beispiel entstanden solche Komitees auch auf regionaler Ebene. Höhepunkt des Massenkampfes zur Verteidigung der bedrohten Gewerkschaftsrechte war ein Streik von 250 000 Arbeitern am 1. Mai 1969.

Von den schottischen Bergarbeitern ging der Ruf nach Einberufung eines Sonderkongresses des TUC aus, der sich unmißverständlich zum Gesetzesvorhaben äußern sollte. Diese Forderung wurde so mächtig, daß sie der Generalrat des TUC aufgreifen mußte. Der zum 5. Juni 1969 einberufene Sonderkongreß lehnte mit überwältigender Mehrheit das geplante Gesetz ab. Wilson hatte noch bis zuletzt vergeblich versucht, einen Kompromiß mit den Gewerkschaftsführern auszuhandeln. Doch diese befürchteten eine weitere Radikalisierung der Arbeiter, wenn sie das Gesetzesvorhaben billigen würden. Da die Regierung auch im Unterhaus mit einer starken Opposition in den eigenen Reihen rechnen mußte, verzichtete sie schließlich auf die geplante Antigewerkschaftsgesetzgebung.

Der wachsende Widerstand gegen die Einkommenspolitik der Wilson-Regierung und gegen das von ihr geplante gewerkschaftsfeindliche Gesetz hatte deutlich gemacht, daß die Kampfbereitschaft der Gewerkschaften insgesamt erheblich zugenommen hatte. Die Forderungen der progressiven Kräfte in der Gewerkschaftsbewegung fanden in den Beschlüssen der Jahreskongresse des TUC zunehmend ihren Niederschlag, während die Politik der rechten Kräfte immer mehr in Gegensatz zu den Konferenzbeschlüssen geriet. In der zweiten Hälfte der sechziger Jahre war es klassenbewußten Gewerkschaftern gelungen, einflußreiche Gewerkschaftsposten zu besetzen. Auf dem Jahreskongreß des TUC 1968 wurden mit Hugh Scanlon, Jack Jones, George Doughty und Terry Parry vier linke Gewerkschaftsführer in den Generalrat gewählt. In der Transportarbeitergewerkschaft wurde unter dem neuen Generalsekretär Jack Jones das seit Ende der vierziger Jahre bestehende Verbot für Kommunisten, in Gewerkschaftsfunktionen gewählt zu werden, aufgehoben.

Ebenso wie in Frankreich, Italien, den USA und anderen kapitalistischen

Ländern verstärkte sich auch in Großbritannien die Streikbewegung Ende der sechziger Jahre sprunghaft und kündete von einer neuen Stufe in der Klassenauseinandersetzung. 1970 hatte sich die Zahl der Streiks gegenüber 1967 fast verdoppelt. Herausragende Aktionen in dieser Zeit waren der Ausstand der Ford-Arbeiter im Februar/März 1969, der sich gegen eine produktionsorientierte Lohnpolitik wandte und zugleich den Widerstand gegen das Antistreikgesetz der Labour-Regierung einleitete, sowie eine Anzahl Streiks niedrig bezahlter Arbeiter in den nationalisierten Industriezweigen und im kommunalen Bereich im Herbst 1969. Allgemeine Aufmerksamkeit erregte auch der siebenwöchige Streik von etwa 11 000 Glashüttenarbeitern bei Pilkington Bros. Der von einem inoffiziellen Streikkomitee geführte Ausstand wurde mit großer Erbitterung geführt, weil sich die um Lohnerhöhungen kämpfenden Arbeiter von ihrer Gewerkschaft, der Gewerkschaft der allgemeinen und Behördenarbeiter (GMWU), die die Arbeiter zum Streikabbruch aufforderte, geheime Urabstimmungen durchführte und hinter ihrem Rücken mit dem Management verhandelte, verraten fühlten.

Nach der Zurücknahme des geplanten Antistreikgesetzes versuchte die Labour-Regierung alles, um ihr Ansehen im Volk wieder zu erhöhen. Dabei schien ihr zugute zu kommen, daß sich 1969 die Zahlungsbilanz erheblich verbesserte und seit langem wieder ein Aktivsaldo aufwies. Die Lohnpolitik wurde legerer gehandhabt, mit dem Ergebnis, daß die Arbeiter 1969 Lohnerhöhungen um durchschnittlich 8,6 Prozent durchsetzen konnten. Als Kommunalwahlen im Frühjahr 1970 anzeigten, daß die Labour Party in der Gunst der Wähler wieder gestiegen war, nachdem sie seit den Juli-Maßnahmen 1966 katastrophale Niederlagen erlitten hatte, entschloß sich Wilson für Neuwahlen, die am 18. Juni 1970 stattfinden sollten. Meinungsumfragen schienen die Labour Party ebenfalls zu begünstigen.

Der Wahlkampf verlief relativ ruhig und ohne große Emotionen. Im Vordergrund standen innenpolitische Fragen, insbesondere die Wirtschaftslage. Die Konservative Partei hatte ihre Wahlstrategie bereits im Januar 1970 anläßlich eines Treffens führender Konservativer im Selsdon Park Hotel in Croydon ausgearbeitet. Wirtschaftswachstum sollte in ihrem Verständnis durch Herabsetzung der direkten Steuern, radikale Kürzung der Mittel für öffentliche Zwecke, Abschaffung der Subventionen für nicht konkurrenzfähige Betriebe, Disziplinierung der Gewerkschaften und Eintritt in die EWG erreicht werden. Der Wahlkampf der Labour Party war ganz auf die Person Wilsons zugeschnitten und eher defensiv. Die Partei verwies auf das Erreichte, ohne ein klares Programm für die Zukunft vorzuweisen.

Entgegen den allgemeinen Prognosen gingen die Konservativen aus diesen Wahlen als Sieger hervor. Bei einer insgesamt niedrigen Wahlbeteiligung von 72 Prozent errangen sie 330 Abgeordnetensitze, während auf die Labour Party nur 287 Unterhausmandate entfielen. Die Liberalen retteten lediglich 6 ihrer vormals 12 Sitze. Für die Labour Party bedeutete dieses Wahlergebnis eine herbe Enttäuschung, zumal sie nicht zuletzt auf die Jungwähler gehofft hatte, deren Wahlalter während ihrer Regierungszeit von 21 auf 18 Jahre herabgesetzt worden war. Die Labour Party hatte bei diesen Wahlen die Quittung für ihre jahrelange arbeiterfeindliche Politik erhalten und mußte sich erst wieder das Vertrauen der Werktätigen erwerben.

X. Großbritannien in der Krise (1970—1979)

1. Innenpolitische Kehrtwendungen

An die Spitze der neuen Regierung trat der wegen seiner Zugeknöpftheit und Arroganz nicht gerade populäre Führer der Konservativen, Edward Heath. Das Außenministerium übernahm der ehemalige Premier Douglas-Home. Innenminister wurde Heath' einstiger Rivale im Kampf um die Parteiführung, Reginald Maudling, und Schatzkanzler der fähige Ian Macleod, der jedoch einen Monat nach Amtsübernahme überraschend verstarb. Er wurde durch Anthony Barber ersetzt, der freilich nicht das Format seines Vorgängers aufwies. Weniger bekannt war der neue Arbeitsminister, Robert Carr, der sich jedoch bald einen unrühmlichen Namen machen sollte.

Es war die erklärte Absicht der Regierung Heath, die Mittel für Sozialleistungen, Subventionen und andere „unproduktive" öffentliche Ausgaben drastisch zu kürzen und mit Hilfe des „freien Spiels der Kräfte" die Struktur der britischen Wirtschaft zu reorganisieren, um ihre Effektivität und Konkurrenzfähigkeit zu erhöhen. Dies bedeutete in der Praxis, daß die Regierung „die Besteuerung der Konzerne reduzierte, Subsidien zurückzog, Investitionszuschüsse für bestimmte Regionen einstellte, die Industrielle Reorganisationsgesellschaft abschaffte und sich weigerte, sowohl die Docks am Mersey als auch die Schiffswerften am Clyde zu stützen . . ."[1]

Im Sozialbereich sahen die von Schatzkanzler Barber eingeleiteten Maßnahmen empfindliche Kürzungen vor, insbesondere die Erhöhung der Rezeptgebühren und der Kosten für Schulmahlzeiten sowie die Kürzung von Mietsubventionen. Daraufhin schnellten die Mieten drastisch in die Höhe, und die Preise für kommunale Häuser stiegen sprunghaft an — 1970 und 1971 jeweils um 30 Prozent.

Die von der Regierung lauthals proklamierte und zunächst auch praktizierte Politik, sogenannte lahme Enten (lame ducks) nicht am Ertrinken zu hindern, d. h. unrentable Betriebe nicht mehr stützen zu wollen, geriet freilich bald ins Zwielicht. Als nämlich die in finanzielle Schwierigkeiten geratenen Rolls-Royce-Werke unter den Hammer kommen sollten, ging dies der auf Statussymbole bedachten britischen Bourgeoisie doch zu weit. Um es vor dem Bankrott zu retten, gewährte die Regierung dem Unternehmen eine Subvention von 60 Millionen Pfund Sterling und verfügte die Nationalisierung von Teilen des Werkes.

Weniger Skrupel plagten die Regierung, als die von einer tiefen Strukturkrise heimgesuchte Dock- und Werftindustrie Hilfe benötigte. So ließ sie die Docks am Mersey bankrott gehen, obwohl dadurch Tausende von Arbeitsplätzen verlorengingen. Ein ähnliches Schicksal erwartete zwei der großen Schiffswerften am Clyde. Doch die schottischen Werftarbeiter setzten sich geschlossen zur Wehr, um 6000 gefährdete Arbeitsplätze zu retten. Als die beabsichtigte Schließung der beiden Werften bekanntgeworden war, nahmen sie diese am 13. Juli 1971 unter ihre Kontrolle und arbeiteten in eigener Regie weiter. Durch diese als „work-in" bekanntgewordene neue Form des Arbeitskampfes konnten alle Versuche des eingesetzten Konkursverwalters, Arbeiter zu entlassen und Ausrüstungen zu demontieren, vereitelt werden.

Die über die Landesgrenzen hinaus große Zustimmung und auch bald Nachahmung findende Aktion am Clyde zur Erhaltung von Arbeitsplätzen wurde von einem Shop-steward-Komitee geleitet, an dessen Spitze anerkannte Arbeiterführer, darunter hochgeachtete Kommunisten, standen. Eine Welle der Sympathie und Solidarität mit den schottischen Werftarbeitern erfaßte die britische Insel. Geldspenden und andere materielle Zuwendungen flossen aus allen Teilen des Landes zum Clyde. Am 18. August 1971 beteiligten sich 200 000 schottische Arbeiter an einem Solidaritätsstreik. 80 000 Männer, Frauen und Kinder marschierten durch Glasgow und forderten von der Regierung die Rettung der Werften. Nach einer monatelangen Zerreißprobe zwischen den Werftarbeitern und der Regierung lenkte letztere schließlich ein und stellte die erforderlichen Mittel zur Stützung der Werften bereit bzw. fand für eine der Werften einen Käufer. Dennoch erreichte die Arbeitslosigkeit 1972 zum erstenmal nach dem Krieg die Millionengrenze.

Der Sieg der Schiffbauer am Clyde signalisierte zugleich den Bankrott der von der Regierung betriebenen „Lame-duck-Politik". Von nun an stellte sie wieder verstärkt staatliche Mittel zur Stützung von unrentablen Betrieben und Zuschüsse für Notstandsgebiete zur Verfügung. Zu diesem Zweck wurde mit dem Industriegesetz von 1972 eine staatliche Institution ins Leben gerufen, die starke Ähnlichkeit mit der kurz zuvor abgeschafften Industriellen Reorganisationsgesellschaft hatte. Die Labour Party sprach deshalb nicht ohne Schadenfreude von einer Kehrtwendung der Regierung, weil dieser der Atem ausgegangen sei.

Eine Kehrtwendung vollzogen die Konservativen auch in der Lohn- und Preispolitik. Zunächst hatten sie die von der Wilson-Regierung praktizierte Einkommenspolitik kategorisch abgelehnt und die entsprechenden Institutionen aufgelöst, weil sie angeblich auch hier mit „weniger Staat" auskommen wollten. Angesichts steigender Inflation und eines wachsenden Zahlungsbilanzdefizits fiel der Heath-Regierung jedoch auch nichts anderes ein, als im November 1972 eine 90tägige Lohnpause zu verfügen. Dieser als Phase I bekanntgewordenen Einkommenspolitik der konservativen Regierung folgten im April bzw. im November 1973 zwei weitere Phasen, die nur in begrenztem Umfang Lohnerhöhungen zuließen. Um diese staatsmonopolistisch regulierte Lohnpolitik betreiben zu können, rief die Regierung eine Preiskommission sowie eine Lohnbehörde ins Leben, also ähnliche Körperschaften, wie sie kurz zuvor von ihr aufgelöst worden waren. Zwar wurden auch Begrenzungen für Preise eingeführt, doch gab es dabei so viele Ausnahmen, daß sich diese Maßnahmen faktisch als unwirksam erwiesen. Die Inflation stieg weiter an und betrug 1973 bereits über 10 Prozent. Das zunehmende Zahlungsbilanzdefizit und die daraus resultierende Sterlingkrise veranlaßten die Regierung im Sommer 1972, den Wechselkurs des Pfund Sterling freizugeben. Zum erstenmal wieder seit den dreißiger Jahren wurde damit auf die feste Parität des Pfundes verzichtet.

Die Heath-Regierung, die einen anderen wirtschafts- und innenpolitischen Kurs als ihre Vorgängerin einschlagen wollte und die sich damit zugleich auch von der Politik aller bisherigen Nachkriegsregierungen distanzierte, denen — unabhängig davon, welche Partei die Regierungsgeschäfte ausübte — ein bestimmter innenpolitischer Konsens zugrunde lag, hatte ihre ehrgeizigen Pläne sehr schnell begraben müssen.

2. Regierung contra Gewerkschaften

Die Heath-Regierung betrachtete es als eines ihrer Hauptziele, den kämpferischen Geist der Arbeiterklasse zu brechen, Arbeitskämpfe möglichst zu unterbinden und die Gewerkschaften aus sozialen Interessenvertretern der Arbeiter in Ordnungsfaktoren des kapitalistischen Systems umzufunktionieren. „Heath war von dem Augenblick an zur Konfrontation entschlossen, da er sein Amt als Premier übernahm", schrieb einer seiner Biographen.[2] Bereits Ende 1970 legte Arbeitsminister Carr den Gesetzentwurf „Über die Beziehungen in der Industrie" (Industrial Relations Bill) vor, der an das gescheiterte Gesetzesprojekt der Wilson-Regierung „Anstelle von Streit" anknüpfte, jedoch umfassender und komplexer als jenes angelegt war und härtere Repressalien und Sanktionen vorsah. ,,In der Industrial Relations Bill sah Heath ein Geschütz, das ihm die Konfrontation ermöglichte."³

Das geplante Gesetz enthielt eine Neuordnung des bestehenden Tarifsystems, die die Tarifautonomie der Gewerkschaften und das Recht auf Streik zur Wahrung der Tarifautonomie untergraben sollte. Anstelle der bisher zwischen Gewerkschaften und Unternehmern freiwillig vereinbarten Tarifverträge, die im Konfliktfall den Arbeitskampf einschlossen, sollten diese in Zukunft gesetzlich bindend und bei Nichteinhaltung einklagbar sein. Zu diesem Zweck war ein Nationales Arbeitsgericht vorgesehen, das auch über die Einhaltung der übrigen Bestimmungen des Gesetzes wachen sollte, die in erster Linie eine weitgehende Beschneidung des Streikrechts vorsahen: Inoffizielle Streiks oder Sympathiestreiks wurden zu ,,unfairen industriellen Aktionen" erklärt, die unter Strafe zu stellen sind; bei offiziellen Streiks konnte der Arbeitsminister eine Aussetzung des Arbeitskampfes bis zu 60 Tagen sowie eine Zwangsurabstimmung erwirken.

Eine Schlüsselstellung im Gesetzentwurf nahm die Einrichtung einer staatlichen Registratur der Gewerkschaften ein. Danach sollten diese in Zukunft nur dann noch Rechtsschutz genießen, wenn sie sich dort registrieren ließen. Anderenfalls konnten sie bei Ausrufung oder auch nur Androhung eines Streiks zu unbegrenzten Schadenersatzleistungen verurteilt werden, wobei sie mit ihrem gesamten Vermögen hafteten. Die geforderte Registratur der Gewerkschaften, die es dem Staat ermöglichen sollte, sich in die inneren Angelegenheiten der Gewerkschaften einzumischen, war der bisher schwerste Eingriff in die Rechte der Gewerkschaften. Schließlich sah das Gesetz die Aufhebung des ,,Closed-shop"-Systems vor, d. h. das in zahlreichen Großbetrieben erkämpfte Prinzip einer hundertprozentigen gewerkschaftlichen Organisierung. Das Gesetz verfolgte somit das Ziel, ,,die Möglichkeiten der Gewerkschaft zur Durchsetzung der Interessen der Arbeiter einzuschränken, die gewerkschaftlichen Organisationen am Arbeitsplatz zu schwächen, einen autoritären Typ einer Gewerkschaftsstruktur durchzusetzen, die Verhandlungsposition der Unternehmer zu stärken und dem Staat größere Möglichkeiten des Eingriffes in Gewerkschaftsangelegenheiten zu schaffen".⁴

Die britischen Arbeiter setzten sich gegen diesen umfassenden Angriff auf ihre gewerkschaftlichen Rechte und Freiheiten entschieden zur Wehr. Eine wichtige Rolle bei der Koordinierung des Kampfes gegen das Antigewerkschaftsgesetz spielte erneut das ,,Verbindungskomitee zur Verteidigung der Gewerkschaften". Eine von ihm zum 14. November 1970 nach London einberufene Konferenz, an der fast 2000 Delegierte von zahlreichen lokalen Gewerkschaften und Shop-steward-Komitees sowie einigen nationalen Gewerkschaften teilnahmen, rief zu einem ersten Streik gegen das Gesetz am 8. Dezember auf. Diesem Streikaufruf folgten nahezu eine Million Werktätige. Anfang 1971 fanden weitere Proteststreiks, Demonstrationen und Kundgebungen statt. Die Metallarbeitergewerkschaft beschloß, mehrere eintägige Streiks gegen das Gesetz zu organisieren.

Der Druck, der von der Basis und zahlreichen Einzelgewerkschaften ausging, war so stark, daß sich auch der Generalrat des TUC zum Widerstand entschloß. Am 21. Februar 1971 marschierten auf seine Initiative hin 150 000 Arbeiter in einem 12 Kilometer langen Marsch vom Hyde Park zum Trafalger Square, um dort auf einer großen Kundgebung unter der Losung „Kill the Bill" gegen das geplante Gesetz zu demonstrieren. An den Arbeitsniederlegungen der Metallarbeitergewerkschaft am 1. und 18. März 1971, die auch von anderen Gewerkschaften unterstützt wurden, beteiligten sich 2 bzw. 3 Millionen Werktätige. Ein vom Generalrat des TUC zum 18. März einberufener Sonderkongreß lehnte das Gesetz einhellig ab. Eine zukünftige Labour-Regierung wurde aufgefordert, es zu annullieren. Der Kampf gegen das Antigewerkschaftsgesetz führte zu einer weiteren Linksentwicklung innerhalb der britischen Gewerkschaftsbewegung.

Ungeachtet des Massenprotests, der von stürmischen Debatten im Unterhaus begleitet war, hielt die Regierung an ihrem Vorhaben fest. Am 6. August 1971 trat das Gesetz in Kraft, ohne freilich die Streikbewegung einzudämmen. Statt dessen nahm diese Anfang der siebziger Jahre einen nie gekannten Aufschwung. Die Gesamtzahl der Streiktage, die 1969 6,8 Millionen betragen hatte, erhöhte sich 1970 auf 10,9 Millionen, 1971 auf 13,5 Millionen und 1972 sogar auf 23,9 Millionen. Im Unterschied zu früher wurden die meisten Streiks mit Billigung der Gewerkschaftsführungen, d. h. als offizielle Streiks, ausgerufen. Wenngleich die meisten Streiks erfolgreich endeten, blieben auch Niederlagen nicht aus. Eine solche erlitten Anfang 1971 die für höhere Löhne streikenden 200 000 Postangestellten. Infolge mangelnder Solidarität anderer Gewerkschaften, aber auch auf Grund der Unerfahrenheit der Streikführung mußten die Postangestellten schließlich die von der Regierung diktierten Bedingungen akzeptieren.

Nach der Verabschiedung des Antigewerkschaftsgesetzes richteten die britischen Arbeiter ihr Hauptaugenmerk darauf, das Gesetz unwirksam zu machen. Der turnusmäßige TUC-Kongreß im September 1971 verabschiedete eine Resolution, in der alle dem TUC angeschlossenen Gewerkschaften angewiesen wurden, sich nicht unter dem Gesetz registrieren zu lassen; anderenfalls drohten ihnen die Suspendierung vom TUC und der spätere Ausschluß.

Zur ersten großen Kraftprobe zwischen Regierung und Gewerkschaftsbewegung nach Annahme des Gesetzes kam es im Januar/Februar 1972, als sich die 280 000 britischen Bergarbeiter weigerten, die ihnen von der Nationalen Kohlebehörde zugestandenen Lohnerhöhungen, die weit unter ihren Forderungen blieben, anzunehmen. Der in der Nacht zum 9. Februar 1972 begonnene Ausstand der Bergarbeiter war der erste nationale Bergarbeiterstreik seit dem Generalstreik von 1926. Es „war die erste größere Zerreißprobe der Konfrontationspolitik der Tories an der Lohnfront".[5]

Die Bergarbeiter bildeten, solidarisch unterstützt durch andere Gewerkschaften, eine geschlossene Kampffront. Um auch den Transport von Kohle zu verhindern und damit dem Streik die volle Durchschlagskraft zu verleihen, bestreikten sie nicht nur die Kohlegruben, sondern setzten auch massenhaft Streikposten vor den Kohledepots und den Toren der Kraftwerke ein. Diese Massenstreikposten oder „fliegenden Streikposten", die oft tagelang unterwegs waren, um den Streik abzusichern, waren eine neue, wirkungsvolle Form des Arbeitskampfes. Obwohl die Regierung verstärkt Polizei und Streikbrecher einsetzte und in der Nacht zum 10. Februar den Ausnahmezustand verhängte, erzwangen die Bergarbeiter auch die Schließung des letzten größeren Koksdepots und Kraftwerks in Saltley bei Birmingham. Bei diesen Aktionen zeichnete sich ein junger, kämpferischer Gewerkschaftsführer, Arthur Scargill, aus, den die Bergarbeiter von Yorkshire ein Jahr später zu ihrem Präsidenten wählten.

Die „Schlacht von Saltley" war zugleich der Wendepunkt des Streiks, der trotz zeitweiliger Stromabschaltungen und einer von den Massenmedien gegen die Bergarbeiter entfachten Kampagne bei der Bevölkerung auf Sympathie und Hilfsbereitschaft stieß. Mit der Einsetzung einer Untersuchungskommission leitete die Regierung ihr Rückzugsgefecht ein. Nachdem die Forderungen der Bergarbeiter in fast allen Punkten akzeptiert worden waren, beendeten diese am 28. Februar den Streik. Er bildete „einen Meilenstein für den Kampf der Arbeiterklasse, nicht nur, weil er siegreich ausging, sondern ebenso wegen der neuen, in seinem Verlauf angewandten Kampfformen, des Umfangs der sich entwickelnden Solidarität, der Demütigung, die der Regierung mit ihrer Niederlage zugefügt wurde, und der Wirkung, die er auf das Muster des Lohnstreiks und auf künftige Regierungsmaßnahmen hatte".[6]

Trotz dieser Niederlage versuchte die Regierung überall dort, wo es ihr möglich erschien, das arbeiterfeindliche Gesetz anzuwenden. Im Mai 1972 wurde ein Bummelstreik von 200 000 Eisenbahnern durch gerichtliche Verfügung für 21 Tage ausgesetzt und danach eine Urabstimmung erzwungen. Doch die überwiegende Mehrheit der Eisenbahner sprach sich für die

Fortsetzung der Aktion aus, so daß sich die Eisenbahnbehörde gezwungen sah, den Forderungen der drei Eisenbahnergewerkschaften nachzugeben.

Mit einer Niederlage endete auch der Versuch der Heath-Regierung, den Widerstand der Hafenarbeiter zu brechen. Die Transportarbeitergewerkschaft war zu einer Geldstrafe in Höhe von 55 000 Pfund Sterling verurteilt worden, weil sie geduldet hatte, daß Dockarbeiter unter Führung ihrer Shop stewards zwei Liverpooler Containerfirmen, die nichtregistrierte Arbeiter eingestellt hatten, boykottierten. Zunächst weigerte sich die Gewerkschaft, vor Gericht zu erscheinen, fügte sich aber dann doch auf Anraten des Generalrates des TUC und war bereit, die Strafe zu zahlen. Ungeachtet dessen setzten die Hafenarbeiter ihre Aktionen fort und dehnten den Boykott auch auf andere Containerfirmen in weiteren Häfen aus. Daraufhin ließ das Arbeitsgericht am 14. Juli 1972 fünf Führer der Dockarbeiter verhaften und ins Londoner Pentonville-Gefängnis einliefern.

Die Kommunistische Partei und das Verbindungskomitee zur Verteidigung der Gewerkschaften riefen zur sofortigen aktiven Solidarität mit den „Fünf von Pentonville" auf. Innerhalb kürzester Zeit legten Zehntausende Werktätige verschiedener Industriezweige und Berufsgruppen die Arbeit nieder. Sämtliche britische Häfen lagen still. Die Zahl der Streikenden erhöhte sich stündlich. Der Druck von unten war so groß, daß sich der Generalrat des TUC entschloß, einen 24stündigen Generalstreik anzudrohen, falls die Docker nicht sofort freigelassen würden. Bereits am nächsten Tag wurden die Hafenarbeiter auf freien Fuß gesetzt.

Alle weiteren Versuche der Regierung, das Gesetz anzuwenden, blieben zumeist in den Anfängen stecken. „Zum erstenmal in der britischen Rechtsgeschichte widersetzten sich Millionen von Gewerkschaftern einem Gesetz und einem Gericht und machten beide arbeitsunfähig."[7] Die Arbeiter setzten indes ihre Aktionen gegen das Gesetz fort. An dem auf einem außerordentlichen TUC-Kongreß beschlossenen Tag des nationalen Protests, der auf den 1. Mai 1973 festgelegt wurde, nahmen Millionen britischer Werktätiger teil. London sah die mächtigste Arbeiterdemonstration seit Jahrzehnten. Das Antigewerkschaftsgesetz hatte die britischen Arbeiter und ihre Arbeitskämpfe in einem Maße politisiert, wie das vorher nicht der Fall gewesen war.

3. Für und wider den „Gemeinsamen Markt"

Premierminister Heath, der bereits als Unterhändler der Macmillian-Regierung die ersten Beitrittsverhandlungen mit der EWG geführt hatte, war im Interesse der großen Monopole bestrebt, Großbritannien auf schnellstem Wege dem „Gemeinsamen Markt" anzuschließen. Nach dem Rücktritt de Gaulles im April 1969, der einen britischen EWG-Beitritt bisher immer zu verhindern gewußt hatte, war von der EWG eine neue Verhandlungsrunde mit Großbritannien in Aussicht genommen worden; sie begann am 30. Juni 1970. Es sollte jedoch noch ein weiteres Jahr vergehen, bis die Bedingungen für einen britischen Beitritt endlich ausgehandelt waren. Sie sahen eine Übergangsperiode von sechs Jahren vor, ehe für Großbritannien der gemeinsame Außenzolltarif und der gemeinsame Agrarmarkt in Kraft treten sollten und ehe es seinen Beitrag zum EWG-Budget voll zu entrichten hatte. Außerdem gab es eine Reihe von Sonderregelungen, die die britischen Handelsbeziehungen zu den Commonwealth-Ländern betrafen. So sollte u.a. bis 1975 entschieden werden, ob die unabhängigen Entwicklungsländer des Commonwealth in Afrika, im Pazifischen Raum und in der Karibik durch eine Assoziierung oder eine andere Form mit der EWG verbunden werden sollten.

Während der Verhandlungen war in Großbritannien der Widerstand gegen einen EWG-Beitritt gewachsen. Mehrere Anti-EWG-Gruppierungen, von denen einige neben Labour-Anhängern auch Konservative und Liberale zu ihren Mitgliedern zählten, hatten sich formiert. Waren die Motive ihres Widerstands auch sehr unterschiedlich, so warnte die Mehrheit vor allem vor den schwerwiegenden ökonomischen und politischen Konsequenzen eines EWG-Beitritts. Zu den EWG-Gegnern zählten u. a. prominente Labour-Abgeordnete, wie Barbara Castle, Michael Foot und Ian Mikardo, sowie bekannte Gewerkschaftsführer, wie Jack Jones und Hugh Scanlon. Auch der TUC meldete Bedenken an, da nach dem EWG-Beitritt mit einem schnellen Anwachsen der Lebenshaltungskosten und mit höherer Arbeitslosigkeit zu rechnen sei. „Anti-EWG-Gefühle schienen am stärksten unter den älteren und ärmeren Schichten der Gesellschaft vorhanden zu sein, unter den Erznationalisten oder solchen, die sich noch nicht von Commonwealth-Interessen frei gemacht hatten, und generell unter jenen, die die konsequentesten Anhänger einer radikalen sozialen Veränderung waren."[8]

Die Labour Party, die ursprünglich als regierende Partei den zweiten Beitrittsantrag gestellt hatte, begann unter dem Druck der EWG-Gegner in den eigenen Reihen scheinbar die Fronten zu wechseln. Das Exekutivkomitee wandte sich im Juli 1971 mit Stimmenmehrheit gegen den Beitritt wegen der von der Heath-Regierung ausgehandelten, nach Auffassung der Labour-Führung unbefriedigenden Bedingungen. Doch gab es in der Partei gleichzeitig eine starke Gruppe um Roy Jenkins und Shirley Williams, die sogenannten Pro-Europäer, die einen EWG-Beitritt uneingeschränkt befürworteten.

Am 28. Oktober 1971 entschied sich das Unterhaus mit 356 gegen 244 Stimmen bei 22 Enthaltungen für den EWG-Beitritt. Befürworter und Opponenten waren in allen im Unterhaus vertretenen Parteien zu finden. Während 69 Labour-Abgeordnete für den Beitritt stimmten und sich weitere 20 der Stimmen enthielten, votierten 39 Konservative und Ulster-Unionisten zusammen mit der Mehrzahl der Labour-Abgeordneten dagegen, und 2 übten Stimmenthaltung. Insgesamt hatten 131 Abgeordnete gegen ihre eigenen Parteien gestimmt. ,,Es war die größte Revolte seit der Abstimmung, die dem Rücktritt Chamberlains 1940 vorausging."[9] Am 22. Januar 1972 unterzeichnete Großbritannien in Brüssel den Vertrag über den Beitritt zur EWG, der am 1. Januar 1973 in Kraft trat. Die endgültige Hinwendung Großbritanniens zu Westeuropa, die durch die Aufgabe der Präferenzzölle mit den Commonwealth-Ländern eine weitere Erosion des Commonwealth einschloß, schrieb fest, was bereits in den sechziger Jahren zur Realität geworden war: das Ende der britischen Weltmachtposition.

Der landesweite Widerstand gegen eine Mitgliedschaft in der EWG ließ in der Labour Party die Forderung nach einem nationalen Referendum über den EWG-Beitritt aufkommen. Das Labour-Schattenkabinett machte sich im April 1972 diese Idee zu eigen, was zum Austritt von Roy Jenkins und zwei weiteren ,,Pro-Europäern" aus diesem Gremium führte. Heath wies ein Referendum als nichtvereinbar mit den britischen Traditionen zurück, und auch Wilson schloß sich nur zögernd den Befürwortern eines Referendums an. Vorläufig konnte davon sowieso keine Rede sein, zumindest solange die Konservativen das Regierungsruder in der Hand hielten.

Während die außenpolitischen Aktivitäten der Heath-Regierung ganz auf Westeuropa und den EWG-Beitritt konzentriert waren, machte dank den beharrlichen Bemühungen der Sowjetunion und der anderen sozialistischen Länder der Entspannungsprozeß in Europa und in der Welt beachtliche Fortschritte. Von Großbritannien gingen freilich kaum Initiativen aus, um diesen Prozeß voranzutreiben. So gehörte es zu den NATO-Ländern, die sich zunächst hartnäckig der Einberufung einer europäischen Sicherheitskonferenz widersetzten und erst unter dem Druck der Ereignisse ihren Widerstand aufgaben.

Auf harte Kritik, insbesondere bei den Commonwealth-Ländern, stieß die nachgiebige Politik der Regierung gegenüber dem rassistischen weißen Minderheitsregime in Südrhodesien und dem brutalen Apartheidregime in Südafrika. So wurde Südafrika wieder verstärkt mit Waffen beliefert, was faktisch einer Aufhebung des Waffenembargos gegenüber diesem Land gleichkam. Heath „wollte in Europa eine Position der Stärke aufbauen, festhalten an einem ‚starken atlantischen Bündnis', das Großbritanniens atomare Abschirmung sicherte, und die britischen Interessen am Persischen Golf und in Südostasien, zu deren Aufgabe die britische Labour-Regierung bereit gewesen war, entschieden wahren. Außerdem wollte er ‚lebenswichtige Verteidigungsinteressen' in Südafrika neu sichern . . ."[10]

4. Direkte Herrschaft in Nordirland

Die angeblich zur Aufrechterhaltung von Ruhe und Ordnung im August 1969 nach Nordirland beorderten zusätzlichen britischen Truppen hatten das Gegenteil bewirkt und die Gewalt dort weiter eskaliert. Übergriffe der Soldaten, wahllose Hausdurchsuchungen, Ausgangssperren und insbesondere die im August 1971 vom nordirischen Premierminister Brian Faulkner mit Billigung der britischen Regierung verfügte Internierung ohne Prozeß spitzten die Situation in dieser leidgeprüften Provinz weiter zu. Am 10. November 1971 befanden sich bereits 980 Personen — zumeist Katholiken — im Gefängnis, ohne daß sie verurteilt worden waren. Nur den wenigsten von ihnen konnte eine Verbindung zur Provisorischen IRA nachgewiesen werden. Sie wurden von den Sicherheitskräften nicht selten physisch mißhandelt und gequält.

Inzwischen setzten die Provisorische IRA und zunehmend auch extremistische protestantische Gruppen, die sich zu Hinrichtungskommandos formiert hatten, ihre Terroraktionen fort. Am 5. Dezember 1971 explodierte in einer Bar nahe dem Zentrum von Belfast eine Bombe; dabei kamen 15 Menschen — alle Katholiken — ums Leben. Am 30. Januar 1972 schossen britische Soldaten in Londonderry auf unbewaffnete Demonstranten der nordirischen Bürgerrechtsbewegung und töteten 13 von ihnen; 16 Personen wurden verletzt. Die Ereignisse des „Blutigen Sonntags", wie dieser Tag fortan genannt wurde, rückten die unmenschlichen Praktiken der britischen Regierung in Nordirland ins Licht der Weltöffentlichkeit.

Die Regierung zeigte sich unfähig, mit der von ihr selbst provozierten Lage fertig zu werden. Am 24. März 1972 löste sie das Parlament und die Regierung von Nordirland auf und führte die zunächst auf 12 Monate begrenzte direkte Herrschaft über die Provinz ein. Zum erstenmal seit 1921 wurde Nordirland wieder von London aus regiert. Heath ernannte einen speziellen Minister für Nordirland. An der gespannten Situation in Nordirland änderte sich dadurch nichts. Schießereien und explodierende Bomben gehörten weiterhin zum nordirischen Alltag. 1972 wurden auf diese Weise allein 468 Menschen getötet. Die Gesamtzahl der in Nordirland stationierten britischen Truppen hatte sich inzwischen auf 20 000 erhöht.

Ein am 20. März 1973 von der Regierung Heath vorgelegtes Weißbuch, das bald danach Gesetzeskraft erlangte, ging unter Verletzung des Selbstbestimmungsrechts der nordirischen Bevölkerung grundsätzlich von der weiteren Zugehörigkeit Nordirlands zum Vereinigten Königreich aus. Es sah die Schaffung einer proportional gewählten Versammlung und einer Exekutive mit beschränkten Vollmachten vor. Gleichzeitig sollte der von London eingesetzte Minister für Nordirland weiter seines Amtes walten und für die Aufrechterhaltung von Gesetz und Ordnung verantwortlich sein.

Die im Juni 1973 abgehaltenen Wahlen für die neue Versammlung verhärteten die Fronten weiter. Die Unionisten spalteten sich in Anhänger der neuen Regelung und solche, die diese als Ausverkauf an die Katholiken ansahen. Die ersteren unter Faulkner nahmen mit der vorwiegend katholisch orientierten Sozialdemokratischen und Labour Party (SDLP) sowie der unbedeutenderen Allianzpartei Verhandlungen auf und bildeten die neue Exekutive, die am 1. Januar 1974 ihr Amt antrat. Im Herbst 1973 hatte London außerdem mit der Regierung der Republik Irland ein Übereinkommen über die Bildung eines Rates für Irland erzielt, dem je sieben Vertreter der Republik Irland und Nordirlands angehören sollten. Diesem umstrittenen Gremium war jedoch lediglich eine beratende Funktion zugedacht.

Die Lage in Nordirland wurde durch diese an den eigentlichen Problemen vorbeigehenden Maßnahmen nicht entschärft. Gewalt und Unterdrückung dauerten an. Innerhalb weniger Monate brach das von den Konservativen künstlich errichtete Gebäude wie ein Kartenhaus zusammen. Am 23. Mai wurde die neue Exekutive bereits wieder suspendiert und die am 1. Januar 1974 ausgesetzte direkte Herrschaft über die Provinz wieder eingeführt. In der Zwischenzeit hatten sich die ökonomischen und sozialen Probleme Nordirlands weiter verschärft. 1975 lebte ein Drittel der Bevölkerung in Nordirland unter menschenunwürdigen Bedingungen und hart an der Armutsgrenze. Dabei kannten Armut und Not keine religiösen Schranken, wenngleich die katholische Minderheit auch sozial besonders diskriminiert war.

Gegen eine Minderheit war auch das neue Einwanderungsgesetz der Regierung Heath gerichtet. Das am 28. Oktober 1971 gegen die Stimmen der Labour Party und der Liberalen Partei verabschiedete Gesetz verschärfte erheblich die bereits bestehenden restriktiven Bestimmungen gegenüber Einwanderern aus den ehemaligen britischen Kolonien, insbesondere gegenüber farbigen Einwanderern. Einerseits unterschied das neue Gesetz nicht mehr zwischen Commonwealth-Bürgern auf der einen und Ausländern auf der anderen Seite, d. h., es beendete die Zweiteilung der britischen Einwanderungspolitik. Andererseits teilte es die potentiellen Einwanderer in zwei Kategorien ein, wobei die erste Kategorie auf Grund der dafür erforderlichen Bedingungen in den seltensten Fällen auf farbige Commonwealth-Bürger zutraf. Diese gehörten in ihrer Mehrheit zur zweiten Kategorie, die erheblichen Einwanderungsbeschränkungen unterworfen wurde. Illegale Einwanderer aus dieser Gruppe konnten mit schweren Strafen belegt werden. Die rassistischen Bestimmungen des neuen Einwanderungsgesetzes degradierten die farbigen Commonwealth-Bürger faktisch zu einer benachteiligten Sondergruppe. Gleichzeitig wurde im Zusammenhang mit dem britischen EWG-Beitritt die Einwanderung von Bürgern aus EWG-Ländern ohne Einschränkung möglich. Für Powell und seine Parteigänger, die dieses Gesetz durch ihren Rassismus vorbereiten halfen, war es freilich nicht scharf genug.

5. Der Bergarbeiterstreik und die Februarwahlen 1974

Im Sommer 1973 verstärkten sich die Krisenerscheinungen in der britischen Wirtschaft. Die Produktion stagnierte, und die Zahlungsbilanz wies erneut ein beträchtliches Defizit auf. Trotz staatlich regulierter Lohn- und Preispolitik stieg die Inflation weiter an. Zusätzliche Belastungen brachte die im Herbst 1973 ausbrechende Energiekrise, die auch Großbritannien mit aller Wucht traf. Die im Oktober 1973 von den arabischen erdölproduzierenden Ländern verfügte Reduzierung der Erdöllieferungen, die mit Preissteigerungen verbunden war, sowie die Praktiken der daraus Nutzen ziehenden Erdölmonopole, die die Ölpreise weiter drastisch erhöhten, hatten diese Krise herbeigeführt.

Die tieferen Ursachen der wirtschaftlichen Schwierigkeiten, denen sich Großbritannien Anfang der siebziger Jahre gegenübersah, lagen jedoch nicht vorrangig in der Energiekrise, sondern vielmehr in langfristig wirkenden Faktoren begründet. Dazu gehörten vor allem der anhaltend hohe Kapitalexport auf Kosten der inneren Akkumulation und der im Vergleich zu den Konkurrenten ungenügenden Modernisierung und Rekonstruktion der britischen Wirtschaft, hohe Rüstungsausgaben über Jahrzehnte hinweg und die daraus resultierende wachsende Verschuldung beim internationalen Finanzkapital sowie die Nachwirkungen des Zusammenbruchs des britischen Kolonialreiches nach dem zweiten Weltkrieg. „Auch ohne Ölkrise war Britanniens wirtschaftliche Situation in keiner guten Lage. Die Zahlungsbilanz war erneut in den roten Zahlen, die Inflation schlimmer als unter Wilson, die Arbeitslosigkeit höher."[11]

Im November 1973 begann Phase III der von der Regierung konzipierten Einkommenspolitik. Danach durften die wöchentlichen Lohnerhöhungen 2,85 Pfund Sterling bzw. 7 Prozent nicht überschreiten. Angesichts der galoppierenden Inflation stießen diese Lohnbegrenzungen naturgemäß auf den Widerstand der Arbeiter, die dadurch eine Senkung ihrer Reallöhne befürchten mußten. Wieder waren es die Bergarbeiter, die sich als erste geschlossen zur Wehr setzten. Die von ihnen 1972 erkämpften Lohnerhöhungen waren längst durch die Inflation kompensiert worden. In der nationalen Lohnskala nahmen sie den 16. Platz ein, und ihre Löhne lagen 1,5 Prozent unter dem mittleren Arbeitslohn in der verarbeitenden Industrie. Zudem hatten sich 1973 die Unglücksfälle in den Schächten, bei denen zahlreiche Bergarbeiter ums Leben kamen, gehäuft. 40 000 Bergarbeiter litten darüber hinaus an einer nicht heilbaren Staublunge. Obwohl alle diese Fakten bekannt waren, lehnte die Regierung die Lohnforderungen der Bergarbeiter ab, weil sie die durch Phase III festgesetzten Grenzen überstiegen.

Um ihren berechtigten Forderungen Nachdruck zu verleihen, beschloß die Bergarbeitergewerkschaft mit Wirkung vom 12. November 1973, Überstunden zu verweigern. Bereits einen Tag später rief die Regierung den Ausnahmezustand aus, ohne jedoch die normal weiterarbeitenden Bergarbeiter zu beeindrucken. Anfang Dezember startete die Regierung unter dem Slogan SOS (Switch Something Off — Schalte etwas ab) eine großangelegte Propagandakampagne, um die Bergarbeiter in den Augen der Öffentlichkeit zu diskreditieren und die Bevölkerung gegen sie aufzubringen. Die Haushalte wurden zum sparsamsten Verbrauch von Heizung und Licht aufgerufen, Straßen und Geschäfte blieben abends unbeleuchtet, Sportveranstaltungen mußten abgesagt werden, und das Fernsehen hatte ab 22.30 Uhr seine Sendungen einzustellen. Die Kraftfahrer erhielten Benzingutscheine, und an den Tankstellen bildeten sich lange Schlangen, da zumeist mittags das Benzin schon ausverkauft war. Der Minister für Energiewirtschaft scheute sich nicht, die Engländer aufzufordern, ihre Zähne im Dunkeln zu putzen.

Um angeblich noch mehr Energie zu sparen, verfügte die Regierung am 31. Dezember 1973 die Einführung der Dreitagewoche. Diese hysterische Reaktion auf einen Überstundenstreik war jedoch in keiner Weise gerechtfertigt. Die dadurch entstandenen Kosten und Verluste standen in keinem Verhältnis zu den Forderungen der Bergarbeiter. Zudem lag noch genug Kohle auf Halde. Diese größte Massenaussperrung in der Geschichte der britischen Arbeiterbewegung führte zu einem durchschnittlichen Lohnverlust der britischen Werktätigen von 40 Prozent. Ein Kompromißvorschlag des TUC, der freilich grundsätzlich an den Lohnbegrenzungen der Phase III festhielt, die Bergarbeiter aber als eine Sondergruppe behandelt wissen wollte, stieß bei der Regierung auf taube Ohren.

Am 24. Januar 1974 beschloß die Exekutive der Bergarbeitergewerkschaft, die Kumpel zum Streik aufzurufen. Bei der im Statut der Gewerkschaft vorgesehenen anschließenden Urabstimmung sprachen sich 81 Prozent der Bergarbeiter für den Streik aus. Er sollte am 10. Februar beginnen. Wieder einmal waren es die Kommunisten, die als Schuldige herhalten mußten. Regierung und Massenmedien entfachten eine regelrechte Hetzkampagne gegen die kommunistischen Mitglieder der Bergarbeiterexekutive, insbesondere gegen den kommunistischen Vizepräsidenten der Bergarbeitergewerkschaft Mick McGahey. Man warf ihnen vor, sie betrieben in der Gewerkschaftsbewegung Zersetzungsarbeit und hätten die Bergarbeitergewerkschaft bereits „unterwandert". Führende nichtkommunistische Mitglieder der Bergarbeitergewerkschaft distanzierten sich mit Nachdruck von dieser antikommunistischen Kampagne. „Dieses fortdauernde Fixieren auf die Kommunisten war wahrscheinlich ein wichtiger Faktor, der die Urteilskraft der Regierung trübte und zu ihrem Sturz führte."[12]

Schließlich sah die Regierung keinen anderen Ausweg mehr, als die Nation an die Wahlurnen zu rufen. Am 7. Februar 1974, drei Tage vor Beginn des Bergarbeiterstreiks, kündigte Heath vorgezogene Parlamentswahlen für den 28. Februar an. Erstmals in der britischen Geschichte hatte ein Streik allgemeine Wahlen provoziert. Ungeachtet dessen traten die Bergarbeiter am 10. Februar in den Ausstand, getragen von der Sympathie breiter Schichten der Werktätigen. Die Konservativen hofften bei diesen Wahlen auf das Mandat der Bevölkerung, um hart gegen die Streikenden vorgehen zu können und das Regierungsruder wieder fester in den Griff zu bekommen. Ihr Wahlkampf stand deshalb unter dem Motto „Wer soll das Land regieren — die Regierung oder die Gewerkschaften?" In ihrem Wahlmanifest behaupteten sie, daß die Nation bei diesen Wahlen zwischen Mäßigung und Extremismus zu wählen habe.

Die Haltung der Labour Party war zwiespältig. Einerseits führte sie den Wahlkampf auf der Grundlage eines Programms, das zu den radikalsten ihrer Geschichte gehört. „Labours Programm für Britannien" war auf der Jahreskonferenz der Partei im Herbst 1973 angenommen worden und unterschied sich von früheren Programmen insofern, als es Ansatzpunkte für Veränderungen im gesellschaftlichen Leben Großbritanniens bot. So forderte es von einer zukünftigen Labour-Regierung erstmals wieder seit 1945 eine beträchtliche Erweiterung des staatlichen Sektors und formulierte als Ziel der Labour-Bewegung, „eine grundlegende und unwiderrufliche Veränderung des Kräfteverhältnisses und der Verteilung des Reichtums zugunsten der Werktätigen und ihrer Familien herbeizuführen".[13] Andererseits blieb das eigentliche Wahlmanifest der Labour Party in seinen Aussagen beträchtlich hinter diesem Programm zurück, und im Wahlkampf versuchte insbesondere Parteiführer Wilson den Gehalt des neuen Programms abzuschwächen. „Harold Wilson zeigte sich wieder einmal als der pragmatische Vermittler, der auf industriellen Frieden versessen ist."[14] Ungeachtet dessen versprach das Wahlmanifest eine Ausdehnung des staatlichen Sektors, die Abschaffung des Antigewerkschaftsgesetzes, neue Verhandlungen über die Bedingungen des EWG-Beitritts und die Durchsetzung einer mit dem TUC ausgehandelten „freiwilligen" Einkommenspolitik, die als „Sozialkontrakt" bezeichnet wurde.

Im Wahlkampf selbst traten die Labour-Führer eher defensiv auf. Statt die Bergarbeiter konsequent zu unterstützen, suchten sie nach Entschuldigungen für deren Streik. Statt die britische Arbeiterklasse an der Seite der Bergarbeiter zu mobilisieren, riefen sie sie zur „Mäßigung" auf. Dies alles war nicht dazu angetan, die Attraktivität der Labour Party bei den Wählern zu erhöhen.

Die Wahlen brachten keiner Partei die absolute Mehrheit der Mandate. Der Stimmenanteil der Konservativen ging um 8,3 auf 38,2 Prozent zurück. Sie verfügten nur noch über 297 Unterhaussitze gegenüber 330 bei den vorangegangenen Wahlen. Auch die Labour Party mußte Einbußen hinnehmen. Allerdings gelang es ihr, sich mit 37,2 Prozent der Stimmen 301 Unterhaussitze zu sichern. Ihr bestes Ergebnis seit 1945 erzielte die Liberale Partei mit knapp 20 Prozent der Stimmen, die ihr aber nur 14 Unterhausmandate einbrachten. Erheblichen Stimmenzuwachs konnten auch die Schottische und die Walisische Nationalpartei verbuchen. Sie entsandten nunmehr 7 bzw. 2 Abgeordnete ins Unterhaus. Von den 12 nordirischen Sitzen errangen die reaktionären Vereinigten Ulster-Unionisten allein 11.

Die spektakulären Erfolge der schottischen Nationalisten, die immerhin 22 Prozent aller in Schottland abgegebenen Stimmen auf sich vereinigen konnten, waren vor allem darauf zurückzuführen, daß sie die 1969 entdeckten Ölfelder vor Schottlands Küste für sich propagandistisch auszuschlachten verstanden. Mit Hilfe des Öls, behaupteten sie, könne Schottland in kürzester Zeit seine Wirtschaft reorganisieren. Wie die Wahlergebnisse zeigten, fanden ihre Forderung nach „schottischer Kontrolle" über „schottisches Öl" und ihre Ablehnung des EWG-Beitritts bei den Wählern großen Anklang. Nachdem ihr Einfluß Ende der sechziger Jahre wieder merklich zurückgegangen war, gelang ihnen auf diese Weise Anfang der siebziger Jahre ein rasches Come-back. Zudem bezogen sie realistischere Positionen in der Frage der Selbstregierung. Ihre Forderung nach der Unabhängigkeit Schottlands war nicht mehr so absolut wie früher. Sie plädierten nun für die Beibehaltung von Verbindungen zum britischen Staat. Dies entsprach eher den Vorstellungen vieler Schotten als eine totale Separation.

Die Tories hatten bei den Februarwahlen 1974 die Quittung für ihre arbeiterfeindliche Politik erhalten und eine empfindliche Niederlage einstekken müssen. Der Labour Party war es andererseits nicht gelungen, die Niederlage des Gegners in einen Sieg für sich umzumünzen. Obwohl sie mehr Unterhaussitze als die Konservativen erhielt, war ihr Stimmenanteil der niedrigste seit Jahrzehnten. So gab es bei diesen Wahlen keinen eigentlichen Sieger. Heath versuchte zunächst, sich mit den Liberalen zu arrangieren und eine Koalitionsregierung zu bilden. Als dieser Versuch fehlschlug, beauftragte die Königin vier Tage nach der Wahl Harold Wilson mit der Regierungsbildung. „Nach einer der dramatischsten Konfrontationen in der britischen Politik und nach einem seit 1929 beispiellosen Wahlresultat kehrte damit Labour an die Macht zurück. Für Heath endete die Politik der Konfrontation mit einem Mißerfolg."[15]

6. Das kurze Parlament

Die wichtigsten Kabinettsposten übertrug Wilson erfahrenen rechtsstehenden Politikern aus seiner ehemaligen Regierungsmannschaft. Callaghan wurde Außenminister, Healey erhielt das Finanzministerium, und Jenkins wurde Innenminister. Überraschung löste die Ernennung von Michael Foot zum Arbeitsminister aus. Er galt seit jeher als Linker, war ein Bewunderer und Biograph des 1960 verstorbenen ehemaligen Führers der Linken, Aneurin Bevan, und besaß in der Parteimitgliedschaft große Autorität. In den sechziger Jahren hatte er auf den ihm von Wilson angebotenen Ministerposten verzichtet. Nun wurde seine Einbeziehung in die Regierung von den Linken als Zeichen einer Linksentwicklung der Partei gewertet.

Ein sich ebenfalls immer stärker als Linker profilierender Politiker war der neue Minister für Industrie, Anthony Wedgwood Benn. Er hatte Anfang der sechziger Jahre durch seinen Kampf gegen das bis dahin geltende Gesetz, wonach der Sohn eines Peers verflichtet war, nach dem Tod seines Vaters dessen Sitz im Oberhaus einzunehmen, Aufsehen erregt. Es war ihm damals gelungen, eine Gesetzesänderung herbeizuführen, die es den Trägern erblicher Titel, die für das Unterhaus kandidieren wollen, ermöglichte, auf ihre Privilegien und damit ihren Sitz im Oberhaus zu verzichten. Benn hatte bereits den beiden Labour-Regierungen von 1964 bis 1970 als Postminister bzw. Minister für Technologie angehört.

Erstmals in der britischen Geschichte erhielten auch gleichzeitig zwei Frauen Kabinettsrang: die rechtsstehende und begeisterte ,,Pro-Europäerin" Shirley Williams als Minister für Preise und Verbraucherschutz und Barbara Castle als Minister für Soziales.

Die ersten Maßnahmen der Regierung Wilson wurden von der Bevölkerung mit Befriedigung registriert. Die Forderungen der Bergarbeiter wurden erfüllt, die daraufhin ihren Streik beendeten. Dreitagewoche und Ausnahmezustand fanden ebenfalls ihr Ende. Ab sofort wurden die Mieten eingefroren, und in der Thronrede der Königin zur Eröffnung des neuen Unterhauses versprach die Regierung die Erhöhung der Renten, Preiskontrollen und die Subventionierung von Lebensmitteln. Das arbeiterfeindliche Gesetz ,,Über die Beziehungen in der Industrie" wurde aufgehoben, und im April 1974 begannen die Verhandlungen über neue Beitrittsbedingungen mit der EWG. Die von der Regierung Heath in Aussicht genommenen Flottenbesuche in Chile und Griechenland, zwei Ländern, in denen faschistische Militärjunten an die Macht gelangt waren, wurden nicht realisiert. Prestigeobjekte wie der Bau eines dritten Flughafens in London oder das Kanal-Tunnel-Projekt wurden zurückgestellt.

Wie aber würde es der Regierung gelingen, mit der sich verschärfenden Wirtschaftskrise, die von galoppierender Inflation und Massenarbeitslosigkeit begleitet war, fertig zu werden? Viel erhoffte sie sich von dem mit dem TUC ausgehandelten ,,Sozialkontrakt". Darin hatte dieser einer ,,freiwilligen" Begrenzung der Löhne gegen das Versprechen der Regierung, das gewerkschaftsfeindliche Gesetz abzuschaffen, Inflation und Massenarbeitslosigkeit einzudämmen und die Sozialleistungen zu erhöhen, zugestimmt. Die Kommunisten und andere Linkskräfte in der Arbeiterbewegung charakterisierten freilich diesen ,,Sozialkontrakt" von Anfang an als ein Mittel der Regierung, die Effektivität des britischen Kapitalismus auf Kosten der Werktätigen erhöhen und die Tarifautonomie der Gewerkschaften untergraben zu wollen.

Um seiner Regierung eine stabilere Basis zu geben, kündigte Wilson für den 10. Oktober 1974 erneut Wahlen an. Damit endete das kürzeste Parlament in Großbritannien seit 1681. Für die Labour Party schienen die Chancen nicht schlecht zu stehen. Die Konservativen hatten den Schock der Februarwahlen noch nicht überwunden. Ihre Partei war demoralisiert, in sich gespalten, und es mehrten sich die Stimmen, die den Rücktritt von Parteiführer Heath forderten.

Zu den Wahlurnen gingen diesmal 5,3 Prozent weniger Wähler als im Februar. Die Labour Party konnte im Ergebnis dieser Wahlen ihre Position im Unterhaus zwar ausbauen, doch die erhoffte große Mehrheit blieb aus. Mit 319 Sitzen und 39,2 Prozent der Stimmen errang sie nur eine knappe absolute Mehrheit von 3 Unterhausmandaten. Die Konservative Partei erzielte mit 35,9 Prozent der Stimmen und 277 Sitzen eines ihrer schlechtesten Wahlergebnisse. Die Liberalen retteten 13 Sitze, obwohl sie weit mehr Kandidaten als im Februar aufgestellt hatten. Einen großen Wahlerfolg erzielte die SNP. Sie konnte in Schottland 30,4 Prozent der Stimmen auf sich vereinigen und rangierte damit knapp hinter der Labour Party. Im neuen Unterhaus war sie mit 11 Abgeordneten vertreten. Auch die Walisische Nationalpartei gewann einen weiteren Sitz hinzu und verfügte nunmehr über 3 Parlamentsmitglieder.

Für die Konservativen war das Wahlergebnis ein weiterer Anlaß, die Frage eines neuen Parteiführers auf die Tagesordnung zu setzen. Heath war in der Partei — besonders bei den ,,Hinterbänklern" — nie sehr beliebt gewesen. Nun, nach zwei kurz hintereinander verlorenen Wahlen, wollte man ihn möglichst schnell loswerden. Doch er trat von sich aus nicht zurück, sondern stellte sich im Februar 1975 zur Wiederwahl, denn künftig sollten auch die konservativen Parteiführer — der Empfehlung eines für solche Fragen zuständigen Parteikomitees zufolge — jährlich gewählt werden, sofern sich die Partei in der Opposition befand.

Der am meisten ernst zu nehmende Herausforderer von Heath war Margaret Thatcher. Sie hatte in seiner Regierung den Posten des Erziehungsministers innegehabt und war vor allem deshalb bekanntgeworden, weil sie die kostenlose Milch für Schüler abgeschafft hatte, was ihr den Spitznamen ,,Thatcher — the milk snatcher" (in deutsch etwa ,,Thatcher — die Milchklauerin") eingebracht hatte. Sie kam aus dem Mittelstand, hatte Chemie und Rechtswissenschaft studiert und gehörte — nun inzwischen 50jährig — seit 1959 dem Unterhaus an. Selbstbewußt, resolut, intelligent und ohne Skrupel, war sie die Erfolgsleiter eine Sprosse nach der anderen emporgeklettert. Sie gehörte zum rechten Flügel innerhalb der Konservativen Partei, kritisierte Heath wegen dessen Inkonsequenz und Kehrtwendungen und profilierte sich nach dem Sturz der konservativen Regierung besonders dadurch, daß sie im Unterhaus die Finanzpolitik der Wilson-Regierung und das von dieser vorgelegte Finanzgesetz scharf angriff, wobei sie auch ihre rhetorischen Fähigkeiten unter Beweis stellte.

Beim ersten Wahlgang am 4. Februar 1975 konnte sie 130 Stimmen auf sich vereinen, während sich für Heath 119 Abgeordnete entschieden. Ein dritter Kandidat war mit 16 Stimmen aussichtslos zurückgefallen. Obwohl

Frau Thatcher damit noch nicht gewählt war, warf Heath das Handtuch und zog sich ins Privatleben zurück. Zum zweiten Wahlgang stellten sich überraschend fünf Kandidaten, von denen neben Margaret Thatcher der gemäßigtere William Whitelaw, ein Anhänger von Heath, die größten Chancen hatte. Doch Thatcher war mit 146 von 271 Stimmen erfolgreich. Wahrscheinlich lag ihrer Wahl vor allem der Wunsch der Konservativen nach einem Wechsel in der Parteiführung und nach Stabilität zugrunde. Sie war und blieb für die meisten die einzige Alternative, zumal Whitelaw erst zu spät in den Kampf eingegriffen hatte. Deshalb war „ihr Sieg eher ein Fall von ,Wer wagt, der gewinnt' als das Ergebnis einer Aufwallung von großer Begeisterung für sie".[16] Dennoch galt die Wahl von Margaret Thatcher als Parteiführer allgemein als Zeichen eines Rechtsrucks innerhalb der Konservativen Partei.

7. Krise, Inflation und Massenarbeitslosigkeit

In den Jahren 1974/75 brach in der kapitalistischen Welt eine schwere zyklische Wirtschaftskrise aus, die Großbritannien besonders hart traf. Sie erfaßte alle Industriezweige und vergrößerte die strukturellen Schwierigkeiten insbesondere der Eisen- und Stahlindustrie, der Automobilindustrie und des Schiffbaus. Erstmals nach dem Krieg ging die britische Industrieproduktion absolut zurück — 1974 um 2,8 Prozent und 1975 um 4,8 Prozent. Der Anteil Großbritanniens an der kapitalistischen Industrieproduktion betrug 1975 nur noch 4,8 Prozent, verglichen mit 8,6 Prozent im Jahre 1950. Der Exportanteil bezifferte sich im gleichen Jahr auf 5,6 Prozent. Mit Ausnahme Italiens war Großbritannien in beiden Positionen von allen anderen kapitalistischen Hauptländern überflügelt worden.

Während der Wirtschaftskrise erreichte die Inflation in Großbritannien mit 16 Prozent 1974 und 24,2 Prozent 1975 Rekordhöhen. 1975 hatten sich die Einzelhandelspreise gegenüber 1963 um 150 Prozent erhöht. Die Zahl der Arbeitslosen überschritt 1975 die Millionengrenze. Besonders hart traf die Arbeitslosigkeit die Jugendlichen. Zum Teil weit über dem Landesdurchschnitt lag sie in Nordirland, Schottland, Wales und den nordwestlichen Regionen Englands, wo insbesondere die alten, niedergehenden Industriezweige beheimatet sind, während sich die neuen, expandierenden Industrien vor allem im Süden Englands und in der Umgebung Londons niedergelassen hatten. So begann sich in Großbritannien allmählich ein Süd-Nord-Gefälle in der Lebenslage der Bevölkerung herauszubilden.

Die im Oktober 1974 im Amt bestätigte Labour-Regierung stand somit vor komplizierten wirtschaftlichen Problemen, und sie hatte in ihrem Wahlmanifest nicht übertrieben, als sie für die nächsten zwei oder drei Jahre schwierige Zeiten für das Land voraussagte. Im scharfen Kontrast zu ,,Labours Programm für Britannien" aus dem Jahre 1973, in dem sie größere soziale Gerechtigkeit versprochen hatte, erblickte die Labour-Regierung jedoch ihre Hauptaufgabe darin, der Privatindustrie mittels Steuersenkungen, Lockerung der Preiskontrollen und Investitionszuschüssen durch die Krise zu helfen. Mit dem Industriegesetz von 1975 schuf sie eine neue staatliche Regulierungsinstitution, die ,,als Holdinggesellschaft für mehrere staatseigene Konzerne, als Investitionsbank mit besonders niedrigen Zinssätzen und als Institution zur Sanierung vor dem Bankrott stehender Betriebe bzw. von Schlüsselindustrien, die für den wissenschaftlich-technischen Fortschritt entscheidend waren", fungierte.[17] Höhere Wachstumsraten und eine größere Konkurrenzfähigkeit wurden freilich dadurch nicht erreicht, weil die britischen Konzerne, insbesondere jene mit internationalem Zuschnitt, zur Erzielung von Maximalprofit ihre Positionen nicht vorrangig im Inland ausbauten, sondern sich noch stärker auf den Kapitalexport orientierten. Dies wiederum verschärfte die Labilität der britischen Wirtschaft und führte zu noch größerer Arbeitslosigkeit. ,,So machten wie oft in Zeiten einer Rezession viele Gesellschaften beachtlichen Profit, aber sie hielten sich zurück, diesen wieder so zu investieren, daß damit der produktive Sektor der britischen Industrie erweitert worden wäre."[18]

Es waren in erster Linie die Werktätigen, denen die Lasten der Krise aufgebürdet wurden. Die von Schatzkanzler Healey 1975 und 1976 vorgelegten Budgets sahen eine drastische Kürzung der öffentlichen Ausgaben, insbesondere für die Lebensmittel- und Mietsubventionierung sowie für Erziehung und Gesundheitsfürsorge, und eine beträchtliche Erhöhung der indirekten Steuern vor. Beschnitten wurden auch die Zuwendungen für die nationalisierte Industrie. Besonders schwer wogen die den Arbeitern auferlegten Lohnzuwachsbeschränkungen im Rahmen des mit dem Generalrat des TUC vereinbarten ,,Sozialkontrakts", der auf dem TUC-Kongreß im September 1975 mit 6,5 gegen 3,5 Millionen Stimmen angenommen wurde. Der ,,Sozialkontrakt", der in verschiedenen Phasen realisiert werden sollte, reduzierte sich immer mehr auf eine vom TUC befürwortete ,,freiwillige" Einkommenspolitik, während die versprochenen Gegenleistungen der Regierung ausblieben. In der ersten Phase — von Mitte 1975 bis Mitte 1976 — waren Lohnerhöhungen von höchstens sechs Pfund pro Woche zugelassen. Phase zwei, die unmittelbar danach — wiederum für die Dauer eines Jahres — einsetzte, erlaubte nur noch Lohnerhöhungen von 5 Prozent bzw. 4 Pfund wöchentlich. Diese drastischen Lohnzuwachsbeschränkungen führten angesichts der galoppierenden Inflation zu einem Sinken des Realeinkommens der Werktätigen um 8 Prozent.

Einen echten Ausweg aus der Krise wies die Kommunistische Partei. Das auf ihrem XXXIV. Parteitag im November 1975 angenommene Antikrisenprogramm sah sowohl Sofortmaßnahmen gegen die Krisenauswirkungen auf die Werktätigen, wie die Wiedereinführung bestimmter sozialer Leistungen und die Wiederherstellung des Rechts auf freien Abschluß von Tarifverträgen, als auch die Schaffung von Bedingungen für den Kampf gegen die chronischen Gebrechen der kapitalistischen Wirtschaft, wie Verstaatlichung der großen Firmen und Finanzinstitute und Kürzung der Ausgaben für militärische Zwecke um die Hälfte, vor.

Obwohl die Krise 1975 ihren Tiefpunkt erreicht hatte, kam es danach in Großbritannien zu keinem nennenswerten Aufschwung. Das gesamtwirtschaftliche Wachstum blieb äußerst gering. Die Industrieproduktion erhöhte sich nur schleppend. 1976 verstärkte sich erneut der Druck auf das Pfund Sterling. Sein Wert sank von 2 Dollar im Januar auf 1,60 Dollar im Oktober. Hohe Anleihen beim Internationalen Währungsfonds und bei anderen Kreditgebern sowie ein noch strengeres Sparsamkeitsregime auf Kosten der Werktätigen waren die Folge. Die Inflationsrate lag 1976 mit 16,5 Prozent immer noch beträchtlich über der anderer kapitalistischer Industrieländer. Die Arbeitslosigkeit stieg bis 1978 auf 1,6 Millionen bzw. 6,6 Prozent der im Arbeitsprozeß stehenden Bevölkerung. In den Gewerkschaften, die zunächst stillgehalten hatten, begann sich Widerstand gegen die Lohn- und Sozialpolitik der Regierung zu regen. Auf dem TUC-Kongreß im September 1976 stimmte die überwältigende Mehrheit für eine Rückkehr zu frei vereinbarten Tarifverträgen nach Beendigung der Phase 2 des „Sozialkontraktes".

8. EWG-Referendum und Entspannungspolitik

In ihrem Manifest zu den Oktoberwahlen 1974 hatte die Labour Party versprochen, ein Referendum über den weiteren Verbleib Großbritanniens in der EWG durchzuführen. Nachdem Wilson im März 1975 auf dem Dubliner Gipfel der EWG-Staaten neue Beitrittsbedingungen ausgehandelt hatte, die jedoch nur einen bescheidenen Kompromiß darstellten und eher einer kosmetischen Operation gleichkamen, sollte am 5. Juni 1975 das erste nationale Referendum in der britischen Geschichte stattfinden. Die Regierung rief die Bevölkerung mit Hinweis auf die neuen Beitrittsbedingungen auf, für den Verbleib in der EWG zu votieren, d. h. mit Ja zu stimmen.

Das bevorstehende Referendum und die Haltung der Regierung lösten erneut heftige Auseinandersetzungen im Land über die EWG-Mitgliedschaft Großbritanniens aus. Die regierende Labour Party war in dieser Frage faktisch gespalten. Die Mehrheit der Unterhausabgeordneten und des Exekutivkomitees sprach sich gegen die EWG-Mitgliedschaft aus. Allein sieben Kabinettsminister, darunter Foot, Benn und Castle, plädierten für den Austritt aus der EWG. Bei der Abstimmung im Unterhaus über die neuen Beitrittsbedingungen versagten 145 Labour-Abgeordnete ihrer Regierung die Gefolgschaft.

Der Druck der EWG-Gegner war so stark, daß sich die Parteiführung zu einer Sonderkonferenz entschloß, die am 26. April 1975 stattfand. Auf ihr blieben die EWG-Befürworter in der Minderheit. Eine von den Linken eingebrachte Resolution, die den Wählern empfahl, gegen eine weitere EWG-Mitgliedschaft zu stimmen, erhielt fast eine Zweidrittelmehrheit. Gegen den Verbleib in der EWG sprachen sich auch der TUC, die Kommunistische Partei, eine kleine Gruppe konservativer Abgeordneter sowie die Schottische und die Walisische Nationalpartei aus. Dennoch erlitten die EWG-Gegner beim Referendum am 5. Juni 1975 eine Niederlage, weil ,,ihnen eine mächtige Allianz des Establishment, der meisten Massenmedien und des big business gegenüberstand".[19]

Von den 64,5 Prozent der Wähler, die am Referendum teilnahmen, sprachen sich 67,2 Prozent für den Verbleib in der EWG aus. Das war zwar weniger als die Hälfte der Wahlberechtigten, aber die Frage der EWG-Mitgliedschaft war damit entschieden.

Neben der stärkeren Hinwendung zu Westeuropa räumte die Regierung Wilson den engen Beziehungen zu den USA weiterhin einen hohen Stellenwert ein, wobei sich der Premier in der Rolle eines ,,Brückenbauers", eines Mittlers zwischen Westeuropa und den USA gefiel. Eckpfeiler der britischen Außenpolitik blieb das NATO-Bündnis. Die unter dem Druck der Wirtschaftskrise von 1974/75 vorgenommenen Kürzungen des Anteils der Verteidigungsausgaben am Bruttosozialprodukt waren so geringfügig, daß sie kaum ins Gewicht fielen.

Die Haltung zur Sowjetunion und den anderen sozialistischen Ländern wurde wesentlich durch die Verbesserung des internationalen Klimas infolge der sich in der ersten Hälfte der siebziger Jahre durchsetzenden Entspannung beeinflußt. Zur Verbesserung der Beziehungen zwischen Großbritannien und der Sowjetunion trug insbesondere der Besuch Wilsons in Moskau im Februar 1975 bei, den dieser selbst als den Beginn einer neuen Phase in den beiderseitigen Beziehungen bezeichnete. Im Ergebnis dieser Reise wurden zwischen beiden Staaten eine Reihe bilateraler Wirtschafts-

und Handelsabkommen unterzeichnet. Ähnliche Verträge mit anderen sozialistischen Ländern, darunter der DDR, folgten. Diplomatische Beziehungen zur DDR hatte Großbritannien bereits am 8. Februar 1973 aufgenommen.

An der Vorbereitung der Konferenz für Sicherheit und Zusammenarbeit in Europa, die im Sommer 1975 in Helsinki mit der feierlichen Unterzeichnung der Schlußakte ihren Abschluß fand, beteiligte sich die Labour-Regierung im Rahmen der ihr von der NATO gesetzten Grenzen eher vorsichtig und zurückhaltend. Gleichzeitig beobachtete sie argwöhnisch die bilateralen Verhandlungen zwischen der UdSSR und den USA über die Begrenzung strategischer Offensivwaffen, da sie Vereinbarungen zwischen beiden Staaten befürchtete, die die britisch-amerikanische Zusammenarbeit auf nuklearem Gebiet und die britischen Kernstreitkräfte berühren könnten.

Am 16. März 1976 gab der erst 60jährige Harold Wilson überraschend seinen Rücktritt bekannt. Er habe lange genug der Partei vorgestanden und das Land regiert, führte er als Gründe für sein Ausscheiden aus dem höchsten Regierungsamt an. Nun wolle er Jüngeren Platz machen und seinem Nachfolger Gelegenheit geben, sich bis zu den nächsten Parlamentswahlen zu profilieren. Die Spekulationen über die wahren Ursachen seines Rücktritts hörten lange Zeit nicht auf. Schließlich befand sich das Land in einer tiefen Krise, und auch die Partei war nicht in der besten Verfassung, wie die Auseinandersetzungen über die EWG-Mitgliedschaft erneut gezeigt hatten. Schließlich wirkte die dünne Mehrheit im Unterhaus, die inzwischen auf einen Sitz zusammengeschmolzen war, auch nicht gerade beruhigend.

Sechs Kandidaten, nämlich Callaghan, Jenkins, Foot, Benn, Healey und Crosland, von denen einige sogar älter als Wilson waren, bewarben sich um seine Nachfolge. Aus dem ersten Wahlgang ging Foot mit 90 Stimmen als Sieger hervor, dicht gefolgt von Callaghan mit 84 Stimmen. Die anderen waren schon mehr oder weniger abgeschlagen, doch Healey beharrte auf seiner Kandidatur. So fiel die Entscheidung erst nach dem dritten Wahlgang, als nur noch Foot und Callaghan kandidierten. Callaghan gewann mit 176 Stimmen, während Foot beachtliche 137 Stimmen auf sich vereinigen konnte, was allgemein als Zeichen einer Linksentwicklung in der Labour Party während der ersten Hälfte der siebziger Jahre gewertet wurde.

Am 5. April 1976 wurde der 64jährige James Callaghan neuer britischer Premierminister. Er stammte aus bescheidenen Verhältnissen, besaß eine mittlere Schulbildung und war in der Gewerkschaftsbewegung groß geworden. Seine eher schwerfällige Art stand in scharfem Kontrast zu der Persönlichkeit des wendigen, immer auf Ausgleich bedachten Wilson. In der Partei repräsentierte Callaghan eine gemäßigt rechte Linie. Als seinen Nachfolger im Außenministerium ernannte er Anthony Crosland und nach dessen plötzlichem Tod im Mai 1977 den erst 39jährigen, relativ unbekannten Doktor der Medizin David Owen.

Nachdem die Konservativen und die Labour Party kurz hintereinander den Parteiführer gewechselt hatten, folgten zu guter Letzt auch noch die Liberalen. Im Mai 1976 trat der skandalumwitterte Führer der Liberalen Partei, Jeremy Thorpe, zurück, der durch seine Affäre mit einem homosexuellen männlichen Modell, die damals und Jahre später im Zusammenhang mit einem Mordfall Schlagzeilen machte, ins Zwielicht geraten war. Sein Nachfolger wurde David Steel, ein ehemaliger Fernsehjournalist.

9. Auseinandersetzungen um die Devolution

Die Erfolge der schottischen und walisischen Nationalisten bei den Parlamentswahlen 1974 zwangen die Labour-Regierung, den Problemen Schottlands und Wales' größere Aufmerksamkeit als bisher zu schenken. In den Wahlergebnissen hatte sich nicht zuletzt die Unzufriedenheit vieler Schotten und Waliser mit den beiden großen Parteien widergespiegelt, von denen es bisher keine vermocht hatte, einen Ausweg für diese von der Krise des britischen Imperialismus besonders hart betroffenen Landesteile aufzuzeigen. Die Bevölkerung fühlte sich von der Londoner Regierung vergessen und vernachlässigt. ,,Da sich Großbritannien sowohl unter Labour-Regierungen als auch unter konservativen Regierungen in einem wirtschaftlichen Krisenzustand befand, war es für die Nationalisten einfach, politische und wirtschaftliche Souveränität als Lösung zu predigen."[20]

Eine bereits 1969 unter der damaligen Labour-Regierung eingesetzte Königliche Kommission hatte 1973 die Übertragung von Machtbefugnissen an regionale Organe in Schottland und Wales bei Aufrechterhaltung der politischen und ökonomischen Einheit des Vereinigten Königreiches, die sogenannte Devolution, empfohlen. In der Labour Party, die einer Devolution zunächst ablehnend gegenüberstand, setzte seit der Regierungsübernahme 1974 allmählich eine Umorientierung ein. Es hatte sich gezeigt, daß die Forderung nach regionalen Parlamenten in Schottland und Wales, in die der Ruf nach mehr Demokratie eingebettet war, unter der Bevölkerung auf großen Widerhall gestoßen war und daß bei ihrer Nichtbeachtung der Einfluß insbesondere der SNP in Schottland, der traditionellen Hochburg der Labour Party, weiter anwachsen und Labours Stellung dort ernsthaft bedrohen könnte. Zudem war die Labour-Regierung im Unterhaus auf die

Unterstützung der nationalistischen Parteien angewiesen und auch deshalb zu bestimmten Zugeständnissen bereit. Schließlich wurden in den eigenen Reihen, darunter in der einflußreichen schottischen Gewerkschaftsbewegung, die Stimmen immer lauter, die eine Teilautonomie und damit mehr Demokratie für Schottland und Wales forderten.

Die ersten, 1974 von der Regierung unterbreiteten Vorschläge zur Devolution sahen direkt gewählte legislative Versammlungen für beide Landesteile vor, ohne daß über die Kompetenzen dieser Versammlungen Klarheit herrschte. Die beiden Parlamentsdebatten zur Devolution im Jahre 1975 zeigten, daß die Labour Party in dieser Frage tief zerstritten war. Die Auseinandersetzungen gingen quer durch den rechten und linken Flügel der Partei. Während einige Abgeordnete eine weitgehende Übertragung von Kompetenzen an die zu wählenden Versammlungen forderten, lehnten andere den Plan der Devolution überhaupt ab, weil sich ihrer Meinung nach dadurch die eigentlichen Probleme der beiden Landesteile nicht lösen ließen. Die Konservativen waren zum größten Teil gegen eine Devolution.

Das im November 1975 veröffentlichte Weißbuch der Regierung „Unsere sich verändernde Demokratie. Devolution für Schottland und Wales" enthielt erstmals detaillierte Vorschläge zur Devolution. Sie sahen nach dem Mehrheitswahlrecht gewählte legislative Versammlungen und Exekutiven vor, denen bestimmte Befugnisse übertragen werden sollten. Obwohl dieses Dokument Kompromißcharakter trug, der sich vor allem in der fehlenden Übertragung wirtschaftlicher Befugnisse an die regionalen Organe und im Vetorecht der Londoner Regierung äußerte, unterstützte die Mehrheit der linken Kräfte in der Arbeiterbewegung, darunter die Kommunisten, die Devolutionsvorschläge der Regierung gegen die Angriffe der Konservativen.

Im Dezember 1976 passierte die Gesetzesvorlage zur Devolution, die auf den Vorstellungen des Weißbuches beruhte, in zweiter Lesung das Parlament. Die Einführung der Devolution sollte allerdings mit der Abhaltung eines Referendums in Schottland und Wales verbunden werden. Nur durch dieses Zugeständnis hatte die Regierung die Gesetzesvorlage durchbringen können. Auch waren noch längst nicht alle Hürden genommen, denn nun ging in den Kommissionen das Tauziehen um die einzelnen Paragraphen des Gesetzes los. Da dies der Regierung zu lange dauerte, brachte sie im Februar 1977 einen Antrag auf Verkürzung der Beratungszeit ein. Diesmal erlitt sie jedoch eine Niederlage, weil auch Labour-Abgeordnete dagegen gestimmt oder sich der Stimme enthalten hatten. Daraufhin entschloß sich die Regierung, zwei neue, separate Gesetzentwürfe für Schottland und Wales einzubringen, die im November 1977 prinzipiell vom Unterhaus gebilligt wurden. Sie sahen direkt gewählte Versammlungen für Schottland und Wales vor, wobei der schottischen Versammlung größere Rechte als der walisischen eingeräumt werden sollten. So sollte Schottland gesetzgeberische Befugnisse auf dem Gebiet des Gesundheitswesens, der Bildung, in Wohnungsfragen und bei kommunalen Angelegenheiten erhalten sowie das Recht, eine eigene Regionalregierung zu bilden. Die geplante walisische Versammlung sollte lediglich die Möglichkeit einer nachgeordneten Gesetzgebung sowie bestimmte exekutive Vollmachten — ohne eine eigene Regierung — erhalten. Bei der Beratung der einzelnen Teile der Gesetzentwürfe gelang es den Gegnern der Devolution, einen Passus einzufügen, der festlegte, daß vor Errichtung der nationalen Versammlungen in einem in beiden Landesteilen durchzuführenden Referendum mindestens 40 Prozent der Wahlberechtigten für die Devolution stimmen mußten.

Diese Abstimmungen fanden am 1. März 1979 statt. In Schottland entschieden sich 51,6 Prozent für die Devolution. Da sich aber nur 63,9 Prozent der Wahlberechtigten am Referendum beteiligt hatten, wurden die erforderlichen 40 Prozent nicht erreicht. In Wales stimmten bei nur 59 Prozent Beteiligung lediglich 20 Prozent für die Devolution. Damit waren die Bemühungen der Labour-Regierung, Schottland und Wales beschränkte Teilautonomie zu gewähren, gescheitert.

Auch in Nordirland kam die Labour-Regierung keinen Schritt voran. Die von ihr eingeleiteten halbherzigen Maßnahmen, wie die Einrichtung einer verfassungsmäßigen Versammlung, die bald wieder aufgelöst wurde, erwiesen sich als wirkungslos und packten das Übel nicht an der Wurzel. Nordirland wurde weiter direkt von London aus regiert; das Recht des nordirischen Volkes auf Selbstbestimmung wurde ignoriert; Gewalt und Terror hielten an. Zu den schlimmsten Verbrechen jener Jahre gehörten die Morde der sogenannten Shankhill-Schlächter. Dabei handelte es sich um eine Gruppe Protestanten aus Belfast, die sich — nachdem sie ausgiebig Alkohol genossen hatten — aufs Geratewohl Katholiken griffen, sie folterten und grausam zurichteten, bevor sie ihnen mit Fleischermessern die Kehle durchschnitten. Die Provisorische IRA setzte inzwischen ihre Terroraktionen fort und dehnte sie auch auf die britische Insel aus. Ein daraufhin vom Unterhaus angenommenes Gesetz ,,Über die Verhinderung des Terrorismus" gab der Polizei freie Hand, verdächtige Personen zu verfolgen und einzusperren. Das Unterhaus ging allerdings nicht so weit, die von den Konservativen und insbesondere von Margaret Thatcher geforderte Einführung der Todesstrafe für terroristische Verbrechen zu billigen.

10. Neue demokratische Bewegungen

In den siebziger Jahren entstanden in Großbritannien — ähnlich wie in anderen kapitalistischen Ländern Westeuropas — neue demokratische Bewegungen, die unterschiedliche gesellschaftliche Kräfte und Tendenzen repräsentierten und verschiedenartige Ziele verfolgten. Allen gemeinsam war jedoch ihr allgemeindemokratischer Charakter. In Großbritannien waren es insbesondere die Bewegung gegen Rassendiskriminierung und rassistische Ausländerpolitik sowie die Frauenbewegung, die in jenen Jahren qualitativ neue Züge annahmen.

Den Hintergrund für den Aufschwung der Bewegung gegen Rassendiskriminierung bildete das verstärkte Hervortreten neofaschistischer Elemente, die den Rassismus predigten und zunehmend Gewalttaten gegenüber farbigen Bürgern verübten. Als ein Alarmzeichen galten die Kommunalwahlen im Frühjahr 1976, bei denen die neofaschistische Nationale Front — besonders in Stadtteilen mit einem hohen Anteil von farbigen Einwanderern — einige spektakuläre Erfolge erzielen konnte. Diese gefährlichen Tendenzen führten zu einem raschen Anwachsen der antirassistischen Bewegung, wobei auch unter den Farbigen selbst ein deutlicher Zuwachs an politischer Bewußtheit und Kampfbereitschaft spürbar wurde. Davon zeugte insbesondere der Streik in der Londoner Filmentwicklungsfirma Grunwick, in der vorwiegend farbige Arbeiter beschäftigt waren und deren Unternehmensleitung durch eine ausgesprochen gewerkschaftsfeindliche Politik berüchtigt war.

Der Streik begann im August 1976 aus Protest gegen die Entlassung von 27 farbigen Arbeitern, die einer Gewerkschaft beigetreten waren. Er weitete sich schnell aus und erhielt die Unterstützung des TUC. Auch in der Bevölkerung stieß er auf viel Sympathie. Neben höheren Löhnen, Sozialbeihilfen und Verminderung der Überstundenarbeit forderten die Streikenden das Recht, sich gewerkschaftlich organisieren zu dürfen. Trotz mehrfachen Einsatzes von Polizei, die Zusammenstöße mit den Streikenden provozierte, blieben diese standhaft. Der Streik wurde zu einem der längsten in der Geschichte der britischen Arbeiterbewegung und führte zu einer Serie von Prozessen, in denen der „Streitfall" bis zur letzten Instanz ausgetragen wurde.

Wenn sich auch die Unternehmensleitung letztendlich durchsetzen konnte — der Streik wurde Ende 1977 abgebrochen —, trug dieser Ausstand wesentlich dazu bei, das Zusammengehörigkeitsgefühl unter den farbigen Arbeitern, aber auch zwischen ihnen und anderen Abteilungen der britischen Arbeiterbewegung zu festigen. Damit einher ging ein Umdenken innerhalb der regierenden Labour Party und der Gewerkschaftsbewegung in ihrer Haltung gegenüber den farbigen Einwanderern. Zunehmend beteiligten sich führende Persönlichkeiten der Labour Party und der Gewerkschaftsbewegung am antirassistischen Kampf. 1976 verabschiedete das Unterhaus ein neues Gesetz über Rassenbeziehungen, das jede Rassendiskriminierung verbot und einen wesentlichen Fortschritt gegenüber früheren Gesetzen darstellte. Auch der TUC und alle großen Gewerkschaften nahmen in der zweiten Hälfte der siebziger Jahre antirassistische Resolutionen an.

Eine neue Qualität erreichte die Bewegung gegen Neofaschismus und Rassendiskriminierung mit der Gründung der Anti-Nazi-Liga (ANL) am 3. November 1977. Sie stellte sich die Aufgabe, den Kampf gegen Neofaschismus und Rassismus zu organisieren, und verstand sich als Sammelbecken für alle jene, die diesen Kampf unterstützen wollten. Über populäre Musik versuchte sie insbesondere auch Jugendliche anzusprechen. Große Resonanz fand die ANL mit ihrem ersten ,,Karneval gegen den Rassismus", der am 30. April 1978 in London stattfand und an dem 80 000 Menschen teilnahmen. Nach einem Meeting auf dem Trafalgar Square, wo bekannte Labour-Abgeordnete und andere Persönlichkeiten des öffentlichen Lebens auftraten, und einer anschließenden Demonstration endete der Karneval mit einem großen Rockkonzert und Volksfest im Victoria Park. Es folgten ähnliche Veranstaltungen in anderen britischen Großstädten sowie ein zweiter Karneval in London am 24. September 1978, der 100 000 Menschen unterschiedlicher Hautfarbe, verschiedenen Alters und unterschiedlicher weltanschaulicher Positionen vereinte. Es war die bisher größte antifaschistische und antirassistische Veranstaltung in der britischen Geschichte. Diese Aktivitäten vergrößerten den Einfluß der ANL, an deren Tätigkeit sich auch die organisierte Arbeiterbewegung zunehmend beteiligte. Ihre Erfolge trugen wesentlich dazu bei, daß sich in breiten Teilen der demokratischen Öffentlichkeit Großbritanniens antirassistische Positionen weiter ausprägten.

In den siebziger Jahren erstarkte auch die Frauenbewegung. Die Tatsache, daß der Konservativen Partei seit 1975 eine Frau vorstand, konnte nicht über die benachteiligte Stellung der Frauen im gesellschaftlichen Leben Großbritanniens hinwegtäuschen. Im 1974 gewählten Unterhaus saßen lediglich 27 weibliche Abgeordnete. Die Frauen erhielten für gleiche Leistung weniger Lohn als die Männer, und sie mußten zumeist mit weniger qualifizierten und niedriger entlohnten Tätigkeiten vorliebnehmen. Einige spektakuläre Ausnahmen änderten nichts an diesem völlig unbefriedigenden Zustand. Es war deshalb kaum verwunderlich, daß die Frauen zunehmend gegen ihre soziale und rechtliche Diskriminierung aufbegehrten.

Im Jahre 1970 fand in Oxford der erste Kongreß der „Bewegung für die Befreiung der Frau" (WML) statt. Organisatoren der WML waren Frauen, die Ende der sechziger Jahre an der Studentenbewegung und der Solidaritätsbewegung für Vietnam teilgenommen hatten oder die von der Frauenbewegung in den USA beeinflußt waren. Der Kongreß formulierte vier Forderungen, die zugleich zu wesentlichen Programmpunkten der neuen Frauenbewegung wurden. Sie umfaßten: gleicher Lohn für Frauen, gleiche Bildungs- und Erziehungsmöglichkeiten, ganztägig geöffnete Kindertagesstätten sowie freie Empfängnisverhütung und Abtreibung auf Wunsch. Auf weiteren Kongressen, die fortan jährlich stattfanden, wurden diese vier Punkte durch die Forderung nach ökonomischer und finanzieller Unabhängigkeit der Frauen und nach dem Recht, ihre Partnerbeziehungen selbst zu bestimmen, ergänzt.

Die WML untergliederte sich in zahlreiche lokale Gruppen, die lose miteinander verbunden waren und von denen zahlreiche Einzelinitiativen ausgingen. Daneben gab es weitere Frauengruppen auf nationaler Ebene, deren Aufmerksamkeit sich zumeist auf ein spezifisches Problem konzentrierte, wie die im März 1975 gebildete „Kampagne für das Recht auf Abtreibung".

Im Jahre 1975 verabschiedete das Unterhaus ein Gesetz über das Verbot der Diskriminierung der Geschlechter. Es ergänzte das Gesetz über gleiche Entlohnung aus dem Jahre 1970 und verbot die Diskriminierung der Frauen hinsichtlich ihrer Arbeitsbedingungen, in der Aus- und Weiterbildung, bei der Wohnraumversorgung und der Inanspruchnahme von Dienstleistungen. In der Praxis bewirkte dieses Gesetz jedoch zuwenig und konnte höchstens Abhilfe in Einzelfällen schaffen. 1979 lag der Durchschnittslohn ganztägig arbeitender Frauen für vergleichbare Arbeit immer noch bei etwa 73 Prozent des Lohns ihrer männlichen Kollegen.

In der zweiten Hälfte der siebziger Jahre entstanden in der WML zwei Gruppierungen, deren unterschiedliches Herangehen an die Probleme der Frauen zu Differenzen in der Bewegung führte. Die einen, die sogenannten radikalen Feministinnen, nach deren Auffassung der grundlegende Widerspruch in der Gesellschaft zwischen Mann und Frau bestehe, konzentrierten ihre Aufmerksamkeit auf Gebiete, auf denen Männer Gewalt gegenüber Frauen ausüben. Die zweite, vorherrschende Tendenz repräsentierten die sogenannten sozialistischen Feministinnen, die die Unterdrückung der Frau als Teil des Kampfes der Arbeiterklasse begriffen und die Verbindung der Frauenbewegung mit der Arbeiterbewegung anerkannten, zugleich aber deren autonomen Charakter betonten. Nach dem Kongreß der WML 1978 in Birmingham, der von Auseinandersetzungen zwischen beiden Richtungen geprägt war, entwickelte sich, insbesondere auf lokaler Ebene, eine wachsende Dialogbereitschaft zwischen ihnen sowie eine stärkere Bereitschaft, mit anderen demokratischen Bewegungen, wie der Bewegung gegen Rassendiskriminierung, zusammenzuarbeiten.

Die KP Großbritanniens analysierte in ihrem überarbeiteten Programm „Der britische Weg zum Sozialismus" aus dem Jahre 1978 ausführlich jene Klassen, Schichten und politischen Kräfte, die für demokratische Veränderungen kämpfen, darunter auch alle demokratischen Bewegungen und Organisationen, wie die Jugend- und Studentenbewegung, die Frauenbewegung, die antirassistische Bewegung, die nationale Bewegung in Schottland und in Wales sowie die zahlreichen Bürgerinitiativen auf nationaler und lokaler Ebene. „Die Arbeiterbewegung braucht das Bündnis mit diesen anderen demokratischen Bewegungen", resümierte sie, „und indem sie deren Ziele und Erwartungen unterstützt, wird immer deutlicher, daß Klassenunterdrückung und der Kampf dagegen weit über den Arbeitsplatz hinausgehen und Schichten jenseits der Arbeiterklasse einbeziehen. Solche Bündnisse sind notwendig, um das politische Gewicht der überwältigenden Mehrheit der Bevölkerung gegenüber der sich in der Minderheit befindlichen herrschenden Klasse zum Tragen zu bringen."[21]

11. Das Ende des „Sozialkontrakts"

Die Labour-Regierung hatte 1977 ihre knappe Mehrheit im Unterhaus durch Verluste bei Nachwahlen eingebüßt. Um das Überleben der Regierung zu sichern, schloß Callaghan im März 1977 mit den Liberalen ein Abkommen, den sogenannten Lib-Lab-Pakt. Darin versprachen die Liberalen der Labour Party ihre Unterstützung bei Abstimmungen im Unterhaus unter der Voraussetzung, daß sie bei Gesetzentwürfen und anderen wichtigen politischen Entscheidungen vorher konsultiert werden und das Vetorecht besitzen. Der Labour-Regierung verschaffte der Pakt, an dem beide Parteien gleichermaßen interessiert waren, zwar eine Atempause, aber bei den Wählern vermochte sie damit ihr Image nicht aufzupolieren. Im Herbst 1978 kündigten die Liberalen den Pakt wieder auf. Zu den wichtigsten Gesetzen, die mit Unterstützung der Liberalen verabschiedet wurden, gehört das 1977 angenommene Gesetz über die Luftfahrt und den Schiffbau, das beide Industriezweige in Staatseigentum überführte.

In den Jahren 1977/78 schien sich für die britische Wirtschaft ein Silberstreif am Horizont abzuzeichnen. Nachdem 1975 das erste Öl in der Nordsee gefördert worden war, produzierten Mitte 1978 dort bereits neun Ölfelder. Die geförderte Menge hochwertigen schwefelarmen Öls deckte bereits mehr als die Hälfte des Inlandbedarfs. Anfang der achtziger Jahre hoffte Großbritannien unabhängig von ausländischem Öl zu sein. Das Nutzungsrecht befand sich jedoch hauptsächlich in der Hand internationaler Erdölkonzerne. Der britische Staat beteiligte sich lediglich mit sieben Prozent an der Förderung. Im Ergebnis des Erdölbooms begann Anfang 1977 der Druck auf das Pfund Sterling nachzulassen, und im selben Jahr war die Zahlungsbilanz seit langer Zeit wieder aktiv. Die Inflationsrate — obwohl im Vergleich zu anderen kapitalistischen Ländern immer noch hoch — sank 1978 unter zehn Prozent.

Die Labour-Regierung hielt indes an ihrer Politik der Lohnzuwachsbeschränkung fest. Im Sommer 1977 verfügte sie die Einführung der Phase 3 des ,,Sozialkontrakts". Allerdings ließ sie die Zügel insofern etwas lockerer, als sie Lohnerhöhungen bis zu 10 Prozent akzeptierte. Auf diese Weise erhielt sie stillschweigend die Unterstützung des TUC. Doch an der Basis wuchs die Unzufriedenheit. Die Streiktätigkeit, die 1975 und 1976 relativ gering war, belebte sich seit 1977 sichtlich. Freilich handelte es sich dabei in der Mehrzahl um sogenannte inoffizielle Streiks. Der einzige offizielle nationale Streik, der sich gegen Phase 3 des ,,Sozialkontrakts" richtete, wurde im November 1977 von der Gewerkschaft der Feuerwehrleute ausgerufen. Doch der TUC weigerte sich, andere Gewerkschaften zum Kampf gegen die 10-Prozent-Klausel zu mobilisieren. Allein gelassen, gaben die Feuerwehrleute nach acht Wochen ihren Kampf auf.

Nach Ablauf der dritten Phase des ,,Sozialkontrakts" im Sommer 1978 gelang es jedoch der Regierung nicht länger, die Gewerkschaften zu disziplinieren. Sowohl auf dem TUC-Kongreß als auch auf der Jahreskonferenz der Labour Party im Herbst 1978 kam es zu heftigen Auseinandersetzungen über die Lohn-, Wirtschafts- und Sozialpolitik der Regierung und zu einer massiven Ablehnung der Phase 4, die nur noch fünfprozentige Lohnerhöhungen zuließ und damit deutlich unter der Inflationsrate blieb. Beide Konferenzen forderten nachdrücklich die Rückkehr zu freiwillig vereinbarten Tarifverträgen. In einer gegen die Empfehlung des Exekutivkomitees mit vier gegen zwei Millionen Stimmen angenommenen Resolution auf der Jahreskonferenz der Labour Party wurde jede weitere Lohnbeschränkung abgelehnt. ,,Die Konferenz fordert, daß die Regierung sofort aufhört, sich in Lohnverhandlungen einzumischen, und sie anerkennt das Recht der Gewerkschaften, frei im Namen ihrer Mitglieder zu verhandeln", hieß es in der Resolution.[22] Auch die sich um die Zeitschrift ,,Tribune" gruppierenden Linken in der Labour Party, die nach dem verlorenen EWG-Referendum kaum noch von sich reden gemacht hatten, begannen Widerstand gegen den „Sozialkontrakt" anzumelden.

Die ersten, die sich auch in der Praxis über die Phase 4 hinwegsetzten, waren die 57 000 Arbeiter der Ford-Werke. Sie streikten im Herbst 1978 acht Wochen lang für Lohnerhöhungen und erreichten, daß das zwischen Unternehmensleitung und Gewerkschaften ausgehandelte Lohnabkommen die von der Regierung festgesetzte Höchstgrenze von fünf Prozent um mehr als das Dreifache überschritt. Daraufhin ersuchte die Labour-Regierung das Unterhaus um Zustimmung, Sanktionen gegen den Automobilkonzern Ford verhängen zu dürfen, weil er das von der Regierung verfügte Lohndiktat durchbrochen hatte. Es entbehrt nicht einer gewissen Ironie, daß ausgerechnet eine Labour-Regierung einen Konzern wegen seiner „Nachgiebigkeit" gegenüber den Arbeitern zur Rechenschaft ziehen wollte. Die Konservativen, die eine Möglichkeit erblickten, die Regierung zu Fall zu bringen, votierten am 13. November 1978 mit Erfolg gegen den Regierungsantrag, erlitten aber bei der anschließenden Abstimmung über die Gesamtpolitik der Labour-Regierung eine Niederlage.

Der Streik der Ford-Arbeiter brachte den Stein ins Rollen. Vier Jahre Lohnzuwachsbeschränkungen waren zuviel. Eine Welle von Streiks gegen die Einkommenspolitik der Regierung, die im Januar/Februar 1979 ihren Höhepunkt erreichte, setzte ein. Den Auftakt gaben die Tankwagen- und Lastkraftwagenfahrer. Es folgten die Lokomotivführer, Beschäftigte der öffentlichen Dienste, Journalisten, Sozialarbeiter und das Pflegepersonal in den Krankenhäusern. Nicht selten waren es die niedriger bezahlten Arbeiter und Angestellten, die aufbegehrten. Diesmal wurden die Streiks auch von den Gewerkschaftsführungen offiziell unterstützt, und die erkämpften Lohnerhöhungen überstiegen bei weitem die von der Regierung verordneten fünf Prozent. Der „Sozialkontrakt" war damit endgültig gescheitert.

Die Streiks führten zu erheblichen Störungen im Zugverkehr und zur Beeinträchtigung des Güterumschlags in Häfen und auf den Straßen. Durch die Unterbrechung der Müllabfuhr und der Straßenreinigung häuften sich in den Städten die Abfälle und der Schmutz. Die bürgerlichen Massenmedien schlachteten diese Zustände weidlich aus, um die Bevölkerung gegen die Streikenden und ihre Gewerkschaften aufzubringen. Zugleich sollte die Regierung provoziert werden, den Ausnahmezustand auszurufen und — wie fünf Jahre zuvor ihre Vorgängerin — Neuwahlen anzusetzen. Oppositionsführerin Thatcher stand schon Gewehr bei Fuß und verkündete, daß sie die „Macht der Gewerkschaften" mit einer Serie von antigewerkschaftlichen Gesetzen brechen, „Chaos und Anarchie" beseitigen und für „Ruhe und Ordnung" sorgen wolle.

Obwohl die Regierung der Versuchung widerstand, den Notstand zu proklamieren, und statt dessen mit den Gewerkschaften einen Kompromiß aushandelte, waren ihre Tage gezählt, denn spätestens im Oktober 1979 waren Neuwahlen fällig. Nach dem „Winter der Unzufriedenheit" standen jedoch die Chancen für die Labour Party schlecht. Die schottischen Nationalisten warfen den ersten Stein. Enttäuscht über das Ergebnis des Referendums über Teilautonomie für Schottland und die ihrer Meinung nach offensichtliche Kapitulation der Labour-Regierung in dieser Frage, stellten sie im Unterhaus einen Mißtrauensantrag. Die Konservativen folgten unverzüglich diesem Beispiel. Am 28. März 1979 wurde der Antrag der Konservativen mit 311 gegen 310 Stimmen angenommen. Gegen die Regierung hatten u. a. alle Mitglieder der SNP gestimmt. Zum erstenmal seit 1924, als Ramsay MacDonald ein ähnliches Schicksal widerfuhr, war der Premierminister gezwungen, im Ergebnis eines von der Opposition gewonnenen Mißtrauensvotums Neuwahlen auszurufen. Callaghan setzte den 3. Mai 1979 als Wahltag fest.

XI. Der „neue Kurs" (1979—1983)

1. Das ökonomische Credo der „Neuen Rechten"

Die Tories hatten sich auf die Parlamentswahlen gut vorbereitet. Seit der Wahl von Margaret Thatcher zur Parteiführerin im Februar 1975 waren in der Konservativen Partei Prozesse vor sich gegangen, die einer Revision ihrer gesamten Nachkriegsstrategie gleichkamen. Eine Gruppe radikaler Politiker innerhalb der Konservativen Partei, als deren Chefideologe Sir Keith Joseph galt, kritisierte seit geraumer Zeit den Kurs der bisherigen konservativen Nachkriegsregierungen, weil diese den „Wohlfahrtsstaat" und die Wirtschaftsregulierung unterstützt und damit zuviel Nachgiebigkeit gegenüber dem „Sozialismus" gezeigt hätten. Diese Kräfte reflektierten die britische Variante des sogenannten Neokonservatismus, der in der zweiten Hälfte der siebziger Jahre als internationales Phänomen in Erscheinung trat und zum bevorzugten Instrument des Monopolkapitals zur Festigung seiner Herrschaft und zur Niederhaltung und Desorientierung der Arbeiterklasse wurde.

Joseph hatte bereits 1974 in einer programmatischen Rede das ökonomische Credo der „Neuen Rechten" verkündet, das sich am sogenannten Monetarismus des US-Wirtschaftswissenschaftlers Milton Friedman orientierte. Der Monetarismus basiert in erster Linie auf Geld- und Finanzoperationen. Um die Wirtschaft zu beleben und die Inflation zu stoppen, soll die zirkulierende Geldmenge begrenzt und kontrolliert werden, und zwar in erster Linie durch eine einschneidende Kürzung der Staatsausgaben, vor allem für soziale Leistungen, und durch die Verteuerung der Kredite. Die unter dem Einfluß der Theorien von John Maynard Keynes insbesondere seit dem zweiten Weltkrieg praktizierte staatliche Einmischung in das wirtschaftliche und gesellschaftliche Leben sollte durch das „freie Spiel der Kräfte", das spontane Wirken des Marktes ersetzt werden.

In Margaret Thatcher fand Joseph eine eifrige Befürworterin seiner Ideen. Als sie an die Spitze der Konservativen Partei trat, bedeutete dies einen entscheidenden Durchbruch der „Neuen Rechten" innerhalb der

Konservativen Partei. In den folgenden vier Jahren gelang es Frau Thatcher, deren Einfluß in der Partei stetig zu erhöhen und durch vorsichtiges Taktieren die zerstrittene Partei ideologisch neu zu formieren. Zugleich war sie mit Hilfe eines moralisch verbrämten Rigorismus bemüht, sich im Lande ein positives Image aufzubauen. Sie bediente sich dabei nicht ohne Erfolg einer Ausdrucksweise, in der immer wieder solche Eigenschaften wie persönliche Verantwortung, Eigeninitiative, Nationalstolz, eine intakte Ehe und Familie gepriesen und als Allheilmittel zur Bekämpfung von Aufruhr, Demoralisation und Verbrechen angeboten wurden.

Die Ereignisse des „Winters der Unzufriedenheit" machten es den Konservativen relativ leicht, für eine Wende in der britischen Politik zu plädieren. Mit demagogischen Appellen an die Bedürfnisse des „Durchschnittsbürgers" und die Achtung sittlicher Werte, mit der Beschwörung der Furcht vor der „Macht der Gewerkschaften" und dem Ruf nach Wiederherstellung von „Ruhe und Ordnung" stießen sie insbesondere bei den Mittelschichten, aber auch bei Teilen der Arbeiterklasse auf Widerhall.

Die Labour Party war diesen Parolen hilflos ausgeliefert. Sie bot das Bild einer abgewirtschafteten Partei, die irgendwie in die Sackgasse geraten war. Ihr Wahlmanifest war nicht dazu angetan, die Wähler für ihre Politik zu mobilisieren. Zwar räumte sie der Bekämpfung von Inflation und Arbeitslosigkeit den absoluten Vorrang ein, aber die von ihr angebotenen Rezepte packten das Übel nicht an der Wurzel und versprachen wenig Aussicht auf Erfolg.

Der Wahlsieg der Konservativen am 3. Mai 1979 kam deshalb nicht unerwartet. Sie errangen 43,9 Prozent der abgegebenen Stimmen und 339 Unterhaussitze, während die Labour Party nur 36,9 Prozent der Stimmen auf sich vereinigte und 269 Mandate erhielt. Außer der Labour Party mußten auch die Liberalen und insbesondere die schottischen Nationalisten empfindliche Einbußen hinnehmen. Letztere waren im neuen Unterhaus nur noch mit 2 Abgeordneten vertreten.

Die Wahlergebnisse in den einzelnen Landesteilen zeigten deutliche Unterschiede. Während sich die Stimmengewinne der Konservativen vor allem auf London und Umgebung sowie die prosperierenden südlichen Gebiete Englands konzentrierten, blieb die Zahl der Labour-Anhänger in den von der Krise besonders hart betroffenen Landesteilen, wie Schottland, Wales und Nordengland, relativ konstant. Dort war man zwar auch von der Labour Party enttäuscht, betrachtete sie aber als das kleinere Übel. Obwohl die Konservativen eine sichere Parlamentsmehrheit errangen, waren die erzielten 44 Prozent eher ein Zeichen dafür, daß die Wähler mehr gegen die bisherige Regierung als für die Opposition gestimmt hatten. „Was sich auch immer danach ereignete . . ., so gab es im Mai 1979 keinen Beweis einer tiefen Verbundenheit des Volkes mit den Zielen der Konservativen, sondern einfach die Überzeugung, daß es Zeit für Veränderungen war."¹

Am 4. Mai 1979 zog Margaret Thatcher als erster weiblicher Premierminister in der britischen Geschichte in die Downing Street No. 10 ein. Bei der Zusammenstellung ihrer Regierung ging Frau Thatcher vorsichtig taktierend vor. Sie berief Vertreter beider in der Partei existierenden Hauptströmungen in das Kabinett, ohne freilich Edward Heath zu berücksichtigen. So war ihre Regierung eine Mischung aus Anhängern des alten traditionellen Tory-Flügels mit Lord Carrington als Außenminister, William Whitelaw als Innenminister und Francis Pym als Verteidigungsminister und den ,,Neuen Rechten" mit Sir Keith Joseph als Industrieminister, Sir Geoffrey Howe als Schatzkanzler und John Nott als Handelsminister.

Die ersten Maßnahmen der Regierung Thatcher ließen keinen Zweifel daran, daß diese ihre monetaristische Politik mit aller Konsequenz verfolgen würde. Das vom Schatzkanzler Howe im Juni vorgelegte Budget sah eine Erhöhung der sogenannten Mehrwertsteuer — ein auf alle Verbrauchsgüter und Dienstleistungen erhobener Aufschlag — von 8 auf 15 Prozent vor, was zu erheblichen Preissteigerungen führte. Hingegen wurden die direkten Steuern, insbesondere die Einkommenssteuer, gesenkt, eine Maßnahme, die sich vor allem vorteilhaft für jene auswirkte, die hohe Einkommen bezogen. Drastisch herabgesetzt wurden die öffentlichen Ausgaben — mit Ausnahme jener für Verteidigung und ,,innere Sicherheit". So wurden die Zuschüsse für die verstaatlichte Industrie und die Ausgaben für das Gesundheits- und Bildungswesen sowie für den kommunalen Wohnungsbau rigoros gekürzt. Dieser allgemeine Trend in der Finanzpolitik wurde in den folgenden Jahren beibehalten und sogar noch verschärft. Im Haushaltsjahr 1979/80 betrugen die Kürzungen für soziale Zwecke 2,6 Milliarden und im darauffolgenden Jahr 3 Milliarden Pfund Sterling. Reduziert wurden auch die Aufwendungen zur Unterstützung krisenbetroffener Regionen.

Um die Privatinitiative und den ,,wirtschaftlichen Wettbewerb" zu fördern, proklamierte die Regierung Thatcher eine Politik des ,,Gesundschrumpfens". Dies bedeutete, daß Betriebe, die der Konkurrenz nicht standhielten, einschließlich jener, die sich in Staatseigentum befanden, nicht mehr gestützt wurden, sondern bankrott gehen sollten. Daß dadurch immer mehr Arbeitsplätze verlorengingen, kümmerte die Regierung Thatcher wenig, die eine permanente Arbeitslosigkeit als notwendige Begleiterscheinung ihres Wirtschaftskurses einkalkuliert hatte und davon möglichst noch profitieren wollte. Profitable Staatsunternehmen, wie die Flugzeugwerke British Aerospace, die Staatliche Ölkorporation und der Autogigant British Leyland, sollten durch Aktienverkauf oder andere Transaktionen allmählich reprivatisiert werden. „Die Wirtschaftsstrategie der konservativen Regierung setzt sich aus fünf Elementen zusammen: Größere ‚Gewinnanreize' für das big business, Kürzung der Ausgaben, insbesondere im Bereich des Bildungs- und Sozialwesens, Privatisierung eines Teils der nationalisierten Industrie, Reduzierung der staatlichen Subventionen und Veränderung der Institutionen staatsmonopolistischer Wirtschaftsregulierung."[2]

Die monetaristische Politik der Regierung Thatcher bedeutete keineswegs eine Schwächung der Rolle des Staates in der Wirtschaftspolitik. Nur verschoben sich offensichtlich die Gewichte seiner Einflußnahme mit dem Ergebnis, daß sich seine Macht insgesamt stärkte. Die ökonomische Haupttätigkeit des Staates verlagerte sich aus der Produktions- in die Zirkulationssphäre. „Durch strenge Kontrolle über das Budget aller staatlichen Einrichtungen hat sich der Staat für seine Einflußnahme auf die Wirtschaft eine festere, in hohem Maße zentralisierte und daher stabilere Grundlage geschaffen."[3] Hauptnutznießer dieser Politik waren vor allem das Finanzkapital der City und die internationalen Monopole. Die für die Arbeiterklasse positiven Aspekte der Tätigkeit des Staates wie Gesundheitsfürsorge, Schulbildung, kommunaler Wohnungsbau u. a. wurden zunehmend abgebaut, während andererseits der Repressivapparat des Staates ausgebaut und verstärkt wurde.

Die 1979 beginnende und bis 1981 andauernde kapitalistische Wirtschaftskrise wurde durch den monetaristischen Kurs der Regierung Thatcher zusätzlich verschärft. Ihre sozialen Folgen waren verheerend. Im Mai 1980 — ein Jahr nach Regierungsübernahme durch die Konservativen — war die Inflationsrate auf 21,9 Prozent gestiegen. Im Oktober 1981 lag sie immer noch bei 11,7 Prozent. Die Arbeitslosigkeit verdoppelte sich zwischen 1979 und Ende 1981 und erfaßte etwa 3 Millionen oder 12,4 Prozent der arbeitsfähigen Bevölkerung. Sie traf vor allem auch Schulabgänger, die nirgendwo Arbeit erhielten. Die Realeinkommen verringerten sich 1981 um durchschnittlich zwei Prozent. Firmenzusammenbrüche und Bankrotterklärungen waren an der Tagesordnung. 1980 machten allein 6891 und 1981 sogar 9807 Firmen pleite. Lediglich die Nordsee-Erdölförderung und die Rüstungskonzerne blieben von der Rezession verschont.

Meinungsumfragen zufolge befand sich die Popularität der Regierung Thatcher im Herbst 1981 auf dem Tiefpunkt. Selbst in der Konservativen Partei regten sich kritische Stimmen. Zu Frau Thatchers stärkstem Widersacher wurde der frühere Premierminister Edward Heath. Er forderte die

Premierministerin auf, zur Konsenspolitik früherer Regierungen zurückzukehren. Auch in der Regierung selbst kamen Zweifel auf, ob der eingeschlagene rigorose Wirtschaftskurs der richtige sei. Aber die Lady — selbstbewußt, unnachgiebig und von ihrer Mission überzeugt — blieb eisern und dachte nicht an einen Rückzug. Um ihre Position im Kabinett zu stärken, entfernte sie einen mißliebigen Minister nach dem anderen und ersetzte sie durch Männer wie Norman Tebbit, Cecil Parkinson und Nigel Lawson, die ihre Politik uneingeschränkt befürworteten. „Sie wandte dabei die Salami-Taktik an, indem sie nur einen oder zwei zur selben Zeit entließ."⁴ Auf diese Weise gelang es der „Eisernen Lady", wie sie nun immer häufiger in der Öffentlichkeit genannt wurde, ihre Position innerhalb der Regierung und der Partei zu festigen und ihren Kurs mit allen, vor allem für die Werktätigen schwerwiegenden Konsequenzen weiterzuverfolgen.

2. Antidemokratische Gesetzgebung

Bereits in der Thronrede der Königin am 15. Mai 1979 hatte die Regierung eine „Reform" der Gewerkschaftsbewegung angekündigt, um angeblich ein „besseres industrielles Klima" zu schaffen und den „Mißbrauch gewerkschaftlicher Macht" einzudämmen. Angesichts der Erfahrungen der Vergangenheit beschritt sie jedoch einen anderen Weg als die Regierung Heath, die mit ihrem umfassenden gewerkschaftsfeindlichen Gesetz „Über die Beziehungen in der Industrie" ein Fiasko erlitten hatte. Die Regierung Thatcher ging statt dessen stufenweise vor, um die Gewerkschaftsbewegung zu schwächen, zu spalten und sie ihrer Initiative zu berauben. Sie bediente sich dabei gezielt der Fleet-Street-Presse, um ein Massenbewußtsein zugunsten der von ihr geplanten Schritte zur Knebelung der Gewerkschaften zu entwickeln.

Die 1980, 1982 und 1984 von der Regierung erlassenen „Beschäftigungsgesetze" setzten nach und nach traditionelle gewerkschaftliche Freiheiten außer Kraft, beraubten den einzelnen Arbeiter grundlegender Rechte und ermöglichten eine Einmischung des Staates in innergewerkschaftliche Angelegenheiten. Kernpunkt des 1980 angenommenen Gesetzes war das Verbot des sogenannten Secondary Picketing, d. h. des Aufstellens von Streikposten vor Zuliefer- und Abnehmerbetrieben der bestreikten Unternehmen, der Blockierung von Häfen, Lagerhallen usw., um dem Streik die volle Durchschlagskraft zu verleihen. Dadurch sollten zugleich jegliche Solidaritätsaktionen mit den Streikenden verhindert werden. Das Gesetz von 1982 verfügte, daß Gewerkschaften, die sich an solchen „ungesetzlichen"

Kampfmaßnahmen wie Solidaritäts- und Sympathiestreiks beteiligen, vor Gericht zitiert und finanziell haftbar gemacht werden konnten, einschließlich der Beschlagnahme ihrer Fonds. Durchlöchert wurde in beiden Gesetzen auch das sogenannte Closed-Shop-System, d. h. das Recht auf hundertprozentige gewerkschaftliche Organisation, das in Betrieben mit insgesamt über fünf Millionen Beschäftigten durchgesetzt worden war. In Zukunft durfte ein „closed shop" nur nach geheimen Abstimmungen, bei denen sich mindestens 80 Prozent der Belegschaft dafür auszusprechen hatten, eingeführt werden. Nichtorganisierte Arbeiter, die in „closed shops" entlassen worden waren, konnten die betreffende Gewerkschaft auf Schadenersatz verklagen. Weitere Bestimmungen der „Beschäftigungsgesetze" mischten sich u. a. in die Satzungen und Finanzen der Gewerkschaften ein, mit dem Ziel, die engen Beziehungen zwischen der Gewerkschaftsbewegung und der Labour Party zu lockern. Parallel zu dieser antigewerkschaftlichen Gesetzgebung unternahm die Regierung Anstrengungen, um die Rechte der Polizei auszudehnen, damit sie im Bedarfsfalle auch zur Unterdrückung von Streiks eingesetzt werden konnte. Die Zahl der Polizisten erhöhte sich zwischen 1979 und 1983 in England und Wales um nahezu ein Drittel.

Mit Hilfe der neuen Gesetzgebung, aber auch durch die ständig steigende Arbeitslosigkeit gelang es der herrschenden Klasse, der Gewerkschaftsbewegung ernsthaften Schaden zuzufügen. Die Zahl der gewerkschaftlich organisierten Arbeiter ging erstmals seit 1945 zurück. Betroffen waren vor allem die großen, traditionsreichen britischen Gewerkschaften, wie die Transportarbeitergewerkschaft, die Metallarbeitergewerkschaft und die Elektrikergewerkschaft, und jene, die mit den niedergehenden Industriezweigen verbunden waren, wie die Bergarbeitergewerkschaft und die Eisenbahnergewerkschaft. Die Zahl der Werktätigen, die in gewerkschaftlich vollorganisierten Zweigen arbeiteten, schrumpfte innerhalb von fünf Jahren um eine Million. Desgleichen verringerte sich erheblich die Zahl der Shop stewards.

Auch die Streikbewegung ging Anfang der achtziger Jahre zurück. Dennoch zeigte eine Reihe von Arbeitskämpfen, insbesondere der mit großer Erbitterung geführte landesweite Ausstand der Stahlarbeiter Anfang 1980, daß der kämpferische Geist der britischen Arbeiterbewegung weiterlebte. Die Stahlarbeiter, die trotz Betriebsstillegungen und Massenentlassungen drei Monate lang für höhere Löhne streikten, sagten damit zugleich auch der Politik des „Gesundschrumpfens" den Kampf an. Ihrem Beispiel folgten Werktätige anderer Industriezweige, darunter die Staatsangestellten sowie die Mitarbeiter des Gesundheitswesens. Auf diese Weise gelang es trotz der Massenarbeitslosigkeit jenen, die ihren Arbeitsplatz behielten, das Niveau ihrer Reallöhne im wesentlichen zu halten.

Zur Zielscheibe einer antidemokratischen Gesetzgebung wurden außer den Gewerkschaften vor allem die ethnischen Minderheiten. Die Konservativen hatten schon in ihrem Wahlmanifest keinen Zweifel daran gelassen, daß sie gewillt waren, die Einwanderung farbiger Bürger aus den Commonwealth-Ländern rigoros einzuschränken. Nicht zuletzt dadurch war es ihnen gelungen, den neofaschistischen Parteien, insbesondere der Nationalen Front, Wählerstimmen abzujagen.

Die Regierung Thatcher verwirklichte ohne Skrupel die im Wahlmanifest angekündigten Restriktionen und rassistischen Maßnahmen. Am 1. März 1980 trat eine Modifizierung der bisherigen Einwanderungsgesetzgebung in Kraft, die insbesondere den Nachzug von Familienangehörigen bereits Eingewanderter sowie die Ausgabe von Arbeitsbewilligungen an farbige Immigranten weiter einschränkte. Gleichzeitig wurde ein neues Staatsbürgerschaftsgesetz vorbereitet, das die Bürger in verschiedene Kategorien einteilte. Lediglich Angehörige der ersten Kategorie, wozu neben den seit jeher im Lande lebenden Briten nur Bürger mit ,,engen Bindungen zu Großbritannien", d.h. praktisch nur Bürger aus den ehemaligen ,,weißen" Dominien, gehörten, besaßen automatisch die volle britische Staatsbürgerschaft. Angehörige der anderen Kategorien, zu denen vorwiegend farbige Einwanderer zählten, konnten die britische Staatsbürgerschaft nur nach Erfüllung einer Reihe von diskriminierenden Bedingungen erwerben. Anderenfalls drohte ihnen die Ausweisung. Darüber hinaus sollten in Großbritannien geborene Kinder von Einwanderern nicht mehr automatisch die britische Staatsbürgerschaft erhalten.

Die rassistische Gesetzgebung der Regierung Thatcher stieß in der demokratischen Öffentlichkeit Großbritanniens und bei den ethnischen Minderheiten auf breite Ablehnung und auf Widerstand, wenngleich der antirassistische Kampf nicht mehr die gleiche Stärke wie in den siebziger Jahren erreichte. Auch eine Reihe von Commonwealth-Ländern meldete Bedenken dagegen an. Im Unterhaus kam es zu langwierigen Auseinandersetzungen über das neue Staatsbürgerschaftsgesetz. Trotz der Opposition von Labour Party und Liberalen konnte jedoch seine Verabschiedung nicht verhindert werden. Es trat am 1. Januar 1983 in Kraft.

In den Jahren 1980/81 flammten in einigen Städten Jugendunruhen auf, an denen vorwiegend farbige Jugendliche beteiligt waren. Sie begannen im April 1980 in Bristol, wo Polizei, die bereits jahrelang farbige Jugendliche belästigt und provoziert hatte, eine Razzia in einem vorwiegend von farbigen Jugendlichen besuchten Jugendtreffpunkt durchführte. Die Jugendlichen wehrten sich mit Steinen und Flaschen, und ihr Widerstand konnte erst nach Einsatz größerer Polizeikontingente gebrochen werden. Ein Jahr später, im April 1981, kam es in Brixton (Lambeth) — einem Südlondoner Stadtteil mit hohem Anteil farbiger Bürger — zu einem Ausbruch aufgestauten Hasses farbiger Jugendlicher gegen die sie drangsalierende Polizei. Die Unruhen dauerten drei Tage und Nächte und entwickelten sich zu regelrechten Straßenschlachten. Mehr als 200 Verletzte, niedergebrannte Häuser, zerstörte Geschäfte und demolierte Kraftfahrzeuge mit einem Gesamtschaden von mehr als 2 Millionen Pfund Sterling waren die traurige Bilanz dieser Rebellion.

Eine von der Regierung eingesetzte Untersuchungskommission unter Lord Scarman gelangte zu folgenden bemerkenswerten Eingeständnissen: ,,Eine der Hauptursachen für die Feindseligkeit der jungen Schwarzen gegenüber der Polizei war der Vertrauensschwund bedeutender Teile, wenn auch nicht der gesamten Öffentlichkeit von Lambeth, gegenüber der Polizei. Die Gründe für diesen Vertrauensschwund schlossen ein: den Zusammenbruch der Polizei-Verbindungskomitees im Jahre 1979, ,harte' Polizeimethoden, die Verstöße und Festnahmen verursachten, der Mangel an Konsultation bei Polizeioperationen, Mißtrauen gegenüber der Art und Weise der Behandlung von Beschwerden gegen die Polizei und ungesetzliches und besonders von Rassenvorurteilen bestimmtes Verhalten bei einigen Polizeioffizieren."[5]

Im Sommer 1981 dehnten sich die Jugendunruhen auf mehr als 30 britische Städte aus. Diese fast ausschließlich spontanen Aktionen vollzogen sich auf dem Hintergrund einer erschreckend hohen Arbeitslosenquote unter den farbigen Jugendlichen, miserabler, slumsartiger Wohnverhältnisse und anderer ungelöster sozialer Probleme. Doch die Regierung Thatcher war nicht bereit, diesen tieferen Ursachen für das Aufbegehren der farbigen Jugendlichen nachzugehen. Statt dessen unterbreitete sie im Herbst 1982 den Entwurf eines neuen Polizeigesetzes, das die Macht der Polizei weiter stärken und ausdehnen sollte. Danach konnte die Polizei ohne Grund Leute auf der Straße anhalten, sie durchsuchen und ohne Beweise verhaften, Hausdurchsuchungen bei unverdächtigen Leuten durchführen u. a. m. Dieses Gesetz, das jeglicher Polizeiwillkür Tür und Tor geöffnet hätte, stieß im ganzen Land auf breiten Widerstand. Bevor es verabschiedet werden konnte, wurden Neuwahlen ausgeschrieben, wodurch es zunächst von der Tagesordnung verschwand.

3. Linke Tendenzen in der Labour Party. Die Abspaltung der SDP

Die Wahlergebnisse vom Mai 1979 waren für die gesamte britische Arbeiterbewegung ein schwerer Rückschlag. Die Wahlen hatten sichtbar gemacht, ,,daß nicht unbedeutende Teile der Bürger antigewerkschaftlichen Stimmungen zugänglich waren, sich in ihrem Denken stärker nationalistischem Gedankengut zuwandten und sich für rassistische Ideologieeinflüsse anfällig zeigten".[6] Die Labour Party verbuchte ihr schlechtestes Wahlergebnis seit 1931.

Nach den Wahlen entbrannten in der Labour Party heftige Auseinandersetzungen zwischen linken und rechten Kräften über den weiteren Kurs der Partei. Für die Linken war die Wahlniederlage das Ergebnis des schrittweisen Abweichens der Partei von ihrem 1973 angenommenen programmatischen Dokument, das eine grundlegende Veränderung des Kräfteverhältnisses und der Verteilung des Reichtums im Lande angestrebt hatte. Die Linken, als deren Führer sich immer mehr Tony Benn profilierte, begannen eigene Alternativen zu entwickeln, die insbesondere Fragen der ökonomischen Strategie, der innerparteilichen Demokratie und des Kampfes um Frieden und Sicherheit betrafen. Es gelang ihnen um die Wende zu den achtziger Jahren, die Gesamtpolitik der Partei immer stärker zu beeinflussen. Gleichzeitig bauten sie antikommunistische Vorbehalte ab, legten ihre Ansichten in kommunistischen Publikationsorganen, wie dem ,,Morning Star", dar und arbeiteten mit den Kommunisten gegen die Hochrüstungspolitik der Regierung und die Abwälzung der Krisenlasten auf die Werktätigen zusammen.

Einen Durchbruch erzielten die Linken auf der Jahreskonferenz der Labour Party 1980 in Blackpool. Die dort angenommenen Beschlüsse verpflichteten die Partei bei Regierungsübernahme zum Austritt aus der EWG, zur einseitigen nuklearen Abrüstung, einschließlich des Abbaus aller britischen und US-amerikanischen Atomstützpunkte, und zu einer Wirtschaftspolitik, die u. a. auf einer Ausdehnung des staatlichen Sektors, der Überwindung der Massenarbeitslosigkeit und einer strengen Kontrolle über die Kapitalausfuhr und die Devisengeschäfte beruhen sollte.

Die Parteikonferenz beschloß darüber hinaus, den Parteiführer und seinen Stellvertreter künftig nicht mehr allein von der Parlamentsfraktion wie bisher, sondern von einem repräsentativen Gremium der Gesamtpartei wählen zu lassen. Da keine Einigung zustande kam, wie sich dieses Gremium zusammensetzen sollte, fand im Januar 1981 eine Sonderkonferenz statt, die festlegte, daß in Zukunft ein Wahlkollegium gebildet wird, in dem die Unterhausfraktion nur noch einen Stimmenanteil von 30 Prozent hat, während die Ortsorganisationen ebenfalls 30 Prozent und die der Labour Party angeschlossenen Gewerkschaften 40 Prozent der Stimmen in die Waagschale werfen können. Eine weitere Statutenänderung auf der Jahreskonferenz 1980 betraf die Nominierung von Kandidaten für Parlamentswahlen. Um der Parteibasis größeres Mitspracherecht zu sichern, hatten sich die Abgeordneten ab sofort bei jeder Wahl ihren jeweiligen Ortsorganisationen wieder neu zur Nominierung zu stellen.

Auf dem Hintergrund der innerparteilichen Auseinandersetzungen und der verlorenen Unterhauswahlen trat Callaghan im Herbst 1980 als Parteiführer zurück. Für die Nachfolge bewarben sich der bisherige stellvertretende Parteiführer Michael Foot, der vor allem von den Linken unterstützt wurde, und Denis Healey, der Kandidat der Rechten. Die Wahl, die noch nach dem alten Modus erfolgte, brachte Foot den Sieg, der mit zehn Stimmen Vorsprung von einer Mitte-Links-Mehrheit der Parlamentsfraktion zum neuen Parteiführer gewählt wurde. Die Wahl Foots, einer Symbolfigur der Linken, der freilich als Minister der Regierung Callaghan bis zuletzt deren verfehlte Politik mitgetragen hatte, wurde allgemein als Linksruck innerhalb der Partei interpretiert.

Aber auch die Rechtskräfte in der Labour Party schlossen sich enger zusammen und kämpften erbittert um ihre Positionen. Nach wie vor beherrschten sie die einflußreiche Parlamentsfraktion und das Schattenkabinett. Zu den Wortführern der am weitesten rechtsstehenden Kräfte wurden nach den Unterhauswahlen 1979 Shirley Williams, David Owen und William Rodgers, die sogenannte Dreierbande. Alle drei hatten in den siebziger Jahren Regierungsverantwortung ausgeübt und vertraten traditionelle rechtssozialdemokratische Konzeptionen. Kurz vor der Jahreskonferenz der Partei 1980 in Blackpool veröffentlichte die ,,Dreierbande" eine Erklärung, in der sie drohte, die Partei zu spalten, wenn sich diese weiter nach links entwickeln würde. Als sich noch Roy Jenkins zu ihnen gesellte, wurde aus der ,,Dreier"- die ,,Viererbande". Diese gründete nach der Sonderkonferenz der Labour Party im Januar 1981 den ,,Rat für soziale Demokratie", aus dem am 26. März 1981 die Sozialdemokratische Partei (SDP) hervorging. Inzwischen hatte eine Reihe von Unterhausabgeordneten der neuen Gruppierung ihre Unterstützung zugesagt und Anfang März eine eigene Parlamentsfraktion gegründet.

Die Mehrheit der Rechtskräfte verblieb allerdings in der Labour Party, um innerhalb der Partei den Kampf gegen die Linken und für eine Revision der 1980 gefaßten Beschlüsse zu führen. Auf der Jahreskonferenz der Partei im Herbst 1981 in Brighton, die die 1980 gefaßten Beschlüsse im wesentlichen bestätigte, gelang es ihnen zumindest, die Wahl von Tony Benn zum stellvertretenden Parteiführer zu verhindern und Denis Healey in seinem Amt zu bestätigen.

Die Gründung der SDP stellte eine ernste Herausforderung für die Labour Party dar, wenngleich deren Führer die Bedeutung dieser ersten Abspaltung von der Partei seit 1931 zunächst unterschätzten. Die KP Großbritanniens warnte von Anfang an vor derartigen Fehleinschätzungen. „Die Arbeiterbewegung würde sehr töricht handeln", schrieb der Generalsekretär der KP Großbritanniens, Gordon McLennan, „wenn sie das Erscheinen der Sozialdemokratischen Partei in der politischen Arena als etwas Unwesentliches abtäte."[7] Das Establishment konstatierte das Erscheinen der SDP auf der politischen Bühne mit Genugtuung, trug diese Spaltung doch objektiv dazu bei, die Chancen der Konservativen bei den nächsten Unterhauswahlen zu erhöhen. Womöglich stellte diese Partei sogar eine Alternative zu den Konservativen dar, wenn diese versagten und sich zu sehr diskreditierten.

Ein Jahr nach ihrer Gründung gehörten der SDP bereits 80 000 Mitglieder an, und im Unterhaus konnte sie sich auf 29 Abgeordnete, zumeist ehemalige Labour-Abgeordnete, stützen. Die Partei rekrutierte sich insbesondere aus Angehörigen der gehobenen Mittelklasse, wobei über die Hälfte ihrer Mitgliedschaft bisher keiner politischen Partei angehört hatte. Programmatisch orientierte sie sich an rechtssozialdemokratischen Konzeptionen wie der von der „gemischten Wirtschaft". Sie wandte sich gegen die einseitige nukleare Abrüstung Großbritanniens und befürwortete eine aktive Mitgliedschaft Großbritanniens in der EWG und der NATO. Bei der ersten Unterhausnachwahl, der sie sich stellte, gelang es der SDP, auf ihren Kandidaten, Roy Jenkins, 42,2 Prozent der Stimmen zu vereinen. Sie unterlag damit nur knapp der Labour Party in einem für diese bisher als sicher geltenden Wahlkreis. Um ihre Wahlchancen zu erhöhen, schloß die SDP im September 1981 mit den Liberalen ein Wahlabkommen für künftige Parlaments- und Lokalwahlen ab. Die Allianz von Liberalen und SDP erzielte 1981/82 bei Nachwahlen zum Unterhaus einige spektakuläre Erfolge, die zu Spekulationen darüber führten, daß die Allianz bei den nächsten Parlamentswahlen die Mehrheit erringen könnte. Doch sollten übertriebene Hoffnungen bald wieder gedämpft werden.

4. Außenpolitischer Konfrontationskurs

Die Regierung Thatcher schlug nicht nur innenpolitisch einen neuen Ton an, sondern sie verfolgte auch in der Außenpolitik von Anfang an einen

Kurs, der gegen die Entspannung gerichtet war und sich durch eine betont feindselige Haltung gegenüber der Sowjetunion und den anderen sozialistischen Ländern artikulierte. Noch mehr als in der Innenpolitik war es Frau Thatcher selbst, die durch ihren kompromißlosen antisowjetischen und nationalistisch gefärbten Kurs der Außenpolitik den Stempel aufdrückte, dabei ihren Außenminister immer mehr in den Hintergrund manövrierte und selbst das Foreign Office gelegentlich brüskierte.

Ihr außenpolitisches Credo formulierte Frau Thatcher bereits kurz nach ihrer Amtseinführung: ,,Ich betrachte die russische Bedrohung als eine weltweite Angelegenheit . . . Gemeinsam müssen wir auf diese oder jene Weise dafür sorgen, daß die Sowjets ihre Zielstellung nicht erreichen. Wir müssen ein festgefügtes Bündnis in der gesamten Welt schaffen . . . Und wir werden einfach nicht zusehen, wie ein Land nach dem anderen untergeht. Wir werden tun, was zu tun ist."[8]

Als Begründung für diese unmißverständliche Drohung diente die alte Lüge von der ,,Bedrohung aus dem Osten", die wieder einmal herhalten mußte, um die Politik der Stärke und der Konfrontation gegenüber dem sozialistischen Weltsystem zu bemänteln. Die entsprechenden konkreten Schritte der Regierung Thatcher ließen nicht lange auf sich warten. Während die Ausgaben für soziale Zwecke drastisch gekürzt wurden, schnellten die Verteidigungsausgaben sprunghaft in die Höhe. 1982/83 hatten sie sich gegenüber 1978/79 bereits um 16,7 Prozent erhöht und umfaßten 5,3 Prozent des Bruttosozialprodukts. Damit übertraf Großbritannien alle anderen kapitalistischen Länder Westeuropas und ließ nur noch den USA den Vortritt.

Die Regierung Thatcher konzentrierte ihre Aufmerksamkeit insbesondere auf die Nuklearrüstung. Sie unterstützte vorbehaltlos den NATO-Beschluß vom Dezember 1979 über die Stationierung neuer US-Mittelstreckenraketen in Westeuropa, darunter von 160 Marschflugkörpern (Cruise Missiles) in Großbritannien, mit deren Aufbau im Herbst 1983 begonnen werden sollte. Als Stationierungsorte wurden im Sommer 1980 Greenham Common in der Grafschaft Berkshire und Molesworth in Cambridgeshire benannt. Wenig später verkündete Verteidigungsminister Pym den Entschluß der Regierung, die britische Nuklearkapazität zu erneuern. Wie kurz zuvor bekanntgeworden war, hatte es ähnliche — geheimgehaltene — Pläne bereits in den siebziger Jahren gegeben. Das Modernisierungsprogramm der Regierung Thatcher sah vor, die vier mit Polaris-Raketen bestückten U-Boote mit einem Kostenaufwand von fünf Milliarden Pfund Sterling durch moderne auf 4 bis 5 U-Booten installierte amerikanische Trident-Nuklearraketensysteme zu ersetzen und die strategische kernwaffentragende Bomberflotte gegen neue Mehrzweckkampfflugzeuge vom Typ „Tornado" auszutauschen.

Die „besonderen Beziehungen" Großbritanniens zu den USA, die seit dem zweiten Weltkrieg einen Eckpfeiler britischer Außenpolitik darstellten, erhielten nach der Wahl Ronald Reagans zum Präsidenten der USA im November 1980 einen neuen Stellenwert für Großbritannien. Die Regierung Thatcher wurde in Europa zur eifrigsten Verfechterin der Konfrontations- und Hochrüstungspolitik der Reagan-Administration. Gleichzeitig versuchte Großbritannien, seine eigene Stellung im Bündnis mit den USA dadurch aufzuwerten, daß es als Mitglied der EWG zugleich westeuropäische Interessen gegenüber den USA vertrat.

Andererseits war gerade die britische Mitgliedschaft in der EWG eine Quelle häufiger Auseinandersetzungen und Reibereien innerhalb dieser „Gemeinschaft". So sah sich Großbritannien als Lebensmittelimporteur, der zugleich über eine effektive Landwirtschaft verfügte, bald als Opfer der ständig steigenden Agrarpreise innerhalb des „Gemeinsamen Marktes". Übervorteilt fühlte es sich auch durch den zu leistenden Finanzbeitrag zur EWG. Obwohl nie die Frage eines britischen Austritts aus der EWG stand, erwies sich Großbritannien für die anderen EWG-Mitglieder jedoch als ein sehr unbequemer Partner.

Margaret Thatcher war ehrgeizig genug, um auch traditionelle globale Interessen des britischen Imperialismus geltend zu machen. Da das britische Kolonialreich unwiderruflich zusammengebrochen war, versuchte sie insbesondere über die neokolonialistisch orientierte Commonwealth-Politik die weltpolitische Rolle Großbritanniens wieder aufzuwerten. Obwohl sich das Commonwealth immer mehr zu einem lockeren Zweckverband gleichberechtigter Staaten entwickelt hatte und für die britischen Außenwirtschaftsbeziehungen eine immer geringere Rolle spielte, besaß Großbritannien in einer großen Anzahl national befreiter, dem Commonwealth angehörender Staaten weiterhin größere Einflußmöglichkeiten als seine imperialistischen Partner und Rivalen. Der Eintritt Großbritanniens in die EWG hat die Bindungen zum Commonwealth zwar weiter gelokkert, aber gleichzeitig den Verflechtungsprozeß einer großen Gruppe national befreiter Commonwealth-Staaten mit der EWG vorangetrieben, sie durch das Abkommen von Lome im Jahre 1975 in deren Vertragssystem einbezogen und einem kollektiven Neokolonialismus unterworfen. Damit wurden zugleich die britischen Positionen innerhalb der EWG gestärkt.

Es war gewiß nicht das Verdienst der Regierung Thatcher, daß 1980 endlich das Problem Südrhodesien gelöst werden konnte und Simbabwe die Unabhängigkeit erhielt. Als Oppositionspartei hatten die Konservativen zunächst den Abschluß eines 1978 getroffenen „Internen Abkommens" des Smith-Regimes mit den afrikanischen Vertretern einer neokolonialistischen Lösung in Südrhodesien begrüßt und die im April 1979 abgehaltenen Scheinwahlen, aus denen der mit der „weißen Minderheit" paktierende Methodistenbischof Abel Muzorewa als Sieger hervorgegangen war, als „frei" und „fair" bezeichnet. Die Regierung Thatcher war zunächst sogar bereit, das Muzorewa-Regime anzuerkennen. Doch die afrikanische Bevölkerungsmehrheit unterstützte die beiden nationalen Befreiungsbewegungen von Simbabwe, die die Wahlen boykottiert hatten und unter Führung von Joshua Nkomo und Robert Mugabe gemeinsam in der Patriotischen Front gegen das Smith-Regime kämpften.

Erst als offensichtlich wurde, daß das Muzorewa-Regime international isoliert blieb und der Druck der nationalen Befreiungsbewegung wuchs, berief die britische Regierung im September 1979 eine Konferenz unter Einschluß von Vertretern der Patriotischen Front nach London ein, auf der die Modalitäten des Übergangs Simbabwes zur Unabhängigkeit beraten werden sollten. Im Dezember 1979 gelang es schließlich, zu einer Vereinbarung zu kommen und ein Waffenstillstandsabkommen zu unterzeichnen. Bis zur Abhaltung von Wahlen übernahm ein britischer Gouverneur die exekutive und legislative Gewalt, und Commonwealth-Truppen überwachten den Waffenstillstand. Trotz Behinderung der Patriotischen Front bei der Wahlvorbereitung und einer rassistisch angeheizten Atmosphäre im Land gingen die Parteien der Patriotischen Front als Sieger aus den Wahlen hervor. Am 18. April 1980 wurde die Republik Simbabwe unter Ministerpräsident Mugabe unabhängig.

5. Neue Dimensionen der Friedensbewegung

Der NATO-Beschluß über die Stationierung neuer Mittelstreckenraketen in Westeuropa vom Dezember 1979 stieß wie in anderen westeuropäischen Ländern auch in Großbritannien auf entschiedenen Widerstand. Als wenig später in einer regierungsamtlichen Broschüre unter dem Titel „Protect and Survive" (Schütze Dich und überlebe) Regeln für den Fall eines Kernwaffenkrieges aufgestellt und vom Fernsehen Pläne für die Zivilverteidigung bei einem Nuklearkrieg enthüllt wurden, war dies das Signal für die britische Friedensbewegung, ihre Kräfte zu sammeln, um dem Aggressionskurs der Regierung Thatcher und der von ihr entfachten Kriegspsychose wirksam entgegentreten zu können. „. . . ‚Protect and Survive', das die Leute überzeugen sollte, wie sie sich gegen Bomben mit der Kraft von

Millionen Tonnen von Dynamit schützen könnten ..., brachte das Konzept eines Nuklearkrieges in jeden Wohnraum, in jede Küche. Plötzlich wurde die Sache sehr nahe, sehr bedrohlich."[9]

In den siebziger Jahren hatte die Friedensbewegung davor gewarnt, daß die politische Entspannung, wenn sie nicht durch entsprechende Abrüstungsmaßnahmen, insbesondere durch Kernabrüstung flankiert würde, noch nicht das Gespenst eines Nuklearkrieges bannt. Insbesondere die 1958 gegründete „Kampagne für nukleare Abrüstung" hatte immer wieder vor zu großen, durch die Entspannung geförderten Illusionen gewarnt. Die Entwicklung der Neutronenbombe in der zweiten Hälfte der siebziger Jahre und der von Großbritannien unterstützte Vorschlag der USA, die NATO mit dieser schrecklichen, vor allem die Zivilbevölkerung bedrohenden Waffe auszurüsten, hatten zu einer Neubelebung der Aktivitäten der CND geführt, die von manchen schon totgesagt worden war.

Seit der Wende zu den achtziger Jahren kam es zu einem raschen Anwachsen der britischen Friedensbewegung, und innerhalb kürzester Zeit entfaltete sie eine bisher nicht gekannte Kraft. Neben der CND reaktivierten sich traditionelle Friedensorganisationen, und es entstanden zugleich neue Gruppierungen und Kampagnen, wie z. B. die auf Initiative der beiden Veteranen der britischen Friedensbewegung, der über 90jährigen Mitglieder des Oberhauses Lord Fenner Brockway und Lord Philip Nöel-Baker, im April 1980 gegründete Weltabrüstungskampagne. Deren Ziel war es, bis zum Zusammentreten der zweiten Abrüstungskonferenz der UNO eine Massenpetition zur Abrüstung vorzubereiten.

Im Jahre 1980 fanden zum erstenmal seit längerer Zeit wieder in größerem Umfang Friedensdemonstrationen in Großbritannien statt, die sich vor allem gegen die geplante Stationierung neuer US-Mittelstreckenraketen wandten. Sie wurden zumeist von lokalen Friedensgruppen organisiert. Im April 1980 tagte in London ein „Nationaler Konvent für Abrüstung", zu dem sich 2500 Vertreter von Organisationen bzw. Einzelpersönlichkeiten zusammengefunden hatten. Der Konvent forderte Maßnahmen zur Einstellung des Wettrüstens und zur Abrüstung einschließlich des Verbots aller Massenvernichtungswaffen. Charakteristisch für die machtvoll anschwellende Friedensbewegung war, daß sie hinsichtlich ihrer sozialen Zusammensetzung und der sie unterstützenden politischen, pazifistischen und religiösen Organisationen und Gruppen eine Breite wie nie zuvor erreichte.

Die Friedensaktionen des Jahres 1980 kulminierten am 26. Oktober 1980 in einem von der CND unter der Parole „Protest and Survive" (Protestiere und überlebe) organisierten Marsch mit anschließender Kundgebung auf dem Trafalgar Square, die über 80 000 Teilnehmer vereinte. Es war die erste nationale Friedensdemonstration der CND seit 1974. Getragen und unterstützt wurde sie von 18 Parteien und Organisationen, darunter von der Labour Party und der Kommunistischen Partei, die mit Tony Benn und Gordon McLennan auch zwei der Hauptredner stellten. Einige Tage später erklärte der Stadtrat von Manchester die Stadt zur ,,Nuklearfreien Zone" und forderte andere Städte und Gemeinden auf, seinem Beispiel zu folgen. Nach zwei Jahren hatten sich bereits 140 Städte und Gemeinden zu ,,Nuklearfreien Zonen" erklärt.

Im Jahre 1981 wuchs die Friedensbewegung weiter an. Zum erstenmal seit langer Zeit wurden wieder Ostermärsche gegen die Atomkriegspolitik veranstaltet. Anders als in den Jahren 1958 bis 1963, als jeweils gesamtnationale Demonstrationszüge vom Kernwaffenforschungszentrum Aldermaston nach London stattfanden, wurden diesmal eine Vielzahl regionaler und lokaler Kampagnen durchgeführt, um möglichst viele Kernwaffengegner zu erfassen.

Ende August begannen engagierte Frauen auf Initiative der Organisation ,,Frauen für das Leben auf der Erde" einen Marsch von Südwales nach Greenham Common, einem der geplanten Stationierungsorte für Marschflugkörper. Dort angekommen, errichteten sie ein Friedenslager, um ihrem Protest den nötigen Nachdruck zu verleihen. Sie versuchten, die Zufahrtsstraßen zum Stationierungsort zu blockieren, behängten die Zäune der Basis mit Kinderkleidung und Spielzeug und widerstanden mutig allen Schikanen der Polizei, die sie vertreiben wollte. Verhaftungen und Aburteilungen wegen zivilen Ungehorsams konnten ihren Widerstand nicht brechen. Die Unbilden der Witterung ertrugen sie standhaft. Immer wieder stießen Neuankömmlinge zu ihnen. Zur Unterstützung der mutigen Frauen von Greenham Common versammelten sich am 12. Dezember 1982 30 000 Frauen, faßten sich an den Händen und bildeten eine lebende Kette um den geplanten Stationierungsort. Das Friedenslager von Greenham Common wurde weltbekannt; bald entstanden an anderen Orten und in anderen Ländern ähnliche Camps.

Am 24. Oktober 1981 fand die bisher größte Friedensdemonstration in der britischen Geschichte statt. An diesem Oktobersonntag versammelten sich — ähnlich wie in anderen westeuropäischen Städten — 250 000 Kernwaffengegner aus allen Teilen des Landes im Londoner Hyde Park und brachten nachhaltig ihren Protest gegen die Atomkriegspolitik der Regierung Thatcher zu Gehör. Diese von der CND organisierte Massenkundgebung wurde von mehreren politischen Parteien, von etwa 25 Gewerkschaften und 40 Friedensorganisationen unterstützt. Der Demonstrationszug stand unter dem Motto „Nein zum nuklearen Selbstmord — gemeinsam können wir die Bombe stoppen". Diese mächtige Demonstration bewirkte einen Umschwung in der Haltung der Massenmedien gegenüber der Friedensbewegung, die nun nicht mehr länger totgeschwiegen werden konnte. Selbst die „Times" mußte zugeben, daß die Friedensbewegung „einen breiten Kreis ernst zu nehmender und besorgter Menschen mit grundlegend ehrenhaften Absichten..." umschließt.[10]

Die CND wuchs in diesen Jahren zahlenmäßig rasch an. Betrug die Mitgliedschaft Anfang der siebziger Jahre etwa 3000, so konnte sie sich 1982 bereits auf 50 000 Mitglieder stützen. Hinzu kamen 1000 lokale CND-Gruppen mit etwa 200 000 Mitgliedern und ca. 1000 der CND angeschlossene Organisationen, darunter zahlreiche Gewerkschaften. Meinungsumfragen signalisierten ein stetiges Anwachsen der Bevölkerungsteile, die sich gegen Kernwaffen aussprachen. 1982 lehnten bereits 63 Prozent der Befragten die Stationierung neuer Mittelstreckenraketen ab, und 53 Prozent sprachen sich gegen die neuen Trident-Raketensysteme aus. Dies war um so bemerkenswerter, als die übergroße Mehrheit der Massenmedien die Friedensbewegung als kommunistisch beeinflußt hinstellte, die angeblich in die „Hände Moskaus" arbeite. 1982 weigerten sich die Städte und Gemeinden, die sich zu „Nuklearfreien Zonen" erklärt hatten, an der Zivilschutzübung „Hard Rock" teilzunehmen, die daraufhin von der Regierung abgesagt wurde. Immerhin zeigte sich Frau Thatcher von der Friedensbewegung so beeindruckt, daß sie Anfang 1983 einen neuen Verteidigungsminister ernannte. „Die Regierung wurde durch die Wucht dieser Kampagne in die Verteidigung gedrängt. Die Suche nach einem wirksameren Sprecher gegen den Unilateralismus war ein Grund für die Ernennung von Michael Heseltine zum Verteidigungsminister im Januar 1983."[11]

Die Stärke der britischen Friedensbewegung Anfang der achtziger Jahre lag nicht zuletzt darin begründet, daß sie eng mit der Arbeiterbewegung zusammenwirkte. Nicht nur die Kommunistische Partei, sondern auch die Labour Party und die Gewerkschaftsbewegung nahmen offiziell an den gesamtnationalen Friedensaktionen teil. Auf einer Sonderkonferenz am 31. Mai 1980 wandte sich die Labour Party gegen die Stationierung von Marschflugkörpern in Großbritannien und gegen die Neutronenbombe. Am 22. Juni 1980 rief sie zum ersten Friedensmarsch in ihrer Geschichte auf. Trotz Regenschauern und Sturmböen folgten diesem Aufruf 20 000 Menschen, die unter Losungen wie „Nein zu Kernwaffen — ja zum Frieden" durch die Londoner Innenstadt zum Hyde Park marschierten, wo u.a. Michael Foot und der Generalsekretär der CND, der Geistliche Bruce Kent, zu den Versammelten sprachen. Die Jahreskonferenz der Labour

Party 1980 verpflichtete eine zukünftige Labour-Regierung zur einseitigen nuklearen Abrüstung. Ähnliche Beschlüsse nahm der TUC auf seinen Jahreskongressen Anfang der achtziger Jahre an.

Die KP Großbritanniens, die die Friedensbewegung vorbehaltlos unterstützte und gleichberechtigt in ihr mitwirkte, formulierte auf ihrem XXXVII. Parteitag im November 1981 ihre Grundforderungen im Kampf um den Frieden. Sie sprach sich gegen die Stationierung von Marschflugkörpern auf britischem Boden aus, forderte die Demontage der Polarisraketen und den Verzicht auf den Ankauf von Tridentraketen, die Auflösung aller Militär- und Kernwaffenbasen auf britischem Boden, den Abzug der USA-Truppen aus Großbritannien, die einseitige nukleare Abrüstung Großbritanniens und die Schaffung einer kernwaffenfreien Zone in Europa.

6. Vom Falklandkrieg zu den Juniwahlen 1983

Am 5. April 1982 schiffte sich in Großbritannien eine spezielle Eingreiftruppe in Richtung auf die 12 000 Kilometer entfernten Falklandinseln (Malwinen) im Südatlantik östlich von Argentinien ein. Diesem Schritt waren in London diplomatische Hektik, der Rücktritt von Außenminister Lord Carrington und eine nationalistische Stimmungsmache vorausgegangen, die ihresgleichen in der jüngsten britischen Geschichte sucht. Was hatte sich auf den fernen, von etwa 2000 Menschen bewohnten Falklandinseln ereignet, das derartige Reaktionen hervorrief?

Die Falklandinseln waren 1833 wegen ihrer strategischen Bedeutung für die britische Seeherrschaft im Südatlantik von englischen Truppen gegen den Protest Argentiniens besetzt und in das britische Kolonialreich einverleibt worden. Seit jener Zeit war der Konflikt um die Falklandinseln zwischen Großbritannien und Argentinien nie beigelegt worden. 1948 hatte Argentinien die Falklandinseln zu einem Teil seines Territoriums erklärt. Im Zusammenhang mit der restlosen Beseitigung des Kolonialsystems hatte die UNO Großbritannien und Argentinien wiederholt aufgefordert, das umstrittene Problem friedlich und im Sinne der Entkolonialisierung zu lösen.

Nach jahrelangen Verhandlungen, die schließlich Ende Februar 1982 ergebnislos abgebrochen wurden, beschloß die in Argentinien regierende Militärjunta, das Falklandproblem gewaltsam zu lösen. Am 2. April 1982 besetzten argentinische Streitkräfte die Inseln. London reagierte darauf so prompt, als hätte es nur darauf gewartet, durch einen „kleinen Krieg" von den inneren Schwierigkeiten des Landes ablenken zu können. Innerhalb von 24 Stunden nach der argentinischen Invasion beschloß die britische Regierung mit Unterstützung der Labour-Opposition, ein Expeditionskorps in den Südatlantik zu schicken. Nur eine Minderheit von Labour-Abgeordneten warnte vor diesem Schritt als einer in keiner Weise gerechtfertigten Reaktion, die einer ehemaligen Kolonialmacht nicht anstünde.

Eine der ersten militärischen Maßnahmen Großbritanniens im Südatlantik war die Versenkung des argentinischen Kreuzers ,,Belgrano" am 2. Mai, die 370 Argentiniern das Leben kostete. Der Angriff auf die ,,Belgrano" war direkt von Frau Thatcher und dem Kriegskabinett befohlen worden. Die Versenkung des Kreuzers signalisierte, daß die Regierung Thatcher zum Äußersten entschlossen und nicht an den von der peruanischen Regierung initiierten Vermittlungsversuchen in diesem Konflikt interessiert war.

Wie sich später herausstellen sollte, war die Behauptung der britischen Regierung, die ,,Belgrano" habe sich in Richtung auf die 200-Meilen-Sicherheitszone bewegt und sie sei ein mit Raketen bewaffnetes, modern ausgerüstetes Kriegsschiff gewesen, das die britischen Schiffe bedroht hätte, völlig aus der Luft gegriffen. Statt dessen war die ,,Belgrano" lange vor dem Angriff entdeckt und von einem britischen U-Boot begleitet worden. Sie befand sich auf dem Weg nach Hause und entfernte sich demnach von der 200-Meilen-Sicherheitszone. Überdies war sie ein veraltetes Schiff, ein Überbleibsel von Pearl Harbor und reif für das Schiffahrtsmuseum. Es war insbesondere dem Labour-Abgeordneten Tam Dalyell zu verdanken, der die Regierung durch seine ständigen Anfragen im Unterhaus in die Enge trieb, daß die Wahrheit nach und nach ans Licht kam.

Argentinien reagierte auf die Versenkung der ,,Belgrano" mit einem Angriff auf den britischen Zerstörer ,,Sheffield", der am 4. Mai — von Raketen getroffen — aufgegeben und verlassen werden mußte. In den folgenden gut zwei Wochen fügten sich beide Seiten ,,relativ empfindliche Verluste an Menschen und Material zu, ohne jedoch ins Gewicht fallende operativ-taktische Vorteile zu erlangen".[12]

Am 21. Mai landeten schließlich britische Truppen auf den Falklandinseln, bildeten einen Brückenkopf und nahmen die Inseln nach verlustreichen Kämpfen in Besitz. Am 14. Juni kapitulierten die argentinischen Streitkräfte.

Angesichts der Winzigkeit des Streitobjekts stellt sich die Frage, welches die eigentlichen Gründe waren, die Großbritannien veranlaßt hatten, diesen nichterklärten Krieg vom Zaune zu brechen. Für die Politik der imperialistischen Staaten hat der südliche bzw. südwestliche Atlantik in den letzten Jahrzehnten wachsende Bedeutung erlangt. Er gilt als Tor zur Antarktis, wo wichtige strategische Rohstoffe, wie Wolfram, Uran, Aluminium, Nickel usw., entdeckt worden sind. Darüber hinaus sind im Kontinentalschelf zwischen Argentinien und den Falklands und weiter zur Antarktis hin in den letzten Jahren reiche Erdölvorkommen erkundet worden. Um diese Region beherrschen zu können, haben die USA bereits seit geraumer Zeit das Projekt der Schaffung eines Südatlantikpakts (SATO) erwogen, in dem Großbritannien wegen des Besitzes der Falklandinseln eine wichtige Rolle zugedacht ist.

So standen für London vor allem wirtschaftliche, militärstrategische und globale Interessen im Vordergrund, als es den Falklandkrieg auslöste. Zugleich versuchte die Thatcher-Regierung, daraus für sich politisches Kapital zu schlagen. Sie nutzte geschickt die argentinische Besitzergreifung der Falklandinseln, um eine lautstarke chauvinistische Propaganda zu entfachen, die ihre Wirkung auf große Teile der Bevölkerung nicht verfehlte. Der von Frau Thatcher beschworene „glänzende Sieg britischer Soldaten und Waffen" schien Britanniens Glanz und Gloria aus der imperialen Ära wiederauferstehen zu lassen. Meinungsumfragen zufolge billigten 84 Prozent der Befragten die Handlungsweise der Premierministerin und ihrer Regierung im Falklandkrieg. Euphorie und Hurra-Patriotismus drängten andere Probleme vorübergehend zurück. Die Popularität von Frau Thatcher erreichte während des Falklandkrieges ihren Höhepunkt. Auch innerhalb der eigenen Partei konnte sie ihre Stellung weiter festigen. Zauderer in der Regierung — wie Lord Carrington — verloren ihr Amt.

Ein Jahr nach dem Falklandkrieg entschloß sich die Premierministerin zur Abhaltung von Neuwahlen. Wahltag sollte der 9. Juni 1983 sein. 1982/83 war es der Regierung endlich gelungen, die Inflationsrate zu drosseln. Sie fiel 1982 erstmals wieder unter die 10-Prozent-Grenze und betrug im Mai 1983 nur noch 3,7 Prozent. Insofern hatte sich der rigorose monetaristische Kurs der Regierung endlich ausgezahlt. Aber um welchen Preis! Die Politik des „Gesundschrumpfens" hatte zur Entindustrialisierung von ehemals bedeutenden Industriezentren Großbritanniens geführt. Dadurch hatte sich die Arbeitslosigkeit weiter erhöht, die 1983 nach offiziellen Angaben 3,2 Millionen oder 13,4 Prozent der arbeitsfähigen Bevölkerung betrug. In Wirklichkeit lag sie viel höher, da noch etwa eine Million nichtregistrierte Arbeitslose hinzukamen. Vor allem Jugendliche waren von der Arbeitslosigkeit betroffen. Um auf ihr Schicksal aufmerksam zu machen, organisierten sie im Frühjahr 1983 — wie schon 1981 — einen „Volksmarsch für Arbeitsplätze", an dem sich jeweils 50 Arbeitslose, insbesondere Jugendliche, aus 10 Regionen beteiligten. Sie kamen aus Schottland und Wales, aus den West Midlands, von der Mersey- und der Humberside; sie mar-

Sieg der Labour Party bei den Unterhauswahlen im Juli 1945: C. Attlee (Mitte) mit Gattin vor dem Transport House in London

Unabhängigkeitsfeier am 25. 8. 1947 in Kalkutta

Nach der Unterzeichnung des Brüsseler Vertrages am 17.3.1948: E. Bevin (stehend, rechts) bei einer Ansprache über den belgischen Rundfunk

Vom Britischen Friedenskomitee am 25.1.1955 vor dem Unterhaus organisierte Demonstration gegen die Remilitarisierung der BRD

Britische Truppen werden im November 1956 vor Southampton zur Teilnahme an der anglo-französischen Aggression gegen Ägypten verschifft.

Einsatz britischer Kolonialtruppen gegen die Befreiungsbewegung in Malaya 1957

K. Nkrumah (Mitte) nach seiner Wahl zum ersten Präsidenten der Republik Ghana am 1.7.1960

J. Nehru (l.) wird von H. Macmillan (r.) zur Eröffnungssitzung der Commonwealth-Konferenz am 8.9.1962 in London begrüßt.

Kanonikus J. Collins (r.) verkündet am 16.2.1958 das Programm der Kampagne für Nukleare Abrüstung (CND). V.l.n.r: M. Foot, S. King-Hall und B. Russell

Mitglieder der Friedensbewegung besetzen am 3.4.1961 ein US-amerikanisches Atom-U-Boot in Holy Loch/ Schottland.

Über 150000 Teilnehmer versammeln sich am 3. 4. 1961 auf dem Londoner Trafalgar Square zum Abschluß des Ostermarsches.

H. Macmillan (r.) wird am 21.2.1959 von N. S. Chrustschow begrüßt.

R. Burton (l.) als Jimmy Porter und C. Bloom (r.) als Helena 1959 in dem Film ,,Blick zurück im Zorn" nach dem gleichnamigen Buch von J. Osborne

Die Beatles 1965 nach ihrer Auszeichnung mit dem Orden des Britischen Empire

Britische Soldaten riegeln im August 1969 den von Katholiken bewohnten Stadtteil Bogside in Londonderry/Nordirland ab.

Demonstration der Antivietnamkriegsbewegung am 10.5.1970 in London

Teilnehmer des 150 000 Menschen umfassenden Protestmarsches vom 21. 2. 1971 gegen das geplante Antigewerkschaftsgesetz der Heath-Regierung

E. Heath (Mitte) unterzeichnet am 22.1.1972 in Brüssel die Dokumente für den britischen EWG-Beitritt.

J. Callaghan (unten rechts) am 30.5.1978 bei der Eröffnungssitzung der NATO-Gipfelkonferenz in Washington

H. Wilson (r.) am 3.9.1975 auf der Abschlußsitzung der KSZE in Helsinki

Brutaler Polizeieinsatz gegen streikende Bergarbeiter in Saltley/Birmingham im Februar 1972

Festnahme von Streikposten am 13. 6. 1977 vor dem Grunwick-Werk in London

Ein niedergehender Industriezweig: Port-Talbot-Werk im Jahre 1980 in Südwales

Schwere Auseinandersetzungen zwischen farbigen Jugendlichen und Polizeieinheiten im April 1981 im Südlondoner Stadtteil Brixton

Unterzeichnung des Abkommens über den Waffenstillstand in Südrhodesien am 21.12.1979 in London: (v.l.n.r.) Bischof Muzorewa (2.v.l.), Lord Carrington, I. Smith, J. Nkomo und R. Mugabe

Eröffnungssitzung der Commonwealth-Konferenz am 30.9.1981 in Melbourne: (v.l.n.r.) M. Thatcher, R. Mugabe, S. Ramphal, M. Fraser, I. Gandhi (r.)

Teilnehmer am „Volksmarsch für Arbeitsplätze" im Mai 1981

Der am 4.5.1982 während des Falklandkrieges von argentinischen Raketen getroffene britische Zerstörer „HMS Sheffield" kurz vor seinem Untergang

Friedensmarsch von Cardiff nach Greenham Common Anfang September 1981 gegen die Stationierung von Cruise Missiles

80 000 britische Rüstungsgegner bilden Ostern 1983 eine 20 Kilometer lange Menschenkette zwischen dem US-Stützpunkt Greenham Common und Burghfield.

schierten bei Wind und Wetter Hunderte von Kilometern durch britische Städte und Dörfer. Am 5. Juni endete der Marsch mit einer großen Abschlußkundgebung im Hyde Park, an der sich 100 000 Menschen beteiligten.

Dennoch gewannen die Konservativen vier Tage später überlegen die Unterhauswahlen. Zwar mußten sie einen leichten Stimmenrückgang von 43,9 auf 42,4 Prozent hinnehmen, doch konnten sie die Zahl ihrer Unterhaussitze auf 397 erhöhen. Die Labour Party hingegen verlor weitere 3 Millionen Stimmen und erreichte nur noch einen Anteil von 27,6 Prozent und 209 Unterhausmandate. Dicht auf ihren Fersen folgte die Allianz von Liberalen und SDP mit 24,6 Prozent der Stimmen, die ihr aber nur 23 Unterhaussitze einbrachten.

Die Wahlen bedeuteten für die Labour Party eine schwere Niederlage. Dabei war sie mit einem fortschrittlichen Wahlmanifest aufgetreten, in dem sie sich zur einseitigen Kernwaffenabrüstung Großbritanniens sowie zum Austritt aus der EWG verpflichtete und eine Reihe von Lösungswegen zur Überwindung der Massenarbeitslosigkeit und der Wirtschaftskrise anbot. Freilich verfochten rechte Labour-Führer im Wahlkampf nicht konsequent die im Wahlprogramm niedergelegten Ziele. Großen Schaden richtete vor allem der ehemalige Premier Callaghan an, der die Abrüstungsvorschläge seiner eigenen Partei in Zweifel zog. So bot die Labour Party im Wahlkampf ein Bild der Zerrissenheit, während sich die Konservativen als ,,Partei der Nation" präsentierten und an den Falklandkrieg erinnerten, von dem sie bei den Wahlen immer noch profitierten. Schließlich zogen sie auch aus der Abspaltung der SDP von der Labour Party Gewinn; der SDP war es im Bündnis mit den Liberalen gelungen, als ,,Partei der Mitte" viele unentschlossene Wähler auf ihre Seite zu ziehen. Infolge des Mehrheitswahlrechts kam dies jedoch letztlich nur den Konservativen zugute. So waren es eine Reihe ganz unterschiedlicher Gründe, die dazu führten, daß eine der reaktionärsten britischen Regierungen der Nachkriegszeit in ihrem Amt bestätigt wurde.

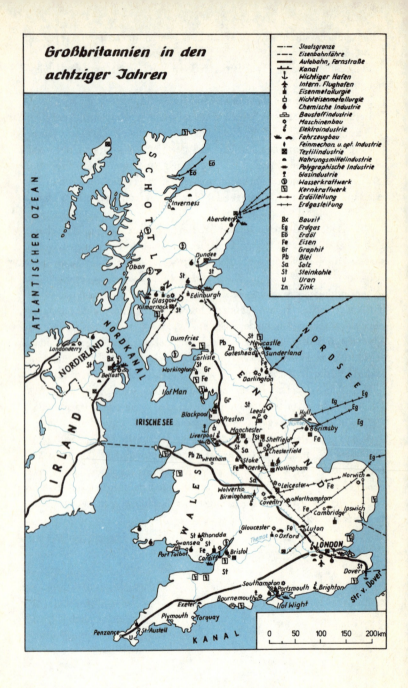

Schlußbemerkungen

In ihrer zweiten Amtsperiode von 1983 bis 1987 hielt die Regierung Thatcher an ihrem rigorosen monetaristischen Kurs fest. Die Politik des „Gesundschrumpfens" der Industrie, der Reprivatisierung staatlicher Unternehmen sowie der Kürzung öffentlicher Ausgaben (mit Ausnahme der für Verteidigung) wurde unvermindert fortgesetzt. Dadurch gelang es zwar, die Inflationsrate zu drosseln, doch gleichzeitig beschleunigte dies den Niedergang traditioneller britischer Industriezweige, wie des Kohlebergbaus, der Stahlerzeugung, des Schiffbaus sowie anderer Sektoren der verarbeitenden Industrie, und die damit verbundene Massenarbeitslosigkeit, von der Anfang 1987 etwa jeder achte Arbeitsfähige im Vereinigten Königreich betroffen war. Die Kluft zwischen Armen und Reichen vergrößerte sich.

Um die Arbeiterbewegung zu lähmen, verstärkten die Konservativen ihren antigewerkschaftlichen Kurs. Ein 1984 verabschiedetes Gesetz schränkte die Rechte der Gewerkschaften weiter ein, während zur gleichen Zeit die Befugnisse der Polizei erheblich erweitert wurden. Zu einer der umstrittensten antidemokratischen Maßnahmen der zweiten Regierung Thatcher gehörte die Abschaffung der zumeist von der Labour Party kontrollierten Stadträte von Groß-London sowie von weiteren sechs Großstädten mit Wirkung vom 1. April 1986. Diese angeblich zum Zwecke der Einsparung öffentlicher Mittel getroffene Entscheidung führte zu einer weiteren Zentralisierung der Macht und richtete sich gegen die demokratische Mitbestimmung der Bürger.

Als die Regierung Anfang 1984 ihre Absicht bekanntgab, mindestens 20 Kohleschächte zu schließen und 20 000 Bergarbeiter zu entlassen, löste sie damit im März 1984 einen landesweiten Streik der Bergarbeiter aus, der nicht nur der längste in deren Geschichte war, sondern der sich auch infolge des brutalen Einsatzes der Polizei gegen die Streikenden und durch die gnadenlose Anwendung der antigewerkschaftlichen Gesetzgebung zu einer der dramatischsten Klassenschlachten der Nachkriegszeit in Großbritannien gestaltete. Infolge der unnachgiebigen Haltung der Regierung, die die Bergarbeiter regelrecht auszuhungern versuchte, wurde der Streik von der Bergarbeitergewerkschaft im März 1985 nach einjähriger Dauer abgebrochen, ohne daß ein Übereinkommen erzielt worden war. Ungeachtet der Niederlage der Bergarbeiter hat dieser Streik tiefe Spuren in der britischen Arbeiterklasse hinterlassen. Er war beispielhaft für den kämpferischen Geist und die Standhaftigkeit der Bergleute und ihrer Frauen, stärkte die Solidarität der britischen Arbeiter und führte die von der Gesellschaft Benachteiligten fester zusammen. Zugleich machte dieser Ausstand die komplizierte Situation deutlich, in der sich die britische Gewerkschaftsbewegung seit Beginn der achtziger Jahre befindet und die in erster Linie das Resultat des wirtschaftlichen Strukturwandels, der damit verbundenen strukturellen Veränderungen der Arbeiterklasse sowie der Massenentlassungen ist.

Außenpolitisch hielt die zweite Regierung Thatcher prinzipiell an der Unterstützung des Konfrontations- und Hochrüstungskurses der USA im Rahmen der NATO fest. Gleichzeitig zeigte sie in einigen Fragen, insbesondere in ihrer Haltung gegenüber den sozialistischen Ländern, eine größere Flexibilität als vordem. Eine gewisse Bereitschaft zum Dialog wurde bereits 1984 erkennbar, als die britische Regierungschefin das erstemal ein sozialistisches Land, die Ungarische Volksrepublik, besuchte. Auch gelang es der britischen Regierung immer weniger, sich der weltweiten Friedensoffensive und den konkreten Abrüstungsinitiativen der UdSSR zu entziehen. Davon zeugte insbesondere der Aufenthalt von Margaret Thatcher in Moskau im Frühjahr 1987, der erste Besuch eines britischen Premiers in der sowjetischen Metropole nach 12jähriger Unterbrechung. Ungeachtet einer Reihe grundlegender Meinungsverschiedenheiten zwischen beiden Staaten kam es zu einer gewissen Annäherung der Standpunkte in Abrüstungsfragen.

Die stärkste britische Oppositionspartei, die Labour Party, war nach ihrer eklatanten Wahlniederlage im Juni 1983 unter ihrem neuen Parteiführer Neil Kinnock bemüht, ihre Kräfte zu sammeln und eine alternative Strategie zur Politik der Konservativen zu entwickeln. Während ihr dies außenpolitisch mit ihrer nichtnuklearen Verteidigungspolitik im wesentlichen gelang, blieben ihre innenpolitischen Vorstellungen zu verschwommen und unausgereift, als daß sie die Masse der britischen Arbeiter hätte genügend mobilisieren können. So wurde zu wenig berücksichtigt, daß ungeachtet der mit der Dezimierung traditioneller Industrien verbundenen Massenarbeitslosigkeit und wachsenden Armut eine relativ breite Schicht von Arbeitern und Angestellten ihr Realeinkommen in den letzten Jahren steigern konnte oder auch zu Besitzern von Kleinaktien reprivatisierter Unternehmen avancierte. Die von den Konservativen propagierte Eigentümerideologie blieb bei Teilen der Arbeiterschaft nicht ohne Wirkung.

So vermochte die Labour Party bei den Parlamentswahlen im Juni 1987 das Ruder nicht herumzureißen, zumal bei britischen Wahlen traditionell Fragen der Innenpolitik die Hauptrolle spielen. Zwar konnte sie sich von ihrem Debakel 1983 etwas erholen und die für sie abgegebenen Stimmen sowie die Zahl ihrer Unterhausmandate leicht erhöhen, doch gelang es ihr ebensowenig wie der Allianz von SDP und Liberalen, die sogar Stimmeneinbußen hinnehmen mußte, die absolute Mehrheit der Konservativen im Unterhaus zu brechen, die nunmehr zum drittenmal hintereinander mit Margaret Thatcher an der Spitze die Regierung bildeten.

Die Regierung Thatcher hält auch in ihrer dritten Amtsperiode an ihrem 1979 begonnenen Kurs fest. Um ihre monetaristisch orientierte Wirtschaftspolitik weiterzuführen, hat sie eine weitere Reduzierung der Rechte der Gewerkschaften angekündigt und scheut selbst vor äußerst unpopulären, den Interessen der Werktätigen widersprechenden Maßnahmen, wie einer neuen Sozialgesetzgebung und einem neuen Steuergesetz, nicht zurück. Sie profitiert dabei von den gegenwärtigen Auseinandersetzungen in der Labour Party und anderen Teilen der britischen Arbeiterbewegung, die es bisher noch nicht genügend vermochten, sich den veränderten Bedingungen anzupassen und eine für die Mehrheit des Volkes akzeptable Gegenstrategie zum Konservatismus zu entwickeln.

Außenpolitisch ist die dritte Regierung Thatcher weiterhin bemüht, den Anspruch Großbritanniens als imperialistische Großmacht zur Geltung zu bringen und die internationale Stellung des Landes aufzuwerten. Integraler Bestandteil dieser Bestrebungen ist die Militär- und Rüstungspolitik, einschließlich der Pläne zur Modernisierung des eigenen Nuklearpotentials. Hier stößt die Regierung jedoch auf den Widerstand der britischen Friedensbewegung mit ihrer nach wie vor größten und massenwirksamsten Organisation, der CND, die mit ihren Aktionen gegen die Cruise Missiles in Großbritannien das Abkommen zwischen der UdSSR und den USA vom Dezember 1987 über die Beseitigung ihrer Raketen mittlerer und kürzerer Reichweite in Europa mit vorbereiten half und die weiterhin eine hervorragende Rolle im politischen Leben Großbritanniens spielt.

Anmerkungen

Kapitel I

1 Etwa 1,8 Mill. Frauen über 30 blieben ohne Wahlrecht.
2 David Lloyd George, War Memoirs, Bd. 5, London 1936, S. 2483.
3 Ralph Miliband, Parliamentary Socialism. A Study in the Politics of Labour, London 1961, S. 62.
4 Man wollte Rußlands Verbleiben im Krieg sichern, um die Westfront zu entlasten.
5 Public Record Office (PRO), London, CAB 24/67, G.T. 6091.
6 Ebenda, CAB 23/14, W.C. 500 A.
7 Ebenda, CAB 23/9, W.C. 539.
8 Zit. in: Arno J. Mayer, Politics and Diplomacy of Peacemaking. Containment and Counterrevolution at Versailles 1918—1919, New York 1967, S. 589.
9 Teile der Denkschrift in: Handbuch der Verträge 1871—1964, hg. v. Helmuth Stoecker, Berlin 1968, S. 182.
10 W. G. Truchanowski, Winston Churchill. Eine politische Biographie, Berlin 1978, S. 201.
11 David Lloyd George, The Truth about the Peace Treaties, Bd. 1, London 1938, S. 371 f.
12 Die in Glasgow stationierten Einheiten wurden in den Kasernen belassen, wohl aus Angst, sie könnten sich mit den Streikenden solidarisieren.
13 William Gallacher, Revolt on the Clyde, London 1949, S. 221.
14 Zit. in: Noreen Branson, Britain in the Nineteen Twenties, London 1976, S. 22 u. 25.
15 Zit. ebenda, S. 109.
16 Winston S. Churchill, The World Crisis. The Aftermath, London 1929, S. 269.
17 Siehe hierzu Gallacher, Revolt on the Clyde, S. 248—254.
18 W. I. Lenin, Werke, Bd. 26, S. 240.
19 Zit. in: Chattar Singh Samra, India and Anglo-Soviet Relations (1917—1947), Bombay 1959, S. 29. Hauptverfasser des Berichts war der für Indien zuständige britische Minister.
20 Näheres in Abschn. 11 dieses Kapitels.
21 Es muß beachtet werden, daß im Zuge der Unterwerfung Irlands die englischen und schottischen Landräuber vorwiegend in Ulster gesiedelt hatten; in den an-

deren Teilen des Landes überwogen die Absentees, eine Grundbesitzeraristokratie, die nicht in Irland lebte, sondern ihre Güter durch Verwalter bewirtschaften oder an Kleinpächter verpachten ließ.

Kapitel II

1 André Siegfried, England's Crisis, London 1931, S. 62 u. 64.
2 Zit. in: Charles Loch Mowat, Britain between the Wars 1918—1940, London 1956, S. 273.
3 A. J. P. Taylor, English History 1914—1945, London 1965, S. 199.
4 Keith Feiling, The Life of Neville Chamberlain, London 1947, S. 111.
5 G. D. H. Cole, A History of the Labour Party from 1914, London 1949, S. 158.
6 Harold Nicolson, King George the Fifth. His Life and Reign, New York 1953, S. 384.
7 Philip Snowden, An Autobiography, Bd. 2, London 1934, S. 607.
8 Zit. in: Geschichte der internationalen Beziehungen 1917—1939. Hrsg. v. W. G. Truchanowski, Berlin 1963, S. 209.
9 Daß die Tories die Losung des Protektionismus zurückzogen, erleichterte vielen Wählern den Parteienwechsel.
10 Siehe Kap. I, Abschn. 11.
11 Viscount D'Abernon, Ein Botschafter der Zeitenwende. Memoiren, Bd. 1, Leipzig [1929], S. 35.
12 Zitate in: Günter Rosenfeld, Sowjetunion und Deutschland 1922—1933, Berlin 1984, S. 119, u. Taylor, English History, S. 222.
13 Noch 1928 lagen die Durchschnittslöhne der Bergarbeiter 15 Prozent unter dem Niveau vom Frühjahr 1926.
14 So der Historiker Mowat (Britain between the Wars, S. 335).
15 History of the Labour Party, S. 191.
16 Zit. in: Branson, Britain in the Nineteen Twenties, S. 202.
17 Zit. in: W. P. u. Zelda K. Coates, Vom Interventen zum Alliierten 1917—1942, Berlin 1959, S. 302.
18 Zit. ebenda, S. 313.
19 Zit. in: John Stevenson, British Society 1914—45, London 1984, S. 410.
20 Cole, History of the Labour Party, S. 213.

Kapitel III

1 Die Defizite von 1917 und 1918 waren kriegsbedingt, das von 1926 (wie auch das von 1917) geringfügig.
2 Im Spätsommer 1932 gab es insgesamt $3^{3}/_{4}$ Mill. Arbeitslose.
3 Maurice Dobb, Studies in the Development of Capitalism, London 1946, S. 328 f.
4 Zit. in: Mowat, S. 355 f.

5 So das Gesprächsprotokoll. Zit. in: Nicolson, S. 435.
6 G.D.H. Cole, A Short History of the British Working-Class Movement 1789—1947, London 1952, S. 430—432.
7 Snowden, S. 857.
8 Zit. in: Allen Hutt, The Post-War History of the British Working Class, London 1937, S. 212.
9 Miliband, S. 194.
10 Zit. in: Robert E. Dowse, Left in the Centre. The Independent Labour Party 1893—1940, London 1966, S. 182.
11 Zit. in: Cole, History of the Labour Party, S. 281.
12 Ebenda, S. 282.
13 Harry Pollitt, Selected Articles and Speeches, Bd. 1, London 1953, S. 90 u. 94f.
14 Siehe hierzu Kap. II, Abschn. 4.
15 Zit. in: Michael Howard, The Continental Commitment. The Dilemma of British Defence Policy in the Era of Two World Wars, Harmondsworth 1974, S. 98.
16 Zit. in: Neville Thompson, The Anti-Appeasers. Conservative Opposition to Appeasement in the 1930s, Oxford 1971, S. 55.
17 Näheres bei R. Bassett, Democracy and Foreign Policy. The Sino-Japanese Dispute, London 1952, S. 280—286 u. 627—633.

Kapitel IV

1 E. J. Hobsbawm, Industry and Empire. An Economic History of Britain since 1750, London 1968, S. 183.
2 Die Bevölkerung wuchs zwischen 1921 und 1938 in London und Südostengland um 18,1, in Mittelengland um 11,6 und in Schottland um 2,1 Prozent; sie sank in Nordostengland um 1, in Nord- und Mittelwales um 4,8 und in Südwales um 8,1 Prozent. Insgesamt wuchs sie in Großbritannien um 8 Prozent.
3 William Ashworth, The Economic History of England 1870—1939, London 1972, S. 335.
4 Jürgen Kuczynski, Darstellung der Lage der Arbeiter in England von 1900 bis zur Gegenwart, Berlin 1965, S. 86. Der Verbrauch an Fleisch, Fisch, Milchprodukten und Obst stieg mit der sozialen Stufenleiter. „Kalorienbewußte" Haltungen zu vermuten wäre also abwegig.
5 Ebenda, S. 65.
6 Daily Herald, 12. 5. 1928, zit. in: R. Palme Dutt, Fascism and Social Revolution, London 1934, S. 260.
7 PRO, CAB 23/75, Cab. 20 (33).
8 Colin Cross, The Fascists in Britain, London 1961, S. 183.
9 PRO, CAB 24/242, C.P. 184 (33).
10 Ebenda, CAB 23/77, Cab. 50 (33).
11 Times, 23. 9. 1933, zit. in: Dutt, S. 216f.
12 PRO, CAB 53/23, C.O.S. 310.
13 PRO, CAB 23/78, Cab. 9 (34).

14 Ebenda, CAB 24/250, C.P. 223 (34), 16.10.1934.
15 Zit. in: Noreen Branson, History of the Communist Party of Great Britain 1927—1941, London 1985, S. 124.
16 Zit. in: Hutt, S. 258.
17 Miliband, S. 223.
18 Cole, History of the Labour Party, S. 309.
19 Paul Schmidt, Statist auf diplomatischer Bühne 1923—1945, Bonn 1953, S. 308.
20 Sitzungsprotokoll, 2.12.1935, PRO, CAB 23/82, Cab. 50 (35).
21 Ebenda, CAB 23/82, Cab. 18 (36), 11.3.1936.
22 Zit. in: Martin Gilbert, Winston S. Churchill, Bd. 5, London 1976, S. 777.
23 Cross, S. 160.
24 Zit. in: Hutt, S. 282.
25 Zit. ebenda, S. 296.
26 Das Manifest ist abgedruckt in G. D. H. Cole, The People's Front, London 1937, S. 357—359.
27 G. D. H. Cole, Socialism and Fascism 1931—1939, London 1960, S. 84.
28 I. M. Maiski, Memoiren eines sowjetischen Botschafters, Berlin 1967, S. 396. — Chamberlain entstammte einer Fabrikantenfamilie.
29 Zit. in: Simon Haxey, Tory M.P., London 1939, S. 199.
30 Zit. in: The History of the Times, Bd. 4, London 1952, S. 907.
31 Zit. in: Ian Colvin, The Chamberlain Cabinet, London 1971, S. 66.
32 Abgedruckt in: Dokumente und Materialien aus der Vorgeschichte des zweiten Weltkrieges, Bd. 1, Moskau 1948, Nr. 1.
33 PRO, CAB 23/90, Cab. 43 (37), Summary of the Discussion...
34 Abgedruckt in: Dokumente, Bd. 2, Moskau 1949, Nr. 4.
35 Documents on British Foreign Policy (DBFP), 3. Serie, Bd. 2, Nr. 727.
36 Ebenda, Bd. 3, Anhang I, S. 615.
37 PRO, CAB 23/95, Cab. 42 (38).
38 Zit. in: John F. Naylor, Labour's International Policy. The Labour Party in the 1930s, London 1969, S. 251.
39 PRO, CAB 24/280, C.P. 257 (38).
40 DBFP, Bd. 3, Nr. 325.
41 PRO, CAB 23/96, Cab. 57 (38), 30.11.1938.
42 Ebenda, CAB 27/627, F.P. (36) 74.
43 Taylor, English History, S. 440.
44 PRO, CAB 23/98, Cab. 13 (39).
45 Zit. in: Coates, S. 651.
46 Dokumente, Bd. 2, Nr. 24.
47 PRO, CAB 23/100, Cab. 39 (39).
48 DBFP, Bd. 6, Anhang V, S. 363 f.
49 National Archives, Washington: Department of State, 741. 61/836.

Kapitel V

1 PRO, CAB 23/100, Cab. 48 (39).
2 Hugh Dalton, The Fateful Years. Memoirs 1931—1945, London 1957, S. 264f. Amery war ein einflußreicher Konservativer.
3 DBFP, Bd. 7, Nr. 740 u. 741.
4 PRO, CAB 66/1, S. 320.
5 Zit. in: Colvin, S. 255.
6 Maiski, S. 517.
7 PRO, CAB 65/1, W. C. 42 (39).
8 The Memoirs of Field-Marshal Montgomery, London 1958, S. 58.
9 PRO, CAB 65/5, W. C. 48 (40). Es ist nicht möglich, zu sagen, wie weit solche Äußerungen bezwecken, die eigene Inaktivität zu rechtfertigen. Bemerkenswert ist immerhin, daß Chamberlain der Meinung war, ,,that it would be a mistake to beat the Germans too hard and create chaos which would open the door to Bolshevism." (The Diplomatic Diaries of Oliver Harvey 1937—1940. Hrsg. v. John Harvey, London 1970, S. 338 — Eintrag 29. 2. 1940).
10 Cole, History of the Labour Party, S. 377.
11 Die Erklärung ist abgedruckt in: The Communist Party of Great Britain and the War, hg. v. John Attfield u. Stephen Williams, London 1984, S. 147—152.
12 Abgedruckt ebenda, S. 169—174.
13 PRO, CAB 65/1, W. C. 57 (39), 23. 10.; CAB 65/2, W. C. 67 (39).
14 Ebenda, CAB 65/2, W. C. 85 (39), 16. 11. 1939.
15 The People's War. Britain 1939—1945, London 1971, S. 86.
16 Maiski, S. 556.
17 Ebenda, S. 599.
18 Zit. in: Elliott Roosevelt, As He saw it, New York 1946, S. 41f.
19 The People's Convention. The Official Report, London 1941, S. 55.
20 Winston S. Churchill, Der zweite Weltkrieg, Bd. 3/1, Stuttgart 1951, S. 184.
21 Zitate ebenda, S. 442—444.
22 Taylor, English History, S. 528.
23 Zit. in: John Mahon, Harry Pollitt. A Biography, London 1976, S. 275.
24 Zitate in: A. J. P. Taylor, Beaverbrook, London 1974, S. 686.
25 Zit. in: Llewellyn Woodward, British Foreign Policy in the Second World War, London 1962, S. 197.
26 Maiski, S. 765.
27 Briefwechsel Stalins mit Churchill, Attlee, Roosevelt und Truman 1941—1945, Berlin 1961, Nr. 123, S. 126.
28 Churchill, Bd. 5/2, S. 13.
29 Mirjam Kölling, Führungsmacht in Westeuropa? Großbritanniens Anspruch und Scheitern 1944—1950, Berlin 1984, S. 39f.
30 Churchill, Bd. 6/2, S. 135.
31 Zit. in: Taylor, Beaverbrook, S. 693.

Kapitel VI

1 Ralph Miliband, Parliamentary Socialism. A Study in the Politics of Labour, London 1973, S. 274.
2 Francis Williams, Das englische Experiment, Nürnberg 1951, S. 85.
3 J. F. Byrnes, In aller Offenheit, Frankfurt (Main) 1947, S. 112.
4 Sidney Pollard, The Development of the British Economy 1914—1967, London 1976, S. 362.
5 John Mahon, Harry Pollitt. A Biography, London 1976, S. 313 ff.
6 D. F. Fleming, The Cold War and its origins, 1917—1960, Bd. 1, London 1961, S. 291.
7 Kenneth Harris, Attlee, London 1982, S. 298.
8 Parliamentary Debates. House of Commons, Bd. 430, Sp. 526.
9 Anthony Wood, Great Britain 1900—1965, London 1978, S. 389.
10 Miliband, S. 288.
11 Mirjam Kölling, Führungsmacht in Westeuropa? Großbritanniens Anspruch und Scheitern 1944—1950, Berlin 1984, S. 147 f.
12 The International Post-War Settlement, in: Report of the Annual Conference of the Labour Party 1944, S. 6.
13 Public Record Office, London FO 371/55586, C 3997/131 G 18.
14 Ebenda, FO 371/55592, C 11995/131/G 18.
15 Francis Williams, A Prime Minister remembers, London 1961, S. 155.
16 Report of the Annual Conference of the Labour Party 1947, S. 163.
17 M. A. Fitzsimons, The Foreign Policy of the British Labour Government 1945—1951, Notre Dame, Indiana 1953, S. 104.
18 Herbert Fischer, Mahatma Gandhi, Berlin 1981, S. 77.
19 Ebenda, S. 78.
20 Parliamentary Debates. House of Commons, Bd. 446, Sp. 140 f.
21 Miliband, S. 304.
22 D. N. Pritt, Memoiren eines britischen Kronanwalts, Berlin 1970, S. 289.
23 Parliamentary Debates. House of Commons, Bd. 473, Sp. 191.
24 Schatzkanzler Gaitskell wollte die hohen Rüstungslasten u. a. dadurch abfangen, daß die Bevölkerung in Zukunft die Hälfte der Kosten für Brillen und Zahnprothesen übernehmen sollte.
25 The British Road to Socialism. Programme of the Communist Party of Great Britain, London 1952, S. 12.

Kapitel VII

1 W. G. Truchanowski, Winston Churchill. Eine politische Biographie, Berlin 1973, S. 447.
2 Alex Wood, Great Britain 1900—1965, London 1978, S. 412.
3 Sidney Pollard, The Development of the British Economy 1914—1967, London 1976, S. 473.

4 Ebenda, S. 336.
5 Henry Pelling, A History of British Trade Unionism, London 1976, S. 247.
6 Anthony Nutting, Europe will not wait. A warning and a way out, New York 1960, S. 60.
7 Anthony Eden, Memoirs. Full Circle, London 1960, S. 59.
8 Joachim Gruner, Die ökonomische Stellung Englands in den 60er Jahren. Wandel und Verfall seiner Großmachtposition, in: DWI-Berichte 8/1969, S. (245) 21.
9 Robert T. McKenzie, British Political Parties, London 1970, S. 582.
10 Eden, Full Circle, S. 311.
11 Ebenda, S. 363.
12 Anthony Nutting, Der Suezverschörung 1956, Wien 1967, S. 22.
13 Selwyn Lloyd, Suez 1956. A personal account, London 1978, S. 69.
14 Eden, Full Circle, S. 428.
15 Hinter den Kulissen des Suezkonflikts, in: Horizont 45/1978.
16 Harold Macmillan, Erinnerungen, Frankfurt (Main) 1972, S. 204, 205.

Kapitel VIII

1 Harold Macmillan, Erinnerungen, Frankfurt (Main) 1972, S. 301.
2 Sidney Pollard, The Development of the British Economy 1914—1967, London 1976, S. 498.
3 C. A. R. Crosland, Der Übergang vom Kapitalismus zum Sozialismus, in: Neue Beiträge sozialistischer Autoren, Frankfurt (Main) 1953, S. 63.
4 Stephen Haseler, The Gaitskellites. Revisionism in the British Labour Party 1951—1964, London 1969, S. 99.
5 John Gollan, What next? London 1959, S. 5.
6 Ralph Miliband, Parliamentary Socialism, London 1973, S. 356.
7 John Gollan, Gaitskell or Socialism, London 1960, S. 5.
8 The British Road to Socialism, Programme of the Communist Party of Great Britain, London 1958, S. 10.
9 Donald Maclean, British Foreign Policy since Suez 1956—1968, London 1970, S. 281.
10 Peggy Duff, Left, Left, Left. A personal account of six protest campaigns, London 1971, S. 124.
11 Zit. in: The CND Story. The first 25 years of CND in the words of the people involved. Hrsg. v. John Minnion und Philip Bolsover, London 1983, S. 15.
12 Duff, S. 128.
13 The CND Story, S. 115.
14 Harry Hopkins, The New Look. A Social History of the Forties and Fifties in Britain, London 1963, S. 454.
15 Zit. in: David Thomson, England in the Twentieth Century (1914—1979), London 1981, S. 276.
16 Documents and Speeches on Commonwealth Affairs 1952—1962. Hrsg. v. Nicholas Mansergh, Oxford 1963, S. 347, 348.

17 Maclean, S. 170.
18 Zit. ebenda, S. 149.
19 Pollard, S. 442.
20 Macmillan, S. 375.
21 Ebenda, S. 388f.
22 Anthony Sampson, Wer regiert England? München 1963, S. 121.
23 John Gollan, Labour in Power. What next? in: Comment, Jg. 1964, Nr. 48, S. 759.

Kapitel IX

1 Anthony Sampson, Wer regiert England? München 1963, S. 115.
2 Harold Wilson, Die Staatsmaschine. Erinnerungen des britischen Premiers 1964—1970, Wien/München/Zürich 1972, S. 42.
3 T. F. Lindsay/Michael Harrington, The Conservative Party 1918—1970, London 1974, S. 246.
4 Alan Sked/Chris Cook, Post-war Britain. A Political History, London 1980, S. 256.
5 Das politische System Großbritanniens. Von der englischen bürgerlichen Revolution bis zur Gegenwart, Berlin 1982, S. 130.
6 Ebenda, S. 134.
7 Donald Maclean, British Foreign Policy since Suez 1956—1968, London 1970, S. 323f.
8 Paul Foot, The Politics of Harold Wilson, Harmondsworth 1968, S. 218.
9 Zit. in Paul-Wolfgang Herrmann, Die Communist Party of Great Britain, Meisenheim am Glan 1976, S. 174.
10 Joachim Gruner, Die ökonomische Stellung Englands in den 60er Jahren. Wandel und Verfall seiner Großmachtposition, in: DWI-Berichte 8/1969, S. 25 (249).
11 The CND Story. Hrsg. v. John Minnion und Philip Bolsover, London 1983, S. 28.
12 Comment, Jg. 1967, H. 49, S. 769.
13 Foot, S. 263.
14 Wilson, S. 202 u. 206.
15 Foot, S. 267.
16 Brian Lapping, The Labour Government 1964—1970, London 1970, S. 199.
17 Wilson, S. 482f.
18 Detlef Albers/Werner Goldschmidt/Paul Oehlke, Klassenkämpfe in Westeuropa. Frankreich, Italien, Großbritannien, Reinbek bei Hamburg 1971, S. 248.

Kapitel X

1. Andrew Gamble, The Conservative Nation, London 1974, S. 223.
2. Andrew Roth, Edward Heath. Ein Mann für Europa, Köln/Wien 1973, S. 12.
3. Ebenda, S. 211.
4. Klaus Pickshaus/Dieter Raulf, Klassenkämpfe in Großbritannien heute, Frankfurt (Main) 1973, S. 60f.
5. Allen Hutt/John Gollan, Die Gewerkschaftsbewegung in Großbritannien, Hamburg/Berlin (West) 1977, S. 207.
6. Ebenda, S. 207f.
7. Ebenda, S. 204.
8. C. J. Bartlett, A History of postwar Britain 1945—1974, London 1977, S. 299.
9. David Childs, Britain since 1945. A Political History, London 1984, S. 232.
10. Roth, S. 208.
11. Childs, S. 237.
12. Ebenda, S. 238.
13. Labour's Programme for Britain. Annual Conference 1973, London 1973, S. 7.
14. Henry Pelling. A Short History of the Labour Party, London 1978, S. 160.
15. Alan Sked/Chris Cook, Post-War Britain. A Political History, London 1980, S. 329f.
16. Peter Riddell, The Thatcher Government, Oxford 1985, S. 23.
17. Das politische System Großbritanniens. Von der englischen bürgerlichen Revolution bis zur Gegenwart, Berlin 1982, S. 162.
18. Alan Warde, Consensus and Beyond. The development of Labour Party strategy since the second world war, London 1982, S. 152.
19. Childs, S. 253.
20. Ebenda, S. 269.
21. The British Road to Socialism. Programme of the Communist Party, London 1978, S. 33.
22. Report of the 77th Annual Conference of the Labour Party 1978, London 1978, S. 214.

Kapitel XI

1. Peter Riddell, The Thatcher Government, Oxfort 1985, S. 40.
2. Das politische System Großbritanniens. Von der englischen bürgerlichen Revolution bis zur Gegenwart, Berlin 1982, S. 171f.
3. Laurence Harris, Der ökonomische und der Klasseninhalt des Monetarismus, in: Probleme des Friedens und des Sozialismus, Jg. 1983, H. 9, S. 1231.
4. Riddell, S. 47.
5. Zit. ebenda, S. 197f.
6. Das politische System Großbritanniens, S. 280.
7. Zit. in: George Matthews, Einige Lehren aus der Spaltung der Labouristen, in: Probleme des Friedens und des Sozialismus, Jg. 1981, H. 10, S. 1418.

8 Zit. in: Eberhard Heidmann, Grundzüge der gegenwärtigen Militärpolitik Großbritanniens, in: Militärwesen, Jg. 1979, H. 12, S. 23.
9 The CND Story, Hrsg. v. John Minnion u. Philip Bolsover, London 1983, S. 89.
10 Zit. in: Neues Deutschland v. 31.10./1.11.1981.
11 Riddell, S. 226.
12 Rainer Lambrecht, Der Krieg im Südatlantik, Berlin 1986, S. 78.

Literaturhinweise

Allgemeines:

Noreen Branson, Britain in the Nineteen Twenties, London 1976
Noreen Branson/Margot Heinemann, Britain in the Nineteen Thirties, London 1971
David Butler/Gareth Butler, British Political Facts, 1900—1985, London 1985
David Childs, Britain since 1945. A Political History, London 1984
G. H. Le May, British Government 1914—1963. Select Documents, London 1964
John P. Mackintosh, The British Cabinet, London 1968
Robert McKenzie, British Political Parties, London 1964
W. N. Medlicott, Contemporary England, 1914—1964, London 1967
Charles Loch Mowat, Britain between the Wars, 1918—1940, London 1956
Karl-Heinz Röder (Hg.), Das politische System Großbritanniens, Berlin 1982
Alan Sked/Chris Cook, Post-war Britain. A Political History, Harmondsworth 1980
A. J. P. Taylor, English History 1914—1945 (The Oxford History of England, Bd. XV), London 1965
W. G. Truchanowski, Neueste Geschichte Englands, 1917—1951, Berlin 1962

Empire:

Horst Krüger/Joachim Heidrich, 100 Jahre Indischer Nationalkongreß, 1885—1985, Berlin 1985
Jürgen Kuczynski, Die Geschichte der Lage der Arbeiter unter dem Kapitalismus, Bd. 27a: Die englischen Kolonien, Berlin 1965
ders., Die Geschichte..., Bd. 27b: Die alten englischen Dominions, Berlin 1965
W. David MacIntyre, The Commonwealth of Nations: Origins and impact, 1969—1971, Minneapolis 1979
Nicholas Mansergh (Hg.), Documents and Speeches on Commonwealth Affairs 1952—1962, Oxford 1963
Jawaharlal Nehru, Anmerkungen zur Zeitgeschichte 1927—1947. Leipzig und Weimar 1985

Außenpolitik:

W. P. u. Zelda K. Coates, Vom Interventen zum Alliierten 1917—1942, Berlin 1959
Dokumente und Materialien aus der Vorgeschichte des zweiten Weltkrieges, 2 Bde., Moskau 1948 u. 1949
Paul Kennedy, The Realities Behind Diplomacy. Background Influences on British External Policy, 1865—1980, Glasgow 1981
Mirjam Kölling, Führungsmacht in Westeuropa? Großbritanniens Anspruch und Scheitern 1944—1950, Berlin 1984
Donald Maclean, British Foreign Policy since Suez, 1956—1968, London 1970
F. S. Northedge, The Troubled Giant. Britain among the great powers 1916—1939, London 1966
Llewellyn Woodward, British Foreign Policy in the Second World War, London 1962 (fünfbänd. Ausgabe 1970—1976)

Wirtschaft und Soziales:

E. J. Hobsbawm, Industry and Empire. An Economic History of Britain since 1750, London 1968
Jürgen Kuczynski, Die Geschichte der Lage der Arbeiter unter dem Kapitalismus, Bd. 25: Darstellung der Lage der Arbeiter in England von 1900 bis zur Gegenwart, Berlin 1965
Sidney Pollard, The Development of the British Economy 1914—1967, London 1976
John Stevenson, British Society 1914—1945, London 1984

Arbeiterbewegung:

Noreen Branson, History of the Communist Party of Great Britain 1927—1941, London 1985
G. D. H. Cole, A History of the Labour Party from 1914, London 1949
Allen Hutt/John Gollan, Die Gewerkschaftsbewegung in Großbritannien, Hamburg/Berlin (West) 1977
James Klugmann, History of the Communist Party of Great Britain, Bd. 1: 1919—1924, Bd. 2: 1925—1926, London 1968 u. 1969
Ralph Miliband, Parliamentary Socialism. A Study in the Politics of Labour, London 1961
Klaus Pickshaus/Dieter Raulf, Klassenkämpfe in Großbritannien heute, Frankfurt/Main 1973
Harry Pollitt, Selected Articles and Speeches, 2 Bde., London 1953 u. 1954
The Social and Political Thought of the British Labour Party, hg. u. Einführung v. Frank Bealey, London 1970

Biographisches:

Alan Bullock, The Life and Times of Ernest Bevin, 2 Bde., London 1960 u. 1984
David Carlton, Anthony Eden. A Biography, London 1981
William Gallacher, Revolt on the Clyde, London 1949
Kenneth Harris, Attlee, London 1982
Harold Macmillan, Tides of Fortune 1945—1955, London 1969
John Mahon, Harry Pollitt, a Biography, London 1976
I. M. Maiski, Memoiren eines sowjetischen Botschafters, Berlin 1967
W. G. Truchanowski, Winston Churchill. Eine politische Biographie, Berlin 1978
Harold Wilson, Die Staatsmaschine. Erinnerungen des britischen Premiers 1964—1970, Wien/München/Zürich 1972

Verschiedenes:

Angus Calder, The People's War. Britain 1939—1945, London 1971
The CND Story. The first 25 years of CND in the words of the people involved, hg. v. John Minnion u. Philip Bolsover, London 1983
Robert Graves/Alan Hodge, The Long Week-end. A social history of Great Britain 1918—1939, London 1940

Register

Abadan 184
Abkommen von Lome 1975 313
Abkommen von Nassau 1962 234
Abrüstung (Rüstungsbegrenzung) 40, 41, 91, 92, 214, 219–222, 309, 311, 318, 321, 324
Afghanistan 33, 34
Ägypten 34, 139, 142, 146, 148, 204–207, 229
El Alamein 146
Albanien 147
Aldermaston 220, 221
Aldington, Richard 69, 70
Algerien 205
Allen, Clifford 51
American Federation of Labor (AFL) 168
Amery, Leopold 128, 129, 133, 134
Amis, Kingsley 223
Amritsar 33
Amulree, Lord 82
Anderson, John 134
Anglo-German Fellowship 120
Anglo-Iranian Oil Company 184, 203, 204
Antihitlerkoalition 140–149, 152, 160, 171
Antikriegsgruppe der Wissenschaftler 111
Anti-Nazi-League (ANL) 295
ANZUS-Pakt 191
Arbeitslöhne 14, 15, 24, 25, 38, 39, 47, 64, 78, 83, 98, 100, 139, 167, 230, 241, 243, 246, 263, 266, 270, 287, 296, 304, 324, 325
Arbeitslosenbewegung 49, 86, 87, 101, 102, 117
Arbeitslosenversicherung 25, 26, 48, 53, 80, 82, 83, 85–87, 101, 102
Arbeitslosigkeit 37, 47, 48, 77, 78, 80, 82, 83, 85, 86, 99, 101, 102, 138, 139, 157, 193, 201, 235, 238, 244, 261, 263, 269, 280, 286, 287, 304, 306–308, 320, 321, 323, 324
Arbeitsproduktivität 190, 231, 241
Arbeitszeit 23–25, 47, 61, 64, 75, 79, 99, 139
Arcos 66
Arden, John 223
Argentinien 318–320
Asquith, Herbert 50, 74
Astor, John 68
Äthiopien (Abessinien) 113–115, 139
Atlantik-Charta 141
Atlantische Atomstreitmacht (ANL) 250
Atombombe (Kernstreitkräfte), Atomforschung 160, 169, 182, 189–191, 209, 210, 218, 219, 221, 234, 290, 312, 313, 325
Attlee, Clement 51, 88, 89, 103, 117, 118, 124, 132, 134, 152–155,

157, 160, 169–171, 173, 176, 181–183, 198, 201
Auden, W.H. 111
Aung San 176, 177
Ausgleichsverhandlungen 1939 (mit Deutschland) 126
Australien 18–20, 59, 191, 229
Automobilbau 45, 67, 96, 100, 232, 247, 286

Bagdadpakt 193, 204, 209
Bahamas 234
Baldwin, Stanley 50, 52, 57, 61, 63, 66, 74, 81, 82, 85, 107, 113–116, 119
Balfour, Arthur James 13, 50, 59
Banken 38, 45, 68, 77, 81, 97, 163, 246
Barber, Anthony 268
Barstow, Stan 223
Bauwesen (siehe auch Wohnungsbau) 230, 232
Beatles 224
Beaverbrook, Lord 68, 69, 134, 142, 144, 150
Belfast 87, 262, 277, 293
Belgien 58, 170
Benn, Anthony Wedgwood 283, 284, 289, 290, 309, 310, 316
Bergarbeiter(gewerkschaft) 23, 24, 26, 38, 47, 61–65, 75, 98, 100, 167, 194, 216, 249, 273, 280, 281, 284, 306, 323, 324
Bermudas 209
Bernal, John Desmond 111
Berry, Gebrüder 69
Besatzungspolitik (in Deutschland) 172
Betriebsrätebewegung 29–31
Bevan, Aneurin 117–119, 154, 165, 183, 195, 201, 214, 236, 283
Bevan-Gruppe 183, 195, 196, 198–200, 215, 236
Beveridge(-Bericht) 149, 150, 164
Bevin, Ernest 62, 70, 81, 101, 117, 118, 134, 154, 157, 159, 160, 170–173, 181, 182, 239
Bewegung für die Befreiung der Frau (WML) 296, 297
Bewegung der Nichtpaktgebundenen 210
Birkenhead 66, 87, 166
Birmingham 96, 100, 260, 273, 297
Bizone 172, 173
Bombay 175
Bonar Law, Andrew 13, 28, 50
Boyle, Edward 208
Braine, John 223
Bristol 307
Britisch-amerikanischer Block 136–138, 140
Britischer Rat für den Frieden in Vietnam 254
Britisches Friedenskomitee 185, 186, 197, 199, 200, 219, 254
British Leyland 247, 304
British Petroleum Company 204, 247
British Socialist Party 15, 27, 29, 30
British Steel Corporation 248
British Union of Fascists 103, 104, 109, 110, 116, 117
Britten, Benjamin 224
Brixton 308
Brockway, A. Fenner 51, 88, 254, 315
Brown, George 235, 236, 239, 251
Brüsseler Pakt (Westunion, Westeuropäische Union) 170, 171, 199, 200
Bulganin, N.A. 203
Bulgarien 162
Bundesrepublik Deutschland 174, 182, 186, 190, 192, 196–200, 202, 219, 231
Bündnisvertrag, britisch-sowjetischer 140, 145, 159, 160, 170, 292
Burma 142, 174, 176, 177

Busfahrer 98, 100, 101
Butler, Richard A. 180, 187, 188, 202, 208, 236
Byrnes, James 154

Cable Street 116, 117
Callaghan, James 235, 239, 244, 245, 264, 283, 290, 291, 297, 300, 310, 321
Cambridge 111
Campbell, John 54
Carr, Robert 268, 270
Carrington, Lord 303, 318, 320
Castle, Barbara 195, 239, 264, 275, 284, 289
Ceylon 176, 177
Chamberlain, Austen 13, 50, 57, 58, 120
Chamberlain, Neville 52, 82, 84, 107, 108, 119–135
Chemiearbeiter(gewerkschaft) 100
Chemieindustrie 45, 189, 248
Chile 284
China 41, 66, 92, 93, 107, 108, 120, 121, 180
Chruschtschow, N.S. 203
Churchill, Winston 13, 17, 21, 22, 26, 28, 63, 66, 102, 111, 112, 124, 125, 129, 130, 132, 134–149, 151–154, 160, 161, 169–171, 180–182, 187, 188, 190–192, 197, 198, 201, 208
Citrine, Walter 62, 81, 101
Clemenceau, Georges 20, 21
Closed-Shop-System 271, 306
Cole, G.D.H. 79, 118
Collins, John 220
Commonwealth (siehe auch Kolonialpolitik) 59, 60, 156, 169, 191, 192, 208, 211, 229, 230, 232–234, 251, 252, 258, 259, 275, 276, 279, 307, 313
Computer(technik) 189, 247, 249
Congress of Industrial Organizations (CIO) 168

Cook, Arthur 64, 65
Cousins, Frank 195, 239, 243
Coventry 96, 224
Cramp, T.C. 64
Cripps, Stafford 88, 89, 119, 137, 141, 143, 154, 157, 181, 183
Crosland, C.A.R. 214, 290, 291
Crossman, Richard 195
Curzon, Lord 50

Dagenham 100
Dail Eireann 35, 36
Daily Express 68, 69, 104
Daily Herald 70, 225
Daily Mail 38, 68, 104
Daily Mirror 68
Daily Telegraph 69, 106, 118
Daily Worker 88, 138, 146, 185
Daladier, Edouard 124
Dalton, Hugh 128, 129, 134, 154, 157
Dalyell, Tam 319
Dänemark 133, 211
Danzig 121, 122, 126
Dawes-Plan 57, 58
Dawson, Geoffrey 120
Deakin, Arthur 167, 194, 195
Dekret über den Frieden 4, 33
Dekret über Grund und Boden 33
Delaney, Shelagh 223
Demobilisierung (1918/19) 13, 22
Demokratische Republik Vietnam siehe Vietnam
Denning, Lord 235
Deterding, Henry 66
Deutsche Demokratische Republik 290
Deutschland 15–20, 29, 55–58, 90–93, 104–108, 111–113, 115, 120–149, 171–174
De Valera, Eamon 35
Devlin, Bernadette 261
Devolution 263, 291–293
Dienstleistungssektor 47, 95, 96, 232

341

Dieppe 146
Dimitroff, Georgi 109
Dominien 18, 35, 36, 58–60, 85, 86, 95, 129, 137, 176
Donovan, Lord 264
Doughty, George 265
Douglas-Home, Alec 229, 237, 238, 242, 268
Dresden 224
Dublin 34, 35, 288
Duff, Peggy 220, 222
Duff Cooper, Alfred 124, 125, 129
Dulles, John Foster 205
Dünkirchen 135

„East-Of-Suez" 249–251
Economist 39, 188
Eden, Anthony 112–114, 122, 129, 134, 148, 154, 187, 193, 197, 199, 201–205, 208
Edinburgh 181
Edward VIII. 115
Einkommenspolitik 240–246, 264, 265, 270, 280, 287, 299
Einwanderungsgesetze 232, 233, 259, 260, 278, 279, 307
Eisen- und Stahlindustrie 37, 45, 61, 76–78, 95, 163, 164, 188, 241, 248, 286, 323
Eisenbahnen 37, 67, 97
Eisenbahner(gewerkschaft) 23, 24, 38, 61, 63, 186, 194, 273, 274, 306
Eisenhower, Dwight D. 205, 207, 209
Elektroarbeiter(gewerkschaft) 100, 186, 194, 306
Elektroindustrie 45, 67, 96, 98, 189, 232, 247, 248
Eliot, T.S. 69
Elizabeth II. 187, 188, 201, 208, 229
Empire siehe Commonwealth und Kolonialpolitik
Entspannungspolitik 253, 276
Europäische Verteidigungsgemeinschaft (EVG) 197–200
Europäische Wirtschaftsgemeinschaft (EWG) 211, 233–235, 242, 251–253, 266, 274–276, 279, 282, 288, 289, 309, 311, 313, 321
Europarat 148, 192
Evening Standard 68, 69
Exilregierungen 148
Export siehe Handel

Falklandinseln 318–320
Faruk 204
Faulkner, Brian 277, 278
Federation of British Industries 54
Fernsehen 97, 98, 184, 213, 225, 238
Filmindustrie 67, 68
Finanzabkommen, britisch-amerikanisches 156, 157
Finanzwesen, Finanzpolitik (siehe auch Banken) 43, 44, 46, 76, 77, 83, 90, 94, 95, 97, 155–158, 182, 188–190, 202, 212, 231, 240, 242, 243, 245, 247, 250, 266, 270, 279, 286–288, 298, 303, 320
Finnland 132, 162
Flottenabkommen, Flottenrüstungen 40, 41, 91, 92, 113
Flugzeugindustrie 45, 96, 135, 136, 247, 297
Foch, Ferdinand 18
Foot, Michael 195, 220, 275, 283, 289, 290, 310, 317
Forster, E.M. 103
Frankreich 18–22, 39, 40, 41, 55–58, 91, 92, 106, 113, 115, 120–130, 132, 135, 138, 144, 147–149, 162, 170, 171, 179, 182, 193, 203, 205, 206, 219, 231, 265
Französisch-sowjetischer Pakt 1935 113, 115, 122, 124
Freeman, John 183
Freihandel 13, 50, 84, 85

Friedensplebiszit 1935 114
Friedensverträge 1919/20 19, 20, 39, 41
Friedensverträge 1947 160, 162
Friedman, Milton 301
Fulton 160, 161, 169, 171
Fyfe, Maxwell 187

Gaitskell, Hugh 181, 183, 188, 195, 201, 207, 213, 214, 216, 219, 221, 235, 236
Gallacher, William 22, 23, 31, 114, 116, 153
Galsworthy, John 69
Gamelin, Maurice 130
Gandhi, Mohandas Karamchand 33, 175, 176
Gardner, Jim 167
Gaulle, Charles de 235, 252, 253, 275
Geddes, Eric 38
Generalvertrag 197
Genfer Indochinaabkommen 1954 193, 250, 254
George V. 52, 79, 81, 115
George VI. 116, 187
Gesetz über „Aufreizung zur Unruhe" 103
Gesundheitswesen 99, 100, 164, 165, 238, 304
Gewerkschaften 14, 15, 23, 24, 26–31, 38, 39, 62–65, 70, 71, 78, 100, 101, 138, 149, 166–169, 194–196, 199, 215–217, 240, 241, 243–246, 249, 257, 264–266, 270–274, 288, 292, 294, 295, 298, 299, 305, 306, 323, 324
Gewerkschaftsgesetze 64, 75, 79, 80, 166, 264–266, 270–274, 284, 305, 306, 316, 317, 323, 324
Ghana (Goldküste) 178, 225, 226
Gipfelkonferenzen nach 1945 203, 211, 233
Giral, José 161
Glasgow 22, 23, 86, 197

Gollan, John 216, 217, 238
Gollancz, Victor 118, 119
Gordon-Walker, Patrick 239
Graves, Robert 69
Greenham Common 312, 316
Greenwood, Arthur 132, 134, 154
Griechenland 41, 139, 148, 160–162, 229, 284
Grimmond, John 238

Hailsham, Lord 106
Hailsham, Lord (Quintin Hogg) 236
Haldane, J. B. S. 111
Halifax, Lord 120–126, 129, 130, 134
Handel 37, 43–46, 76–78, 85, 86, 90, 94–96, 155, 158, 188, 190–192, 258, 259, 286
Hankey, Maurice 129, 131
Hannington, Walter 49, 87, 117
Harrison, George 224
Healey, Denis 239, 283, 287, 290, 310, 311
Heath, Edward 242, 260, 268, 270, 271, 274, 276, 277, 281, 283, 285, 286, 303, 304
Henderson, Arthur 12, 27, 52, 53, 75, 81, 87, 89, 90, 92
Henderson, Nevile 120, 123
Heseltine, Michael 317
Hilfskomitee für die Opfer des deutschen Faschismus 108, 117
Hoare, Samuel 113, 114, 119, 120, 125, 128, 129, 133
Hodges, Frank 38
Holy Loch 210, 221
Hongkong 251
Honolulu 191
Hoover-Moratorium 77, 90, 91
Horne, Robert 40
Horner, Arthur 167
Howe, Geoffrey 303
Hull 166
Hungermärsche 49, 87, 101, 117

Hussein 204
Huxley, Julian 103
Hynd, John B. 172

Imperial Chemical Industries 45, 65, 120, 247
Import siehe Handel
Independent Labour Party 15, 31, 51, 70, 71, 86, 88, 89, 102, 109, 116–119, 153
Indien 18, 32–34, 60, 66, 105, 142, 143, 175–177, 206, 232
Indischer Nationalkongreß 33, 60, 143, 175, 176
Indochina 178, 193
Industrial Relations Bill siehe Gewerkschaftsgesetze
Industrielle Reorganisationsgesellschaft (siehe auch Wirtschaftskontrollen) 246, 268, 269
Industrieproduktion 37, 43, 76, 77, 95, 155, 189, 190, 192, 231, 286, 288, 303, 304
Industriestruktur 44, 45, 48, 49, 95–98, 237, 238, 246–248, 252
Inkpin, Albert 30
Internationaler Bund Freier Gewerkschaften (IBFG) 168
Intervention, militärische, in Sowjetrußland 16, 21, 22, 26–28
Irak 19, 33, 209
Iran 33, 34, 184, 203
Irische Arbeiterpartei 262
Irish Republican Army (IRA) 35, 36, 262, 277, 293
Irland 34–36, 59, 129, 261, 278
Israel 180, 206
Italien 21, 22, 40, 41, 58, 92, 102, 104, 114, 120, 121, 129, 130, 135, 140, 147, 162, 231, 265, 286

Jalta 159
Jamaika 228
Japan 40, 41, 86, 92, 93, 105, 107, 108, 120, 121, 135, 142, 144, 147, 174, 186, 190
Jenkins, Roy 245, 275, 276, 283, 290, 310, 311
Jinnah, M. A. 175
Johnson, Hewlett 185
Johnson, Lyndon B. 249–251
Jones, Jack 265, 275
Jordanien 19, 33, 179, 204, 209, 229
Joseph, Keith 301, 302
Joyce, James 69
Joynson-Hicks, William 66
Jugoslawien 147

Kalter Krieg 160–162, 167, 168, 171, 173, 181, 184, 190, 191, 210
Kamerun 19
Kampagne für Nukleare Abrüstung (CND) 220–222, 224, 253, 254, 315–317, 325
Kanada 18, 44, 59, 83, 85, 86, 171, 200, 229, 230
Kapitalexport siehe Finanzwesen
Keeler, Christine 235
Keep-Left-Gruppe 162, 163
Kenia 227, 259
Kennedy, John F. 234
Kent, Bruce 317
Kenyatta, Jomo 227, 228
Kernwaffensperrvertrag 253
Keynes, John Maynard 46, 156, 301
King, Cecil 225
Kinnock, Neil 324
Kleine Freihandelszone (EFTA) 211, 233, 234, 251
Kohlenbergbau 23, 37, 44, 45, 61–65, 75, 77, 78, 163, 189, 230, 248, 323
Kolonialpolitik (siehe auch Commonwealth u. Dominien) 18–20, 31–34, 58–60, 85, 86, 92, 95, 107, 108, 137, 138, 147–149, 159, 174–181, 184, 225–230, 257

Komitee der Hundert 221
Kommunistische Partei Großbritanniens 27–31, 54, 62, 63, 71, 87, 89, 90, 95, 102, 103, 108–111, 114, 116–119, 131, 132, 138, 140, 143, 144, 149, 153, 160, 167, 168, 181, 184–186, 196, 197, 199, 207, 216–219, 221, 222, 238, 242–244, 252, 254–257, 263, 265, 274, 281, 284, 288, 289, 292, 297, 309, 311, 316–318
Kommunistische Partei Irlands 262
Kommunistische Partei Nordirlands 262
Konferenz über Sicherheit und Zusammenarbeit in Europa (KSZE) 276, 290
Konservative Partei 11–13, 50, 71, 84, 103, 104, 112, 133–135, 150, 151, 153, 164, 169, 180, 181, 184, 199, 201, 207, 208, 212, 213, 215, 217, 234–238, 242, 248, 252, 260, 266, 267, 275, 276, 281–286, 291, 292, 299–304, 307, 313, 321, 325
Korea 181
Koreakrieg 181, 182, 185, 190, 193
Kriegsschulden 44, 56, 57, 75, 77, 90, 91
Kriegsverluste 144
Kriminalität 225
Kuba 210

Labour Party 11, 12, 14–16, 20, 26–31, 51, 52, 70–74, 87–89, 109, 113, 114, 117–119, 150, 151–153, 161–163, 167, 168, 173, 181, 183–186, 195, 196, 199–201, 207, 213–217, 219, 221, 222, 235–238, 241–245, 247, 250, 251, 255–257, 262, 264, 266, 267, 269, 275, 276, 278, 281, 283–285, 291, 292, 298, 300, 302, 307, 309–311, 316, 317, 321, 324, 325

Kriegszielmemorandum 1917 14
Programm 1918 11, 15, 16, 88
Programm 1928 71, 88
Programm 1973 281, 287, 309
Statut 1918 15, 16, 214, 216, 221
Außenpolitik 20, 26–29, 55, 56, 110, 113, 124, 169, 172
und KP 31, 62, 116, 118, 124, 146
und Faschismus 109, 110, 113, 117, 118, 124
und 2. Weltkrieg 131–135, 138, 146, 150
Labour-Linke nach 1945 183, 195, 199, 200, 214–217, 221, 237, 245, 255, 289, 299, 309

Lagos 258
Landwirtschaft 47, 77
Lansbury, George 75, 81, 84, 88, 89
Laski, Harold 118
Lausanne, Vertrag von 41
Laval, Pierre 114
Lawrence, D. H. 69, 223
Lawson, Nigel 305
Lawther, Will 194
Lebensstandard (siehe auch Arbeitslöhne, Arbeitslosenversicherung, Arbeitslosigkeit und Arbeitszeit) 53, 66, 67, 96–100, 139, 157, 158, 164–166, 188, 193, 194, 212, 213, 268, 278
Leeds 30, 31
Left Book Club 118, 119
Left Review 111
Lehrer 83
Leih- und Pachtgesetz 137, 142, 155, 156
Lenin, W. I. 30
Lennon, John 224
Lewis, Day 111
Libanon 179, 209, 229
Liberale Partei 11–13, 50, 74, 80, 81, 84, 113, 114, 131, 134, 153, 181, 184, 201, 215, 221, 234, 238,

255, 257, 267, 275, 278, 282, 283, 285, 291, 297, 302, 307, 311, 321, 325
Libyen 139, 142, 146
Lindsay, Jack 111
Liverpool 166, 197, 274
Lloyd George, David 11, 13–15, 17–25, 28, 39–42, 50, 74, 82, 107, 120, 126, 130, 133
Lloyd, Selwyn 205, 206, 230, 234
Locarno-Verträge 56–58
Londonderry 262, 277
Londoner Neunmächtekonferenz 200
Luftkrieg 135, 136, 139, 145, 147
Luxemburg 170
Lyttelton, Oliver 187

Macdiarmid, Hugh 111
MacDonald, James Ramsay 12, 51, 52, 54, 55, 71, 72, 75, 79–82, 84, 88, 90, 102, 113, 114, 153, 300
MacDonald, Malcolm 114
MacDonald-Plan 106
Macleod, Ian 180, 268
MacManus, Arthur 30
Macmillan, Harold 71, 201, 207–213, 225, 226, 231, 233–237, 242
Maiski, Iwan 120, 130, 136, 145, 146
Makarios 229
Malawi (Njassaland) 228, 257
Malaya (Malaiische Föderation, Malaysia) 142, 174, 177, 178, 251
Manchester 27, 86, 316
Manchester Guardian 14, 84, 109, 110
Mandatssystem 19, 20
Marshall, George C. 158
Marshall-Plan 158, 170, 173
Maschinenbau 45, 76, 98, 100, 230, 248
Maschinenbauer(gewerkschaft) 24, 29, 63, 97, 98, 100, 184, 189, 194, 215, 216, 245, 246, 306
Maudling, Reginald 180, 236, 242, 268
Maxton, James 70
May, George 81
McArthur, Douglas 182
McCartney, Paul 224
McGahey, Mick 281
McLennan, Gordon 311, 316
· Meutereien (Militär) 22, 83
Mikardo, Ian 195, 275
Militärdienstpflicht 125, 182, 219
Mittelmeerstrategie 144–148
Molesworth 312
Molotow, W.M. 141
Mond, Alfred 65, 102
Mondismus 65
Monetarismus 301, 303, 304, 320, 323, 325
Montanunion 192, 211
Montgomery, Bernard 131, 146
Moore-Brabazon, J.T.C. 140, 141
Morning Star 265, 309
Morris, William 104
Morrison, Herbert 133, 134, 138, 143, 154, 181, 195, 198, 201
Moslemliga 175, 176
Mosley, Oswald 103, 104, 109
Mossadegh 184, 203
Mountbatten, Lord 176
Mugabe, Robert 258, 314
Multilaterale Atomstreitmacht (MLF) 250
Münchener Abkommen 122–124
Munizipalarbeiter(gewerkschaft) 49, 98, 100, 194, 266
Murdoch, Iris 223
Mussolini, Benito 104, 114, 128
Muzorewa, Abel 314

Naher und Mittlerer Osten 19, 20, 33, 34, 41, 42, 59, 144–148, 169, 179, 191, 193, 203, 207, 209

Nasser, Gamal Abd-al 204, 205, 207
National Council of Civil Liberties 103, 138
National Council of Labour 109, 110
National Industrial Conference 24
Nationale Einkommenskommission (NIC) 232
Nationale Front 260, 294, 307
Nationaler Ökonomischer Entwicklungsrat (NEDC) 231, 232
Nationalisierungen 163, 164, 181, 184, 188, 203, 216, 217, 241, 248, 297
Nehru, Jawaharlal 175, 282
Neufundland 59, 137, 141
Neuguinea 20
Neurath, Konstantin v. 106
Neuseeland 18, 20, 59, 191, 229
Neutronenbombe 315, 317
Niederlande 170
Nigeria 179, 227
Nkomo, Joshua 258, 314
Nkrumah, Kwame 226
Noel-Baker, Philip 315
Nordatlantikpakt (NATO) 171, 185, 190, 200, 202, 207, 219, 250, 251, 289, 290, 311, 312, 314, 315
Norman, Montagu 90
Northcliffe, Lord 68
Norwegen 133, 211
Notstandsgebiete 48, 101, 102
Notstandsgesetze 53
Nott, John 303
Nutting, Anthony 198, 205, 208

Ölindustrie 66, 279, 282, 298, 304
Orr, John Boyd 99
Osborne, John 222, 223
Ostafrika 19, 139
Ostermarschbewegung 220, 221, 223, 256

Österreich 121, 122, 203, 211
Oxford 153, 236
Owen, David 291, 310

Paisley, Ian 262
Pakistan 176, 177, 232
Palästina 19, 33, 179, 180
Papworth, Bert 167
Pariser Verträge 200, 203
Parkinson, Cecil 305
Parlamentswahlen
 1918 11–13, 35
 1922 50, 51
 1923 52
 1924 55
 1928 74
 1931 84, 153
 1935 113, 114, 116
 1945 150–153
 1950 180, 181
 1951 183, 184, 187
 1955 201
 1959 211, 215
 1964 237, 238
 1966 242, 251
 1970 266, 267
 1974 281–283, 284, 285, 288, 291
 1979 300, 302
 1983 320, 321
 1987 325
Parry, Terry 265
Patriotische Front (Simbabwe) 314
Pazifismus 20, 40, 56, 91, 110
Peace Ballot 114
Pearl Harbor 142, 319
Persien 33, 34
Phillips, Morgan 168
Platts-Mills, John 184
Polen 20, 22, 27, 28, 39, 57, 58, 121, 122, 126, 128–130, 152
Pollitt, Harry 71, 89, 90, 116, 118, 132, 143, 160, 186, 196
Port Said 206
Portugal 211

Potsdamer Konferenz (Abkommen) 152–155, 159, 160, 171, 173
Powell, Enoch 242, 260, 279
Powers, Garry 233
Priestley, J. B. 220
Pritt, D. N. 109, 172, 182, 185
Profumo-Skandal 235, 236
Protektionismus 50, 77, 84–86, 97
Pugh, Arthur 101
Pym, Francis 303, 312

Rachmanismus 212
Radar 97, 136
Raketenstationierung 312, 314–318
Rassismus, rassische Diskriminierung 232, 233, 241, 278, 279, 294, 295, 307, 308
Reagan, Ronald 313
Reith, J. C. W. 68
Religiosität 68
Remarque, Erich Maria 70
Reparationen 20, 39, 56–58, 75, 77, 90, 91
Reprivatisierung 188, 304, 323, 325
Rheinlandbesetzung 115
Rickwood, Edgell 111
Rodgers, William 310
Rolls Royce 268
Roosevelt, Franklın D. 130, 136–138, 141, 149
Roter Freitag 61
Rothermere, Lord 68, 104
Rowntree, B. Seebohm 99
Royal Dutch Shell 66, 247
Ruhrstatut 174
Rumänien 162
Rundfunk 68
Russell, Bertrand 220
Rüstungspolitik 106, 107, 111–113, 125, 135, 136, 138, 182, 183, 188, 191, 195, 219, 221, 231, 240, 279, 312, 325

Salisbury 258
Salisbury, Lord 187
Sambia (Nordrhodesien) 228, 257
Samuel, Herbert 82, 85
Sandys, Duncan 218
Sankey, Lord 82
Sansibar und Pemba 228
Sarawak 251
Saturday Review 93
Scanlon, Hugh 246, 265, 275
Scargill, Arthur 273
Scarman, Lord 308
Schiffbau(er) 37, 45, 76–78, 95, 189, 194, 215, 230. 248, 269, 286, 297, 323
Schottische Nationalpartei (SNP) 263, 282, 285, 289, 291, 300, 302
Schuman, Robert 192
Schwarzer Freitag 38, 42, 63
Schweden 211
Schweiz 211
Seekrieg 130, 137, 139, 140, 142
Seeleute(gewerkschaft) 61, 83, 244
Sèvres, Vertrag von 41
Seychellen 229
Sharpeville 230
Shaw, G. B. 225
Sheffield 102, 185, 197
Shinwell, Emanuel 22, 23
Sierra Leone 228
Sillitoe, Alan 223
Simbabwe (Südrhodesien) 228, 257–259, 276, 313, 314
Simon, John 84, 93, 106–108, 112, 119–121, 126, 129, 133
Singapur 93, 142, 177, 251
Sinn Fein 35, 36
,,Sinowjew-Brief" 55
Sithole, Ndabiningi 258
Smith, Ian 258, 259
Smuts, J. C. 16, 17
Snowden, Philip 12, 52, 53, 71, 75, 80–82